“十二五”国家重点图书出版规划

◉ 姜明安 著

法治的求索与呐喊

（评论卷）

中国当代法学家文库

姜明安行政法研究系列

Contemporary Chinese Jurists' Library

中国人民大学出版社

· 北京 ·

北大法律系77级留校同学入学20周年合影（左起：李克强、武树臣、郭明瑞、姜明安）

在北大法学院课堂上授课

在龚祥瑞教授家后花园合影（从左至右为：陶景洲、魏定仁、姜明安、罗豪才、龚祥瑞、王绍光、陈兴良、李克强、王建平）

1984年公务员法起草小组合影（前排左起：皮纯协、张焕光、曹志（时为中组部副部长）、杨白华、袁岳云、姜明安）

与行政立法组副组长罗豪才教授讨论行政诉讼法草案

与应松年教授出席学术论坛

在北大法律系参加中澳行政法学术会议，与陈端洪（左一）、湛中乐（右三）、陈有西（右二）等合影

1988年行政法学会太原年会后合影（前排：胡建森、姜明安、朱芒）

与台湾大学翁岳生教授合影

与台湾大学廖义男教授合影

在政治大学讲演后留影（左起：刘宗德、姜明安、杨海坤、胡建森、法治斌）

2000年在美国UCLA访学时与裴文睿教授一家、方世荣教授合影

1987年在华盛顿大学与汉德森教授合影

1990年在剑桥大学与韦德教授合影

2002年在汉堡参加中德行政程序法研讨会

序　言

近十年来，我的很多朋友，特别是我的历届学生，不断建议我将自己从事行政法学教学研究近三十年以来发表的论文、评论、案例评析和媒体访谈录等结集出版，一些出版社也不时向我约稿。但我自己一直在犹豫：我过去发表的那些东西，特别是十多年前、二十多年前发表的那些东西，现在能拿得出手吗？无论是内容，还是形式，那些与纯粹的学术论文、学术评论的规范要求比照，都相去甚远。

然而，最后我还是决定将这些东西拿出来。因为历史是无法改变的，中国行政法和行政法学发展的道路就是这样走过来的。我们这一辈人有责任让下一辈和下下一辈人知道，中国的行政法、中国的行政法治、中国的行政法学、中国的行政法人、中国的行政法教授是在什么样的基础上起步，经历过什么样的曲折道路才走到今天这个路口的：我上大学前，在农村劳动、在部队当兵，历时十余年，根本不知道法律、法治为何物，更不知道行政法、行政法治为何物。从我上大学直至大学毕业，中国尚没有一部真正称得上是“行政法”的、真正规范行政权运作的行政法律，尚没有一本正式出版的行政法学教科书或专著，没有一篇真正称得上是“行政法学术论文”、符合法学学术论文规范的行政法学术论文。除了在龚祥瑞教授[①]为我们法学 77 级学生开设的《外国宪法》课程里听到过“行政法”这个概念以外，我在整个大学学习期间，从来没有上过任何行政法课程或与行政法相关的课程，如公务员法、国家赔偿法、行政程序法等，从来没有旁听，甚至没有听说过法院审理“民告官”的行政案件（事实上，中国直到 20 世纪 90 年代才正式建立“民告官”的行政诉讼制度）。中国的行政法、中国的行政法治、中国的行政法学就是在这样的基础上起步的，我和我的同行们、中国的行政法人、中国的行政法教授们，对行政法和行政法学的探索就是在这样的基础上起步的。试想，在这样的基础上起步的行政法学研究，你能奢望它能在短时间内形成和产生真正称得上“学术”的学术成果吗？我在上世纪写的那些所谓行政法学“论文”、“评论”，实实在在、真真切切只是一些“摸着石头过河”的东西，实实在在、真真切切只是一些“扯着嗓子喊：国人们，行政法是个好东西，中国需要行政法”（我读国外、境外行政法著述的深切感受）的东西。所以，我的学生们将我的这些东西结成集子，让我为这个集子命名时，我不敢将之命名为“学术文集”，而只是，也只能将之谓为“法治的求索与呐喊”——主要是对行政法的求索与呐喊，对行政法学的求索与呐喊，对行政法治的求索与呐喊。我想，这样命名，比较名实相符。

1982 年，我毕业于北京大学法律系，留校从事行政法教学研究，至今已三十年。不过，我致力于行政法的求索与呐喊却不止三十年。因为我在上大学三年级时，龚祥瑞教授在《外国宪法》课上讲到，在国外、域外，有一种叫“动态宪法”的法，它可以有效控制政府权力的滥用和有效保障公民权利不受公权力的侵犯，这种法谓之“行政法”。自那时起，我就对行政法产生了浓厚的好奇心和兴

① 龚祥瑞（1911—1996），我国著名宪法与行政法学者，早年留学英、法，1939 年夏，回国受聘西南联大任教，1954 年北大法律系恢复后一直任教于北大，曾任北大法律系国家法教研室主任。“文化大革命”结束恢复高考后，为法律系 77 届法科学生（“文化大革命”结束恢复高考后的第一届法科学生）和之后多届学科学生开设《外国宪法》和《比较宪法》课程，很受学生欢迎。之后，他出版了《比较宪法与行政法》（法律出版社 1995 年第一版）。该书和他的其他著作对中国公法学的发展产生重要影响。晚年，他撰写自传《盲人奥里翁》（北京大学出版社 2011 年第一版），对自己七十余年的学术和法治探索的曲折人生及其心路历程进行了全面的回顾和深刻的剖析。

趣，开始对之求索继而为之呐喊了。

在这三十余年对行政法治进行求索和呐喊的道路上，我主要做了，确切地说，应该说是我主要参与了三件事（因为这些事是许多人做的，我只是参与者之一）：

第一，参与行政法立法，见证中国逐步建立和完善行政法制。

行政法学与行政法制是相互依存的，甚至可以说行政法学是建立在行政法制的基础上的。没有行政法制，不在中国建立行政法制，行政法学不可能在中国生长、发展。我作为中国改革开放后第一代行政法学人，基本使命应是进行行政法学的学科建设，在北大开展行政法学的教学研究。然而要教行政法，研究行政法，首先国家得有行政法，有行政法制。因此，我大学毕业后第一件事是参与创立中国行政法制的工作。1984 年，中组部和劳动人事部成立“国家工作人员法”（即“公务员法”）立法小组①，成员 15 人，其中学者成员 5 人，我有幸被邀请作为学者成员（年龄最轻和资历最浅的学者成员，当时我的学术职称仅是助教）参加。该立法小组经过半年时间的努力，终于在数易其稿后起草出“国家工作人员法”（草案）。这个草案为后来国务院出台《国家公务员暂行条例》和全国人大常委会出台《公务员法》打下了坚实的基础。1986 年，全国人大法工委组建行政立法研究组②，成员 14 人，其中学者成员 7 人，我又有幸成为这个小组的学者成员（仍然是年龄最轻和资历最浅的学者成员）。这个立法研究组运作近二十年，先后草拟了《行政诉讼法》、《国家赔偿法》、《行政处罚法》、《立法法》、《行政许

---

① “国家工作人员法”立法小组是我国改革开放后第一个行政法立法小组。该小组由时任中组部副部长的曹志任组长，时任中组部研究室主任刘俊林和时任劳动人事部研究室主任苏玉堂任副组长。该小组的学者成员有：外交学院杨伯华教授、中国人民大学法律系皮纯协教授、中国社科院法学所张焕光研究员、中国社科院政治学所袁岳云研究员，以及笔者。

② 行政立法研究组成立于 1986 年 10 月，研究组正式成员有 14 人，顾问 4 人。由时任中国政法大学校长江平教授任组长，时任北京大学副校长罗豪才教授和中国政法大学应松年教授任副组长，其余成员为有时任全国人大法工委民法室副主任肖峋、国务院法制局研究室主任高帆、最高人民法院行政审判庭庭长黄杰、北京市政府法制局局长张耀宗、中国律师协会秘书长郭阳以及中国人民大学法律系王向明、皮纯协、中国政法大学朱维究、方彦、中国社科院法学所张焕光和笔者。行政立法研究组顾问有时任全国人大法律委员会顾问陶希晋、北京大学宪法学教授龚祥瑞、中国政法大学行政法教授王名扬和中国法学会行政法学研究会会长张尚鷟。

可法》、《行政强制法》等行政法基本法的试拟稿，提交全国人大法工委作为其正式起草相应法律草案的蓝本。除了作为立法研究组成员参与多部行政法律的整体设计和具体条文草拟外，我参与行政法立法工作更多的形式和途径是应全国人大法工委、国务院法制办、国务院有关部委以及北京市法制办的邀请，以学者、专家个人的身份参与对相应法律、行政法规和部门规章、地方政府规章的咨询、论证工作。当然，参与这么多的立法工作，肯定要牺牲我个人大量学术研究的时间、精力，但这种牺牲是我们这一代行政法学人的责任和使命的要求。因为没有行政法制的建立和完善，就不可能有行政法学的兴盛和繁荣。

第二，举办中国高级行政法官培训班，为在中国建立“民告官”的行政诉讼制度培养高素质的行政审判人才。

1989年至1997年，北京大学法学院受最高人民法院委托，连续举办了四期高级行政法官培训班，每期60名学员，学制1年。我当时作为北大法学院行政法教研室主任，负责组织培训班的教学管理，同时承担培训班主要课程的教学。这四期培训班的学员都是全国各地高、中级人民法院选拔的行政审判骨干，是中国第一代行政法官。对他们的培训，对于当时刚刚建立的“民告官”制度能否在中国大地上有效运作和可持续发展具有决定性的作用和意义。因此，我们安排和聘请了大批著名的公法学教授（如肖蔚云教授、龚祥瑞教授、王名扬教授、罗豪才教授、应松年教授等）和实务部门（如全国人大常委会、全国人大法工委、最高人民法院、国务院法制局等）的专家以及国外公法学者为他们授课。同时，我们还组织他们赴全国各地进行调查研究，使他们既掌握扎实的行政法与行政诉讼法的基本理论和基础知识，又了解和掌握中国国情。[①] 这些经北大培训的高级行政法官后来都成为了中国行政审判的中坚力量（如最高人民法院行政庭现任庭长

① 北大高级行政法官培训班除了完成教学任务外，还在教员的指导下，形成了一系列对行政审判有直接指导作用的研究和调研成果，如罗豪才教授主编的《行政审判问题研究》（北京大学出版社1990年版）、《中国司法审查制度》（北京大学出版社1993年版）和笔者主编的《行政诉讼与行政执法的法律适用》（人民法院出版社1995年版）、《中国行政法治发展进程调查报告》（法律出版社1998年版）、《行政案件精析》（中国人民公安大学出版社1990年版）、《行政诉讼案例评析》（中国民主法制出版社1994年版）等。

赵大光，各省市高、中级人民法院行政审判庭庭长和主管行政审判的副院长中的许多人，都有当年高级行政法官培训班学员的学历）。正是因为他们这些行政审判中坚力量的作用，中国行政诉讼制度得以稳步发展和不断完善。

第三，开展行政法教学研究，推进行政法学学科建设的发展、繁荣。

学科建设主要有三件大事：一是教材，二是本科教学，三是硕博研究生培养。1982 年，我毕业留校任教，分配在法律系宪法教研室。一到教研室报到，我就请求教研室主任肖蔚云、副主任罗豪才安排我教行政法。尽管我上大学时没有上过专门的行政法课，但他们知道我对行政法有浓厚的兴趣，看过不少国外、境外行政法的书，竟欣然同意了我的请求（遇到这样开明的领导真是我人生的幸运）。于是，我用半年时间准备，半年后即上讲台，第三年就将讲义整理成教材交出版社出版。这样，1985 年，我个人编写的第一本行政法教材，也是新中国成立以来个人编写的第一本行政法教材——《行政法学》——由山西人民出版社正式出版（在本教材之前，全国仅有司法部教材编辑部组织各地数位学者集体编写的一本《行政法概要》）。[①] 之后 ，1986 年，我又在北京大学出版社出版了《行政法概论》；1990 年，在中国卓越出版公司出版了《行政法与行政诉讼》；1993 年，在北京大学出版社出版了《行政诉讼法学》，从而逐步形成了自己的行政法学体系。1999 年，我受教育部高等学校法学学科教学指导委员会的委托，主编全国高校法学专业 14 门核心课程教材之一的《行政法与行政诉讼法》，本教材现已出版第五版，共 34 次印刷，是目前高校行政法课程使用的主流教材。

至于本科教学和硕博研究生培养，我毕业留校任教时，全国高校大多尚未开设行政法课程，只有少数几个学校开始开设行政法选修课。直到 20 世纪 80 年代后期，全国各地高校才陆续将行政法课程作为法律院系的必修课程开设。北京大学法律系自我毕业后即开始开设行政法选修课，1985 年后更将行政法作为本科必修课开设，此前，在 80 年代初期，北大法律系即在宪法专业名下招收行政法研究生（龚祥瑞、肖蔚云教授都在当时招收过行政法硕士研究生），80 年代后

① 《行政法概要》由王珉灿先生主编，法律出版社 1983 年出版，是我国第一本官方统编的行政法教材。

期，则设立独立的行政法专业（90年代中期以后改为宪法与行政法专业），开始招收行政法专业的硕博研究生。我个人自1991年取得硕导资格，开始招收行政法硕士研究生，自1996年取得博导资格，开始招收行政法博士研究生。至今我共指导过31名硕士研究生，现全部毕业、获得硕士学位；共指导过38名博士研究生，其中32名已毕业、获得博士学位，6名目前尚在读。

综上可见，我毕业留校三十年来，并没有完全潜下心来做学问，大部分时间是在求索和呐喊。这部集子即是笔者求索和呐喊的记录。作为学者，不能向读者奉献出扎扎实实的学术研究精品，出这样的“求索与呐喊集”确实有点不好意思，是一件多少有点尴尬的事。但这也要请求读者谅解、理解。因为这既有自己主观不努力的原因，也有中国历史的客观原因。

本集子共分三卷：第一卷为论文卷，收集的是自1986年至2010年25年间在各种法学或与法学有关的刊物上发表的论文；第二卷为评论卷，收集的是自1982年至2011年6月近三十年间在各种报纸或刊物上发表的评论或杂谈；第三卷为案析与访谈卷，收集的是自1994年至2011年6月17年间在各种报纸、刊物或网站上发表的案例评析、媒体访谈、笔谈，另外还包括几篇书序。三卷的目录均以发表时间排序。很显然，早期文章较少，21世纪的东西较多。原因是早期写的东西就少，加上那时没有任何名气，发文很难，媒体采访更是罕见。此外，早期有的东西是译作或编译作品，没有收入。

至于收入本集子的论文、评论、杂谈、案例评析、媒体访谈、笔谈等，我都是原文收入，保持原汁原味，未作任何修改和雕饰。不过，读者可能发现，文集收入的部分论文、评论与原刊物上发表的论文、评论在内容上略有差别。这是因为，我的文章投稿后，刊物的编辑会因种种原因对之做若干删节、修饰。我现在收入刊物的文章大多是我的原始稿件（这些原始稿件我一般在刊物发文后一两天内挂在我们中心的网页，即北大公法网上）。由于目前手头事情太多、太忙，我现在没有时间对当时刊物发表的原文或我投稿时的原始稿件再进行修改和雕饰了。我想，这样也好，有利于读者了解历史原貌，了解笔者的学术和非学术思想、观点的发展过程——从幼稚到不太幼稚的过程。原本准备对每篇文章做个题注，说明一下当时的写作背景和写作目的，解释一下当时“幼稚”的原因，现在看来既没有时间做，也没有必要做了。如果今后这个集子有可能再版并感觉到有必要做时（这种“必要性”可能会随着时间的流逝而逐步显现，因为以后的读者对笔者当年的“幼稚”之作肯定会越来越不理解），我一定要抽时间认真地给每篇文章写个题注。

能出版这个集子，首先要感谢我的学生王贵松、毕洪海、李洪雷三位博士，是他们促成了这个集子的出版并为之付出了很多劳动、很多时间和精力，特别是贵松博士，是他和他的学生用了近半年的时间帮助我收集、整理了我这三十年绝大部分的文章、评论的篇目，并一直督促我抽时间审阅，以促成文集的早日出版。其次应感谢中国人民大学出版社法律出版分社的陈松涛社长和各位编辑，他（她）们多年以来不断与我联系，动员我整理过去的文稿或重新编著在人大出版社出版，还与我签订了出书合同。这次贵松博士将这个三卷本集子交付他（她）们，正是由于编辑们认真负责的工作，才能有现在这个集子呈现在各位读者面前。此外，在本文集出版之际，笔者还要感谢北京大学知名学者、书法家杨辛老先生为本书题写书名。

在诸多朋友的努力下，我的这本《法治的求索与呐喊》的集子终于付梓。如前所述，集子所反映的我过去近三十年的学术或非学术的思想，其中有些观点现在看来是幼稚，甚至是错误的。对此，我恳请读者多多予以批评指正。最后，衷心地感谢读者花费宝贵的时间阅读我的这些旧作。

姜明安

于北京八里庄寓所

2012 年 3 月 20 日

目　录

1982 年～2000 年

2001 年

2002 年

2003 年

2004 年

2005 年

2006 年

2007 年

2008 年

2009 年

2010 年

2011 年

法

1982 年~2000 年

加强行政立法为“四化”服务

宪法修改草案规定了我国行政机关活动的一系列原则，如人民群众参加国家管理的原则，民主集中制的原则，民族平等和民族自治的原则，工作责任制原则，法制的原则等。要使这些原则得以实现，必须制定和完善有关行政机关活动规则的具体法律、法令、法规，即加强行政法的立法工作。

行政法是社会主义法律的一个重要部门。它是保证政府机关实现其组织管理职能，完成国家政治、经济、文化建设任务的重要工具。尤其是现在，我们正在进行社会主义现代化建设，现代化的建设需要有现代化的管理，即科学的、高效率的管理，行政法的作用就显得更加重要。没有完善的行政法，关于行政机构的设置、撤销、变更、职权和责任，关于干部的任免、考核、培训、奖惩、退休；关于行政法规、行政措施、行政处罚、行政监督等等没有一套完善的、行之有效的法律制度，就很难设想有科学的、高效率的管理。我们现在的管理机关存在的机构臃肿、人浮于事、职权不清、责任不明、干部老化和工作效率低等弊端，除其他原因外，与我们没有完善的行政法有很大的关系。

行政法也是保障社会主义民主、保障公民权利和合法利益的重要手段。为了实现组织管理职能，为了完成国家的各种任务，政府机关及其工作人员必须有职有权，必须以法律保障其行使职权。但是政府机关及其工作人员行使职权不是无限制的，而是要受法律的约束。对于其滥用权力和侵犯公民权利的行为，必须以法律规定其所负责任。对于公民就政府机关及其工作人员违法失职的行为提出的申诉、控告、检举，则应以法律明确规定受理的机关、处理的程序和期限。由于过去我们这方面的法律制度不完善，曾经使一些公民的冤屈长期得不到洗雪，一些政府机关和工作人员的违法乱纪行为长期得不到处理，以致酿成某些严重后果，这方面的教训应予吸取。我们是社会主义国家，人民是国家的主人，注重保障公民的权利和合法利益是天经地义之事，而要保障公民的权利和合法利益，就不能不加强和完善我们的行政法制度，加强行政法的立法工作。

行政立法的范围非常广泛，它包括国家行政机关的活动及作用的一切方面。就行政法总则来说，其内容包括行政组织、行政人员、行政法规、行政措施与行政处罚、行政监督、行政诉讼等。行政法分则则包括政治、经济、文化等各个社会领域的管理。下面简略地讨论一下行政法总则的立法内容。

1. 关于行政组织的立法。行政组织法规定行政机关的设置（改组、撤销）程序；行政机关的组成、编制、内部机构；行政机关的法律地位、内部和外部的关系；行政机关的职权、工作方式及程序（包括会议制度、讨论问题、通过决议、发布命令的制度）等。

2. 关于国家工作人员的立法。国家工作人员法规定国家工作人员的任免、考核、提升、奖惩；国家工作人员的培训；国家工作人员的退休；国家工作人员的权利、义务和责任等。

3. 关于行政法规的立法。行政法规法规定行政法规的分类；各级行政机关制定行政法规的权限（可以就哪些事项制定行政法规）；制定和颁布行政法规的程序；行政法规的合法性要求；行政法规的效力（时间效力和空间效力）；撤销行政法规的根据和程序等。

4. 关于行政措施和行政处罚的立法。行政措施和行政处罚法规定精神奖励和物质奖励的类别、授奖的条件、授奖的机关、授奖的程序；行政强制措施的种类、实施强制措施的条件、实施的机关和程序；行政处罚的类别，行政违法行为的范围和种类，科处行政处罚的机关和程序等。

5. 关于行政监督的立法。行政监督法规定监督的各种形式，如人民代表大会和人民代表大会常务委员会的监督、检察院和法院的监督、行政机关本身的监督（包括上级行政机关对下级行政机关的监督以及监察机关的监督）、专门机关的监督（如审计机关的监督）等；监督的方法（如要求行政机关报告工作，检查行政机关的工作，调阅行政机关的有关材料、文书、账目，要求行政机关就某些问题作出解释）；行使监督的程序等。

6. 关于行政诉讼的立法。行政诉讼法规定行政诉讼的范围和种类；审理行政案件的机关；公民申诉、控告、检举国家机关及其工作人员违法失职行为的程序；审理申诉、控告、检举的期限；行政损害赔偿的范围和种类；对行政案件裁决的执行等。

行政立法是加强行政领域法制的基础和前提。没有法律就谈不上法制。根据宪法修改草案的原则和精神，把各种必要的行政法制定出来，并使之系统化、完善化，以解决在行政领域有法可依的问题。在此基础上，再逐步建立健全保障行政领域法制的各种机构和制度，解决行政领域有法必依和违法必究的问题。这样，我国社会主义法制就会大大加强，我国政府机关工作的效率就会有很大提高，我国公民的权利和合法利益就会有更可靠的保障，我们的社会主义建设事业就会振兴起来。

（原载于《中国法制报》，1982－08－06）

尽快制定作为国家基本法的行政法

新中国成立以来，特别是党的十一届三中全会以后，我们已制定了许多单行的行政管理法规。但是，作为基本法的行政法和行政诉讼法，迄今尚未制定出来，这是我国社会主义法制中目前存在的一个空白。

行政法是有关行政机关、行政人员、行政职权和行政作用（在我国特别是有关经济行政职能）的法律（广义），其中有基本法和一般法规之分。行政法中的基本法是有关行政组织（静态的结构与功能）和行政活动（动态的行为与后果）的法律，它总括行政实体法与行政程序法中的基本法律精义，是和民法、刑法相并列的基本法之一。

在我们社会主义国家，行政法是政府活动的重要准则。国家行政机关及其干部以国家或人民的名义所做和不做的行为，直接涉及公民的各项权利，其范围几乎包括衣食住行、生老病死——从物质到精神的全部社会生活。国家的行政管理活动，如果没有层次分明的执行和监督机构、系统井然的办事规则和程序、依法办事的国家工作人员，就难以顺利进行。今天所谓法律不完备也正好表现在这里，所谓法制观念薄弱也表现在这里。在《民法通则》颁布以后，制定作为基本法的行政法就成为加强社会主义法制的一件刻不容缓的大事。

首先，制定作为基本法的行政法是实施宪法的迫切需要。可以说，行政法是实施宪法最基本的部门法，宪法的内容大多是原则性规定，其中很多需要行政法加以具体化，需要行政法保障其实现。例如，宪法关于行政活动基本原则的规定，关于公民基本权利和义务的规定，关于公民对国家机关及其工作人员违法失职行为提出批评、申诉、控告、检举的规定，关于对公民因国家机关及其工作人员的侵权行为而受到损害进行赔偿的规定等，都需要法律来规定其具体实现的途径和程序。没有行政法规定具体实现这些权利的途径和程序，宪法中的原则性规定就难以实现，也就不能发挥其真实的根本法作用。

其次，制定作为基本法的行政法是保障改革顺利进行和巩固发展改革成果的迫切需要。目前，我们国家正进行着具有重大历史意义的经济体制改革以及与经济体制改革相适应的政治体制和行政管理体制改革。改革迫切需要法律来保障和指导，而改革的成果尤其需要法律来巩固和发展。行政法在这些方面应该而且能够发挥重要作用。就经济体制改革来说，我们必须以法律规定政企职权的划分，企业在产、供、销、人、财、物方面的自主权，以及行政机关对企业实行宏观控制的途径和方法，以调动企业的积极性，焕发企业的生机和活力，同时保证企业合法地进行生产和经营；就政治体制改革来说，我们必须以法律规定人民群众参与国家管理、监督政府机关及其工作人员的途径和形式，规定民主集中制原则及其实行的方法和保障，规定中央和地方、上级和下级的法律关系，以建立高度的社会主义民主，防止集权和专制；就行政管理体制改革来说，我们必须以法律规定行政机关的管辖权限和管辖范围、行政机关的管理形式和管理方法，规定行政机关和管理对象的法律关系，以保证行政机关对社会的有效管理，同时防止行政机关以行政手段干预一切。

再次，制定作为基本法的行政法也是提高政府工作效率和惩治官僚主义及不正之风的迫切需要。我们的政府机关担负着组织领导社会主义现代化建设的重任，其工作效率如何，与现代化建设的成败有着直接的关系。长期以来，我们的很多政府机关机构臃肿、人浮于事、官僚主义严重，办事互相推诿、互相扯皮、拖拉耽搁、“公文旅行”，工作效率极低。这种情况是与我们没有统一的行政法有关系的。如果我们有法律严格规定行政机构的设置程序、行政机关的编制、各个机关、各个工作人员的职、权、责，如果我们有法律严格规定违反这些规定的责任及追究责任的机构、程序，上述情况就可以大大减少以至避免，从而使行政效率大大提高。同样，如果我们有法律严格规定政府机关及其工作人员的纪律和职业道德，严格规定违反这些纪律和职业道德的责任及追究其责任的机构、程序，如果我们有法律严格规定政府机关及其工作人员行使职权的程序（如审批的程序、公开的程序、向人民群众报告和征询人民群众意见的程序）和要求，很多不正之风就难以刮起来，一旦刮起来也易于揭露和制止。

最后，制定作为基本法的行政法更是保护公民合法权益的迫切需要。行政机关是对整个社会生产、生活实施管理的机关。与其他国家机关相比较，公民最经常的是与行政机关打交道。行政机关代表国家行使职能，国家赋予其广泛的权力，它们可以命令公民为一定行为或不为一定行为；可以撤销公民享有的一定具体权利或加予公民一定具体义务；可以对公民进行纪律处分、经济制裁，甚至在短时间内限制公民人身自由（行政拘留）等。行政机关的权力如此广泛，它们的工作与公民有着如此密切的联系，它们如何履行自己的职责，如何行使自己的权限，对于公民合法权益的实现就有着极大的关系。要切实保障公民的合法权益，就必须以行政法严格规定国家行政机关及其工作人员的职权、责任，使之既积极又合法地行使自己的职权，为公民提供优质的服务；同时也必须以法律规定公民对行政机关及其工作人员进行监督的形式，规定公民对行政机关及其工作人员违法失职行为进行申诉、控告、检举并对已经造成的损失请求赔偿的途径。为此就需要制定行政诉讼法，规定行政诉讼的机构和程序，使公民在其合法权益受到侵犯时能通过合法途径制止和消除这种侵犯，并恢复已被侵犯的权益。

（原载于《光明日报》，1986－07－11，与龚祥瑞、齐一飞合作。）

加强我国社会主义行政法建设

行政法制是整个社会主义法制的重要组成部分。从静态方面说，行政法制是指规范人们在行政领域内各种行为的法律和制度的系统；从动态方面说，行政法制是指由行政立法、行政司法、行政守法各个环节构成的行政管理法制化的过程。

行政法制的提出是现代行政管理的要求，它有两个显著的特征：一是“依法管理”，即管理者根据法律进行管理。法律严格规定管理者的权限和职责，规定管理者应该做什么，能够做什么，不能做什么。二是“以法管理”，即管理者运用法律进行管理，以法律规定被管理者的行为规则和控制措施。

目前，我国行政法制还很不健全、不完善。就行政立法来讲，很多必要的法律法规没有制定出来，现在也还没有一部比较集中地综合调整某一领域行政关系的统一法律文件，如行政组织法、国家工作人员法、行政立法程序法、行政执行程序法、行政奖励和行政处罚法、行政法律监督法、行政诉讼法等。单行的行政法律文件也不多（多是政策性文件），且有的已经过时；有的重复或互相矛盾，缺乏系统性、规范性。就行政执法来说，我们的执法机关很多，但是它们中很多管辖不明，责任不清，执法的方法、程序不明。一些行政法制定出来，没有明确规定它们的执行机构和执行方法。无利可得的事（如公共福利设施、公共卫生等）无人执行；有利可图的事（如罚款、没收等）大家争着执行，且执行又无一定规划、程序。执行者可以以牺牲国家利益（如罚款放行走私物品）或牺牲公民利益（如乱收费、乱摊派、乱罚款）来为他们自己谋取私利。就行政司法来说，我们现在还没有行政诉讼法，没有统一的行政诉讼机构，政府机关及其工作人员违法、越权、滥用权力、侵犯公民合法权益，公民不能通过诉讼途径保护自己的合法权益，不能请求赔偿因政府机关及其工作人员违法、越权、滥用权力行为给自己合法权益造成的损失。另外，目前大量行政争议案件（如税收、经济合同管理、商标专利管理、食品卫生管理、环境保护、商品检验等行政管理过程中发生的争议案件）的处理也没有形成和建立统一的行政裁判制度。就行政守法来说，由于我们行政立法不完备，行政执法不严格，行政司法不健全，很多人不把行政法看成是法。特别是我们有些干部，由于受封建思想的影响，总是认为法主要是镇压敌人的，其次是管理老百姓的，从来没有想到自己要受法律约束，从来不愿意用法律约束自己，这种特权思想成为在我国建立、健全行政法制的严重障碍。

党的十一届三中全会后，我国的法制建设取得了很大成绩，但是，我们应当看到，目前在我国整个法制体系中，行政法制还显得十分薄弱。因此，我们必须大力加强它，大力完善它。加强、完善行政法制必须同封建的思想、传统的观念以及种种错误认识进行斗争。同时，还要做大量扎实的工作：首先，我们要加强行政法制的宣传，普及行政法律常识，增强广大干部群众的行政法制观念，使广大干部群众了解什么是行政法制，在我国建立完善行政法制的必要性和迫切性。其次，我们必须大力加强对行政法制的研究。一方面，要认真组织力量翻译介绍世界各国有关的行政法律文件、制度以及有关的书刊资料；另一方面，加强对我国实际情况的调查研究，在调查研究的基础上，提出和完善我国行政法制建设的多种设想和方案，供立法机关决策。再次，大力加强行政法的立法工作。行政立法是项宏大的工程，应该分若干步骤进行。第一步，先整理全部现行法律文件，废除其中已过时的规定，消除其中相互矛盾或重复的规定，然后分门别类加以汇编。第二步，制定调整当前建设和改革中出现的新关系、新问题的单行法律文件，以适应建设和改革的需要。第三步，在现有和新制定的单行文件的基础上，制定若干部局部性的综合性法典，如行政组织法、行政诉讼法等。第四步，在这些局部性法典的基础上，制定出一部具有更大集中性、更大原则性的统一法典，内容以规定程序问题为主，或称行政程序法典，或称行政法纲要。最后，健全行政执法、行政法律监督和行政诉讼的机构，使制定出来的法律真正得到执行、遵守，付诸实施。

（原载于《中国法制报》，1986－07－23）

论人民法院审理行政案件的依据与司法审查权

人民法院审理行政案件，在实体法上应以什么为依据？行政法规和规章能否作为法院办案的依据？法院对于行政法规和规章的合法性和有效性是否有司法审查权？这是我国人民法院开展行政诉讼以来所面临的重大问题。我们要进一步健全和发展国家行政诉讼制度，必须认真回答这两个方面的问题。

行政诉讼不同于刑事诉讼和民事诉讼，它所要解决的是公民、企事业组织和社会团体与国家行政机关之间的争议。这种争议所涉及的问题通常不是由宪法和法律直接规定，而是由行政法规和规章具体规定的，例如食品卫生标准、药品质量标准、环境保护标准、公共场所秩序、交通规则、许可证条件等等。行政管理相对人与行政机关就行政法规和规章所调整的问题发生争议，官司打到法院，法院如果受理了这些争议案件，根据什么来裁决呢？它必须以行政法规和规章为依据，因为法院不能自己去制定一套上述各项标准的法规和规章，作为裁决行政案件的依据。

有些同志不同意以行政法规和规章（特别是规章）作为法院办案的依据。他们认为行政法规和规章属于行政行为，不属于法的范畴。法院办案只能以法为依据，而不能以行政行为作依据。而且法院同行政机关一样，都向人民代表大会负责，因此它没有义务服从行政机关。

这里提出了两个问题：

第一，行政法规和规章究竟是否属于法的范畴?

第二，法院办案以行政法规和规章为依据，是否意味着法院服从行政机关、其地位低于行政机关?

在第一个问题上，我们必须破除关于法的传统观念——法是由议会立的，只有议会才能立法。这种观念在 19 世纪也许是对的。当时西方一些国家实行严格的三权分立，只有议会能够行使立法权，行政机关只能依法行政，而不能创制任何法律。但进入 20 世纪后，议会已无力制定日益增加的调整国家管理过程中产生的各种社会关系和具有技术性的法律、法规，议会的立法权开始大部分转移到行政机关。行政机关制定的大量规范性法律文件，称为“委任立法”，对于这些委任立法，行政管理相对人必须遵守执行；在执行中发生争议，法院要适用这些委任立法作为裁决争议的依据。因此从一些法制经验丰富的国家的立法实践来看，作为委任立法的行政法规和规章属于法的范畴。

再从法的概念和法律规范体系来看，当今世界上很多法律学者均认为：由国家机关制定的，为社会全体人民所必须遵守执行的，法院能加以适用并作为裁决争议的规范性文件即是法。一国的法律体系应是一个由不同效力等级的法律规范组成的体系。在此体系中，宪法规范的法律效力等级最高，其次是法律，再次就是行政法规和规章等。因此，承认行政法规和规章是法，并无破坏法制统一之嫌；相反，不承认它们是法，不承认它们具有法的效力，反而会削弱和损害宪法和法律的效力，使宪法和法律的许多条文、许多规定不能发生实际作用。

关于前述第二个问题，我们必须认识到，法院办案以行政法规和规章为依据是国家职能分工的要求，并不意味着行政机关的地位高于法院。行政机关负责管理国家各种社会、政治、经济、文化等事务，被赋予制定有关这些管理事务的各种行政法规和规章的权力；而法院负责审理、裁决各种争议、纠纷，它当然也有权审理、裁决以行政机关为一方当事人的案件。我们同样不能因为法院能够审理行政争议、纠纷，审查行政机关的具体规定和行为，就认为法院地位高于行政机关。如果非要论谁应该服从谁，应该是某项事务属于哪个国家机关管辖，哪个国家机关在该项事务上就享有充分的管辖权，其他国家机关在该项事务上就应该服从该机关。

人民法院审理行政案件，应该以有效的行政法规和规章为依据。行政法规和规章有效的条件有三：(1) 必须是由依法有权限的行政机关制定；(2) 必须符合宪法和法律，不能与之相抵触；(3) 必须是依据法定立法程序制定的。

行政法规和规章如果违反了上述三条件，则属无效。然而由谁来确定其有效或无效呢？行政机关一般不会说自己制定的法规无效，法院也不可能根据行政管理相对人的意见就确定有效或无效。法院必须对行政法规和规章进行认真审查，然后确定其有效性。

但是有些同志却不同意法院审查行政法规和规章，理由是我国人民法院没有司法审查权，即法院应行政管理相对人的申请，审查具体行政行为以及行政法规和规章的合法性、有效性的权力。我们认为：如果法院无权审查行政法规和规章，那就意味着行政机关既行使立法权和执法权，还有权自己裁决自己制定的规范性文件有效与否。各种权力都掌握在行政机关手中，没有任何制约，人民的权利和自由就经常有受侵害之虞，而不能得到充分而有效的保障。而且虽然法院审理行政案件应以行政法规为依据，但法院如果对于这些法规和规章一律无权审查，不管其是否有效，一律作为审案依据，那么国家法制的统一就难以得到保障，当事人之间的争议也不可能在合法的前提下得到令人满意的解决。

不同意法院有权审查行政法规和规章的同志提出，审查的权力，应该由上级行政机关和人民代表机关行使。上级行政机关对下级行政机关发布的规章，人民代表机关对行政机关发布的法规和规章，当然有审查权和撤销权，但是，法院需要解决的行政法规、规章的合法性、有效性问题是在裁决特定的争议案件时遇到的，在相应案件中，行政机关或行政机关的上级行政机关本身即作为争议的一方，如果由它们来确定行政法规和规章的合法性、有效性，则会使行政诉讼在很大程度上失去意义。人民代表机关固然可以审查行政法规和规章，但人民代表机关是一个定期开会的机关，而行政案件天天发生。如果行政管理相对人对行政法规和规章的合法性、有效性提出异议，而且这是解决行政案件的前提，而我们又须等到人民代表机关开会时来讨论、决定，那么法院大量的行政案件就会积压下来，这对行政诉讼的顺利进行是不利的。至于法院对行政案件的裁决是否适当，人民代表机关当然有权进行监督并纠正其错误的裁决，但人民代表机关不宜代替法院行使司法权。

总之，加强行政立法和国家行政管理，是适应现代社会政治、经济、文化和科技迅猛发展的需要；而加强人民法院对行政立法和行政管理的监督，则是防止滥用行政权、保障国家法制和公民合法权益的需要。

（原载于《光明日报》，1989－02－07，与齐一飞合作。）

保障公民权益与制约行政权力

——行政诉讼制度的宗旨

1989年4月4日，第七届全国人民代表大会第二次会议通过了《中华人民共和国行政诉讼法》，行政诉讼制度从此正式作为一项独立的法律诉讼制度，与我国刑事诉讼制度、民事诉讼制度并列，构成我国三大法律诉讼制度。

行政诉讼不同于刑事诉讼和民事诉讼。它不是“官告民”、“民告民”，由法院审查老百姓的行为是否构成犯罪、侵权等，而是“民告官”，由法院审查政府机关的行为是否违法、越权和滥用权力。

“民告官”，作为一项正式的法律制度确立，这在中国历史上是空前的。我国古代和近现代，虽然也曾有过老百姓告官的事，但通常都是告官员个人，而不是告作为整体的“官”的政府。即使是告官员个人，历史上任何时候也没有为之确立过专门的法律诉讼制度。中国历来的制度及其理论是：皇上至高无上，国家至高无上，政府至高无上；老百姓是皇上、国家、政府的臣民；忠于皇上、国家、政府，为皇上、国家、政府效力，乃至牺牲个人的一切是臣民应尽的义务。在这种所谓“国家本位”、“义务本位”的制度和理论下，自然不可能有行政诉讼制度的产生和存在。

中华人民共和国成立以后，政府和人民的关系发生了根本的变化。人民成为国家的主人，政府及其公职人员是人民的公仆。公仆自然应该接受主人的监督。

政府及其公职人员行为违法、越权及滥用权力，自然应该接受法院的审理和裁判，因为法院是人民授权其保障法制、行使国家审判权的机关。但是新中国成立以来，我们一直宣传人民政府天然地和永恒地代表人民利益，人民应该无条件地服从政府。在这种理论和实践中，自然也不可能产生行政诉讼制度。

然而历史证明：政府及其公职人员作为人民的公仆，如果脱离人民的监督，不仅不能天然地代表人民的利益，而且还可能给人民的权益造成严重的威胁。政府机关作为行使国家行政权的机关，如果没有其他国家权力的有效制约，则不仅不可能天然地为人民服务，而且还可能滥用权力。

权力必须加以制约，行政权尤其必须加以制约。因为它们可能带来的物质和非物质的利益对人具有诱惑性、腐蚀性，而构成政府机关的政府公职人员也是人，是同样具有七情六欲、有血有肉的人。此外，又因为行政权比其他任何权力更多、更直接、更经常地涉及公民权益，如征收税费，分配物资、信贷，确定工程承包，审批出入国境、农转非、迁移户口，罚没财物、发放营业执照和许可证，批地盖房、审批发放救济金、补助金，以及决定行政拘留、劳动教养等，都直接涉及公民的各种权利和利益。行政机关如果可以没有任何制约地武断行使这些权力，法律赋予公民的权益就会失去保障，随时可能被侵犯、被剥夺。

行政诉讼制度具有很多功能，但其最主要的功能是制约行政权力和保障行政管理相对人（主要是公民，也包括企事业组织、社会团体和处于被管理地位的国家机关）的权益。诚然，行政权力也应该保障其有效行使，政府对社会进行有效的管理同样是为保障公民权益的实现所必需的，但是政府行使行政管理职能本身具有强有力的手段，它可以自己对被管理者实施强制（也可以申请法院强制），它可以对不服从管理、违反行政管理的相对人实施制裁，它实施强制和制裁并不需要通过行政诉讼和借助法院的力量去实现。与行政机关相比，行政管理相对人处于需要保护的地位。在行政管理中，他们必须服从行政机关的命令和决定，即使这种决定和命令是违法的，会给其权益、甚至生命和健康造成严重损害，他们自身也没有力量去抵抗。因此，法律必须为他们设计一种救济，以另一种国家权力去制约被错误使用或被滥用了的国家权力，以保护相对人的合法权益。可见，行政诉讼制度的宗旨乃在于制约行政权力的滥用和保护相对人的合法权益。

制约行政权力和保障行政管理相对人合法权益可以有很多途径和形式，例如权力机关、检察机关、行政监察机关的监督，以及信访机构、社会团体和报纸、电台等舆论工具的监督。但是在所有监督形式中，行政诉讼是制约行政权力和保障相对人权益的最有效、最便利的形式之一。相对于社会监督来说，行政诉讼是以国家权力制约国家权力，能够直接采取撤销、变更和责令作出某种行为（作为或不作为）的产生法律效果的措施；相对于其他国家机关的监督来说，行政诉讼涉及相对人本身权益，故能提高他们参与的更大积极性；行政诉讼有严格的时限、程序要求，故能使监督更迅速，对于双方当事人更公正；行政诉讼是由特定个人因特定事件提起和通过司法程序进行的，故能使对行政权的监督和相对人对自己权益的保障更便利。

行政诉讼法的通过和独立的行政诉讼制度的建立，标志着我国进入了民主、法治的一个新阶段，进一步加强对公民权益的司法保障和对行政权滥用的司法制约，是这个新阶段最重要的特征。

（原载于《法制日报》，1989－04－17）

民主法治和高度发展的生产力同是人类文明的目标

在行政诉讼制度实际运行中遇到的各种需要研究的问题里，有一个应特别引起我们重视和特别需要加以探讨的问题，即法治与改革开放的关系、法治与经济建设的关系。

无论是从理论上研究，还是从实践（中国的实践、外国的实践）上考察，法治与改革开放、与经济建设的关系都应该是协调一致的，而不应是相互冲突的。第一，民主、法治作为人类追求的精神文明的目标，与加强经济建设、发展生产力作为人类追求的物质文明的目标，二者是统一的，都是不可缺少的，缺少其一就不能构成完善的人类文明。第二，法治是改革开放、发展经济的软环境，没有这个软环境，外人就不敢进来或进来了不放心，国人自己也不敢放手干，怕政策变，怕干了白干。第三，法治是改革开放，发展经济，强国富民的长远保障。在某些暂时、局部的条件下，人治可能比法治更有利于改革开放和发展经济，但是从长远和全局看，没有法治终究不能保证改革开放和经济的长久发展，保证强国富民目标的实现。这一点我们可以从世界上经济发达国家和经济落后国家经验教训的比较中，从我们自己四十多年经验教训的比较中深刻地感受到。

但是，目前社会上有一些人急功近利，在“一切服从改革开放”、“一切为经济建设让路”的漂亮时髦的口号下，抛开法治搞开放，搞建设。“有法可依，有法必依，执法必严，违法必究”这个以十年“文化大革命”痛苦教训换来的法治规则，被一些人淡忘了，“依法行政，依法办事”的行政法治要求，被一些政府机关忽视了，甚至有一些人把行政诉讼作为改革开放和发展经济的障碍，想方设法避开它，绕过它，实在避不开，绕不过，就对行政审判加以干预，施加压力，让法院维持其违法或显失公正的行政行为。

当然，轻视法治目前在我国并不是普遍现象，但也不是极个别的、无足轻重的现象。我们必须予以足够的重视。在纪念《行政诉讼法》实施两周年之际，我们有必要对这一问题认真加以研究，探究解决这一问题和进一步完善我国法治的途径。

（原载于《法制日报》，1992－10－19）

加强和完善对公民财产权的法律保护

现行《宪法》第13条规定："国家保护公民的合法的收入、储蓄、房屋和其他合法财产的所有权。""国家依照法律规定保护公民的私有财产的继承权。"

财产权是公民的基本权利之一，是公民其他基本权利实现的保障。

没有财产权，公民的人身权难以得到保障。没有财产，公民无从得到衣、食、住、行。没有衣、食、住、行，何以有生命、健康、自由？

没有财产权，公民难以行使其政治权利。公民的选举权、集会权、结社权、游行权、参加国家管理权的实现，都必须有一定的经济基础。吃、穿、住没有保障，公民能用多少心思去参加选举、参加国家管理，还会有多少时间、精力去进行集会、结社、游行？

没有财产权，公民的劳动权、受教育权、文化、科技、艺术创作权的实现也会发生困难。劳动需要有劳动工具，受教育需要支付费用，从事文化、科技、艺术创作需要设备、条件。财产权没有保障，公民何以能实现这些权利？

我国目前尚处在社会主义初级阶段，物质利益是调动人们积极参加现代化建设，努力发展生产力的极重要的因素。而对公民财产权的保护乃是物质利益原则有效发挥作用的基本条件。即使社会分配是合理的，但如果合理分配所得没有保障，公民合法取得的财产随时可能被他人或政府拿去，他就不可能再有劳动、创造、投资的积极性。公民失去了劳动、创造、投资的积极性，生产力何以发展？

建立市场经济体制是中共十四大确定的、我们现在和今后的一个长时期的重大任务。市场经济是以公民个人及其组织（企业也是公民的一种组织）具有独立的财产权利为前提的。财产权如果没有保障，市场对资源的配置，市场对整个经济活动的调节都会失灵。公民及其组织在生产交换中所获得的随时都可能失去，他（它）们就不会有兴趣去考察市场，就不会用心思去研究选择自己的投资方向，就不会花精力对扩大再生产的领域、规模进行认真决策。如果这样，价值规律这只“无形的手”就发挥不了作用，价值规律不起作用，还有什么市场经济可言？另外，对公民财产权的保护也是现代文明的一种表现，特别是社会主义国家，人权应该得到高度的尊重，尊重人权的一个重要内容是尊重公民的财产权。政府不仅应为公民的财产权提供充分的法律保护，使公民对其财产有高度的安全感，更不应该侵犯公民的财产权，不得以任何非法手段、方式、借口（如滥罚款、滥收费、滥征用等）从公民那里“拿”走其合法取得的财产。

长期以来，由于“左”的指导思想的影响，我们只重视保护国家财产、保护公共财产，而忽视保护公民个人的财产。在“文化大革命”中，甚至“文化大革命”前，个人富了点，稍多有了一点财产，就认为是资本主义，非割其“尾巴”不行。只要你的财产被认为沾了“资”，无须任何法律程序，即可被查、被抄、被扣、被没收、被销毁，即使后来发现与“资”无涉，也没有任何赔偿。“文化大革命”以后，这种情况有了极大的改变，但是，对公民个人财产的法律保护并没有提到应有的高度和引起足够的重视：至今在一些地方，乱收费、乱罚款、乱摊派的“三乱”现象依然严重存在；政府行为（如违法吊扣证照、责令停产停业）侵犯了公民的财产权，造成了公民财产的损失，公民依然得不到合理的赔偿，整个国家赔偿制度在我国尚未建立。

有鉴于此，我们认为，法律界应该加强对公民财产权法律保护的研究，探讨完善我国公民财产权法律保护机制的途径和方法。在这方面，宪法学者、行政法学者、民法学者、刑法学者、诉讼法学者应通力合作，在认真进行理论研究的同时向立法机关提供相应的立法建议。

第一，宪法对公民财产权的保护应有具体法律、法规落实，法律、法规应像对公共财产的保护一样，规定任何机关、任何组织、任何个人不得以任何非法手段侵犯公民个人的财产；没有适当的补偿，国家不得征用公民个人的财产；由于国家机关和国家工作人员行为致使公民财产权受到损失的，国家应予赔偿。

第二，应特别加强和完善有关或涉及公民财产权的行政法立法，如行政处罚法、行政强制措施法、行政收费法、行政征收征用法、行政赔偿法、行政补偿法等等，防止政府和政府工作人员对公民财产权的非法侵犯。

第三，为了保障公民财产权，我国民法应进一步完善，对公民财产所有权应提供进一步的保护，对侵犯公民财产权的侵权行为应规定更完善的责任机制，对公民的财产权纠纷、争议应确定更完善的处理、裁决机制。

第四，刑法应加强对侵犯公民财产权犯罪行为的打击、制裁。在修改刑法时，对于过去刑罚条款规定这方面犯罪行为的“罚度”不够或与其他犯罪行为的罚度比较偏轻的，应加以适当的调整；对于近几年来出现的这方面的新的犯罪行为，修改刑法时，应规定新的刑罚。在刑法未修改前，则可以采取类推的办法，通过单行法律规定对这类新的犯罪行为的刑罚。

第五，在诉讼法方面，应完善保护公民财产权的行政诉讼制度、民事诉讼制度和刑事诉讼制度，应为公民财产权的保护提供更加有效的程序保障机制。

总之，公民财产权的法律保护是建立社会主义市场经济体制必须解决的一个重大课题，法律工作者有责任为解决这一课题作出自己的贡献。

（原载于《法制日报》，1993－02－17，与龚祥瑞合作）

应重视研究和解决侵犯公民财产权的实际问题

“公民财产权法律保护”专题讨论开展以来，我们收到全国各地很多公民的来信，反映其财产权被侵犯的种种事实。我们在阅读这些来信时，从所反映的各种具体侵权事实中，发现了一些带有一定普遍性的问题。为此，我们以此文转述来信中反映较多的几个问题：

一、私人房产权问题

来信反映这方面的问题主要包括：(1) 在改造城市危旧房或向外商、港商有偿转让土地建立三资企业过程中，不通知私房主，不与之协商，行政机关或所属开发公司单独与私房承租人达成协议，即拆迁私房主的出租房屋，事后反而给予私房主很低的补偿甚至不予补偿。(2) 私房租金规定偏低，房租远达不到折旧、维修与管理三项费用的水平，但有关规定要求房主对出租房的修缮却是强制性的，房主无力修缮而由承租人单位垫付修缮费的，之后房屋出售或被征收时，房主还须偿付。(3) 强制性无限期租约助长了承租人对所租私房的滥用，如转租、转借、闲置不用、改作他用、任意改造、破坏原建筑面貌等。即使承租人如此行为，房主也不能撵其搬家。(4) 私房被征收或被拆迁时，作价偏低。北京有一些房主反映，他的一个占地四百多平方米、拥有十多间房间的独居院落仅作价一万六千多元，如买一套这样的住房，要十多万元。

二、乱收费、乱摊派、乱罚款问题

来信反映这方面的问题主要包括：(1) 在农村，各种收费名目繁多，违反国务院《农民承担费用和劳务管理条例》的现象严重。有些收费缺乏标准，随意性很大；有些虽有标准，但不公开；有的虽公开了标准，但有关机关、部门以种种理由不予执行，任意提高标准。(2) 有权机关、单位在依法为公民办理证照或有关事项时，向公民索要钱物或各种“好处”，不给钱物不给好处不办事。(3) 多头罚款，重复罚款。一些行政机关为罚款而罚款，罚款的目的不是为了纠正和制裁违法行为，而是为了“增收”。例如一个机关对一个行为多次罚，多个机关对一个行为多家罚，有时罚了违法者，还要罚违法者的单位和违法者的亲属，甚至对法律、法规不禁止、法未规定罚款的行为也巧立名目罚。(4) 在进行计划生育等项工作中，违反有关法律、法规的规定，不适当地没收、封存、扣押甚至毁坏公民的财产。

三、有权人物以“权”侵“权”问题

不少来信反映一些干部，甚至较高级别的干部及其家属利用职权侵犯公民的财产权。例如，(1) 有权人物为扩建私房，蚕食邻居的宅基地；在自家房屋原外出通道或与邻居共用的通道上建造违章建筑后，强迫邻居为其再提供通道；有的甚至设法将邻居气走、挤走、撵走。(2) 有权人物利用职权白吃、白拿被管理人食物、财物，甚至强行索要被管理人的钱物。(3) 有权人物盖私房，办私事，要求所属“臣民”无偿地为其服劳役。这种情况在农村尤多。(4) 行政机关在调处有权人物与普通百姓的财产纠纷中，明显地偏向有权人物一边，以种种手段、借口作出有利于有权人物的处理，甚至法院在处理此类民事纠纷时，个别法官也全然不顾及法官应有的神圣、公正形象，故意偏袒有权人物一方。

四、行政赔偿和财物返还问题

来信反映这方面的问题主要包括：（1）“文化大革命”中被非法查抄的财物尚未完全落实政策，特别是一些当事人埋藏于地下或藏于墙壁中的金银首饰等物，一些政府财政部门以种种理由拒绝返还。（2）公民财产被行政机关和行政机关工作人员非法侵占、损坏，得不到适当赔偿或根本得不到任何赔偿。（3）行政机关对违法多收的税费拒绝返还；行政诉讼法虽有要求行政机关返还错误罚款和依法付给行政赔偿金，以及对拒付者由法院通知银行强行划拨的规定，但法院多只通知银行强制划拨公民应交付行政机关的罚款或税费，而很少通知银行强制划拨行政机关应返还给公民的不当罚款、多收的税费或应付的赔偿金。

五、行政侵权诉讼问题

来信反映这方面的问题主要包括：（1）行政机关阻止当事人就其侵权行为提起行政诉讼，其手段有不发送行政决定书（如罚款裁决书等），不告知诉权，对行政复议申请不予答复等。（2）对原告事后打击报复，在原告有事与其打交道时处处刁难，给其穿“小鞋”等。（3）法院不受理当事人的起诉或对其起诉不予答复，使公民被侵犯的权利不能最终得到司法救济，使法律对公民财产权已设立的保护机制不能发生效用。

以上问题，希望能引起有关行政机关或部门的重视，也希望关注此问题的专家、学者就这些实际问题提出见解，以向有关部门提出进一步完善公民财产权法律保护的有价值的建议。

（原载于《法制日报》，1993-02-28）

行政法对于市场经济的三大作用

为了保证社会主义市场经济体制的建立和正常运行，行政法应发挥三个方面的作用：第一，赋予政府宏观调控经济的权力和控制政府权力的行使。行政法一方面要授予政府宏观调控经济所必需的权力，另一方面要控制政府权力在所定范围内行使。第二，确定政府权力行使的方式和程序，保障政府正确、合理地行使权力。市场经济需要政府宏观调控，但宏观调控必须采取合理的方式和遵循适当的程序，因此，行政法不仅要设定政府的权力，使政府在法定权力范围内活动，而且要确立政府行使权力的方式和程序。第三，规定政府违法行使权力的责任，完善行政法制监督机制和行政法律救济机制。市场经济需要政府行使权力，但市场经济又最忌政府权力的滥用。为此，法律对滥用权力必须设定责任，设定监督和救济机制。责任是滥用权力者对其违法行为应承担的法律后果；监督是国家对权力行使者设定的制约；救济是国家对权益被违法行政行为侵犯的相对人提供的消除侵害、恢复权益的途径。要保证政府权力的合法行使，保障市场经济体制的正常运行，就必须以行政法规定严格的责任机制、完善的监督机制、有效的救济机制。

（原载于《法制日报》，1993－04－11）

实行公务员制度是民主、法治、效率的要求

公务员制度与民主

任何公民不分出身、地位、民族、性别、经济状况和思想信仰，通过考试、考核，符合法定条件者，皆可成为国家公务员，担任国家公职，参与国家管理。我国《国家公务员暂行条例》即体现了这种民主精神。《条例》第 13 条明确规定："国家行政机关录用担任主任科员以下非领导职务的国家公务员，采用公开考试、严格考核的办法，按照德才兼备的标准择优录用。"这给公众提供了担任公职的平等机会，而机会均等正是现代民主的重要内容。

除了录用这一环节外，公务员制度在考核、奖惩、职务升降、申诉控告等环节上也体现了比我们过去的干部制度更多的民主精神。过去我们对干部的考查评价多是凭领导和人事部门的主观印象，而根据现在的《条例》，考核则要先由公务员个人总结，再在听取群众意见的基础上写出评语，提出考核等次意见，经考核委员会或考核小组审核，最后才由部门负责人确定考核等次。过去我们提拔干部，多是采用"伯乐相马"的方法，而根据现在的《条例》，公务员晋升，要经

过以下程序：(1) 采取领导与群众相结合的办法产生预选对象；(2) 按照拟任职务所要求的条件进行资格审查；(3) 在年度考核的基础上进行晋升考核；(4) 由任免机关领导集体讨论决定人选。所有这些，无疑都体现了公务员制度的民主精神。

公务员制度与法治

“法治”的基本含义是依法治国、依法办事，主要指依法行政、依法管理。

国家管理领域的法治包括两个方面。其一是对外管理的法治，即国家机关及其公务人员依法对公民和法人组织等进行管理；其二是对内管理的法治，即国家依法对国家机关的编制和公务人员等进行管理。过去我们对外管理法治不完善，人治色彩很浓，对内管理就更是以领导指示、政策文件为主，人治占主导地位。人治解决不了廉政、勤政的问题，而不解决政府机关及其工作人员的廉政、勤政问题，社会主义市场经济就难以进行。因此，市场经济呼唤法治，而在人事管理方面实行法治，就不能不推出公务员制度。现在颁布的《条例》即是在人事管理领域实行法治，无论是公务员的进、出、管，都必须严格遵循法定的条件、权限、程序，任何领导人都不能不遵守法定条件、权限、程序而由个人说了算，任意进人，任意提拔人，任意处分人；任何公务员都不能不遵守法定条件、权限、程序找靠山，走门子，不符合法定升官条件的升不了官，符合法定被处分条件的免不了罚，法定该交流的要交流，法定该回避的要回避，法定该辞退的要辞退。这就是法治，这就是法治对人事管理的要求。

公务员制度与效率

市场经济要求高效率的政府、高效率的行政管理。世界许多国家的经验表明，制定公务员法，建立公务员制度，是解决这个问题的一个很好的途径。就《条例》而言，公务员制度要求采取考试、考核用人，从“进口”上把住公务员队伍的质量关，能有效地防止无能之辈和品质恶劣分子进入公务员队伍；公务员制度要求对公务员实行系统化、规范化的培训，全面提高公务员的政治、业务素质，使之不断增加和更新知识，以适应社会经济和科学技术日新月异的发展对公务员素质提出的要求；公务员制度确立一整套考核、奖惩、职务升降、工资福利待遇的竞争、激励机制，这将有利于打破过去的“大锅饭”制度，有利于调动公务员的积极性，从而给我们整个政府机关注入生机与活力，最大限度地提高政府工作效率。

另外，公务员制度确立了严格的辞职、辞退以及退休规范，为不愿意担任公职和不适于担任公职的公务员开辟了顺畅的“出口”，使公务员队伍形成制度化的择优汰劣和新陈代谢机制：能者进，庸者出，病者休，老者退，其效率自然会大为提高。

（原载于《法制日报》，1993－09－26）

行政程序法应作为社会主义市场经济体制下行政法学研究的重要课题

市场经济既要求公民、法人和其他组织享有广泛的自由、自主权，也要求政府对公民、法人和其他组织参加经济、政治、文化等各种社会活动的行为进行管理。怎样才能既保障管理，又保障被管理者的自由、自主权，防止管理者滥用管理权力去侵犯被管理者的合法权益呢？行政程序法对此有不可忽视的作用。

首先，行政程序法通过规定政府行政行为的民主、公开、听证等方式，可以约束政府机关及其工作人员以权谋私、主观武断，保障行政管理相对人机会均等。

其次，行政程序法通过规定政府行政行为的手续、步骤、时限，可以抑制政府机关及其工作人员的官僚主义、拖拉作风，提高行政效率，保障行政管理相对人与政府打交道时办事顺畅。

再次，行政程序法通过规定对政府行政行为的监督途径，可以促使政府机关及其工作人员依法行政、尽职尽责，保障行政管理相对人在权益被政府侵犯时有处申告，有处讨得公道。

我国行政法传统上只重实体，不重程序。这种传统有着深厚的历史原因。首先是经济和政治上的原因。在高度集权的计划经济体制下，被管理者没有独立的主体资格，依附于管理者。管理者可以像家长安排家庭成员一样去安排被管理者的生产、生活乃至一切。自然，管理者也会像家长关心、爱护其家庭成员一样去关心爱护被管理者。宪法和法律对公民、法人和其他组织实体权利的宣示是重要的，宣示得越多、越完善越好。至于实现的程序，则不用规定，也不宜规定。其次是思想观念上的原因：管理者不愿受约束，不愿以法律程序去限制自己“便宜行事”的自由；而对于被管理者的权利和自由，则视为“个人利益”。对于个人利益原本就要加以限制，哪里还谈得上去精心设计程序上的保护，至于对被管理者的违犯行为，要求的是打击快、打击狠，更谈不上如何去设计打击时的程序保护。最后，我国行政法上轻程序的传统还源于长期以来“左”的指导思想和路线的影响：“中心任务压倒一切，一切为中心任务让路”，为了“快”（决策快、执行快、处理快等），可以省略法律上本来就规定很少但不能不规定的程序，更谈不上力求通过立法去加强、完善法律上没有面子上也过得去的那些“烦人”的程序。

除了上述种种原因以外，行政法学在理论上对行政程序缺乏研究，国人对行政程序缺乏了解，不知其为何物，不知其功能、作用等等，这也应认为是我国行政法上（甚至不仅是行政法上）轻程序的一个原因。

要扭转这种状况，改变我国行政法上重实体、轻程序的传统，很显然，必须改变产生这种传统的整个机制，包括经济、政治、思想文化上的各个环节。从党的十一届三中全会到现在，整个机制看来已经发生变化了（当然尚未彻底变化，还在变化之中），从而加强和完善行政程序法的客观条件已经基本具备，现在的关键就是我们的主观努力。我们应该抓住时机，集中力量加强对行政程序法的研究，把行政程序法作为当前行政法学研究的重要课题。首先我们应组织学者对中外各国行政程序的模式、原则、内容、功能、作用进行研究，探讨各国行政程序制度的基本构架和运作程序以及它们的利弊得失。然后在此基础上确定我国应建立的行政程序模式，并付诸立法。立法可以两条腿走路：一边制定各部门、各领域的单行行政程序法；一边草拟行政程序总法典。总法典未出台前，单行法可先出台，总法典出台后，再修改和补充制定配套单行法。这样，经过若干年的努力，可望建立起适应我国社会主义市场经济体制的完善的行政程序法体系。

（原载于《法学家》，1993（3））

“无微不至”与“为而不微”

——政府选择什么？

在计划经济体制下，政府的管理“无微不至”。从国家的内政外交，到老百姓的穿衣戴帽，从工厂的人、财、物、产、供、销，到农村的春耕、夏种、秋收、冬藏，无一不在政府的统一计划、统一管理之下，政府的指令和关怀及于人们社会生活和经济活动的每一个细小领域。这种政府“无微不至”的管理，最终导致的结果是，窒息了我们整个中华民族的活力，使国家的国民经济接近崩溃的边缘。

那么，在市场经济体制下，还要不要政府管理呢？有人主张“无为而治”，一切让市场去调节，让社会去自我调节，价值规律和社会力量会把一切弄得好好的。“无形的手”的调节虽然会导致痛苦，但社会和经济会在市场经济中大发展。“无形的手”如果让“有形的手”（政府调节）取代，社会的痛苦可能暂时减缓，但社会和经济发展的动力也可能同时减弱，社会、经济内在的发展机制可能因此受到破坏。因而，最好的政府还是少管事的政府。“无为而治”在我国古代，在西方近代自由资本主义时代，都有过成功的例子。

然而，无论是历史还是现实，完全的“无为而治”、完全的“不管事的政府”是没有的。现代社会不同于自由资本主义时代，更不同于社会关系和经济关系比现在简单得不可比拟的古代，政府不对社会经济生活进行一定范围的管理和一定程度的干预是不可想象的。试想，现代交通、现代邮电、现代能源、现代环保、现代的贸易与市场……没有政府的管理和干预将会是什么样子？

很显然，在市场经济体制下，政府既不能“无微不至”，也不能“无为而治”，正确的选择是，有所为而不至微，“为而不微”。对于市场，政府应该管，但管只应管大的方面：发展方向、结构关系、竞争规范与秩序、社会保障等，而不应该及于企业、组织、私人的内部事务。

（原载于《新大陆》，1994（2））

市场经济需要什么样的政府

社会主义市场经济不同于计划经济，市场经济体制下的政府也不可能同于计划经济体制下的政府，那么，市场经济要求一个什么样的政府与之相适应呢？有人认为，市场经济属于“自由经济”，因而它所需要的政府应是一个“无为的政府”。“无为而治”在中国古代确曾有过成功之例。在西方，也曾有过“最好的政府是管事最少的政府”之说，并且，“少管事的政府”也确因给当时资本主义经济的发展提供了自由而促进了经济的发展。但是现代的市场经济已不同于昔日的自由资本主义时代的市场经济，更不同于古代的农业经济，政府过于“无为”，“不管事”或“少管事”，恐怕不仅无助于经济的发展，而且会不可避免地导致市场经济秩序的混乱。在现代市场经济的条件下，如果没有政府的一定的宏观调控，没有政府对市场经济主体行为的一定的监督管理，那么，垄断、不正当竞争、假冒伪劣行为、污染环境、破坏生态的行为等，不仅将使市场经济难以运行，而且将威胁人类自身的生存和发展。

诚然，我们曾饱尝计划体制下政府干预过多的苦头。那时，政府什么都管，试图把一切经济活动，把企业和其他经济组织的一切行为都纳入政府的计划和控制的范围之内，结果是窒息了个人和组织的主动性、创造性，使整个经济失去了生机，整个国家失去了活力。由此可见，政府管得宽、管得细、管得死是计划经济体制的需要，而市场经济则不需要这样的政府。

市场经济所要求的政府不能是一个“无为”的政府，也不能是一个“无所不为”的政府。根据《中共中央关于建立社会主义市场经济体制若干问题的决定》，它应该是一个有所为又有所不为的政府，即在宏观调控上有所为，而对市场经济主体具体的经营活动不横加干预（有所不为），为此，现在的政府职能必须转变，现行政府机构必须改革。《决定》指出，“转变政府职能，改革政府机构，是建立社会主义市场经济体制的迫切要求”。适应市场经济的发展需要，今后政府管理经济的职能“主要是制订和执行宏观调控政策，搞好基础设施建设，创造良好的经济发展环境。同时，要培育市场体系，监督市场运行和维护平等竞争，调节社会分配和组织社会保障，控制人口增长，保护自然资源和生态环境，管理国有资产和监督国有资产经营，实现国家的经济和社会发展目标”。

市场经济要求一个精干的政府。因为机构臃肿，衙门太多，市场经济主体就难以获得必要的自主权，难以获得较充分的经营自由（因为是政府机构，它就要管事；是衙门，老百姓就要去找、去求），从而使市场失去生机和活力。因此，搞市场经济必须大刀阔斧地把那些大大小小的不必要的机构砍掉。

市场经济也要求一个高效的政府。高效的政府并不是无所不为、无所不能的政府，二者是有根本区别的。前者是市场经济所需要的，后者则是计划经济体制的产物和需要。高效是政府行使其市场经济管理必要职能的高效。没有此种高效，国民经济就不可能高速和高质量发展，市场经济秩序亦难以维持。高效政府与精干政府是相联系的，机构臃肿，人浮于事，互相推诿，互相扯皮，不可能有高效。但高效政府不仅要求政府机构精干，还要求建立一支高素质的公务员队伍，因此，机构改革应与建立和推行公务员制度结合起来。

市场经济不仅要求政府精干、高效，而且要求政府工作人员廉洁。只有廉洁，政府才能取信于民，作为市场经济活动参与者的“民”，才会心悦诚服地服从作为市场经济活动管理者和调节者的政府的管理，政府才能顺利而有效地实现对市场经济的宏观调控。相反，政府如果腐败，政府工作人员贪污受贿、以权谋私、滥用职权，就会失信于民，其管理就会失效、失灵，从而导致市场经济秩序混乱，甚至导致政治风波，影响政权的稳定。因此，搞市场经济必须抓廉政建设，建立一个廉洁的政府。只有廉洁的政府才能担当起管理市场经济的重任，腐败的政府是不堪此负的。

（原载于《法制日报》，1994－04－04）

行政处罚程序的设计应同时兼顾控制处罚权滥用和保障处罚权有效行使两项目标

程序的设计是行政处罚立法应解决的一个重要问题，甚至是一个最重要的问题。

我国行政处罚应设计什么样的程序，取决于我国行政处罚立法的目标模式。从国外情况看，行政处罚立法主要有两种目标模式——侧重控制处罚权滥用的模式和侧重保障处罚权有效行使的模式。前一行政处罚立法模式所追求的主要目标是保护公民个人、组织（包括被处罚对象）的合法权益；后一行政处罚立法模式所追求的主要目标是维护国家利益和社会秩序，此两种目标在许多情况下可以是统一的，但在不少情况下也可能发生冲突。在发生冲突的情况下，前一模式选择的解决办法是舍效率，保权利；后一模式选择的解决办法是舍权利，保效率，或者说舍个人利益，保国家、社会利益。

中国行政处罚立法应选择什么样的目标模式，是选择以控权为主的模式，还是选择以保障效率为主的模式，这恐怕需要认真研究。

中国法制历来有重义务，轻权利，以公民义务为本位的传统，古代封建法制如此，国民党统治时期的旧中国的法制如此，新中国成立之后的法制也深受这种传统的影响。以公民义务为本位的法制显然不利于防止行政专制和政府官员滥用权力，不利于民主政治建设。为了纠正中国法制传统上的这种偏向，加强国民的民主、法治意识，行政处罚立法似应选择以控权为主的模式。

但是，从中国目前生产力发展水平的状况来讲，法制的民主性又不可能推进过快。民主和效率虽然并非绝对矛盾，但民主如果脱离生产力的发展水平而推进过快，公民个人权利的保障如果脱离社会公益的维护而强调过多，又确实可能影响效率，影响经济发展速度，不利于社会生产力的发展。正是出于这种考虑，中国目前在社会分配和社会保障方面确定的政策是：效率优先，兼顾公平。这种政策虽然并不完全适用于行政处罚立法，但行政处罚立法的目标选择也不能不把效率放在非常重要的位置上。

由此可见，中国行政处罚立法的目标模式既不能完全选择效率模式，忽视对行政权力的控制和对公民权益的保护，也不能完全选择控权模式，忽视提高行政效率和保障行政管理的顺利进行。因此，行政处罚立法在程序制度的设计上，应尽可能做到二者兼顾，既有利于控制处罚权的滥用，保护公民、组织的权益，又有利于提高行政效率。在某些情况下，程序的设计可能难以兼顾二者：控权即难于提高效率，提高效率即难于控权。对于这种情况，则应具体情况具体分析和具体对待。例如，在设计处罚裁决程序上，具有司法性质的听证程序有利于控权和保护相对人的权利，但实行这种程序显然难于兼顾效率，特别是对于大量轻微违法行为的处罚，如果都采用正式的听证程序，就会造成大量人力、财力以及时间的耗费，且不利于及时、有效地制止和打击违法行为，维护社会秩序。那么处罚裁决是否应该放弃此种程序，而采取行政机关直接处罚的简易程序呢？简易程序当然有利于加快处罚速度，提高处罚效率，但是这样做显然不利于保障处罚的准确、公正和保护相对人的权益。因此，协调二者的矛盾，处罚裁决程序的设计和选择就不能简单地采取二者非此即彼的思路，而可以考虑同时设计两种或两种以上的程序，分别适用于对不同类别的违法行为的行政处罚。例如，对严重违法行为实施的较重的行政处罚（如劳教、拘留、吊扣营业执照、数额巨大的罚款等）可以规定适用听证程序，即处罚裁决机构在违法行为指控人（调查违法行为的机构）和被指控人均在场的情况下，接受他们各自提供的证据和有关材料，听取他们的陈述和辩论，然后依据法律、法规和听证中通过辩论、质证认定的事实作出裁决。对一般违法行为实施的较轻的行政处罚（如数额不大的罚款或责令作出或不作出某种行为的处罚等），可规定适用普通程序，即行政执法机构根据自己通过调查所取得的有关违法行为的事实材料及相应证据，在听取调查人的意见、解释、说明或申辩后作出处罚裁决。对某些特殊的违法行为（如交通、市场、食品卫生、市容管理等方面的违法行为）实施小额罚款或警告处罚，则可适用效率更高的简易程序。行政处罚程序如果这样设计，就可以同时兼顾控制处罚权滥用、保护相对人权益和维护处罚权有效行使、提高行政效率两方面的目标。

（原载于《行政法学研究》，1995（2））

依法打假与保护被打假人的诉权

四川省夹江县人民法院和成都市中级人民法院先后对夹江县彩印厂不服四川省技术监督局行政强制措施和行政处罚作出了判决。两法院的判决均维持了打假者的具体行政行为，驳回了制假者的诉讼请求。一些群众对法院受理和审理此案心存困惑：法院为什么要受理制假者状告打假者的案件呢？怎么让打假者上了被告席呢？

群众对该案的情绪和态度反映了人们对目前严重的制假行为的极端痛恨和愤慨，但他们的认识也隐含着对行政法和行政诉讼制度的不理解。

第一，根据我国行政诉讼法的规定，公民、法人和其他组织对行政机关的具体行政行为不服，有权依法提起行政诉讼。在行政诉讼中，原告只能是行政相对人，被告只能是行政机关。而在作为原告的行政相对人中，必然会有无理告状的"恶人"，也存在着合法权益确实被侵犯的冤屈者；在作为被告的行政机关中，必然会有依法行政的执法者，也会有违法行政的滥用权力者。但谁是恶人，谁是真正的冤屈者；谁是依法行政的执法人员，谁是滥用权力者，这些在原告、被告身上都不会有明显的外在标志，只有通过法院审判后，才能确定具体案件中的是与非。而且，原告、被告在具体案件中的是非也不能证明其整体品质的善、恶，如果仅以行政机关认定相对人是"恶人"就不允许其起诉，而行政机关对相对人实施制裁行为，总会认为相对人是有“恶行”的，这样，行政诉讼制度就不能启动和运作。因此，很显然，一个国家只要建立了“民告官”的行政诉讼制度，就必然会有“制假者”（无论其是否真正制了假）状告“打假者”（无论其是否真正依法打假）之类的案件发生。

第二，原告是真正的制假者并不能反证被告的打假行为必然合法、正确。根据行政法的原理，行政机关的行为合法必须具备三个基本要件，即主体合法、内容合法、程序合法。所谓主体合法，是指行政机关作出相应行政行为必须享有明确的法定权限，不能越权行使其他行政机关或其他国家机关的职权；所谓内容合法，是指行政机关的相应行政行为必须有事实根据，证据确凿，适用法律、法规正确；所谓程序合法，是指行政机关作出相应的行政行为必须遵循法律规定的方式、步骤、顺序、时限。作为打假行政行为，即使“打”的是真正的制假者，也不能以此证明该行政行为是合法行政行为，打了真“假”，顶多只能证明其行为内容合法，而不能同时证明其行为主体合法、程序合法。

第三，法院受理制假者（无论是否真正制假）的起诉和审理相应的行政案件，并不意味着法院对原告的指控和诉讼请求予以认可或支持。根据行政诉讼法的规定，人民法院受理和审理行政案件的主要目的，是保护公民、法人和其他组织的合法权益，维护和监督行政机关依法行使行政职权。原告提起行政诉讼时，法院尚无法认定其合法权益是否真正被侵犯，也无法认定被告的行为是否是合法行使职权。这些都只能在案件受理以后，通过公开、严格的诉讼程序进行审理，才能最后确定和作出判决。如果在原告起诉时，法院仅根据被告行政机关的主张和社会舆论的倾向，即认定原告是“制假者”、“恶人”，而不受理其起诉，将其拒之于法院门外，就不可能全面实现行政诉讼的目的，反而可能使真正冤屈者的合法权益得不到保护，从而使行政机关自觉或不自觉实施的违法行政行为得不到纠正。

第四，作为打假者的行政机关的行为接受司法监督是法治的要求。作为打假者的行政机关享有行政权力，而行政权力具有两重性：一方面它可以维护社会秩序，提供社会服务，另一方面如果权力不加控制和制约，又具有腐败和滥用的趋势。为此，对行政权必须设置严格的法律监督机制，而行政诉讼、司法审查正是法律监督机制中的一个重要环节。行政机关做被告并没有什么不光彩之处，相反，它说明我们的政府是一个自觉接受监督的法制政府。作为打假者的行政机关，要正确行使打假行政权，纠正在实践中可能发生的错误和偏差，防止其违法、不当行为侵犯公民、法人和其他组织的合法权益，其打假行为应该接受司法监督。

由此可见，为了监督和保障行政机关依法行政，法律应该赋予和保护公民、法人和其他组织对行政机关提起行政诉讼的诉权；为了监督和保障打假者依法打假，法律应该赋予和保护被打假者对打假者提起行政诉讼的诉权。换句话说，法律赋予被打假者以行政诉讼的诉权，正是为了使打假者依法打假：一方面使真正的制假行为受到打击、制裁，另一方面，又防止和避免发生冤假错案。

（原载于《法制日报》，1996－04－15）

健全行政法治　规范行政行为

行政法就其实质而言，是规范行政行为，调整政府与公民（个人、组织）之间关系的法。在封建时代，君权至上，统治者的权力不受控制，从而不可能有行政法。在自由资本主义时代，政府权力有限，其所介入的领域和所干预的事项有限，公民与政府打交道的场合不多，故社会对行政法的需要程度不大，因此，那时虽有行政法，但行政法很不发达。人类进入 20 世纪以后，社会经济随着现代科学技术进步取得了迅猛的发展，科技进步和经济高速发展一方面给人类带来了大量的财富，另一方面也给社会带来了大量的矛盾和问题，如环境污染、生态破坏、不正当竞争与垄断、通货膨胀、失业、吸毒等。解决这些社会问题需要加强政府的权力，行政权遂开始广泛介入人们社会、经济生活的各个领域。政府对社会、经济的管理、监督、指导、协调在一定程度上消除或缓解了社会矛盾，为社会各群体共同相处和经济活动的进行及发展提供了秩序，但行政权的加强又给人们带来了新的社会问题：行政机关及其工作人员滥用权力、贪污腐败、以权谋私、侵犯行政相对人的合法权益等。为此，人们不得不改造旧的机制，在旧的机制中增加新的控制系统，以使原控制机制能有效地发挥作用，对社会实施有效的调控，以保障社会秩序。

在计划经济体制下，我国的行政法很不发达，没有确立公民个人、组织与行政机关相对应的行政法律关系主体地位。那时，公民个人几乎均从属于一定的组织、单位，各组织、单位又均从属于一定的行政机关。对于从属、依附关系来说，其维系所依靠的是命令、服从，而不是法律。此外，当时作为被管理者的企业和其他组织绝大多数是国营或国有的，它们没有属于自身的财产；至于公民个人，其财产仅限于有限的生活资料和微薄的工资收入，这种经济状况自然不可能使行政相对人成为可与行政机关平等争论法律是非（是否违法，是否侵权等）的一方法律主体，从而管理者也就不需要，被管理者也不会要求制定行政法来规范双方的关系。

市场经济体制下情况则不同。在这种体制下，企业获得了独立的经营自主权，它们在市场竞争中自担风险、自负盈亏，它们的生存和发展要求有法律保护其免受行政权的任意支配和干预，然而市场经济又需要政府对经济进行宏观调控，对相对人的行为进行一定的管理。在这种情况下，就需要以法律规定政府和被管理者各自的权利、义务，以法律规范它们的相互关系。不仅政府可以依法制裁违法的相对人，相对人也可以依法对政府的违法行为提起诉讼，要求政府承担违法责任。政府和被管理者均成为了独立的法律主体。另外，在市场经济体制下，企业和其他组织有了自己的财产，公民个人不仅拥有生活资料，还可以创办私人企业和其他经济实体。强大的经济实力使其有信心作为与行政机关对应的法律主体；同时，其因拥有属于自己的财富也深感需要法律保护。这样，行政法就成了全社会的个人、组织，特别是拥有财产权、经营权的企业和其他经济组织的迫切需要。为此，必须健全和完善行政法制，通过行政法制维护行政管理，规范行政行为，调整行政主体与行政相对人之间的关系。行政法在这方面的作用主要表现在以下三个方面：

一、赋予政府权力，确定行政权力的界限

现代社会一方面需要政府权力的一定介入，以保障秩序；另一方面需要排除政府权力的过度干预，以保障个人、组织的自由和市场主体的活力。为此，就必须健全、完善行政组织法，明确规定各行政机关的职权、职责。行政组织法确定

行政机关的职权、职责的意义在于：第一，明确各行政机关有权干什么，它能够对行政管理相对人作出什么行为，行政相对人对行政机关的哪些行为有服从的义务。第二，明确各行政机关应该干什么，它应该对社会实施哪些管理行为，为相对人提供哪些管理服务，行政机关不实施相应行为和提供相应服务，行政相对人可以以其“不作为”为由提起申诉、控告或向法院起诉相应的行政机关。第三，明确各行政机关只能干什么，不能干什么。根据依法行政的原则，行政机关实施行政行为必须有法律依据，行政机关超越职权、职责对相对人实施的行为，相对人没有服从的义务，行政机关要求相对人服从，相对人可以以其“越权”为由提起申诉、控告或向法院起诉相应的行政机关。

二、规范政府权力的行使，确定行政行为的方式

要保障市场的运行，防止行政主体对市场主体权益的侵犯，光靠限制行政权力是不够的。各行政机关的权力即使以法律予以明确界定，且界定得较为合理、适当，但是如果在行使这些权力时行政机关随心所欲、以权谋私、贪污腐败，同样会使市场失去秩序，把经济搞乱、搞垮。因此，必须制定和完善行政程序法，以规范政府行为的方式，确定政府行使行政权的基本原则（公开、公平、公正）等。今年第八届全国人民代表大会第四次会议通过的《行政处罚法》即是我国第一部全面规范行政处罚的行政程序基本法。今后我国还将陆续制定规范其他方面行政行为（如许可、征收、强制执行等）的行政程序法以及规范整个行政行为的统一行政程序法典。行政程序法的意义在于：第一，保障民主，防止专断。第二，保障廉政，防止腐败。第三，保障相对人的权益，防止侵权。第四，保障行政效率，防止推诿拖拉的官僚主义。

三、规定政府侵权行为的责任，为行政相对人提供法律救济

目前，我国行政救济的主要制度有行政申诉制度、行政复议制度、行政诉讼

制度、行政赔偿制度等。法律确定这些行政救济制度的意义在于：第一，增强公民个人、组织对政府的信任和参与社会经济生活的安全感，营造市场经济的良好软环境。政府如对侵权行为不承担法律责任，公民个人、组织受到行政侵权如不能获得救济，人们就会失去创造财富、发展经济的积极性，市场经济就难以正常运行。第二，提高政府工作人员的法治观念，促进政府依法行政。法治与尊重人权、尊重被管理者的合法权益是紧密联系的，政府机关及其工作人员因行政侵权行为受到法律追究后，会使其逐步懂得权力不可滥用，被管理者的权益不可随意侵犯，从而使政府机关及其工作人员逐步养成依法行政的习惯。第三，增强外商投资的信心，促进对外开放。外商进入一国投资，其目的是很明确的，那就是要赚钱。赚钱不能不考虑赚钱行为的安全和赚到的钱的安全。如果政府不能保证他们的此种安全，他们的权益受到政府及其工作人员侵犯后不能获得适当的救济，他们就不会有投资的积极性。第四，维护社会公正，保障社会稳定。一个国家，无论法律如何严密，制度如何健全，不公正和冤屈的事情总是难以避免的；一个国家的政府，无论如何廉政、勤政，个别的腐败行为、个别的官僚主义总是难以避免的。社会的不公正现象和政府机关及其工作人员的腐败、官僚主义、侵权行为等自然是导致社会不稳定的因素，此种因素必须限制在一定范围内，才不致造成大的社会动荡。这种限制机制的重要环节就是行政救济制度：公民个人或组织受到政府机关及其工作人员违法行为的侵害，有了气，法律为之提供一个途径给他出气消化，气出了，气消了，事情也就平息下来了；否则，社会稳定性就要被动摇，没有稳定，发展市场经济、强国富民就都只能变成一句空话。

以上是行政法制规范一般行政行为的作用。工商行政管理行为是市场经济体制下最典型的行政行为，其对行政法的需要度和行政法对之规范的作用超过其他一般行政行为，因此，加强工商行政管理领域的行政法制较其他行政领域具有更重要的意义。

（原载于《中国工商管理研究》，1996（6））

依法设罚 依法科罚

——也谈《行政处罚法》

《中华人民共和国行政处罚法》已于10月1日起正式施行。该法为规范行政主体的行政处罚行为，确立了一项最重要的基本原则：依法设罚，依法科罚。《行政处罚法》预定的立法目的能否真正实现，该法能否产生真正的治乱、治滥、治软的实际效果，关键取决于这一基本原则能否在实践中真正得到贯彻执行，真正得到落实。

所谓“依法设罚”，根据《行政处罚法》的规定，主要包括下述三项要求：(1)应受行政处罚的行为必须由法律、法规、规章规定，任何其他规范性或非规范性文件均不得规定行政相对人的何种行为应受行政处罚；(2)法律、法规、规章规定行政处罚，其处罚种类必须遵循《行政处罚法》的统一规定，法律、法规有特殊需要时可设定其他罚种，规章和规章以外的其他规范性文件则不得设定任何新的罚种；(3)法律、法规、规章规定行政处罚，必须遵循《行政处罚法》关于设罚的权限范围，不得超越，例如，行政法规不得设立限制人身自由的行政处罚，地方性法规不得设立限制人身自由和吊销企业营业执照的行政处罚，规章不得设立警告和罚款以外的行政处罚。

所谓“依法科罚”，根据《行政处罚法》的规定，主要包括下述四项要求：(1)行政主体科处行政处罚，必须遵循法定处罚权限，如限制人身自由的行政处罚只能由公安机关科处，其他任何行政机关均不得实施拘留一类涉及公民人身自由的行政处罚；（2）行政主体科处行政处罚，其所罚行为必须是法律、法规、规章规定应予处罚的行为，任何个人、组织的行为，法无明文规定不受罚；（3）行政主体科处行政处罚，必须遵循法定处罚种类、处罚幅度，行政相对人对超越法定罚种、罚度的行政处罚，均可通过行政复议或行政诉讼请求撤销；（4）行政主体科处行政处罚，必须遵循《行政处罚法》规定的程序和其他法定程序，行政相对人对违反重要法定程序的行政处罚，可视为无效而不予履行。

依法设罚、依法科罚的行政处罚基本原则虽已为《行政处罚法》所明定，但真正要使这一原则在实践中得到全面贯彻执行，却不是一件很容易的事情。首先，我国有着长期的人治传统，法治对很多人来说还不熟悉，不习惯，甚至还有一些人有抵触情绪，认为这样做不利于打击违法行为，维护社会秩序；其次，经济利益和其他利益机制的驱动，地方保护主义、部门保护主义的影响，使一些人只知罚而不知法，或虽知法而故意规避法，甚至故意违法设罚，违法科罚；再次，部分行政立法、行政执法人员素质低，可能不自觉地违法设罚，违法科罚；最后，目前我国有关行政管理的实体法和程序法都尚不完善，某些法律规范还存在着相互冲突的情形，加上资金不足、设备不先进等因素，都可能给行政处罚法治原则的实现带来困难。

法贵执行，依法设罚、依法科罚的行政处罚基本原则既然已为《行政处罚法》所明确规定，就应当保障其得到切实的执行。尽管在我国目前的情况下，其执行如同前述会有种种困难，但只要我们采取有力的措施，前述困难都是可以克服的。这里的关键在于我们各级政府、各级领导采取什么态度，是否真正准备在行政处罚领域，乃至整个行政管理领域实行法治。如果我们真正决心实行法治，那么种种困难、问题都是可以克服、可以解决的，人们的观念可以通过普法宣传和法治实践的教育逐步转变；利益机制问题可以通过改革相应体制逐步调整；行政立法、行政执法人员的素质可以通过各种形式的培训逐步提高；法律不完善、法律规范冲突的问题可以通过加快立法步伐和法规清理工作而得以解决，等等。

《行政处罚法》开始实施了，这对于我们各级行政机关和行政执法人员来说，可以认为是面临着一场考试，考试的总题目就是一个：依法设罚，依法科罚。我们能否交出合格的试卷，全国人民正拭目以待。

（原载于《法制日报》，1996－10－07）

领导干部要学好宪法和行政法

《中央宣传部、司法部关于在公民中开展法制宣传教育的第三个五年规划》将县处级以上领导干部列为“三五”普法的首位重点对象，要求“县处级以上领导干部要在深入学习邓小平同志关于社会主义民主与法制建设理论的基础上，重点了解和掌握宪法、国家赔偿法、行政处罚法、行政诉讼法、国家公务员暂行条例以及与本职工作相关的其他法律、法规，在学法、用法和守法中发挥表率作用”。《规划》所列的上述各项法律、法规中，除宪法外，其他基本上都属于行政法的范畴（我国行政法还缺一部重要法律——行政程序法典）。可见，“三五”普法的一个重要特点是：领导干部是普法的重点对象，宪法、行政法是领导干部普法的重点内容。

领导干部学法，首先要学宪法和行政法，这是由领导干部的工作性质所决定的。领导干部不同于一般干部或专业技术干部，他们所主管的是一个地区、一个部门乃至整个国家的全面性工作，他们必须懂政治，把握好相应地区、部门以至整个国家的发展方向，使各方面的局部工作能统一、协调、有序和稳定地进行。为此，他们必须认真学习宪法和行政法，因为宪法所规定的是国家的国体、政体，国家发展的总体目标、方向，公民的基本权利、义务以及国家的基本政治、经济体制等；行政法所规定的是政府和公民、法人及其他组织的行政关系，政府及政府工作人员实施行政行为所应遵循的基本规则、基本程序以及其行为违法所应负的法律责任（包括对国家的责任和对行政相对人的责任）等。宪法、行政法不是调整某一具体社会关系、规定某一具体事项的法律、法规（如投资法、贸易法、银行法等），而是国家的根本法（宪法）、基本法（行政法）。作为领导干部，要把握全局，决定政策，自然要学好宪法和行政法。我国要实现法治，实行依法治国、依法行政，领导干部不懂宪法、行政法，或者不甚懂宪法和行政法，是不可想象的。

现在"三五"普法已全面展开，各地、各部门都非常重视，采取各种形式组织一般公民和干部，特别是领导干部学法，如举办培训班、研讨班，请法学专家讲课等。全民学法和领导干部带头学法的氛围正在全国形成。但在这种很好的形势下也存在一个不足，那就是学法的内容过分偏重调整经济事务的具体法律、法规，而对宪法和行政法重视不够。当然，对于领导干部，特别是主管经济的领导干部来说，发展经济是中心任务，学习有关经济的具体法律、法规是非常必要的。但是，保障经济发展的法律绝不只是经济法。一个国家，如果没有好的宪法和行政法，不解决国体、政体问题，不解决经济发展的基本体制问题，不解决政府和公民的关系问题，不解决政府对经济管理的范围、方式问题，经济不可能正常、稳定发展，更难以高速发展。而且，作为社会主义国家的领导干部，在领导经济工作时，眼睛也不能只看着经济，还必须讲政治，而讲政治就不能不懂国家的宪法，不能不懂行政法。

（原载于《法制日报》，1996-10-21）

授权、分权、控权

——平衡行政法生存的“理”

黑格尔曾提出过一个著名的命题：“凡是现实的都是合理的”，“现实性在其展开过程中表明为必然性”（黑格尔《法哲学原理》）。行政法为什么产生、存在？其生存合的是什么“理”？有什么必要性、必然性？行政法追求的目的是什么？它实际有什么功能？怎样发挥其功能？这是行政法基本理论要回答的问题。关于这些问题答案的学说即构成行政法的理论基础。

人们在社会中共同生活，需要确立和遵守一定的共同生活规则和秩序，从而也就需要有立法者制定这些规则和确立相应秩序，需要有执法者维持这些规则和秩序。在民主政治体制下，立法者是人民代表机关，执法者是人民代表机关产生的政府。政府执法的权力由人民代表机关通过法律授予，政府只能在法律授予的权限范围内对社会实施管理。授权有两层意义：一是表明政府在人民之下，其管理权限是人民授予的；二是限定政府的权限，政府不能无法律授权根据而任意行为。现代社会的政府通常是一个庞大组织，由各种层级、各种类别的行政机关组成，因此授予政府的权力要再通过法律在它们之中适当地划分。分权亦有两重意义：一是使各行政机关职权明确，以保证其各司其职，协调有效运转；二是使其相互制约，防止滥用权力。在现代社会，政府享有的行政权是很广泛很强大的。行政权具有两重性：既可以保护人民，为人民谋福利；又可能被滥用，侵犯人民的权利、自由，侵害人民的利益。因此，需要通过法律确立一定的机制对之加以控制，使之扬善抑恶。控权机制除了通过授权和分权来控制以外，主要是建立各种监督制度：权力机关的监督、司法机关的监督以及行政系统内部的监督等。控权的意义也是两方面的：一是防止越权和权力滥用，保护人民的权利自由不被政府侵犯；二是保障权力依法、正确、有效行使，使之充分实现人民授权的目的。

行政法为什么生存？授权、分权、控权的需要也。然而，权如何授、如何分、如何控？这需要有一个指导思想，有一种支配的理念。对这种指导思想、这种理念，近年来行政法学界提出了很多种主张，有控权论、管理论、为人民服务论、共同利益本位论、平衡论，等等。在所有各种“论”中，我倾向于“平衡论”。因为，一是平衡论比较全面，它兼顾了公益与私益，公平与效率；二是平衡论比较深刻，它奠基于哲学上的“两点论”和矛盾论，揭示了行政法所调整的社会关系的内在联系——行政主体与行政相对方的对立统一；三是平衡论比较实际，“走极端”的理论在实践中是难以行得通的，以强力实行必然导致对现行社会秩序的破坏；四是平衡论较有针对性，历史上我们吃“一点论”、“走极端”的亏太多、太大了，今天我们制定政策和法律必然以历史经验为鉴；五是平衡论更适于解释行政法存在的“合理”性。

我虽然倾向于“平衡论”，但是主张对平衡论应有全面、正确的认识。行政法的产生和存在是基于调节公民和政府关系的需要，官与民的关系古已有之，但行政法（现代意义上的行政法）却不是古已有之，行政法只有在民主政治的条件下才能产生和存在。人民为主权者，政府由人民产生，人民赋予政府权力，政府依据人民赋予的权力管理人民（公民）的权力必须与人民赋予政府的权力保持“平衡”。否则，政府行使的权力大于人民赋予的权力，人民主权就被颠覆了；反之，政府不行使或行使不了人民赋予的权力，社会秩序就会混乱，人民建立政府的目的即实现不了。正因为如此，对政府行使权力既必须加以控制（“控权论”在一定意义上是“合理”的），同时又必须加以保障（“管理论”在一定意义上同样是合理的），控制和保障的度就是平衡，这是平衡的第一个意义。平衡的第二个意义是政府权力之间的平衡。人民建立政府（广义的政府），是使政府服务于人民，而不是让政府为自己牟“私利”。政府和政府工作人员为自己谋私利就是滥用权利。但是有权力的人不受控制则必然滥用权力，为此就必须设定权力制约机制：行政权要受到司法权制约，行政权内部也要相互制约。然而制约不是目的，制约是为了使权力更正确、更有效地行使。因此很显然，行政法在实现其授权、分权、控权功能的过程中，必须保持和保障平衡，不能太“过”，又不能“不及”。当然，平衡是动态的、总体上的，不同时期、不同地方、不同条件下，自然应有重点、有倾斜。

“平衡论”是罗豪才教授首先倡导的，我是拥护者，我的书、我的文章对平衡论虽然很少专门阐述，但基本上都运用、贯穿平衡的思想。例如，我近年来发表的关于行政程序、行政处罚、市场经济与行政法的论文，都既讲到要控制行政权，保护公民合法权益，又讲到要维护行政权的合法行使，以保障社会公益等。

行政法学主要是一门应用法学，但应用法学也有理论问题，过去我们不太重视理论层面的研究，使应用研究难以深入，整个学科缺乏内在的严密联系。因此，现在有必要加强理论研究，适当集中一些人来专攻或主攻基础理论是完全必要的。当然，作为应用学科，更多的人无疑应从事应用研究。虽然应用研究不能完全与理论研究分开，但大致的分工还是应该有的。不过，现在也应防止另一个极端：只重理论而忽视具体实践、具体法律规范的研究。科学研究如果不从具体实践、具体规范入手，从特别到一般，从具体到抽象，而一入门就高谈此“论”、彼“论”，甚至忙于造“论”，这样做学问最后恐怕也是难以有所成就的。

（原载于《中外法学》，1996（5））

依法行政是建立法治国家的关键

——中国法学会行政法学研究会1996年年会综述

1996年12月中旬在杭州市召开的中国法学会行政法学研究会1996年年会，重点讨论了依法行政的有关问题。现将会议论文和代表讨论中提出的有关观点综述如下：

一、依法行政是法治国家的重要内容

有学者认为，法治是和民主相联系的，政府必须根据人民的意志和利益办事，而人民意志和利益的集中体现就是法律，故政府必须依法办事，依法行政。法治意味着保护人权，而行政权是一种最广泛、最经常、最直接涉及人权（公民权益）的权力，为了保护人权，就必须以法律规范和控制行政权力，要求政府依法行政。法治的目的是维护正义，维护社会、经济的合理秩序，促进社会经济的进步和人民福利的发展。在市场经济条件下，政府担负着对经济进行宏观调控和对整个社会生活进行管理的广泛职能，要保障政府有效和正确行使职能，就必须以法律规范政府的行为，使之依法行政。

二、依法行政要求政府依法定权限和法定程序行政，并且要求政府依法对其行为承担法律责任

许多代表认为，政府依法行政，首先，应依法定权限行政，即遵守行政组织法关于行政机关职权的规定，不得实施法无授权的行为。行政机关实施法有授权的行为，也不得越权行政，不得超过法定权限实施影响行政相对人权利、义务的行为。为了保证行政机关依法定权限办事，许多代表建议加强我国行政组织法的立法。至于组织法的立法时机，代表们则有不同意见。有的认为时机已经成熟，现在即应抓紧起草；有的则认为目前时机尚不成熟，要待整个机构改革完成以后再进行行政组织法立法较为适宜。

其次，依法行政的“法”还应包括行政行为法，行政行为法的基本法是行政程序法。有的代表认为，在现代社会，行政自由裁量权的扩大不可避免，对于行政自由裁量权的控制，实体法难以发挥效用，唯有程序法具有优势。有的代表认为，以程序法规范政府行为是现代民主的要求；在市场经济条件下，市场主体的合法权益要得到保障，平等竞争的环境要得到保障，政府行为必须遵循公开、公正、公平的规范化程序；有的代表认为，法治的核心在于对公权力进行合理而有效的规范，而通过一系列程序法律制度规范与制约行政权合理地运作与行使，以实现行政法治，是建立社会主义法治国家极为关键的一环。此外，有的代表还从保障行政管理的科学性，提高行政效率的角度，论证加强行政程序立法，促进政府依法定程序行政的必要性。对于行政程序法的立法方式，代表们则有不同意见。大多数代表主张制定统一的行政程序法典，以保障行政法制的统一；也有少数代表认为，目前我国制定统一行政程序法典的时机还不成熟，条件还不具备，主张先搞分散的单行的程序法律、法规，以后条件成熟了再搞统一的法典。

最后，依法行政的“法”还应包括责任法。政府不仅应依法行政，而且还应依法对其行为承担法律责任和政治责任。许多代表提出，民主和法治体制下的政府应是责任政府，政府对其违法行为应承担法律责任，对其政策失当行为应承担政治责任。为此，国家应制定监督法和责任法。

三、行政诉讼制度是依法行政的重要保障

与会代表一致认为，依法行政必须要有司法保障。对于违法行政行为，行政相对人通过行政诉讼请求法院进行司法审查，追究违法行政主体的法律责任（包括行政赔偿责任），这种途径比其他任何途径都能更有效地对行政行为实施法律监督。一些代表认为，行政诉讼不仅能使违法行政行为得到追究，使行政相对人被违法行政行为侵犯的权益得到救济，而且通过人民法院对行政案件的公开审理，能使行政机关、公民、法人和其他组织均得到依法行政的法制教育。还有的代表提出，行政诉讼除了对依法行政具有保障作用以外，还对依法行政具有极大的促进和推动作用。许多代表认为，目前行政诉讼存在着种种困难，一些行政机关领导不是配合、支持法院进行行政审判和对依法行政予以监督、保障，而是设置障碍，干扰法院依法独立行使行政审判权。为此，他们呼吁加强对公民，特别是担任领导职务的公民的行政法和行政诉讼法的普法教育，以排除干扰，保证行政诉讼制度的正常运作。

（原载于《法制日报》，1997－01－04）

健全和完善我国的行政裁判制度

根据中共中央、国务院今年 4 月 15 日《关于进一步加强土地管理，切实保护耕地的通知》精神，《中华人民共和国土地管理法》的修改工作目前正紧锣密鼓地进行。我们建议新修订的《土地管理法》（草案）增写“土地行政裁判”一章，规定在土地行政管理领域实行土地行政裁判制度：将全国划分为若干土地行政裁判区，在各裁判区内设置一个或多个土地行政裁判所，土地行政裁判所依准司法程序受理和裁决有关土地权属、土地交易和土地行政管理的各种争议案件。这一制度如能由国家权力机关最终通过立法确立，将为我国建立规范的行政裁判体制开创新路，对于我国行政和司法体制的改革具有重要意义。

行政裁判（行政机关裁决争议和纠纷），又称“行政司法”，如同“行政立法”（行政机关制定法规和规章）一样，是行政权适应现代社会经济发展而适度扩张，打破国家权力旧的“三权分立”传统格局的体现。在英美等西方发达国家，自 19 世纪末 20 世纪初就开始建立行政裁判制度。到 20 世纪中期，英国的行政裁判所已达到两千多个，美国行政机关系统内的行政法官已发展成为一支具有相当规模的队伍。法国等欧洲大陆国家，除了设立统一的行政法院专司行政审判职能之外，还另设立各种专门的行政裁判所，裁决各种特定行政管理领域的争议案件。

行政裁判制度在现代世界各国之所以获得如此广泛的发展，其主要原因在于：（1）现代科技和现代社会经济的发展一方面使人们之间的相互联系和交往大为增加，另一方面也使人们之间的各种争议和纠纷大为增加。这些争议和纠纷产生于现代科技活动和现代社会经济活动之中，具有很强的技术性和复杂性，因此，普通法院的法官在裁判这些案件时显得力不从心，难以适应。而行政机关的相应管理人员则正好相反，他们在一般法律知识方面虽不及普通法院的法官，但由于他们长期从事某一领域事务（如商标、专利、环境、土地、规划、产品质量等）的管理，具有相应领域的专门知识、专门技术和专门经验，甚至对于其所主管领域的法律、法规和规章，他们也可能比普通法院的法官熟悉。因此，他们在处理其各自领域的争议和纠纷方面，具有为普通法院法官所不能企及的优势。（2）现代科技和现代社会经济的发展是与时间、速度、效率紧密联系在一起的。普通法院由于过分追求公正，其程序烦琐、费时、耗力；而行政裁判程序在适当考虑公正的目标时，更多地兼顾效率的需要，故程序相对简便，花时少，耗力小，从而在现代社会激烈竞争中，更受到欢迎。

行政裁判虽然具有较普通司法明显的优势，但是它的公正性显然不及法院的司法程序。为了弥补这一缺陷，世界各国通常在制度设计上增加下述保障环节：（1）建立相对独立的行政裁判机构，实行管理职能和裁决职能相对分离，但行政裁判机构仍设于行政系统之内，以发挥其行政优势；（2）适当引入司法程序，如听取当事人陈述，允许双方当事人辩论、质证，允许律师代理等，但在整体上行政裁判程序仍不及司法程序正式、严格，以不失简便、快捷的特色；（3）行政裁决接受司法审查，当事人对行政裁决不服，各国法律通常允许当事人申请法院予以审查。但司法审查通常只限于法律问题，法院对行政机关就事实问题所作的认定一般都予以维持。

我国自 20 世纪 80 年代以来即开始建立行政裁判制度。其最典型的是在商标和专利领域，商标评审委员会和专利复审委员会都是相应领域的专门行政裁判机构，这两个行政裁判机构每年都受理和裁决所在领域的大量的行政和民事争议案件。除商标、专利外，我国行政机关在资源（土地、矿产、水、森林、草原等）、环境、交通、医疗卫生等领域，也行使着广泛的行政裁判职能，但在这些领域，法律对相应行政机关行政裁判职能的授权所使用的用语通常是“调处（调解、处理）纠纷”，而未使用“裁决争议”，更未为相应领域设立专门的裁判机构和规定专门的裁判程序。因而我国行政裁判制度目前是很不规范的。这种法律和制度上的不规范导致了下述后果：（1）行政机关在行使行政裁决职能时常常感觉“心虚”，羞羞答答，不够理直气壮，似乎侵越了法院的职权，以致将大量本应由行政机关裁决或先行裁决的争议案件推到了法院；（2）行政机关在“调处”纠纷时，由于管理职能未与裁判职能分离，没有严格的程序（准司法程序）制约，从而往往造成裁决结果的不公正；（3）有些领域（如商标、专利）的行政裁判由于排除或部分排除司法审查，致使当事人对行政裁判结果的公正性产生怀疑；（4）一些法院对行政机关作出的裁决（特别是关于事实问题的裁决）缺乏应有的尊重，例如对行政机关已经调查、检查、鉴定过的事实重新进行调查、检查、鉴定，对行政机关已取证的事实重新取证，导致了人力、财力和时间的大量浪费，等等。

鉴于存在上述问题，我国行政裁判制度迫切需要规范。这次《土地管理法》（修订草案）可以说开了个好头：拟在土地管理领域设立相对独立的行政裁判机构和建立保障行政裁判公正、公开、公平的准司法程序。当然这种规范化的行政裁判制度最终能否为立法机关所接受，从而能在土地管理领域确立和在其他行政管理领域推开，还取决于我国立法者和全体国民对这一制度的认识。为此，法学界，特别是行政法学界应加强对行政裁判制度的宣传，以消除传统的三权分立观念对人们思想的影响，使之接受“行政机关可以行使一定准立法和准司法职能，法律应对此种行政职能予以确认和对之加以规范和控制”，即法律应最大限度地发挥行政权的“善”，最大限度地抑制行政权的“恶”的现代民主法治思想。

（原载于《中国土地报》，1997－07－26）

“违法行使职权”探讨

《国家赔偿法》第 2 条规定：“国家机关和国家机关工作人员违法行使职权侵犯公民、法人和其他组织的合法权益造成损害的，受害人有依照本法取得国家赔偿的权利。”本条确定了国家赔偿的前提条件：导致受害人合法权益损害的行为是国家机关和国家机关工作人员违法行使职权的行为。也就是说，国家只对国家机关和国家机关工作人员违法行使职权的行为造成的损害承担赔偿责任。如果是合法行使职权的行为，即使造成了对相对人合法权益的损害，国家也不负赔偿责任。

如何解释“违法行使职权”，对于国家赔偿责任的确定，以至对于《国家赔偿法》目的的实现，即能否有效地保护公民、法人和其他组织的合法权益，以及促进国家机关依法、正确地行使职权，具有决定性的意义。

对“违法行使职权”可以有两种不同的解释。第一种解释是：行使职权的行为本身违反法律、法规的明确规定，或者虽然没有违反法律、法规的明确规定，但相应行为没有法律、法规的根据，如违法限制公民人身自由，殴打公民，导致其身体伤害等。第二种解释是：行使职权的行为的结果违法，行为导致了对法律、法规所保护的权益的损害。例如，海关工作人员检查出入境旅客的行李物品，因不慎造成了相应物品的损害（不管检查行为本身是否合法，是否有法律、法规根据）；公安人员对现行犯或逃犯使用武器，不慎打伤或打死在场的无辜人员（不管使用武器行为本身是否合法，是否有法律、法规根据），等等。这类行为本身不管是否合法，但其结果对于相对人是一样的，都使其合法权益受到了损害。相对人权益本来是为法律、法规所确立和受法律、法规保护的，国家机关和国家机关工作人员行使职权的行为却损害了这种权益，因此构成“违法行使职权”。

第二种解释的外延比第一种解释要宽，无疑更有利于保护公民、法人和其他组织的合法权益，实现《国家赔偿法》的立法目的。将国家机关和国家机关工作人员形式上合法的过失行为对相对人合法权益造成的损害完全排除在国家赔偿的范围之外，是极不合理、极不公正的。

为了避免人们对国家赔偿前提条件的过分狭窄的理解（第一种解释）及其导致的不合理、不公正，许多建立国家赔偿制度的国家在国家赔偿法中不使用“违法”一词，而以“不法”代之。“不法”显然是针对相对人的受害结果而言的：国家机关和国家机关工作人员的行为导致了相对人合法权益的损害，只要造成这种损害是“不法”的，即没有法律、法规根据的，就应该赔偿（如果有法律、法规根据，则是补偿的问题）。

既然我们现在的《国家赔偿法》使用了“违法”一词，那么我们在执法、司法实践中，就应当对“违法”作第二种理解，即从行为结果的角度理解。

（原载于《法制日报》，1997－09－13）

亟须建立行政附带民事诉讼制度

“焦作房产纠纷案”是民事争议与行政争议交织在一起的典型案例。国外法院对处理这样的案件主要有两种制度：一是行政附带民事诉讼的制度，即法院在审理行政争议时附带审理与行政争议相关的民事争议，在对行政争议作出判决时附带对民事争议作出判决；另一种制度是先行后民，即先由行政法院就行政争议作出裁判，然后民事法院再根据行政判决对民事争议进行审理和判决。如果当事人同时向行政法院和民事法院提起诉讼，民事法院则先中止诉讼，待行政判决作出后再恢复诉讼程序。

笔者认为，在我国实行行政附带民事诉讼制度较为适当。第一，有利于法院裁判的统一，可以避免法院就同一案件作出两个相互矛盾的判决，使行政机关和当事人均无所适从；第二，有利于贯彻诉讼经济原则，避免当事人时间、金钱和精力过度耗费，也有利于减轻法院负担；第三，有利于争议的实际解决，单纯进行民事审判，不能解决行政行为的合法性问题，而违法的行政决定法院不予撤销即不会自行失效，这样，相应的民事判决最终也难以执行；第四，有利于法院内部的合理分工和充分利用法院的资源，目前我国法院行政庭受理案件很少，有的基层法院的行政庭一个月收不到一个案件，甚至数月半年无案可审，而民庭却案件积压，审不过来，如果建立行政附带民事诉讼制度，既可以适当减少民庭的负担，又能适当解决行政庭工作量不够的问题，避免行政庭人力、物力资源的浪费。

行政诉讼法立法时，因未能充分预计到行政、民事争议交织、重合的情况，故没有明确规定行政附带民事诉讼制度，以致造成现在法院审理这类案件因没有统一的法律规范而各行其是，使当事人的合法权益得不到有效的保护，违法侵权行为（包括行政机关违法的具体行政行为）得不到及时纠正并使行政机关承担法律责任。因此，必须尽快通过修改行政诉讼法或者通过最高人民法院的司法解释确立行政附带民事诉讼制度。采取修改行政诉讼法，以立法方法解决问题是最理想的途径，但实行起来难度较大，需要时间较长；司法解释的方式虽不十分理想，但实行起来难度较小。为了尽快解决当前急迫的问题，可先以司法解释统一法院的现行做法，待以后条件成熟时再由立法机关以立法确立正式的制度。

（原载于《法制日报》，1998－01－24）

健全财产法律制度

财产法律制度是保障市场经济正常运作和发展的基本条件和重要保障。

财产法律制度首先是指物权制度。物权包括所有权、用益物权、担保物权以及因对物占有而产生的权利。所有权是自物权，即公民、法人（包括非法人组织）对自己所有的财产的占有、使用、收益、处分和排除他人对其财产违背其意志进行干预的权利。用益物权和担保物权是他物权。用益物权指公民、法人对他人所有的财产在一定范围内使用而获取收益的权利，如地上权、地役权、典权以及经营权、承包经营权等。担保物权指公民、法人为了担保债的履行，在债务人或第三人的特定财产上设定的权利，如抵押权、留置权、质权等。对物占有而产生的权利是指公民、法人非基于所有权而占领、控制某种财产，法律为之设定的一定权利，如对占有物的使用收益权，占有物被人侵夺时的返还请求权，占有物的使用收益被人妨害时的排除妨害请求权，以及占有物返还他人时请求他人偿还其在占有相应物期间对物所支出的费用的权利等。

财产法律制度也包括债权制度。债权包括因合同而产生的债权，因他人侵权行为而产生的债权，因他人不当得利而产生的债权，因无因管理而产生的债权，因他人遗赠而产生的债权，因救护公共财产或他人的生命、财产而使自己遭受损失所产生的债权，等等。

物权制度和债权制度是构成财产法律制度的两大基本制度，二者分别从不同方面以不同方法、不同手段调整平等主体间的各种财产关系，包括财产支配关系（主要由物权制度调整）和财产流转关系（主要由债权制度调整）。

财产法律制度是法制的重要内容，其健全、完善程度是衡量一个国家法治水平的重要标志。在我国目前经济体制转变时期，进一步健全、完善财产法律制度有特别重要的意义。首先，有利于调整所有制结构。只有有了明确的物权制度，各类企业的经济权益才能得到有效保护，才可能既避免国有资产的大量流失，又防止集体、个体、私人企业的财产被侵犯；只有有了完善的债权制度，才能形成各类企业公平的竞争环境，保障正常有序的市场经济秩序。其次，有利于建立现代企业制度。现代企业制度的建立和完善，有赖于健全、完善财产法律制度。只有以法律形式明确规定所有权、经营权、承包经营权、租赁权等各种物权，以及因合同、因侵权行为产生的各种债权的内容，才能明确国家所有权与企业经营权的关系，明确企业经营国家财产和自有财产的权利和责任，从而使政府的行政管理权真正与企业的经营管理权分开。再次，财产法律制度不仅为市场经济的运作提供了与之相适应的秩序，而且对经济发展起积极促进作用。这种促进作用体现在两个方面：其一，财产法律制度的健全、完善有利于调动公民、法人的生产和再生产的积极性；其二，财产法律制度的健全、完善有利于对物质资源进行充分、合理、有效利用，如抵押权、留置权以及各种债权制度的建立，不仅可以消除物在使用、交换过程中的障碍，使货畅其流而且可以物尽其用，使物得到高效利用。

（原载于《人民日报》，1998－04－14）

法治国家的良性循环

——论行政诉讼与市场经济、法治、民主的关系

中国从 1989 年《行政诉讼法》颁布到 1999 年的十年间，法治环境发生了重大变化：立法数量增加近一倍，执法实现了从主要依政策办事到主要依法办事的转变，司法在国家和人们社会生活中的地位和权威显著加强（现在法院每年的受案数比十年前每年的受案数增加一倍多，而刑事案件占受案数的比例却下降20%，民事、经济、行政案件的受案数则逐年增加），这种变化与行政诉讼法的颁布、实施是否存在一定的联系？如果存在联系，那么这种联系的内在原因又是什么呢？

一、行政诉讼与市场经济的关系

市场经济是行政诉讼制度生存的土壤，而行政诉讼制度则是市场经济运作的条件和保障。在计划经济时代，行政相对人均从属于行政主体，公民、企事业单位和其他组织实际上没有独立的法律主体资格，一切行为须听命于行政主体的行政命令。在这种命令与服从关系的条件下，不可能产生行政诉讼制度。市场经济条件下则不同，行政相对人有了独立的法律主体资格，有自己独立于政府的利益。它们对政府不可能再百依百顺了，当政府侵犯了它们的合法权益时，它们就

必须找一个地方去控告，寻求一个有力的救济途径。就公民个人而言，他们大多数人有了自己所有的房屋、车子，甚至开办了私人企业，政府的行为对他们再也不是无所谓了，在他们与政府发生争议时，要求一个政府之外的第三者来裁决它们之间的纠纷就是理所当然的事情了。市场经济要求行政诉讼，没有行政诉讼的保障，行政主体侵犯行政相对人的权益，行政相对人无处可告，无处寻求救济，他们就不会有积极性去竞争、去发展，市场秩序就会混乱，市场经济就会出现危机。

二、行政诉讼与法治的关系

行政诉讼须在法治环境中运作。在人治条件下，行政诉讼制度甚至不可能产生，更谈不上实际和有效地运作。首先，人治理论轻视法和制度的作用，过分相信伦理和道德的功能。其次，在人治条件下，立法不受重视，法律不完备，行政争议即使诉诸法院解决，法院无据可依，也无从解决。此外，在人治条件下，法院主要作为专政工具，主要用于对付反革命和其他反社会分子，而很少用于解决民事、经济争议，更不会用于解决公民和政府之间的行政争议。因而行政诉讼制度在人治条件下不可能建立。实行法治则不同，法治与行政诉讼制度紧密联系。首先，法治要求政府依法行政，依法办事，而这必须有监督，有制约。其次，法治强调人权，强调公民权益保护，而司法保护是对人权最有效的保护。此外，法治理论虽不否定伦理和道德的作用，但更重视法和制度的功能，如认为人民政府也会犯错误，人民政府的工作人员也可能侵犯人民的权益，因此必须从制度上建立纠错和救济机制，而行政诉讼制度正是这样的机制。

行政诉讼不仅是法治的必然要求，是法治的构成要素，同时也是法治的推进器。例如，法律不健全，行政行为没有法律根据，行政相对人诉至法院，行政机关败诉后，就会促使立法机关加快立法步伐；行政执法人员有法不依或违法滥用职权，行政相对人诉至法院，行政机关败诉后，就会促使其督促工作人员努力学法，严格执法和守法。同时，人民法院受理行政案件，审查行政行为，监督行政机关依法行政，将不断提高法院的地位和权威。而法院地位、权威的提高与法律的完备和得到严格执行、遵守一样，是法治国家的基本标志。

三、行政诉讼与民主政治的关系

行政诉讼既是民主政治的产物，也是民主政治的内容。首先，民主意味着政府由人民代表机关产生，服从人民代表机关制定的法律，政府行为如违反法律的规定，必须受到追究。追究的主体除了人民代表机关本身外，还必须有专门的常设的机关，这主要就是法院（行政法院或普通法院）。其次，民主意味着政府权力接受监督和制约，没有监督和制约的权力必然变成专制的权力。而民主监督、制约的基础力量是人民，但人民必须通过享有国家权力的专门机关并遵循适当的法律程序实现监督和制约（权力必须以权力制约，监督必须有序和规范地进行，否则，人民的批评、建议、申诉、控告、检举等都不能发挥实际的制约、监督效用）。再次，民主，特别是现代民主，还意味着保护少数，意味着对受到政府违法行为侵犯的个别相对人的制度化救济。民主的重要形式虽然是少数服从多数，但并不等于多数专制，多数压制少数。少数人的利益必须通过适当的法律途径予以保护，特别是个别相对人的合法权益受到政府违法行为的侵犯后，法律必须为之提供相应的救济途径。没有这种救济机制的民主是不完善的民主，是不能完全真正反映全体人民意志和利益的民主。

民主政治要求行政诉讼制度，行政诉讼制度也只能在民主政治条件下生存和发展。在封建专制或法西斯专制条件下，行政诉讼制度是不可能存在的，因为专制君主、专制统治者不可能允许有另外的权力对其进行监督和制约，不可能允许人民对其行为的合法性提出质疑，不可能为受到其侵害的相对人设置独立于自己、自己不能左右其运作的救济机制。

行政诉讼制度不仅只能是民主政治的产物，而且行政诉讼制度一经产生，还会对民主政治的健全和发展产生积极的促进作用。例如，行政诉讼使政府的行为更加公开，人民可借此获得更多的有关政府的信息，这些信息既可以帮助人民更好地知政、议政、参政，也可以帮助人民更有效地监督政府，还可以帮助人民加强对政府工作人员廉政、勤政情况的了解，以便在行使选举权时选出更合格的公仆。此外，行政诉讼在运作过程中揭露出政府机关及其工作人员的各种违法行为，将使现行民主制度中的某些缺陷、某些薄弱环节得以暴露，从而引起人们重视和推进政治体制改革，使国家的民主政治不断完善。

由此可见，行政诉讼与市场经济、法治、民主的辩证统一关系，即是新中国成立后 40 年无行政诉讼，而一旦有了行政诉讼，法治环境即大为改善，市场经济和民主政治亦获得长足进展的基本原因所在。

（原载于《法制日报》，1999－04－01）

提高法官素质　增强法院权威

近日，最高人民法院决定公开向社会招考高级法官，招考的对象为一级律师、法学教授、法学研究员和其他高层次法律人才。这一举措对于提高法官素质，增强法院权威，建设社会主义法治国家，具有重要的积极意义。

法治国家的重要标志之一是法律和法院在一国国民心目中具有极高的权威。一个国家，如果法律没有权威，人们可以执行，也可以不执行，可以遵守，也可以不遵守，自然谈不上法治。但是法律的权威在很大程度上取决于法院的权威，如果法院在国民心目中没有崇高的地位，人们对法院维护法律的公正和保障法律的执行、遵守失去信心，法律的权威也将不复存在。

怎样建立和不断增强法院的权威？这取决于很多因素，自然需要创造和培植各种政治、经济、文化的条件。在各种因素和条件中，法官素质是一项非常重要的、起直接决定作用的因素与条件。人们对法院的信赖在很大程度上取决于对法官的信赖。法官素质高、地位高，能够公正办案、准确办案，敢于排除干扰、维护正义，人们自然信赖法院，法院自然就会在国民心目中确立权威。

国家怎样建立和培植一支高素质的法官队伍？这当然有很多工作要做，要建立、改革和完善很多制度，如法官选拔任用制度、法官培训制度、法官考核制度、法官职位保障和物质待遇保障制度，等等。在这些制度中，法官选任制度极为重要。一个低素质（品行素质或业务素质）的人被选任为法官，无论怎样培训，都很难使他成为一流法官。因此，提高法官素质首先要把住法官队伍进口关，保证加入法官队伍的人是社会上第一流的人才。

怎样才能保证第一流的人才进入法官队伍呢？基本的办法是通过考试、考核进入。但是，单纯的考试难以了解应试人的品行和实际才能，单纯的考核难以准确把握考核对象的知识和理论水平。考试与考核结合应是选拔一般优秀人才的较好方法。对于选拔高级优秀人才来说，考试、考核也应该是必要的、基本的方法，但作为补充，规定招考对象较高的资格条件，如学历条件、经验条件、职称职务条件等，会提高所选拔人才素质的起点，有利于选拔更优秀的人才。就高级法官而言，其不仅负有办理重大、疑难案件的职责，而且负有创制判例、对普通法官起示范指导作用的职责，他们必须具有较高的法学理论水平和较丰富的实践经验，故对他们的选拔规定较高的资格条件更有必要性。从外国高级法官选任的实践看，由法学教授转任高级法官或由高级法官转任法学教授，以及从优秀律师中选任高级法官的情况是不罕见的，并且实践表明，这种做法对于提高整个法官队伍的素质确实有很好的作用。

这次最高人民法院决定从法学教授、法学研究员、一级律师等高层次法律人才中招考高级法官，对于提高法官素质将发挥直接作用。不仅如此，这一做法还将有利于改善法官形象，提高法官地位，增强法院在国民心目中的权威。法官的职位更具有吸引力，更多的优秀人才被吸收到法官队伍中来，如此形成良性循环机制，必将有利于加快我国依法治国、建设社会主义法治国家的进程。

（原载于《法制日报》，1999－04－05）

新世纪中国行政法的任务

由于种种客观的和主观的原因，中国行政法在20世纪发展很慢，贡献很小，没有能对中国社会经济、政治、文化发挥其应该和可能发挥的作用。虽然在本世纪最后20年，中国行政法开始意识到自己的历史使命，建立起了自己的体系架构，振奋起了自己的精神，立志有所作为，决心要为经历了无数磨难的中国人民做点实事，但其刚刚进入角色，本世纪就要结束了。

21世纪即将来临，在新的世纪，中国行政法的任务显然将是艰巨的：过去一个世纪的欠账要还，新的日趋频繁、日趋激烈的挑战要面对。新世纪行政法这千头万绪的工作，这悠悠万事，何者为大，何者为始呢?

我认为，21世纪中国行政法的任务，大者有三，始者亦有三。大者为长远目标，或曰中长期任务，始者为近期目标，或曰最近两三个五年计划内应做的事。作为长远目标，中国行政法在21世纪应做的三件大事是：为保障社会主义市场经济的长期良性运行营造一种法治秩序环境；为建立和完善社会主义民主政治塑造一个法治政府；为最大限度地实现人权创造一种法治保障机制。作为近期目标，中国行政法在最近两三个五年计划内应做的三件事是：为保障行政法制的统一、协调和促进行政法治的全面实施，制定行政法的基本法《行政程序法》；为实现依法行政，保障行政有法可依，尽快完成各行政领域（特别是文化、新闻、出版等领域）急需、急用法律的立、改、废任务；为全面实现行政法治，保障行政的公开、公正、公平，研究和设计行政执法和对行政行为进行司法审查的整体改革方案。

就三件大事而言，自然不是行政法一个部门法能单独解决的任务，但行政法对之能发挥的作用是其他部门法不可替代的。第一件大事：为市场经济营造法治秩序环境。市场经济的法治秩序涉及四个领域：其一是经济组织间相互关系的领域，其二是经济组织内部关系的领域，其三是国际领域，其四是经济组织与政府的关系领域。第一个领域需要物权法、合同法、反不正当竞争法、反垄断法等民商法、经济法发挥作用；第二个领域需要公司法、企业法、劳动法等部门法发挥作用；第三个领域需要国际经济法、涉外经济法等部门法发挥作用；第四个领域显然必须依靠行政法发挥作用，没有健全完善的行政法，政府与经济组织的关系就会失序、失衡，从而导致市场经济要么死，要么乱。

第二件大事：为民主政治塑造法治政府。民主政府运作需要三个重要条件：其一是要有一个有效行使最高国家权力的国家权力机关；其二是要有一个独立、公正行使国家司法权的国家司法系统；其三是要有一个以法治代替人治的政府。第一、二个条件主要依靠宪法、选举法和相应组织法去成就，第三个条件显然需要行政法来创造。没有行政法，政府行为没有法律规范，政府权力没有控制和制约，政府其侵权行为不承担法律责任，民主政治就只能徒具形式而无实质内容。

第三件大事：为实现人权创造法治保障机制。人权保障需要三项基础，其一是经济繁荣，其二是政治民主，其三是法制完善。这三项都离不开行政法，都需要行政法创造的自由、参与、救济机制予以保障，自由是市场经济和民主政治发展的前提，参与是人权的根基，救济是人权的最后保障。没有行政法，就不可能建立起完善的自由、参与、救济机制；没有自由、参与、救济机制，人权就只能是政府的恩赐：政府想给就给，想给多少就给多少；政府要不高兴，人权的获得和实现恐怕就很困难了。

就三项近期任务而言，实际上也是上述三件大事，即上述三项中长期任务的组成部分，但因为它们具有紧迫性，故应先动手，先进行。

第一项，制定《行政程序法》，这是一项非常急迫的任务，行政法没有这么一个统率性的基本法或龙头法，整个法的系统就会发生（实际上现在已经开始发生）混乱、重复、不平衡、不统一，从而失去法治的基本精神，甚至背离法治的目标。第二项，单行行政法的立、改、废，如行政收费法、行政许可法、行政强制法、公务员法、行政信息法、政府采购法、道路交通管理法等行政法的立；行政诉讼法、治安管理处罚条例、国务院组织法、地方组织法等行政法的改（修改）；有关过时行政法律的废。这些重要法律的立、改、废，无论是对于建立和发展市场经济，还是对于建立和发展民主政治，保障公民权利，都是非常必要、非常急迫的。第三项，设计行政执法和司法审查的整体改革方案。在行政法领域，立法固然重要，但执法和司法的作用同样不可低估，没有独立、公正和高效的执法、司法，法治的目标就只能停留在纸面上。要使纸面上的法治变成现实生活中的法治，现行的执法和司法体制必须改革。21世纪的行政法在这一领域应该、也完全可以有所作为。这件事不能等待，现在就应该开始研究和设计方案。否则，随着时间的推移和问题的积累，改革的难度将会大为增加。

（原载于《检察日报》，1999-09-08）

行政复议：走向现代文明的制度架构

人类文明包括物质文明、精神文明和制度文明。在现代社会，制度文明的重要内容和标志是民主、法治和市场经济体制。而行政复议则是民主、法治的重要制度架构，是市场经济体制正常运作的重要保障。因此，将于今年 10 月 1 日起实施的行政复议法对完善和促进中国现代制度文明，促进现代物质文明和精神文明均具有重要意义。

1. 行政复议是行政法制监督机制的重要环节，以立法确定行政复议制度，有利于加强和完善对行政机关及其工作人员的法制监督，促进依法行政。

法治的最重要内容和关键是依法行政。依法行政的实现取决于两个基本条件：有法可依和违法必究，而违法必究又取决于健全完善的监督机制。我国现有监督机制的主要环节有权力机关的监督、行政监察监督、司法审查（行政诉讼）监督、社会舆论监督和行政复议监督。权力机关的监督主要限于监督抽象行政行为和政府组成人员；行政监察监督主要限于监督公务员的政纪；社会舆论监督不能直接产生法律效力；司法审查和行政复议主要都是监督具体行政行为，但司法审查只能监督部分具体行政行为，而行政复议可监督几乎全部具体行政行为和部分抽象行政行为，且行政复议是在行政系统内部实施的监督，因而比其他监督更知情、更内行，可能更准确。

2. 行政复议是行政法律救济机制的重要环节，以立法确立行政复议制度，有利于更好地保护人权，保护行政相对人的合法权益。

保护人权和保护作为行政相对人的公民、法人和其他组织以及外国人、无国籍人的合法权益，是现代民主和法治的基本要求。人权是人作为人（区别于物）所应享有的权利，如生存权、自由权、人格尊严权、政治权等。行政相对人权益是公民、法人等在国家行政管理关系中所应享有的权利和利益，如人身权、财产权、福利权、程序权及其相关利益等。人权和行政相对人权益的保障除了需要有完善的民主机制保证公民对国家和社会事务的参与外，另外一个重要条件就是需要建立完善的行政法律救济机制，保证行政相对人的人权和在行政管理关系中的合法权益受到行政主体侵犯后，能获得及时、有效的救济。我国现有行政法律救济机制的主要环节有申诉、控告（信访）、行政诉讼、国家赔偿和行政复议。行政复议相对于申诉、控告，具有救济及时、有效等优势；行政复议相对于行政诉讼，具有救济范围广，廉价（花钱、花时、花力少）等优势；行政复议相对于国家赔偿，具有一并解决撤销违法行政行为和侵权损害赔偿问题的优势（国家赔偿程序不能解决撤销违法行政行为的问题）。当然，其他救济途径同样有自己的优势，都是整个救济机制中不可缺少的环节。

3. 行政复议是行政争讼机制的重要环节，以立法确立行政复议制度，有利于及时、有效地解决行政争议，增加人民群众对政府的信任，密切政府与人民的关系，保障和促进社会稳定。

在社会中生活，人们除了需要自由外，同样需要秩序。而要保障秩序，就需要政府对社会生活进行管理。管理是一方行使权力，另一方要履行服从义务的行为，这种行为不可能不产生矛盾和争议。不管是何种原因引起矛盾和争议，如不能得到及时、有效的解决，都可能影响政府与人民的关系，影响社会稳定。而要及时、有效地解决政府在行政管理过程中与行政相对人的矛盾和争议（统称行政争议），国家就必须建立完善的行政争讼机制，即解决行政争议的机制。我国现行行政争讼机制的主要环节有行政调解、行政仲裁、行政诉讼和复议。行政调解和行政仲裁的适用范围很窄，因为大多数行政争议涉及行政行为的合法性问题，而行政行为是否合法是不适于调解和不宜于仲裁的。至于行政诉讼，虽然是解决行政争议的重要方式，但由于其程序严格、复杂，远不及行政复议迅捷、经济。因此，行政复议即成为解决行政争议的不可替代的重要途径。

4. 行政复议是现代民主、法治的重要制度架构，以国家立法确立行政复议制度，有利于保障社会主义市场经济体制的正常运作，促进物质文明和精神文明建设的发展。

民主、法治是现代文明的构成要件，它本身又是由一系列体现民主、法治精神的制度构成的，如人民参与国家管理制度、政府行为公开制度、行政程序制度、司法审查制度和行政复议制度等。这些制度与市场经济有着密切的联系，它们形成市场经济运作的软环境。就行政复议而言，它为市场主体提供解决行政争议的途径，为保护市场主体的合法权益提供救济机制，为市场的正常运作提供解决行政争议的途径。有了这些途径、机制，才可能激发出市场主体竞争、开拓、创新、发展的积极性。当然，除了行政复议以外，行政诉讼也可以提供这些途径、机制和保障。但是，行政复议和行政诉讼二者毕竟各有特点，立法同时确立此两种制度，市场主体有自行选择的余地，其权益获得的保障方能更为完善。

至于行政复议制度运作对精神文明的促进作用，虽然是间接的，但同样是不可忽视的。对于政府机关及其工作人员来说，行政复议通过不断纠正其违法不当行为，逐步培养其尊重法律、尊重人权和依法行政、公正廉洁的意识；对于公民、法人等行政相对人来说，行政复议以法律途径解决争议，提供救济，使之逐步形成信仰法律、敢于和习惯运用法律武器维护自己权益的法治精神。

（原载于《法制日报》，1999－09－30）

法治：是需要“法如凝脂”，还是需要“约法省禁”？

如何实现依法治国、依法行政，法究竟是多好，还是少好；是繁好，还是简好？“秦法繁于秋荼，而网密于凝脂”，汉初则“约法省禁”，“以无为而为之”。改革开放后的今天，有人主张法多多益善，要依法治省、依法治市、依治法县、依法治路、依法治水……要时时、处处、事事有法可依，有法可循。法律不够，法规上；法规不足，规章上；规章不足，再制定更大数量的其他规范性文件。

上述做法、主张，哪种是正确的，是我们实行法治，实现依法治国、依法行政所应取的呢？

无法自然不可取，无法何以行法治？在现代社会，法过少、过简恐怕也不行，国家、社会事务如此繁杂，没有较为系统、较为完善的法（包括法律、法规、规章）加以调整，加以规范，人们生产、生活和交往的秩序恐怕难以保障，依法治国、依法行政亦难以实现。

但是，法治是不是要求法越多越好、越繁越好呢？显然也不是。首先，法治是与民主联系在一起的。没有法，法过少过简，民主不能保障；但法太多太繁，人们又可能无所适从，感觉拘束太过，主人感受损。其次，法治是与法制统一联系在一起的。法出多门，法过多过滥，难免出现互相冲突、互相抵触的情形。

由此可见，法治既不能是“以无为而为之”的“约法省禁”，也不应是“法如秋荼、凝脂”的“法稠网密”。依法治国、依法行政需要健全、完善的法，但法健全、完善应以不烦民、不扰民，不妨碍人民行使权利为前提。人们需要受法的约束，但不能生活在时时、处处、事事要应付法的烦扰的环境中。

（原载于《法制日报》，1999－10－11）

邻里纠纷的解决既要讲情也要讲法

作为邻里纠纷的当事人，在解决相互之间的争议时，首先应讲情，互谅互让，以和为上，以和为贵。因为情是法的基础、法的精神之一。就本案*而言，如果当事人之间多讲一点情，多有一些协商和相互理解，矛盾肯定不会发展到今天这样的地步。

但是邻里纠纷的解决，不能只讲情，不讲法。因为，其一，情在有些当事人之间生发不起来，最终只能依法断其是非；其二，即使情使当事人互谅互让，当事人对对方的谅、让之度也应心中有数，这就需要当事人知法、懂法；其三，法是纠纷解决的最终保障，情易变，法则具有稳定性和强制力。就本案而言，必须情、法并讲，而且得首先讲法。只有先明辨法律是非，然后才可能调动当事人

---

* 邯郸市汇通城市信用社拟兴建一栋八层的综合营业楼，并取得了建设工程规划许可证和开工许可证。施工地点南面相邻的是市中级人民法院的一栋家属宿舍楼。开工后第三天，在此居住的法官认为工程扰民，要求停止施工，于是信用社将施工时间改为早六点至晚十点。但随后法官又提出楼间距不合理，该楼的建设将影响家属楼的采光和通风，并且施工影响正常生活，要求去掉四层的高度，信用社不同意，双方矛盾升级。市中院家属楼 48 户法官和干警以相邻权受侵害为由向区法院提起民事诉讼。信用社提出管辖权异议，先后被区法院和市中院两审裁定驳回，区法院下达了停止施工先予执行的裁定，并派员前往工地强制执行。参见《这场官司有点怪——一栋综合楼欲建在法院宿舍的旁边，引发了一起少见的法官共同诉讼案》，载《法制日报》，1999 - 12 - 01。

的情。

本案的法律问题有三：其一，行政行为与司法行为的关系。行政行为一经作出，未经法定程序撤销，司法行为不得否定其法律效力，不得无视行政行为而作出与之相反的判决或裁定。法院即使认为行政行为违法，只要当事人不提起行政诉讼，也无权主动干预。因此，本案在未撤销行政机关颁发的建设许可证、施工许可证的情况下，法院即作出民事裁定，责令当事人停止施工，是不符合司法权与行政权正常关系的要求的。其二，法官在行使其法官职权时，不享有诉权，不能提起民事或行政诉讼，但在其以公民身份出现的场合，其行使诉权是无可非议的，其所在法院不应加以"行政干预"。至于官司的输赢，也许对法院的形象有些影响，但毕竟是参与诉讼的法官们个人的事，法院领导没有干预的理由。其三，本案原告为邯郸中级法院的四十多位法官和干警，故由该法院审理此案恐怕是不妥当的，无论是由其进行一审，还是二审，都难以使对方当事人、第三人和社会公众产生公正感。行政诉讼法和民事诉讼法都规定，审判人员与本案或本案当事人有利害关系或有其他关系可能影响公正审判的，应当回避。因此，本案的管辖问题是一个必须认真解决的法律问题。

本案是一个民、行混合的争议案件，涉及的是邻里纠纷。解决此种争议、纠纷，必须法、情并讲，在明辨法律是非的前提下，最后还应调动当事人的情，以法、情息争。

（原载于《法制日报》，1999－12－01）

“刘秋海事件”中行政行为的合法性辨析

根据行政法学的一般原理，行政行为的合法要件主要有三：行为主体合法、行为内容合法、行为程序合法。在“刘秋海事件”* 的整个过程中，作为行政主体的广西壮族自治区北海市公安局交警支队银海区大队（以下简称“银海交警大队”）所实施的行政行为是否具备此三个要件呢？只要对银海交警大队的整个行为稍加分析，即可发现在所有三个要件上，银海交警大队的行政行为均存在缺陷或瑕疵。

首先，在主体要件上，行为合法要求行为主体（行政机关或法律、法规授权的组织）享有主管相应行政事务的行政职能；行为的实施者是该行政主体内分管相应行政事务的公职人员。在本案中，银海交警大队虽然享有处理道路交通事故的职权，但行为的实施者林某并非处理道路交通事故的专职人员。林某当时实施的此项行为，完全应该也完全可能由银海交警大队内专司此职的事故科的专职人员实施，但林某却凭熟人关系，并且是身着便装去行使了本不应由其行使的行政职权，从而导致了行政行为主体合法性的重大瑕疵。此外，林某扣车后，不是自

---

* 关于刘秋海事件，请参见“刘秋海事件的来龙去脉”，载《南方周末》，2000－01－14。此外，网上也有大量报道。

己或安排行政机关内的司机将车开离现场，而是让事故当事一方的亲属陈某将车开走，更是使行为主体瑕疵进一步扩大化了。

其次，在内容要件上，行政行为合法要求行为主体依法实施行政行为，且相应行为事实清楚，证据确凿，适用法律、法规正确。在“刘秋海事件”过程中，银海交警大队实施了两项行政行为：一项是扣车扣证行为；另一项是确认事故责任行为。此两项行为均有主要证据不足和适用法律、法规错误的缺陷。银海交警大队实施此两项行为的事实根据是：相对人冯某是3.12事故的肇事者（嫌疑人），并在肇事后逃逸；冯某所驾车辆即是3.12事故的肇事车，但是对此种事实的认定却缺乏有力的证据支持。认定相对人交通肇事，至少应有现场勘验笔录和对有关道路状态的检验或鉴定结论（参见《道路交通事故处理办法》第8条和第11条），认定肇事者逃逸，至少应有肇事者肇事后抛弃受害人和受损车辆而逃离现场的证据。但是银海交警大队没有这些证据，它所持的唯一有力的证据只是车辆检测报告。然而这个检测报告的证明力是大可怀疑的，因为检测单位所检测的车辆曾经脱离行政主体和事故争议一方当事人的控制而为争议另一方当事人所使用（陈某曾驾车驶离扣押现场）。至于银海交警大队行政行为所适用的法规《道路交通事故处理办法》第20条（该条规定，“当事人逃逸或者故意破坏、伪造现场、毁灭证据，使交通事故责任无法认定的，应当负全部责任”），由于缺乏相应的法律事实，显然是错误的。

最后，在程序要件上，银海交警大队的行政行为存在更多的缺陷与瑕疵：其一，《道路交通事故处理办法》第8条规定：“公安机关接到报案后，应当立即派员赶赴现场……勘查现场，收集证据……”但银海交警大队接到报案（其自己宣称，当事人已于事故发生一周后报案）后，不要说“立即”，就是到现在，也没有派人去勘查现场，收集证据。其二，《道路交通事故处理办法》第11条规定：“公安机关对交通事故的车辆、物品……当事人的生理和精神状态及有关的道路状态等，应当根据需要，及时指派专业人员或者聘请有专门知识的人进行检验或者鉴定。”但银海交警大队除对车辆进行了检验、鉴定外，再未进行任何其他检验或鉴定。就是对车辆的检验和鉴定，也远不是“及时”的。第一次鉴定是在该车辆经过事故当事人一方的亲属陈某驾驶并驶离扣押现场以后进行的；第二次鉴定是在事故发生后两年多才进行的，以致鉴定单位“未取到有价值的微量物证”。其三，《道路交通事故处理程序规定》第 16 条规定，勘查人员到达现场后，应当……制作勘查材料（依第 17 条规定，此种勘查材料等还要有当事人或现场见证人签字），寻找证人，收集物证。但银海交警大队民警林某到达“肇事车辆”现场后，没有制作任何有或没有当事人、见证人签字的勘查材料。其四，《道路交通事故处理办法》第 12 条规定，公安机关根据检验或者鉴定的需要，可以暂时扣留交通事故车辆或者嫌疑车辆……检验或者鉴定后应当立即归还。但银海交警大队不仅没有在检验、鉴定后归还相对人车辆，而且在作出交通事故责任认定和调解终结后仍未将车辆归还相对人。

由此可见，银海交警大队在“刘秋海事件”中所实施的行政行为既缺乏主体合法要件，又缺乏内容合法要件，还缺乏程序合法要件，在整体上是一个违法的行政行为，人民法院在司法审查中无疑应确认该行为违法，并予以撤销。但是法院一审却判决全面维持该行为，二审虽部分地确认该行为违法（确认超期扣车违法），但仍对扣车、扣证决定在整体上判决维持，并拒绝审查被告对事故责任确认行为的合法性。

根据《行政诉讼法》的规定，凡是行政相对人认为行政主体侵犯其人身权、财产权的具体行政行为，除非属该法第 12 条排除的行为，都是人民法院行政诉讼的受案范围。对于《行政诉讼法》确定的受案范围，只有法律可加限制，行政法规、地方性法规、规章以及司法解释均不得加以缩小。二审法院引用最高人民法院、公安部《关于处理道路交通事故案件有关问题的通知》第 4 条，排除人民法院对道路交通事故责任确认行为的司法审查。最高人民法院和公安部的上述《通知》与《行政诉讼法》的规定不一致，更与《行政诉讼法》保护公民合法权益、监督行政机关依法行政的立法目的相抵触，因此，法院加以适用是错误的。

有人认为，行政机关的确认行为只是对事实的认定，不存在合法性的问题，从而不适于法院司法审查。这种看法虽有一定道理，但整体上是不正确的。因为确认行为同样存在是否具备合法要件的法律问题，如行政主体有无确认权限，作出确认结论有无事实根据和基本证据支持，是否遵守了法定程序，等等。对于这些法律问题，法院是应该审查并且是能够审查的。如果对于行政机关完全没有证据，或者依据其违法取得的证据，或者依据完全虚假的证据作出的事实认定不能过问，我们的法院就完全背离了自己的使命——纠正违法、保障公正、保护人民的权益。

（原载于《南方周末》，1999-12-24）

定海市政府拆城“理”在何处

1999 年 8 月 25 日，为众多媒体所关注的全国首例居民根据文物保护法、城市规划法和有关历史文化名城保护之规定，集体状告浙江省舟山市人民政府拆迁办公室违法拆迁一案，在历经波折之后，终于在舟山市定海区人民法院开庭审理。

庭审中争论的焦点（木石整理）

焦点一：形式合法就意味着具体行政行为合法?

对此问题，被告在答辩书中强调，被诉拆迁公告的作出与拆迁许可证的发放符合国务院《城市房屋拆迁管理条例》和《浙江省房屋拆迁管理实施细则》中有关文件审查的各项规定。因此，被诉具体行政行为合法。而原告方则指出，一项具体行政行为之合法性不仅应表现在其形式上、程序上的合法，更应包括其实质内容上的合法。在本案中，符合《城市房屋拆迁管理条例》中有关文件审查之规定只是被诉具体行政行为形式要件合法；然而，拆迁决定同时也必须符合拆迁可能涉及的其他各项法律，如《城市规划法》和《文物保护法》，这是具体行政行为实质内容上的合法。

焦点二：国务院文件是否可作为本案判案依据？

原告方诉称，舟山市为浙江省人民政府批准的省级历史文化名城。在舟山地区行政公署 1986 年向省政府《关于推荐定海城关镇为省级历史文化名镇的报告》中，舟山政府认定原告房屋所在的街区为定海古城中具有传统风貌的历史街区。国务院有关文件明确规定了“要保护文物古迹和具有历史传统特色的街区，保护城市的传统格局和风貌”；“特别是对集中反映历史文化的老城区、古城遗址……要采取有效措施，严加保护，绝不能因进行新的建设使其受到损害或任意动迁位置”。现被告决定拆除原告的房屋，严重违反了这些文件。被告方辩称，原告方指控被告方违反的这些文件既不是人大的法律，也不是国务院的行政法规，不能作为本案判案的依据。

焦点三：省历史文化名城保护条例有无约束力？

关于浙江省人大常委会于 1999 年 7 月 30 日公布生效的《浙江省历史文化名城保护条例》在本案中的作用，原告方指控被告拆迁决定明显违反了该条例的许多规定，要求法院根据该条例之规定判决停止被诉具体行政行为的继续实施。被告方在法庭上没有否认其拆迁决定与省历史文化名城保护条例的抵触，但主张其拆迁决定作出在先，该条例公布生效在后；根据法不溯及既往的原则，条例对被告的拆迁决定无法律溯及力。

焦点四：正在审批中的规划可以任意违反？

被告是否应受舟山市于 1998 年制定的《舟山市 1996～2010 年城市总体规

划》的约束？迄今，舟山市根据《城市规划法》的要求已制定了两部城市总体规划。第一部规划为舟山市政府于1988年制定并经浙江省政府1989年批准实施的《1987～2000年城市总体规划》；第二部规划为舟山市政府于1996年开始组织编制的《1996～2010年城市总体规划》，该规划已于1998年1月经舟山市政府会议批准、舟山市人大常委会审议通过，但尚未完成省政府批准的程序。原告方指控被告的拆迁决定违反了这两部规划中有关保护历史街区的规定，不仅违反了有关历史文化名城保护的法律规定，更违反了《城市规划法》，有关规划制订后就应严格遵守实施的要求。被告方辩称，其拆迁决定没有违反第一部规划，因为该规划规定："保留城市古街：保留东大街（人民路至立新路）、西大街（人民路至现区财政局）……"原告的房屋不在保留古街之内。至于第二部规划，被告对原告方有关其拆迁决定严重违反了该规划中有关历史街区保护规定的指控避而不谈，但辩称，该规划尚未完成省政府的批准程序，因此被告没有义务受该规划的约束。

焦点五：政府主管部门是否代表政府？

原、被告双方庭审争论的最后一个问题是：舟山市文物管理办公室对原告房屋的登记是否为《文物保护法实施细则》第6条第2款规定的"人民政府"对文物的登记？原告的房屋是否属文物保护法的保护对象？

原告方在起诉书中主张，《文物保护法实施细则》第6条第2款明确规定："《文物保护法》第七条第一款所列的文物中尚未登记为文物保护单位的，由县、自治县、市人民政府予以登记，并加以保护。"原告方分别拥有产权的房屋"蓝府"、"刘家大院"等具有历史、文化或革命史价值，在1984年全国文物普查时即被舟山市文物管理办公室登记列入《舟山市定海区文物图集条目》，这种登记即《文物保护法实施细则》第6条第2款规定的"地方人民政府"对尚未公布为文物保护单位的文物的"登记"，因此，原告的房屋属于《文物保护法》的保护对象。被告决定对原告房屋的拆迁违反了有关文物保护的法律规定。被告辩称，舟山市文物管理办公室 1984 年对原告房屋的登记不属于《文物保护法实施细则》第 6 条第 2 款规定的“登记”，因为该法规定的是“人民政府”的登记，而舟山市文物管理办公室不是该法所要求的人民政府。因此，原告的房屋仍不属于《文物保护法》的保护范围。

法律专家以案说法

一、被告的具体行政行为应依据哪些法律、法规?

从表面上看，被告行为应依据的只是《城市房屋拆迁管理条例》，但该拆迁条例规定，拆迁必须符合城市规划，从而要求被告行为必须同时遵循《城市规划法》。而《城市规划法》规定，编制城市规划应当保护历史文化遗产、城市传统风貌、地方特色和自然景观。至于如何保护历史文化遗产和城市传统风貌，这又要求被告行为应同时遵循《文物保护法》和《浙江省历史文化名城保护条例》。以上四个法律、法规是一个互相联系的整体，违反了哪一个都不能认定被告的具体行政行为合法。

二、地方人民政府文物主管部门对文物保护点的认定、登记行为是否具有法律效力?

根据法理，政府主管部门在其主管领域作出的行为应认为是代表相应政府的行为，只要其行为未超出职权或违法而被有权机关撤销，就不应否认该行为的法律效力。

三、国务院为执行《文物保护法》和其他有关法律而发布的规范性文件对被告行为是否应具有拘束力？

国务院发布的规范性文件虽然不是行政法规，但对于国家各级行政机关均具有拘束力，各级行政机关都必须执行国务院的文件。因为根据《地方各级人民代表大会和地方人民政府组织法》，地方各级国家行政机关都必须接受国务院的领导，都必须服从国务院。

国务院的规范性文件虽然不是法院审理行政案件的依据，但因这些文件通常是国务院为执行相应法律而对法律有关规定所作的解释或规定的执行性措施，只要这些文件不与法律相抵触，人民法院就应予以充分尊重，在审理案件中应参照适用。

四、被告行为是在《浙江省历史文化名城保护条例》发布之前作出的，如其与条例抵触，该行为是应继续维持，还是应予撤销？

根据法理，新的法律、法规生效后，调整相同领域相同事项的同位阶或以下位阶的旧法即失去效力，应予废止。至于具体行政行为，其效力位阶在法律、法规、规章之下，如与新法相抵触，自然更应废止。这一原则并不与法不溯及既往的原则相矛盾。法不溯及既往是指不追究新法以前实施的、与新法不一致的行为的法律责任，而不意味着此种行为可以继续维持。行政主体在新法生效后，如不主动撤销以前作出而现在仍在持续的行为，该行为即构成违法，人民法院应相对人的请求可以撤销，并追究行政主体的法律责任。

五、本案被告作出的具体行政行为是否违法？

本案被告的行为显然是违法的，其所违反的法律、法规规定主要有下述四项：(1)《城市房屋拆迁管理条例》第4条；(2)《城市规划法》第14条、第27条；(3)《文物保护法》第3条；(4)《浙江省历史文化名城保护条例》第20条等。根据行政法理，被告的上述违法行为属于《行政诉讼法》第54条规定的“滥用职权”的情形。所谓滥用职权，是指行政主体实施行政行为虽然在其职权范围内，但违反法律的目的和宗旨，行为时未考虑相关因素或考虑了不相关因素。本案被告实施旧城改造和房屋拆迁行为，本应考虑保护历史文化保护区的传统风貌与格局，不破坏历史地段的完整，但被告置相关法律、法规和国务院数项规范性文件的规定于不顾，专断地实施将导致破坏历史文化保护区历史文化遗产后果的行为，已构成“滥用职权”的违法，人民法院应行政相对人的请求，应以“滥用职权”为由，撤销被告的行为。

(原载于《民主与法制》，1999(21))

法学专家评说“白大褂”现象*

市场经济相对于计划经济的一个重要特点是减少规制、减少管理，但是市场经济并不等于取消规制和管理。在市场经济条件下，对某些社会公共事务，政府必须加以规制和管理。没有政府的规制和管理，不要说市场将失去必要的秩序，经济活动难以正常进行，就是人民的生命财产，也难以有安全的保障。

如《法制日报》记者所披露的“白大褂”现象，即是一种政府不可不规、不可不管的现象。因为，其一，医疗、药品行业的专业技术性很强，一般老百姓在与之打交道时难以自我保护；其二，医疗、药品事涉重大，人命关天；其三，此种现象本为“市场失灵”的产物，从而难以通过市场调节解决；其四，公民自治虽有可能解决此类问题，但我国目前尚缺乏这一类公民自治的机制。因此，对这种“白大褂”现象，政府应通过制定相应的法规、规章加以规制，有关行政机关应采取相应措施加以管理。

在政府规制与管理问题上，目前我国有两种情况并存：一方面是许多不应由政府规制、管理的事项，某些政府机关却舍不得放手，规不应规者，管不应管

---

* “白大褂”现象，是指一些医师（或冒牌的“医师”）身着“白大褂”，以“咨询专家”身份，在街头通过免费提供咨询的方式，替厂家推销药品、保健品。

者；另一方面是有些本应由政府规制、管理的事项（如“白大褂”现象），某些政府部门却不闻不问，应规者不规，应管者不管。这是为什么呢？这里面除了观念问题、体制问题，是不是还有某种经济利益因素在其中起作用呢？政府提供“公共产品”，其条件应是人民需要，且个人、组织不愿提供或不能提供，而不应是“利”（有利即规之、管之，不忍放手；无利即不规、不管，听之任之）。

“白大褂”现象虽然还涉及医务人员的职业道德问题，以及目前我国医疗主渠道服务的质量不适应人民需要的问题，但笔者在这里主要着眼于政府的规制和管理问题。希望通过“白大褂”现象引起学术界和实务界对政府规制和管理问题的进一步的重视，以在我国建立起真正适应市场经济体制的规制和管理制度。

（原载于《法制日报》，1999－11－27，同期还载有其他学者的相关观点。）

行政国家与行政权的控制、转化

所谓行政国家，是指人类社会发展到这么一个阶段：国家行政权渗透到人们社会生活的各个领域（从社会生产、交换到个人的衣、食、住、行），人们在其生命的整个过程中（从摇篮到坟墓），都离不开行政机关，行政机关的行政行为成为影响人们生命、自由、财产和国家安全、稳定、发展的一种几乎无所不能之物。

行政国家的主要标志是：

1. 行政机构和行政人员大量增加。以美国、英国和我国为例：美国在建国之初，联邦政府仅设 3 个部，行政人员为 4 479 人，与美国当时总人口的比例为 1∶1 100；到 20 世纪，联邦行政部门发展到 70 多个（10 多个部，60 多个独立管理机构），行政人员增加到 3 111 912 人（1991 年统计数），与美国总人口的比例为 1∶80。英国在 19 世纪前期，中央政府仅设 6 个部，行政人员 22 000 人，与当时英国总人口的比例为 1∶740；到 20 世纪 60 年代，中央政府的部发展到 24 个，行政人员增加到 827 000 人，与英国总人口的比例为 1∶69。我国在封建时代，中央政府通常设十来个部门（如唐朝的 3 省 6 部等），行政人员与全国总人口的比例为：汉 1∶7 945；唐 1∶3 927；明 1∶2 900；清 1∶911。新中国成立后，中央政府最初设 35 个部委级机构，1954 年增加到 64 个，行政人员与全国总人口的比例为 1∶297；80 年代初期，中央政府部委级机构曾增加到 100 个，90 年代中期，纯行政人员已达 1 042 万人，加上其他吃“皇粮”的人员则达 3 576 万人，与全国总人口的比例为 1∶29。

2. 行政职能大为扩张。在 19 世纪以前，国家行政职能通常限于国防、社会治安、税收和外交等寥寥数项。而进入 20 世纪以后，行政职能大为扩张。国家行政新涉及的领域主要计有：（1）干预经济，对经济进行调控；（2）管理国内、国际贸易，国内国际金融；（3）举办社会福利和社会保险；（4）管理教育、文化和医疗卫生；（5）保护知识产权；（6）保护、开发和利用资源；（7）控制环境污染和改善生活、生态环境；（8）监控产品质量和保护消费者权益；（9）管理城市规划和乡镇建设；（10）直接组织大型工程建设和经营、管理国有企业；等等。

3. 行政权力大为膨胀。行政权的膨胀首先表现在行政机关对经济生活和社会生活的控制方面，如行政许可和审批制度。19 世纪以前，行政许可和审批权很少适用，即使适用，也只限于几个特别行业。而到 20 世纪，各国适用行政许可和审批的行业通常达几十甚至几百种，大至航空、航天、广播、电视，小至儿童玩具，人们日常生活的油、盐、酱、醋、茶等。除行政许可和审批权外，行政机关的行政征收、行政给付、行政调查、行政强制、行政处罚权同样大为扩张。不仅如此，在 20 世纪，行政权已不仅仅在执法领域膨胀，而且大举侵入立法和司法领域。在立法方面，行政机关制定的法规和规章的数量已大大超过议会立法的数量（通常为议会立法数量的 10 至 20 倍）；就是议会通过的法律，其法案的 70%以上也是由行政机关提交的。在司法方面，行政机关在其系统内设立行政裁判所或行政法官，裁决商标、专利、医疗事故、交通事故、土地、森林、水、矿产资源等各种各样的争议、纠纷。

4. 行政自由裁量权大为增长。在 19 世纪以前，西方国家一般均奉行“无法律即无行政”的原则，行政机关很少有“便宜行事”的自由裁量权。但到 20 世纪，特别是第二次世界大战以后，行政机关的自由裁量权迅速增长，议会对行政的授权很少加以限制，许多授权是漫无边际的。议会授权经常使用的表述是：“根据社会公共利益的需要”，行政机关可以作出某种行为；或者行政机关“认为必要时”，可作出某种行为，等等。行政机关根据这种广泛的授权，几乎想干什么就可以干什么，想怎么干就可以怎么干。

行政国家的成因

行政国家是由多种因素促成的，其最重要的原因有下述四项：

1. 经济的迅速发展。20 世纪，西方国家的经济较 19 世纪有了迅速，甚至迅猛的发展。经济的迅速、迅猛发展导致了私人对“公共产品”（如公共交通、市政建设、社会保险、环境保护、市场秩序、反垄断、反不正当竞争、调整各种经济关系的规则等有形或无形产品）的大量需求。而这些“公共产品”是很难由私人提供的，于是政府的职能和权力借此膨胀。

2. 科技的发达和进步。科技的发达和进步既是促成 20 世纪经济迅速、迅猛发展的重要因素，同时它本身又导致了两个结果：其一是立法权和司法权逐渐旁落行政机关。因为有关立法事项和有关民事、行政案件越来越多地涉及科学技术，而议会的议员、法院的法官往往缺乏对相应事项、相应案件的专门知识、专门经验和专门技能，故不得不越来越多地授权行政机关行使准立法和准司法职能。其二是科技的发达和进步同时提出了对之加强管理的需要，如知识产权的保护、知识产权的交易规则、知识产权争议的处理，等等。这些都是“公共产品”，一般只能由政府生产和提供。

3. 议会民主的衰落和普通司法单轨制对现代社会的不适应。19 世纪以后，由于政党制度的日益发展和多数党内阁对议会的控制，议会民主日渐衰落。议员们在竞选时往往给予人民种种许诺，而一旦被选入议会后，即一切从党派利益出发，完全置人民利益于脑后。议会由于通常由执政党占多数席位，故受制于执政党内阁，议会对政府的监督徒具形式。至于法院，本来是行政权的一大制约，但自从法国等欧洲大陆国家建立行政法院，实行司法双轨制以后，普通法院对行政的制约功能大为削弱；由于现代社会经济和科技的发展，英美国家的司法单轨制到 20 世纪也难以为继，加之普通司法程序烦琐，效率低下，司法权越来越多地向行政转移。虽然英美国家的普通司法还保留着对行政司法的最终审查权，但因过多地考虑行政的政策性、技术性等，法院往往放宽审查标准，使行政更无所顾忌地自由裁量。

4. 帕金森定律的作用。根据帕金森定律，行政机构有一种自我膨胀的内在动力。第一，一般行政官员都有一种增加下属、扩大权力，以提高其所在机构级别和本身职务级别的本能的欲望。第二，一个官员找下属，往往愿意找两个，而不希望只找一个，使之能互相制约；而下属在工作多了需增加编制时，往往不愿意增加一个同事，而希望上级给他配备下属，并且是希望配备两个或两个以上的下属。第三，下属多了，工作人员多了，工作量可能更为增加：需要有人搞人事，需要有人搞后勤，工作要层层请示，文件要一个一个部门会签，各种各样的关系需要协调，等等。第四，各部门为其增人扩编制造理由和根据，还会源源不断地开拓出新的工作、新的事务来。这就是所谓“帕金森定律”。为了证实这一定律，有关研究人员考察了英国海军部的机构和人员在 20 世纪前期的发展情况。英国海军部 1914 年有行政人员 2 000 人，当时其所管辖对象为海军官兵及海军基地工人、办事人员共 206 249 人，比例为 1∶103；到 1928 年，海军总人员编制缩减为 166 997 人，而海军部行政人员反而增加到 3 569 人，比例为 1∶47。研究人员在分析导致这种管理对象减少、管理人员增多现象的具体原因时，完全证实了帕金森定律。

行政国家的异化

如前所述，行政国家是社会经济发展和科技进步的产物，是社会对“公共产品”需求大量增加后，.人们为满足此种需求而自觉或不自觉地制造出来的一种奇特之物。此种奇特之物一经制造出来，确实给人们神奇地生产和提供了各种各样所需要的“公共产品”，但是，其在生产和提供“公共产品”的同时，也魔术般地生产出各种各样人们所不愿看到的副产品，而且，行政国家的副作用随着时间的推移越来越发展，以至于其有完全演变成一个社会毒瘤的趋势。这种现象即为行政国家的异化，其主要表现在下述五个方面：

1. 对民主、自由和人权的威胁。在现代复杂的社会、经济生活中，人们为了保障民主、自由、人权，必须确立和维护相对稳定的秩序。而要确立和维护秩序，就必须有强有力的行政权，行政国家正是社会对这种强有力的行政权的需要的产物。然而，行政权过于强大，如果没有同样强有力的控制机制，它又必然形成对民主、自由、人权的威胁：使议会徒具形式，使法院听命于政府，使人民（无论是好人还是坏人）对行政官员心存畏惧。

2. 腐败和滥用权力。行政权本来是人们为获取“公共产品”而设置的，但是当其异化以后，它即在为公众提供“公共产品”的幌子下，大肆为掌握和行使其权力的人提供“私人产品”。掌握和行使权力的人运用权力为他们自己谋取金钱、财物甚至美色（所谓“权钱交易”、“权色交易”等）。他们本来是人民的“公仆”，但却以权力把自己塑造成“主人”，将行政相对人作为自己任意驱使的对象，他们可以对相对人乱罚款、乱摊派、乱集资、乱定规章制度、乱发号施令，相对人若不服从，他们即对之予以强制或制裁，甚至实施肉体和精神折磨。行政权的滥用和腐败，有时可能达到令人发指的地步。

3. 官僚主义和效率低下。在行政国家的条件下，由于帕金森定律的作用，行政人员增加，行政机构膨胀。按照一般规律，人多应该是好办事，多办事，但是异化的规律却是“一个和尚挑水吃，两个和尚抬水吃，三个和尚没水吃”。机构之间、办事人员之间互相推诿、互相扯皮；本来是一个衙门能办的事，相对人要找几十个衙门，拜几十尊菩萨，盖几十个图章，更不要说这些衙门门难进，事难办，这些菩萨脸难看，话难听了。

4. 人、财、物资源的大量浪费。行政权的行使必须有相应的成本付出，这是自然的、正常的。但是当行政国家异化现象出现以后，行政权行使的成本会成倍地增加，导致人力、财力、物力资源的大量浪费。很多优秀人才的精力、才华并非用于事业，而是用于处理机关之间人与人的各种复杂关系；国家财政税收的大部分不是用于经济文化建设，而是用于几百上千万公职人员的“皇粮”开支（所谓“吃饭财政”）。除了正常的“皇粮”开支外，一些公仆坐超标车、住超标房、在宾馆饭店山吃海喝造成的浪费，恐怕也不是一个小数目。

5. 人的生存能力和创造能力的退化。行政国家往往与计划经济制度和福利国家制度相联系。实践证明，计划经济和福利国家均不利于培养和激励人的竞争精神和创新能力。在一切都有国家保障的条件下，人们会逐渐养成依赖，甚至懒惰的品质，其生存能力会逐渐退化，以至经不住人生道路上的任何风浪打击。在行政国家的条件下，政府可能本是好心地为国民考虑一切，提供一切，但最终反而害了国民，最后还会使国家衰败。这是行政国家异化的另外一种表现。

走出行政国家

行政国家的产生，既有历史必然的因素，又有人为的因素。人制造行政国家，本来是为人的发展创造条件，但是，在其运作过程中，它却一步一步演变成阻碍人的发展，甚至摧残人的魔域。人类必须走出这个魔域，否则，就不仅不能发展，而且有自我毁灭的危险。然而，人类怎么才能走出行政国家、避免行政国家异化给人类带来的种种祸害呢？最佳的办法自然是废除行政权、废除国家，但是人类在现有的社会、经济条件下，还离不开行政权，离不开国家。在国际共运史上，有人曾建立过没有国家、没有政府的巴黎公社，然而仅存在几十天时间就失败了。我国在“文化大革命”中，一些人曾在一定范围内鼓吹，甚至实行过无政府主义，但这不仅没有给人民创造自由发展的条件，反而导致了人的自由、权利受践踏的悲剧。可见，人类走出行政国家，必须一步一步地走出，不能一步废除行政权、废除国家。根据现有的经验，人类从行政国家走出的基本途径是：限制行政权、控制行政权、转化行政权，以至最终使行政权消失，使国家消亡。

1. 转变和缩减政府职能，限制行政权。当社会进入行政国家阶段，人们在尝到了政府提供“公共产品”的某些甜头后，往往产生一种错觉，以为政府无所不能，什么都能做，什么都能做好。于是，什么事都让政府做，政府什么事都做，政府不仅进行管理，而且从事生产和经营；不仅宏观调控，而且微观干预，这就导致了行政职能和行政权的膨胀。现在要走出行政国家，首先就要转变和缩减政府职能，让政府少管“闲事”。政府管的许多事情本来是政府完全没有必要介入、没有必要管的“闲事”，这些事如果让“看不见的手”去调节，会比政府管理更有效，而且可以避免腐败和人力、物力、财力的大量耗费。

2. 规范行政行为，控制行政权。行政权必须限制、削减，但是在相当长的一个历史时期内不可能取消、废除。因此，人们走出行政国家的另一个重要途径是规范行政权的行使，控制行政权。控制行政权包括事前控制、事中控制和事后控制。所谓事前控制，是指法律在事前为行政权的行使规定一套实体准则，如行为条件、范围、幅度等，以控制行政权运作的前提和标准；所谓事中控制，是指法律为行政权的行使规定一套公开、公正、公平的程序，如告知、听证、说明理由、职能分离、回避、不单方接触等，以控制行政权运作的过程；所谓事后控制，是指法律对行政权的行使规定一套事后监督机制，如行政监察、行政复议、行政诉讼等，以控制行政权运作的结果。

3. 加强社会自治，转化行政权。在现代社会，行政权不可能取消、废除，因为社会需要公共体提供大量的“公共产品”。但是“公共体”并不等于政府，政府不是唯一的公共体。“公共产品”除了可由政府提供外，还可由其他公共体——社会自治组织（如行业协会、公共事业组织、社会团体、基层群众性自治组织等）提供。而且，非政府的社会公共体行使公共权力，即行政权力转化为社会权力，可以避免或减少行政国家异化的许多弊端，如腐败、滥用权力等。因为非政府的社会公共体更接近公民，公民可更直接参与其运作，更直接对之进行监督。根据马克思主义的理论和现代民主的实践，加强社会自治，将国家权力，主要是行政权力，逐步转化为社会权力，是国家消亡的最基本和最终的途径。

可以肯定，行政国家只是人类社会发展的一个历史阶段。这个历史阶段将随着现代民主的发展和行政权的不断限制、控制和转化而逐步终结，人类将走出行政国家。

（原载于《法制日报》，2000－02－13）

司法权威不立　法治焉存

读 10 月 27 日《北京青年报》第 19 版刊载的《法院岂可非议人大法规》一文，感觉我国国民对维护和确立法院、法官权威的重大意义尚认识不足，没有把法院、法官的权威和建立法治国家密切联系起来。据该文介绍，甘肃省酒泉地区中级人民法院在审理一件二审行政案件中，认为被诉具体行政行为适用的该省某地方性法规与国家法律相抵触，判决撤销一审判决和被诉具体行政行为。对此，甘肃省人大主任会议认为上述判决"严重侵犯了宪法和地方组织法赋予地方人大及常委会的立法权，超越审判权限，没有正确领会法律、法规实质，违法判决，直接损害了地方性法规的严肃性，影响了社会主义法制的统一"，"是一起全国罕见的审判机关在审判中的严重违法司法事件"，责成甘肃省高级人民法院提审并撤销上述判决，在全省法院系统中公开批评酒泉中院和追究有关负责人及责任人的违法责任。

这里我们不准备探讨法院的判决是否正确。我们要探讨的是：作为一个法治国家，是否应该在法院之上另设一个特别"法院"，来评判法院的判决是否正确、合法；法院之外的国家机关是否可对法院如何审理案件和作出判决下达指示或命令；法官依法定程序作出判决后，如果其他国家机关认为该判决不正确和违法，以至上级法院通过二审程序或再审程序撤销或改变该判决，是否要继而追究审理该案件和作出相应判决的法官的法律责任。从许多法制比较健全的国家的情况来看，上述问题的答案都是否定的。法院的判决只有在当事人不服和向上级法院依法提出上诉的情况下，才能由上级法院依司法程序对其正确性、合法性作出评价；任何法院以外的其他国家机关不能对法院如何审理案件和作出判决施加影响，更不要说下达指示或命令；法官除了对受贿等犯罪行为承担刑事法律责任外，对其审理和判决行为不承担任何法律责任。

试想，如果法院的判决接受其他国家机关的评判，其他国家机关可对法院如何审案、判案下达指示、命令，法官在判案时还要考虑如何下判才能免除自己日后承担法律责任，法院的独立审判权还如何保障？法院、法官在国家、社会生活中的权威还何以维持、存在？没有法院的独立审判，没有法院、法官在国家、社会生活中和国民心目中的权威，这个国家还能叫法治国家吗？

法院的判决不接受其他国家机关的评判、监督，法院办冤、假、错案怎么办？法院、法官不是神，他们办案当然难免出错，但是，公开、公正、公平的司法程序是人类设计的保证冤、假、错案最少发生的制度，这种制度虽然不能绝对避免错误发生，但那是人类不得不付出的代价。如果我们试图在这种制度之外去寻求另一种纠错机制，那只能是饮鸩止渴，再回到过去的人治时代去。

现在许多法官腐败，司法不公，他们作出的违法、错误判决不接受其他国家机关评判和监督，要怎么纠正？现在我们国家确实存在某些法官腐败和司法不公的现象，但这些现象是怎么引起，怎么发生的呢？是因为我们的审判太独立，我们的法院、法官权威太过造成的，还是因为我们的司法体制（如地方保护主义等）和我们的法官制度（如法官选拔、任用制度、法官待遇等）存在的弊端所致？显然是后者。如果我们不是从司法体制和法官制度上进行改革，消除产生司法腐败的根源，提高法官队伍的素质（吸收和吸引第一流的人才进入法官队伍），而是在司法体制之外寻求某种个案纠错、补漏的机制，可能导致错案越纠越多，漏洞越补越大。

让我们再回到前述案件，该案涉及法治的另一个重大原则问题：法院在审理案件中，发现地方性法规、行政法规、规章与法律相抵触，是否可直接适用法律而不适用与法律相抵触的法规、规章？根据法治原则，这不仅是可以的，而且是应该和必须这样做的。如果不这样做，国家法制的统一如何保障？最高国家权力机关的最高权力如何保障？我国《宪法》第5条和《立法法》第78、79条都明确确立了宪法、法律优于法规、规章的效力和法律规范的位阶制度，法院适用法律当然必须遵循这一制度。例如，我国土地管理法对违法占用耕地进行各种建筑的行为规定的法律责任是拆除违法建筑，恢复土地原状。如相应建筑符合土地利用规划，可没收相应建筑和并处罚款。但一些地方性法规规定的法律责任却是可单处罚款。人民法院在办理土地行政案件时，如不直接适用法律而适用行政机关在处罚时适用的地方性法规，土地管理法保护耕地的立法目的怎么实现？

这样做是否可行？法院对法律理解错误怎么办？法官当然可能错误理解法律，但法官错误理解法律的可能性要比其他人小得多，因为法官理解法律是在双方当事人及其律师参与的公开、公正、公平的司法程序下进行的，并且要受到二审程序和审判监督程序的制约。在这种制度下虽然仍然可能发生错误，但这是我们不得不面对的风险。在大多数法治国家，法院不仅可以不适用与法律相抵触的法规、规章，而且可以直接撤销它们。

有人可能会说，外国法官素质相对较高，可以赋予他们这种权力，在我们现在这种法官素质条件下，能这样做吗？目前我国法官的素质的确不尽如人意，但法官素质是可以改善的，通过法官选拔、任用、培训和待遇制度的改革，法官队伍的整体素质完全可以在不太长的时间内大为提高。如果我们因法官队伍现在的素质尚有一定问题而不赋予法官理解和选择适用法律规范的权力，对所有法律规范冲突问题都提交全国人大及其常委会解决，我们的司法可能会处于半停滞状态。最重要的是，目前我国全国人大及其常委会既没有设立专门的宪法法院或宪法委员会，也没有制定一套专门解决法律规范冲突的程序，如果我们将所有法规、规章与法律抵触的问题（包括明显冲突的问题）都提交全国人大，如何保障这些问题的及时、正确解决，如何保障整个国家法制的正常运转？

在一个法治国家，法院（包括普通法院、行政法院、宪法法院）应享有解决一切法律争议（包括法律规范冲突争议）的终局权力，法律的权威应通过法院、法官及其判决的权威实现。任何在司法制度、司法程序之外建立的对法院判决的“纠错”机制和对法官办理“错案”的责任追究机制的设想和设计，都是缺乏远见的治标之策，从长远看，它不仅不能解决问题，而且将后患无穷。

（原载于《法制日报》，2000－11－05）

法

2001年

解决水忧患　市场加法治

我国存在严重的水忧患：目前有 6 个省、区人均水资源量少于 500 立方米，尚不足人类生存对水的起码需求（人类生存对水的起码需求是人均水资源量 1 000立方米），另有 16 个省、区亦处于严重缺水状态。而且，这还不是问题的全部，与水资源严重短缺相对应的是，我国还存在严重的水污染和水浪费。就水污染情况而言，目前我国全国河流近一半的河水受到污染，十分之一河水的水体已丧失使用价值，其他地表水（如湖泊、池塘等）和地下水同样污染严重。就水浪费情况而言，我国农业单位灌溉面积用水量是发达国家的两倍，工业万元产值用水量更是发达国家的 10～20 倍（见《人民论坛》2000 年第六期）。

怎么办？怎么解决我国迫在眉睫的水的问题？过去我们用了许多行政的办法，如行政计划、行政命令、行政调拨、行政裁决、行政调解、行政强制、行政制裁，等等，这些办法虽然在一定程度上解决或者缓解了一定范围的问题，但没有能从根本上解决问题，水短缺（在一些地方，有人为争水而打架械斗）、水污染（在一些城市，因地下水污染，人们做饭甚至要买矿泉水）、水浪费的现象仍十分严重。

最近读《人民日报》的一篇报道《我国首笔用水权交易成交——义乌出资两亿元买来上游东阳水》（2001 年 2 月 16 日）和《中国水利报》2 月 10 日的相关

报道，颇受启发，感觉到“市场 ＋ 法治”是解决我国水问题的另一思路，是一个能较好解决问题的良策。

第一，水资源的使用权作为一种通过法律确立的权利（物权），其价值只有在进入市场交换后才可以得到更全面、更实际的体现。对于水权利（其他物权亦然），人们只有真正了解和把握其价值，才会更好地珍惜它，爱护它。人们珍惜、爱护水权利，就会尽可能减少对水的污染和浪费，充分利用水资源和节约水资源。

第二，水资源通过法律成为商品进入市场进行交换，人们即会为了扩大该商品的“货”源而不断地开源节流，会通过各种渠道加强对水资源的投资；为了使该商品升值，人们会想方设法地去保护和提高水的质量。这样，就不仅能使国家的现有水资源得到充分和有效利用，而且通过改进水质和加强、改善水设施，国家还能不断增加、发展可用的水资源。

第三，法的健全、完善是水市场运作的基本条件。水权作为物权，其权利的行使和实现必须有物权法、合同法和其他民事、商事法律的保障。水作为一种特殊商品，在市场交换过程中发生的争议、纠纷必然也有某种特殊性，解决这种特殊的争议、纠纷亦必须适用特定的法律规则。此外，有权利必然有救济，水权利一旦为法律确立，就必须确立和完善相应的法律救济机制。总之，水的市场必须在水的法治中运作，而水的市场与水的法治结合，就会形成一种有利于水资源利用和保护的秩序和环境。

第四，水的法制和法治不仅限于水市场的法制和法治，水资源保护法、水污染防治法、水资源开发、利用法、节约用水法等也都构成水的法制的组成部分，依法治水、依法节水、依法用水、依法保护水、依法管水、依法解决水的争议、依法对水权利予以救济等，亦均构成水的法治的环节和要素。水市场不仅是在水市场的法制和法治中运作，而且是在整个水的法制和法治的环境中运作。

第五，“市场 ＋ 法治”的治水机制并不排除政府对水资源的行政管理，特别是政府的宏观调控，但是政府的管理必须建立在市场和法治的基础上。政府制定有关水的政策和采取有关水的行政措施必须尊重市场规律和相对人的水权，必须遵守水的实体法和管理水的程序法。行政管理如果离开市场，就会扼杀相对人的主动性和积极性；行政管理如果离开法治，就会变成专制和滥权。当然，市场如果没有适度的管理，其运作秩序亦难以保障；法制如果没有适当的执法机构和执法人员去执行和运作，法治机制亦难以实际形成。

“水忧患”是我们现在已经面临，而且在以后一个相当长的时期内还不得不面对的一个有关国计民生的极为严重的问题。如何解决这一重大问题，我们可以有不同的思路，不同的对策。但“市场 + 法治”的思路与对策具有明显的优势，义乌—东阳水权交易的实践已经证明了这种优势。

（原载于《人民法院报》，2001-02-26）

对“请法律专家做陪审员”的评论

针对一起在威海闹得沸沸扬扬的疑难行政诉讼案件（详见以下案情介绍），威海市环翠区人民法院聘请北京大学法学院博士何兵、许德峰担任陪审员，与三名法官组成合议庭，对案件进行了公开审理，并当庭进行了审判。在记者的采访过程中，当事人及旁听群众对法律专家担任陪审员表示欢迎，有关专家对此也给予了积极肯定，社会效果良好。随着采访的不断深入，记者感到，本案所折射出的我国在法治推进过程中的诸多法律问题，值得我们深入思考。

案情介绍

2001年2月14日，山东省威海市乳山市大孤山镇姜家庄村村民王贵喜向威海市环翠区人民法院提起行政诉讼，请求法院依法确认威海市建设委员会的执法行为违法，并要求其承担行政赔偿责任。

原告王贵喜诉称，2000年11月15日上午11时30分左右，其与妻子张晓青在马路边卖包子，被告执法人员来到原告的摊点前，不问青红皂白就把原告的包子箱从三轮车上拿下放在地上，拖起三轮车就往被告的五十铃车上抬，原告夫妇上前索要，与被告工作人员发生争执，其妻张晓青被被告方工作人员推倒，送医院抢救无效死亡。原告认为被告工作人员未文明、规范执法，导致其妻张晓青死亡。

被告威海市建设委员会辩称，根据《威海市城市市容和环境卫生管理规定》，被告作为威海市的城建行政主管部门，有权对原告在街道两侧摆摊设点的行为进行查处。2000 年 11 月 15 日，被告工作人员在对原告王贵喜及其妻子张晓青的摊点检查时，查明原告的临时摊点未经过被告的批准，遂依据《行政处罚法》第 37 条第 2 款的规定，决定对原告经营用的三轮车采取证据登记保存措施，将原告经营用的三轮车拉走，双方发生争执。经说服教育，张晓青同意被告将三轮车拉走，只是原告本人不同意。在整个执法过程中，被告工作人员与张晓青没有任何身体接触，更不存在将张推倒的行为。被告根据法律规定对原告经营用的三轮车采取证据登记保存措施的行为合法，原告之妻张晓青的死亡与被告的执法行为无关。

法医鉴定结论为：死者心肌间大量脂肪组织浸润、脂肪细胞浸润到心肌全层，以右心、心尖及室间隔为重。这种心脏可不引起临床症状，但有意外负荷时，可引起猝死。分析意见为，根据死者张晓青的病案记载及病理诊断综合分析，张晓青死亡主要原因系在剧烈外界因素刺激下导致心脏猝死。

威海市环翠区人民法院经审理认为：被告作为城市建设行政主管部门，有权对城市市容和环境卫生进行管理，原告王贵喜及其妻子张晓青未经被告批准，擅自在威海市高技区街道两侧摆摊，违反了城市市容和环境卫生管理的有关规定，被告有权进行查处。原告主张被告工作人员将张晓青推倒在地，证据不足，不予认定。被告未履行法定程序并未提供法律依据即强行拉走原告三轮车的行为违法，这一行为是导致张晓青死亡的原因之一。根据《最高人民法院关于执行〈中华人民共和国行政诉讼法〉若干问题的解释》，参照《中华人民共和国国家赔偿法》的有关规定，判决被告威海市建设委员会强行拉走原告三轮车的行为违法；赔偿原告人民币四万元。

如何实现法律的可预期性

熟悉法律的人都知道，法治之基本特征就是法律越来越成为一整套普遍的和具有可预期性的规则体系。在现实生活中，相信许多人对像本案被告那样履行城管职责的现象并不陌生，亲历的人也不在少数，然而鲜有向人民法院提起诉讼者。在一定程度上，这是因为老百姓对法律没有这种预期，或者说老百姓对法律乃至法院缺乏信任。本案一审判决认定威海市建设委员会行政违法，意义重大。

姜明安：本案给我们的启示有三：

其一，法只有为人民所掌握和运用，才能转化为法治。现实生活中人们对法治往往有两种错误认识：有人把法治看得很简单，以为一个国家只要有了法，法完善了，就有了法治，但事实远非如此。就本案涉及的人和事而言，有关的法虽不能说已很完善，但也不能说很不完善，更不能说没有，如规范被告行政执法行为的环境卫生管理法、行政处罚法等，规范原告申请和获取法律救济行为的行政复议法、行政诉讼法、国家赔偿法等。然而，被告和全国各地许多像被告一样的行政机关长期以来就那样违法执法，而且他们那样做了还并不认为是违法。如果不是这次死了人和被法院认定违法的话，也许被告还将继续那样做下去。至于原告和全国各地许多像原告一样的行政相对人，他们在一般情况下也并不认为被告那样做有什么违法，很少有人会为此去申请复议或提起诉讼。对于这样一种管理和被管理秩序，我们能谓之法治吗？另一种错误认识则是把法治看得很复杂，视法治为高不可攀，可望而不可即，认为像我们这样的国情，这样的国民素质，这样的官治和人治情结，离法治还很遥远。事实亦非如此，法治并不是一个静止不变的完美状态，而是一个不断实现的过程。一个国家，只要人民真正掌握了权力，能不断将自己的意志形成法，并能运用法来监督政府和维护自己的合法权益，就有了法治，或者说就处在法治的过程中。就本案而言，原告在其权益受到侵犯时，想到了法，并运用法去衡量行政机关的行为是否合法和通过法院去审查行政机关的行为是否合法；被告则通过行政诉讼发现了自己应该遵循而未严格遵循的法，被动或主动承担法律责任，并将在以后的执法过程中吸取教训，严格依法执法。这样的一个过程、一种秩序、一种机制，不就是法治吗？关键的问题是我们不仅要制定法，而且要掌握法、运用法，这样才能使法转化为法治。

其二，依法行政的口号只有通过追究行政权力行使者违法行政的法律责任，才能转化为依法行政的现实。在实际生活中，我们经常看到行政权力的行使者在大会小会上大谈特谈依法行政，但是在行政执法实践中他们有意无意地违法行政。为什么呢？其中很重要的一个原因就是缺少追究法律责任的有效机制，或虽有这样的机制但没有运作起来。像本案这种情况，如果没有相对人申请复议或起诉，被告就可能意识不到自己在违法行政，或即使意识到也不会或很难自觉地主动纠正。而有了责任追究机制并真正使之运作起来，情况就会大不一样：违法行政的行为不仅要被撤销，造成相对人的损失还要赔偿，责任人员还要受到行政处分，这样，真正的依法行政才能成为现实。

其三，行政相对人的人身权益和财产权益受到损害只要与违法行政有关，行政主体即应对之予以适当赔偿，这样，法治的正义才能在相对人身上得到具体体现。过去，行政赔偿理论过分强调因果关系：相对人受到的损害必须是违法行政行为必然的结果，行政主体才承担赔偿责任。这种过分强调因果关系的理论往往使行政相对人权益在受到行政侵权损害后得不到任何赔偿，因为相对于理论来说现实生活是非常复杂的：很多事情常常是一因多果或一果多因，一果多因时各种原因对促成结果的作用又是很不相同的；另外，因果关系与条件关系亦是很难区分的。就本案而言，行政行为是被害人死亡的原因还是条件？如果是原因，该原因对导致死亡结果究竟占多大比重等都很难确切界定。在这种情况下，根据绝对因果关系理论，法院很可能即以被害人死亡与行政行为不存在因果关系而拒绝判付原告任何赔偿。但处理本案的法官没有这样做，而是根据法治正义的要求，以将原因分解成主要原因和次要原因的方法使因果关系相对化，从而避免了绝对因果关系理论导致对相对人的不公正结果。当然，这也说明，法官对法治原则、精神的理解和追求，亦是实现法治正义的重要条件。

无限制的行政权窒息社会的活力

在本案庭审中，原告提出了一个十分新颖而又耐人寻味的问题，即认为原告摆摊地点属于普通公路，不属于街道两侧，因而无须经过被告批准，亦不属被告的管理范围。此问题的提出在行政法学上应当说是极具价值的。

姜明安： 在行政法学上，越权无效是一项基本原则。越权包括纵向越权，即下级机关行使了上级机关的权限或上级机关行使了下级机关的权限；横向越权，即同级别的甲行政机关行使了乙行政机关的权限或反之；时间越权，即行政机关行使了法律授权时效已终了的职权；地域越权（或称空间越权），即行政机关对法律非授权其管辖的地域行使了职权；管理对象越权，即行政机关对法律非授权其管辖的个人、组织行使了职权；管理事项越权，即行政机关对法律非授权其管辖的事项行使了职权，等等。

越权对相对人来说，是侵犯其自由，对社会来说，是窒息其活力。无限制的行政权与市场经济更是不相容的。因此，在行政诉讼中，原告如主张并能证明被告行为越权，法院即应撤销相应行政行为，如果相应行政行为造成了相对人的损失，法院还应判令被告予以赔偿。该案原告及其代理人能以越权为由来对被告行为的合法性提出异议，尽管未为法院认可，但这可从一个侧面反映出我国自行政诉讼法实施以来，国民行政法知识的普及和行政法治观念的提高。

聘请法律专家出任陪审员之意义

在审判实践中，人民法院聘请法律专家参与审判，大多是请专家提供咨询意见，聘请专家学者做人民陪审员者尚不多见，威海市环翠区人民法院聘请法律专家学者出任陪审员还是第一次。据了解，这在威海市也是第一次。

姜明安： 我国刑事、民事、行政三部诉讼法均规定了陪审员制度。陪审员既可以是一般公民，也可以是某一领域的专家，专家既可以是技术专家，也可以是法律专家。聘请技术专家任陪审员对于审理某些难度大的专门技术性问题，以保证判决的准确性和公正性具有重要意义（英国某些行政裁判所的裁判员必须由一定比例的技术专家组成）。至于聘请法律专家任陪审员是否必要，人们可能会有不同意见，因为法官本身即应是法律专家。但是法官作为法律专家与学者作为法律专家还是有区别的：法官要处理各种案件，这些案件涉及各种不同的法律问题，因此，法官通常是法律领域的通才；而学者往往只研究某一学科，其重点研究的则更往往只是某一学科的某一领域或某几个领域的问题，对于这些问题，只有他们才是真正的专家。更何况，在我国现实的条件下，我国相当一部分法官的法律素质还尚未达到法律专家（即使是通才型专家）的水准。因此，至少在目前，我们的法院在遇到某种非常专门性的法律疑难问题时，聘请学者型法律专家任陪审员是很有必要和很有益处的。就本案而言，其所涉及的行政法问题和赔偿法问题即具有相当的难度，受案法院能对这些法律问题作出如此适当处理，应该说与聘请两位学者型法律专家担任陪审员参加审理和判决是分不开的。

（原载于《人民法院报》，2001-07-09，同期还刊有其他专家和法官的相关评论。）

扩大公民维护社会公益的诉权

根据我国行政诉讼法和最高人民法院关于行政诉讼法的司法解释，严正学先生诉浙江省台州市椒江区文体局确实不具备原告资格。* 因为现行法律确立的原告资格是以行政相对人本人的合法权益（主要指人身权、财产权）受到被告的具体行政行为侵犯为前提的，而本案中被告的具体行政行为（不作为）并不对严先生的个人权益构成侵犯。

被告椒江区文体局作为文化主管机关，具有维护文化领域正常秩序、制止色情表演、保障社会主义精神文明建设的法定职责。在严先生对文体局所辖区域内的文化场所有色情表演的现象进行举报后，其既不对此进行调查、核实和处理，也不给举报人任何说明、答复，显然构成违法不作为。那么，被告的行为既然构成违法，法律为什么还要设置原告资格的限制，阻止公民向法院起诉被告的违法行为呢？

---

* 2000 年 3 月开始，台州籍画家严正学多次向椒江区文体局实名举报椒江区文化馆在小学门口经营“娱乐总汇桑拿中心 KTV 包厢”，并在 1999 年国庆期间举行格调低下的表演，违反了未成年人保护法，要求该文化馆的上级单位椒江区文体局责令“娱乐总汇”搬迁，并对提供场地经营色情业者依法作出处理。在多次举报都无回应并受到椒江区文化馆的民事起诉（先是毫无根据地起诉其欠文化馆 29 000 元，而在开庭前又突然撤诉）后，严正学向法院提起行政诉讼，要求椒江区文体局依法履行查处文化违法行为的职责，并起诉文化馆滥用职权。

无论是中国还是外国，法律对行政诉讼原告都设定了一定的资格限制，其主要理由包括：（1）分权或国家职能分工的需要。法院只解决“争议”和“案件”，对不构成“争议”和“案件”的违法行为（即相对人与之没有利害关系的违法行为），则应由其他国家机关（监察机关、检察机关等）处理。（2）由行政诉讼的性质所决定。行政诉讼主要是一种救济制度，是法律为其本身权益受到侵犯的个人、组织提供洗雪冤屈和权益补救机会的一种制度。行政诉讼虽然也具有法制监督功能，但法制监督是附属于法律救济的。（3）保障行政效率的需要。公民对于其自认为违法，但与其自身权益无关的行政行为，可以向有关国家机关检举、控告、举报，但不能向法院提起诉讼。否则，行政机关将会穷于应付诉讼，行政管理将会受到太多的干扰，行政效率将难以保障。

随着民主、法治、人权的发展，许多国家（特别是20世纪60年代以后）通过议会立法和法院判例将原告资格大大拓宽；不仅赋予法定权利受到行政行为直接或间接侵害的个人、组织以行政诉讼原告资格，而且赋予其认为自己利益受到行政行为不利影响的个人、组织以行政诉讼原告资格。在一些法治发达国家，公民个人或组织据此可以以纳税人、竞争人、消费者、环境消费者等身份对行政行为提起行政诉讼；有些国家甚至建立起民众诉讼制度，即赋予一般民众以行政诉讼原告资格，一般民众如认为行政行为违法，侵害国家、社会利益，即使该行为不直接涉及其个人权益，亦可向法院提起行政诉讼。

在我国，行政诉讼制度起步较晚，对于原告资格一直限制较严。这既不利于有效保护行政相对人个人的合法权益（许多合法权益受到行政行为间接侵害的个人、组织因原告资格限制而得不到司法保护），也不利于保护社会公共利益。当然，法院之路不通，公民尚可通过其他途径（如向监察机关或人大、政府反映等）寻求处理，然而问题在于，司法途径往往是最公开、公正和最迅捷、有效解决问题的途径。因此，为了加强保护公民个人权益和维护社会公益的双重目的，我们有必要拓宽现行原告资格，同时赋予公民以维护本身权益和社会公益的诉权。其途径可以是通过司法解释确认公民可以以诸如环境消费者等身份提起行政诉讼。保护好公民的生存、生活环境，包括文化环境，是政府的责任和义务。如果行政主体对破坏生态，破坏大气、水、绿化等自然环境和破坏社会正常文化环境（如色情表演等）的现象不闻不问，不调查、不处理，公民作为环境消费者，就与行政主体产生了法律上的利害关系，从而具有了行政诉讼的诉权，也就可以对行政主体的相应不作为行为提起行政诉讼。

放松（但不是取消）对行政诉讼原告资格的限制是现代民主、法治发展的世界性趋势，随着我国加入 WTO 和参与全球化进程步伐的加快，我们应该适应这一趋势，拓宽原告资格，使更多的公民能通过行政诉讼的途径维护自己的合法权益和社会公益。

（原载于《民主与法制》，2001（5））

违法行政　小心当被告

“依法治国”作为治国方略，已被写入中华人民共和国宪法，而依法治国的关键则在于行政机关能否做到依法行政。所谓依法行政，就是行政机关行使行政权力、管理公共事务必须由法律授权并依据法律规定。法律是行政机关据以活动和人们对该活动进行评判的标准。据统计，国家颁布的法律、法规，百分之八十需要行政机关去执行。行政机关的施政行为与公民息息相关，为公民所直接感受，因而行政机关能否依法办事，对公民的榜样作用也最强。然而，目前我国的行政执法现状却不容乐观，有法不依、执法不严、违法不究，甚至越权执法、执法犯法、徇私枉法的现象还时有发生。这种现象不仅损害了广大公民的合法权益，而且极大地损害了法律的权威性，败坏了政府在人们心中的形象。如何解决这些问题已成为社会关注的焦点，而解决问题的关键在于行政机关依法行政，以下三个案例就充分说明了这一点。本刊特邀请著名行政法专家、北京大学法学院姜明安教授对上述案例进行简要点评，希望能给有关行政人员以有益的启迪。

贩烟案件一波三折　人身自由不容侵犯

前不久内蒙古兴安盟中级法院二审开庭审理一起限制人身自由案，因此案涉及烟草专卖及相关敏感问题，一审的原被告双方又处于两地，因而该案在两地烟草行业中引起关注。

第一上诉人黑龙江省龙江县烟草专卖局在其上诉状中称，去年 1 月 25 日，该局接到举报电话，获知家住齐齐哈尔的个体烟贩张某从内蒙古购进大量卷烟，将于次日雇用大货车运至齐市，该车无卷烟运输准运证。该局随即立案，并于当月 26 日晚 19 时，在该县公安干警的配合下，在本辖区境内头站乡将个体运输户丛某驾驶的大货车拦住，当场查获无证运输的卷烟 175 件。因丛某拒绝接受询问，公安干警遂将其口头传唤至烟草专卖局公安值勤室，对其进行询问并制作了笔录。当时，丛某承认了上述事实，其运输的卷烟被依法登记扣押。

在上诉状中，龙江县烟草专卖局认为，丛某明知是烟草专卖品，而无准运证的个人运输卷烟的行为已违反了我国《烟草专卖法》的有关规定，该局对其作出的没收违法所得，并处罚款人民币 2.861 万元的行政处罚是正当的。但没多久，丛某即与本案第三人兴安盟烟草专卖局保安沼烟草批发站一起，以“限制人身自由”为由，将该局与龙江县公安局一起诉至内蒙古扎赉特旗法院。一审法院经审理后认为，龙江县烟草专卖局、县公安局系跨辖区实施行政行为，强制将丛某带走、限制其人身自由等行为属违法行政，并据此作出判决，撤销龙江县烟草专卖局所作上述行政处罚，赔偿丛某损失 7 700 余元，返还第三人卷烟 175 件及利息、差价等。

点评：本案给我们的启示是：依法行政原则要求对违法行为也要依法处理。行政机关不能以违法治违法；不能认为只要行政相对人违法，我怎么治你都行；不要以为只要目的正当，手段可以不择。依法行政包括主体合法、权限合法、内容合法、手段合法、目的合法、程序合法等整体性要求，而不是某一项单项要求。本案一审原告无准运证运输烟草专卖品，其行为无疑构成违法。但一审被告黑龙江省龙江县烟草专卖局和县公安局（如像一审法院所认定的那样）跨辖区实施行政行为，无法律根据限制公民人身自由，其行为亦构成权限违法（地域越权）、手段违法（滥用行政强制手段）。此外，龙江县公安局在烟草专卖执法领域与烟草专卖行政机关联合执法是否有法律根据（《烟草专卖法》第41条规定的是行政处罚权而非行政强制权和联合执法权），如无法律根据，亦构成另外的权限违法（事务越权）和手段违法（以行政强制代替行政处罚）。由此可见，本案行政机关的执法行为是以违法治违法，违反了依法行政的原则，故一审法院予以撤销。当然，行政机关的违法也不能使相对人的违法变成合法，相对人违法的仍要受到追究，只是应依法予以追究。

对村民选出的村主任镇政府岂能随意罢免?

一名被镇政府以“工作需要”为由免去其职务的村主任状告镇政府行政行为违法一案，日前由淮安市淮阴区人民法院作出了一审判决。

1998年11月，经村民大会选举，王士丰当选为王营镇王庄村村委会主任。2000年6月18日王庄村与张庄村合并，保留王庄村，王士丰仍任原职。可3个月后，王士丰被王营镇党委、镇政府不明不白地免去职务。王士丰认为自己没犯什么错误，便找镇领导讨说法，被告知是工作需要。王士丰认为，王营镇的做法有悖《中华人民共和国村民委员会组织法》。于是，王士丰以王营镇政府违法行政为由将其告上法庭，淮阴区人民法院受理此案后，依法组成合议庭，开庭审理了此案。

法院认为，被告镇政府根据淮阴县人民政府淮政发（2000）234号批复调整王庄村村民委员会组织的行为是合法的。被告镇政府对调整后的村民委员会应当给予指导并及时组织村民依法选举产生新的村委会主任、副主任和委员，不得指定、委派或者撤换村民委员会成员。被告镇政府的工作人员宣布免去原告王士丰村委会主任职务没有法律依据。依照《中华人民共和国村民委员会组织法》和《中华人民共和国行政诉讼法》的有关条款，判决如下：被告王营镇政府2000年9月25日宣布免去被告王士丰村委会主任职务的具体行政行为违法。

点评：本案给我们的启示是：要建设社会主义法治国家，行政机关和行政负责人一定要认真学习宪法和宪法性法律，增强宪政、民主意识。基层群众自治是我国宪法确立的政治民主制度的重要组成部分，而自治的最基本要求即是由群众自己选举和罢免自治组织的负责人，而不是由政府或党委任免其负责人。如果由政府或党委任免，那还叫什么“自治”？我们虽唱《国际歌》唱了几代人了，知道世界上没有救世主，全靠人民群众自己救自己，但到了实践中，我们中一些人总是以救世主自居，处处为人民群众当家做主，包办代替应属人民群众自治范围内的事。我们讲法治也讲了好些年了，但我们中一些人仍只认刑法和刑法性法律为法，而不重视宪法和宪法性法律；以为只有违反前者为违法，要追究法律责任，而违反后者只是行为不适当，不构成违法，不会承担法律责任。对于持有这种观念的人，本案对他们应该是一个教训。

副县长电话推翻中标结果　政府违法行政成被告

合法的中标结果先被副县长一个电话暂停执行；后被不具有行政执法主体资格的机构宣布无效。重庆市开县个别领导人和部门因在一次招投标活动中违法行政，结果既给企业造成损失，又使自己陷入了尴尬境地：不仅输掉了官司，还输掉了政府的形象和企业的信任。

去年1月，中国工商银行重庆市开县支行对将迁建的办公楼和宿舍楼工程项目进行招标，重庆市天环建筑（集团）工程有限公司等五家建筑企业参加了投标，并于4月12日在开县建设工程交易所依法开标、定标。结果，天环公司以最高分被业主宣布中标，在场的开县建设工程招标投标办公室和监督小组当场宣布结果合法有效。

可当天环公司与业主单位第二天到县招投标办公室要求办理中标审查手续并签发中标通知书时却被告知，副县长郑勇打电话要求暂停发放中标通知，县监察局要对这个项目招标情况进行调查，据说是因为有家参与投标的企业对开标结果有异议。县招投标办公室虽承认自己无权推翻中标结果，但有县领导的电话指示“镇”着，在此后一个多月时间里，任凭中标单位和业主多次催促，招投标办公室在法定时限内既不办理发放中标通知书的相关手续，也不作更多解释。

天环公司无奈之下，向重庆市第二中级人民法院提起诉讼，法院于 6 月 20 日作出一审判决：有关部门应在收到判决书五日内为天环公司办理有关手续。

点评：本案给我们的启示是：行政机关和行政负责人实施行政行为必须有法律依据，否则，即构成违法行政。本案被告重庆市开县招投标办公室以及该县副县长、该县招投标领导小组所实施的行政行为的法律根据是什么呢？哪个法律、法规的哪一条哪一款规定副县长有权命令不给中标企业在法定期限内发放中标通知书和办理有关手续？哪个法律、法规的哪一条哪一款规定县招投标办公室可以根据副县长的命令，在法定期限内不给中标企业发放中标通知书和办理有关手续？哪个法律、法规的哪一条哪一款规定县招投标领导小组有权决定开标、评标结果无效？如果找不到这样的法律规定，其行为就只能认定为违法。法治对行政机关的要求不同于对公民个人的要求：对于后者，凡法律没有禁止做的，就可以做，做了不违法；对于前者，凡法律没有授权做的，就不能做，做了就违法。

因此，行政机关和行政负责人在实施任何行政行为前都应自问一声：我这样做有法律根据吗？法律根据在哪里？如果等到了法庭上再找法律根据，那就晚了。

(原载于《中国经济快讯》，2001 (19))

培植法治的自我完善机制

——对一起马拉松官司的反思

河南省焦作市一起因三间房屋而引发的产权纠纷，标的并不大，案情也并不太复杂，却经历了民事、行政两种诉讼，三级法院，十多年审理，十八次裁判。法院为什么拖了数年解决不了？最后虽然似乎解决了，但仍是没有解决的解决(检察院已对此案提起抗诉)。我国的法治机制究竟存在什么缺陷？这些缺陷为什么不能通过法治机制的自我调节、自我修补功能来消除？

该案暴露出的我国法治机制的缺陷至少有下述五端：

缺陷之一：我国司法的权威性、严肃性缺乏保障。司法权威源于司法裁判的公正、公开、独立和严肃性。法院判决、裁定的严肃性决定法院就某一案件、某一问题一旦作出裁决，该案件、问题就成为“已决事件”，当事人不得就该案件、问题再次起诉，法院不得就该案件、问题再次裁判。如果一个案件经过一审、二审、再审，当事人仍可以无视法院的判决、裁定，重新提起诉讼，法院又再次受理，并且不受原裁判的约束而再次裁判，这样的司法怎能保障权威性。

缺陷之二：我国司法的公正性和效率性缺乏有机的统一和协调。公正和效率的统一和协调是公权力运作永恒的目标。司法权同样是一种公权力，同样应追求公正和效率的统一和协调。公正和效率本身有统一的一面，也有矛盾和冲突的一面。在具体案件中，必须协调二者的关系，不能把其中任何一个目标绝对化。将公正绝对化不仅会导致严重的效率低下，而且将损害甚至完全失去公正。将效率绝对化将使效率变得完全失去意义，甚至导致负面效果。

缺陷之三：我们的法官对司法自由裁量权缺乏正确认识和有效运用。就本案而言，法律对此类涉及行政、民事法律关系交织的案件如何处理虽然没有明确的规定，但是有关的法律原则、精神早已存在。社会生活是无穷无尽的，而法律总是有限的，法律之所以赋予（当然也必须赋予）执法者、司法者以自由裁量权，是因为执法者、司法者具有创造性思维的头脑，他们在适用法律中能通过权衡、裁量和解释法律，而发掘法律的原则、精神，弥补法律的缺陷。

缺陷之四：我们的法治信息系统不通畅，反应不灵敏。本案拖了十多年，为什么可能解决问题的有关机制不能启动起来？原因之一即在于我们的执法、司法信息反馈和监督系统不通畅，反应不灵敏。对于本案，报纸杂志也作了不少报道，但我们的立法解释机关和司法解释机关对此反应迟钝，对本案涉及的诉讼程序问题和实体问题如何处理迟迟未作出具体的法律解释。至于监督机制，在本案中同样不见发挥作用：本案都大大地超过了行政诉讼法和民事诉讼法规定的审判时限，然而时至今日也不见有人过问。

缺陷之五：我们的法制研究机构在法治运作系统中未能充分发挥其应有的作用。作为在执法、司法机关中设置的研究机构，应该经常收集执法、司法过程中的信息，并对这些信息进行加工、处理，然后提供给司法解释机关或立法解释机关，使他们据此调整执法、司法过程中发生的各种偏差，保障整个法治系统的正常运转。

一个国家的法治系统在其运作过程中，产生这样那样的问题，出现这样那样的缺陷是难免的，问题在于它必须有一个自我调节、自我纠错、自我完善的机制，使问题能在短时间内得到解决，缺陷能在短时间内弥补。本案反映出的问题恰恰表明我国法治系统尚没有形成这样一个完善的机制。这样的机制首先取决于人。处在法治系统各个环节（立法、执法、司法等各个环节）的人都应是具有法治创新精神的高素质的人，他们懂得整个系统的目标，懂得法治的原则和精神，随时调节自己的行为使之适合于系统的目标。其次取决于信息。决策系统能随时根据社会环境的变化输出正确调控社会的信息，社会被调控的信息能及时反馈给决策系统，使之自动调节，自动纠错。在我国，本案一类问题之所以出现，就是因为尚未形成这样的机制。我们希望通过此案，能引起司法部门对法治自我调节、自我纠错、自我完善机制的重视，从而自觉地逐步培植起这样一种机制。

（原载于《民主与法制》，2001（10）。关于此案的详细情况，请参见王贵松主编：《行政与民事争议交织的难题》，法律出版社2005年版，本文亦作为代序收入该书。）

法

2002年

区别不同听证制度　发挥其应有作用

1996 年通过的《行政处罚法》首次规定了听证制度（具体行政行为听证制度），随后的《价格法》又规定了价格听证制度（行政决策听证制度），2000 年通过的《立法法》和 2002 年 1 月 1 日起施行的《行政法规制定程序条例》和《规章制定程序条例》分别规定了国家立法和行政立法听证制度。这些法律、法规颁布以后，全国各地各部门已陆续开展了具体行政行为、行政决策、行政立法和地方立法听证的大量实践（国家立法听证尚未正式开始运作），听证制度作为现代民主政治和现代行政程序的重要支柱性制度，在我国已经初步建立和正式运作起来。然而，我们的许多国人（甚至某些听证制度的设计和运作者）目前对这一制度还不甚了然，以至于产生许多疑惑、许多误解，在许多应该和能够发挥这一制度作用的地方没有发挥它的作用；而在某些方面，又赋予它一些非其所应有或在相应领域非其所能或非其所长的作用，结果导致要么效率不高，经济耗费有余，要么民主、公正、公开不够，程序司法化有余。为此，我们有必要对听证制度作些分类研究。

不同听证制度的功能和作用是大不相同的。如果混淆不同听证制度及其功能、作用的差别，有可能使整个听证制度变质、变味，产生对社会有害而不是有益的结果。就目前世界各国已建立听证制度的国家和我国的情况而言，听证主要有三种类型：立法听证、行政决策听证、具体行政行为听证。立法听证的目的主要在于保证立法的民主性和科学性，保障社会公益（如经济发展、生态环境、社会稳定等），同时尽量不损害个别组织、团体和个人的利益。

行政决策（无论是行政立法还是以其他形式制定政策）与立法不同，其决策机关不是人民代表机关，其民主性天然不足，与具体行政行为相比，行政决策又有很大的自由裁量性，如何保障自由裁量的合理，行政机关的首长负责制和一定的会议制度的作用均显不够。因此，行政决策听证的功能一方面在于为公民提供参与机会，使行政决策尽可能广泛反映民意，另一方面在于防止行政专制，使行政决策尽可能合理，包括平衡社会各不同群体、不同阶层人们的不同利益以及尽可能避免决策可能带来的消极作用和负面影响。我国的价格听证制度即属于行政决策听证。

具体行政行为听证的首要作用在于保障依法行政，保护行政相对人的合法权益。一般来说，只有其本身权益与具体行政行为有关的人才能申请具体行政行为听证，与具体行政行为无关的人不可能申请此种听证，行政相对人申请听证的目的自然主要是维护自己的合法权益。当然，具体行政行为听证在客观上会起到监督行政机关依法行政和合理行政的作用。

在一些国家，听证已是一件非常普遍、经常发生的事情，大到国家在制定一些涉及全社会公共利益的法律时，要召开听证会，小到老百姓碰上退休金发晚了，福利补贴发少了，交通违章被处罚了，都可以带上律师要求行政法官给他开个听证会。当然，政府在制定关系纳税人切身利益的政策时，比如涉及药品、食品、电信、铁路等问题时，更要由政府相关独立管理机构召开听证会。

在立法听证中，听证组织和主持者通常为立法机关的专门机构（或工作机构），立法起草部门或立法提案机关的代表通常为听证一方，听证的另一方则为社会公众的代表，特别是与相应立法内容有利害关系的群体、阶层的代表（可以有专家、学者的代表，但不是必须有，论证会则必须有专家、学者的代表）。代表应由相应群体、阶层的公众推荐产生，而不应由听证组织者指定。在行政决策听证中，听证组织和主持者通常为政府法制机构，决策机关（行政法规、规章、规划的制定机关或其他政策的制定机关）的代表通常为听证一方，其权益受行政决策影响的组织、个人的代表为听证的另一方。在具体行政行为听证中，听证的组织和主持人通常为作出相应具体行政行为的行政机关中未参与相应行为实施的机构（有法制机构的一般为法制机构）中的公职人员，直接实施相应行为的机构的代表为听证的一方，听证的另一方为相应行为的相对人（既可以是直接相对人，也可以是间接相对人）。很显然，具体行政行为的听证一般没有与相应行为无利害关系的一般公众代表参与，而在立法听证和行政决策听证中，一般公众代表参与通常是必不可少的。

听证应坚持“三公”（公开、公正、公平）原则，但是，不同听证，“三公”原则（特别是公开原则）的度应该是不同的。立法和行政决策听证，公开原则的度无疑应该大于具体行政行为听证。具体行政行为听证，大多时候可能没有公众旁听，没有新闻记者现场采访，因为其涉及商业秘密或个人隐私的情况较多，而涉及一般公众和社会利益的情况较少。为了体现听证制度的公正性，立法和行政决策听证代表产生的标准非常重要，谁来选择代表？代表由谁来确定？针对我国目前的现状，应该尽快制定出专门法规。

（原载于《市场报》，2002－01－23）

法治的自治基础与自治的法治保障

——析足协等社会自治组织的可诉性

最近，长春亚泰足球俱乐部有限责任公司因不服中国足球协会对其作出的处罚决定，向法院提起行政诉讼。这一事件引起了法学界、法律实务界的广泛争议：足协，作为非国家行政机关的社会自治组织，能否成为行政诉讼的被告？其对组织成员行使管理权力的行为是否应受法治原则的拘束，是否可受司法审查？这一争议不仅涉及足协和其他行业协会，以及整个社会自治组织的性质和法律地位，而且也涉及某些更深层次的理论问题：例如，其一，足协和其他行业协会、其他社会自治组织存在的必要性是什么，理论根据何在？相关的管理权力为什么不授予国家行政机关而授予它们，由它们行使这些管理权力比由行政机关行使有什么优越性？其二，足协和其他行业协会、其他社会自治组织行使管理权力的行为是否应受法治原则的拘束？如果答案是肯定的，那么，自治与法治的关系是什么？其三，如果足协和其他行业协会、其他社会自治组织行使管理权力的行为应受法治原则的拘束，这种拘束是否应与法治原则对国家行政机关行使行政权的行为的拘束一样？二者接受司法审查的强度（广度和深度）是否应有所区别？

我们首先考察第一个问题：社会自治组织（如足协、其他单项体育协会、其他行业协会，如律协、医协、消协，以及基层群众性自治组织，如农村村民委员会、城市居民委员会等）存在的理论根据。按照传统的民主理论，民主国家的主权属于人民，人民选举代表组成人民代表机关（议会），人民代表机关产生政府并授权政府行使国家管理权。这种民主（议会民主）相对于专制制度，自然是伟大的进步，但是这种民主也有着重大缺陷：其一，人民通过选举代表和由代表机关授予政府国家管理权，即将自己一定期限（如四年、五年）内的权力一次性地转让给了一个唯一的主体——政府；其二，人民代表由于各种主观和客观的原因，有时可能并不代表大多数人民的利益，有时可能完全无视少数人民（特别是弱势群体）的利益，议会中政党对代表的控制更使这种情况严重化；其三，政府的权力虽然来自人民，但其行使往往脱离人民。现代社会的复杂性需要公权力对社会经济生活进行广泛的干预，而政府在行使这种广泛的公权力过程中，又不可避免地产生大量的腐败、官僚主义、滥用权力和效率低下。

正是在这种情况下，新的民主（参与民主）理论产生了。新的民主理论认为，人民主权不能完全委授人民代表机关行使，社会管理公权力也不能完全委授政府行使。人民选举代表组成人民代表机关，只是将其权利的一部分转让给代表机关和通过代表机关转让给政府，人民自己仍保留着大部分权利。一方面，人民随时可通过多种方式、多种途径（如直接草拟和提交立法议案，参加国家决策和具体行政行为的讨论、听证，举行重大事项的全民投票等）参与国家管理；另一方面，人民可通过建立各种社会自治组织和自愿转让部分权利给这些组织（这些组织可能是行业性的，也可能是区域性的，包括地区性和全国性的，随着全球化的发展，还可能是国际性的），使之承担部分社会管理职责，行使部分社会公权力。社会公权力由社会自治组织行使较之由国家行政机关行使具有下述优越性：其一，自治组织由其成员自愿组成，其负责人由其成员直接选举产生，并可随时撤换，有利于最大限度地代表和反映组织成员的意志和利益；其二，自治组织与相对人距离近，其活动处在相对人经常性的监督之下，有利于防止腐败和权力滥用；其三，自治组织管理人员有专门知识、专门经验、专门技能，有利于保证管理的准确和效能；其四，自治组织直接提供相应领域的管理和服务，有利于减少机构，节约成本；其五，自治组织实施管理行为以组织成员的自愿、协议为前提，不以国家强制力为后盾，有利于人的自由、人的个性和人格的发展。自治组织行使社会公权力虽然较之国家行政机关有上述优越性，但是，在现时的条件下，国家和政府并不能消亡，某些公权力（如国防、外交、治安等）还只能由政府行使，社会公权力只能逐步由政府向社会自治组织转移。

既然社会自治组织的存在和发展是必然的，由其行使部分社会公权力是现代民主的要求，那么，它与国家行政机关行使公权力有什么区别呢？它的行为（特别是对组织成员的管理行为）和活动（特别是依法律、法规授权或行政机关委托行使公权力的活动）是否要受国家法律和法治原则的拘束呢？如果其成员或社会其他组织、个人对其行为的合法性产生异议，是否可请求法院对之进行司法审查呢？在法治国家的条件下，这些问题的答案应该是肯定的。这是因为：第一，人们在一定的共同体（主要指国家，也指地区、地球）内生活，必须受一定的共同规则（法律是最基本的共同规则）约束，否则即无法共处。社会自治组织虽然主要根据其内部共同规则（组织章程等）活动，但它们也必须同时遵守作为外部共同规则的法律，因为它们不可能成为与外部世界隔绝的独立王国；第二，社会自治组织成员（个人或团体）无论是向国家、政府转让权利，还是向自治组织转让权利，其生命、自由、财产等基本权利都是保留而不可转让的，这些权利除依法律加以剥夺或限制外，是永远受法律保护的，无论是政府侵犯这些权利，还是社会自治组织侵犯这些权利，被侵权者都有权请求法律救济（包括司法救济）；第三，在现时政治国家存在的条件下，社会自治组织的自治只能是相对的，不可能完全排除国家的管理和监督，更不能完全拒绝国家司法的管辖，否则，国家的法制统一和政治统一均不可能实现；第四，根据现代民主理论，自治与法治的关系应该是：自治是法治的基础，法治是自治的保障。自治意味着人民通过各种自治组织自己管理自己，维护自己的权利和利益，不同行业、不同阶层、不同利益团体的个人不形成自己的组织，其意志和利益就难以在法律中得到反映和体现。对于现代国家来说，不建立和发展代表不同行业、不同阶层、不同团体利益的自治组织，法治就缺乏民主基础；同时，自治也必须通过法治加以保障：一方面，自治组织不是独立王国，它不能不同外部社会（政府、其他自治组织、个人）打交道，调整自治组织与外部社会的关系不能靠自治组织的章程而必须靠法治；另一方面，自治组织内部也有管理与被管理的关系，也存在公权力，既然是公权力，如果不加控制，同样会产生腐败和滥用。尤其在我国现时的条件下，许多自治组织并非完全自治，在人财物方面还有很浓厚的官方色彩，腐败和滥用权力的情况更为严重。对此，光靠社会自治组织本身自律是不能完全解决问题的，必须同时有法律对之加以规范和控制。

自治必须有法治保障，社会自治组织的行为必须受法治原则拘束。但社会自治组织毕竟不同于政府行政机关，它们是由组织成员通过协议自愿和直接组织起来向成员提供某种内部“公共物品”的公共体，它们的活动和行为主要受组织成员达成的共同协议（组织章程及各种相关规则）而不是法律的拘束，否则，就不成其为“自治”，就失去了自治的特色和优势。法治原则对社会自治组织（特别是其管理行为）的拘束主要表现在下述方面：其一，社会自治组织只能在自治范围内行为和活动，除非有法律、法规授权，不能对外部相对人实施管理行为和采取行政制裁性或强制性的措施；其二，对内部组织成员的基本权利和自由不能加以限制或剥夺；其三，对内部组织成员作出不利行为要遵循正当程序。所谓“正当程序”，包括告知理由、根据，听取陈述、申辩，必要时应相对人要求举行听证，行为实施者与处理事项有利害关系的应予回避，对相对人给予事后救济机会等；其四，内部组织成员或外部相对人对社会自治组织的管理行为不服，认为违反法治原则的上述要求，可向法院请求司法审查。当然法院司法审查通常只限于对社会自治组织行为是否遵守法治原则基本要求的审查，即是否滥用和超越自治权，是否侵犯组织成员基本权利和自由，是否遵守正当程序，而不应涉及一般自治范围内的事项，更不应涉及自治组织处理决定对事实的认定、评价及其合理性，除非其认定、评价完全不是根据正常的技术标准，而是滥用权力（主观武断、以权谋私、打击报复等）所为，以致显现出明显的不合理。

根据以上原则分析长春亚泰足球俱乐部诉中国足球协会一案，应该认为，足协是可以被诉的。如果足协不能被诉，那么其他单项体育协会，其他行业协会，如律协、医协、消协等，以致所有社会自治组织，也同样不能被诉，这显然是与法治原则相悖的。这是一方面，另一方面，法院对足协行为的司法审查应该是有限的，即主要限于正当程序审查，否则，即与社会自治原则相悖。

（原载于《法制日报》，2002－02－17）

行政诉讼应进一步降低“门槛”

从《行政诉讼法》立法时我国的法律环境和“民告官”的各种条件考察，该法第 2 条设立的我国行政诉讼的“门槛”虽然有点高，但在当时也许是必要和适当的。然而，根据我国现有的法律环境和全球化、民主化对法治，特别是行政法治的要求，这一“门槛”现在看来应该进一步降低。

《行政诉讼法》第 2 条设立的“门槛”共有四级：其一，起诉人具有“公民、法人或者其他组织”的身份；其二，所诉行为主体是“行政机关和行政机关工作人员”；其三，所诉行为是“具体行政行为”；其四，起诉人认为所诉行为“侵犯其（自身的）合法权益”。现在这四级“门槛”在哪些方面能降低或能进一步降低一些呢？

我们先分析第一级“门槛”：起诉人具有“公民、法人或者其他组织”的身份。此外，国家公务员、国家检察机关、社会团体等可否被赋予行政诉讼原告资格呢？我认为是可以有条件地赋予的，如国家公务员未经正当法律程序受到较严重的行政处分或被变相限制人身自由，如被违法开除等，似应允许提起行政诉讼；国家检察机关在重大国家利益因行政行为受到损害且无其他适当途径可救济的条件下，似应允许其代表国家提起行政诉讼；社会团体在其成员合法权益受到行政行为严重侵害却因各种主客观原因而不能起诉的情况下，似应允许其代表被侵权人提起行政诉讼。另外，"公民"，从法律上讲，应指中国公民，那么，外国人、无国籍人是否允许跨入中国行政诉讼之门呢？当然，《行政诉讼法》第十章已为他们开了"旁门"，但《行政诉讼法》第2条作为"大前门"，似应赋予外国人、无国籍人以"进门"资格。

我们再考察第二级"门槛"：所诉行为主体是"行政机关和行政机关工作人员"。除了"行政机关和行政工作人员"以外，其他行使社会公权力的组织，如律协、医协、足协、消协、村民委员会、居民委员会等，实施权力性行为侵犯相对人合法权益，相对人是否可以对之提起行政诉讼呢？答案似不应是绝对可以或绝对不可以，而似应是附一定条件的可以，如仅限于法律问题，且穷尽了所有其他救济途径等。

至于第三级"门槛"：所诉行为是"具体行政行为"。行政机关实施的行为除了具体行政行为之外，还有抽象行政行为、事实行为等，抽象行政行为又有行政立法行为（制定行政法规和规章）和发布具有普遍约束力的决定、命令的行为之分，事实行为又包括作为法律行为附属行为的行为，如法律行为的准备行为、执行行为和在实施法律行为过程中公职人员个人故意或过失实施的行为（如殴打相对人或对之实施其他暴力的行为），以及相对独立的事实行为，如行政指导等。此外，行政合同既非抽象行政行为，也有别于具体行政行为。对于所有这些"具体行政行为"之外的行为，相对人是否都可以对之提起行政诉讼呢？答案似亦应是附一定条件的可以，如对抽象行政行为的起诉只能在对具体行政行为起诉时附带提起，对行政事实行为的起诉仅限于相应事实行为有某种事实上的强制力等。

关于第四级"门槛"：起诉人认为所诉行为"侵犯其（自身的）合法权益"。行政相对人除了为自己的合法权益提起行政诉讼以外，是否还可以为社会公共利益提起行政诉讼呢？在某种意义上，公益也包括私益。行政机关行使职权用的是纳税人的钱，如果行政机关用纳税人的钱乱办事或不办事，损害了社会公益（如环境、秩序、安全等）或听任社会公益受损，纳税人可不可以告行政机关呢？我认为是应该允许的，至少应有条件地允许。行政相对人花自己的钱，花自己的时间和精力为社会公共利益（尤其是环境利益）打官司，法律没有理由完全禁止。

当然，为了防止法院负担过重，法律加以适当限制是必要的，除了诉讼费的“门槛”外，还可以设定一些起诉条件（如穷尽其他监督和救济途径等）的“门槛”。

总之，《行政诉讼法》已实施十二年，中国的法律环境已发生了很大的变化，这个法律应该作一些修改了，这个法律设立的“门槛”应该降低或再降低（如实践中已降低）一些了。当然，行政诉讼也不能完全没有“门槛”，不能取消“门槛”。

（原载于《法制日报》，2002－02－17）

听证，打破暗箱

对于听证制度，许多国人目前都不甚了然，以致产生许多疑惑、许多误解，在许多应该和能够发挥这一制度作用的地方没有发挥它的作用，而在某些方面，又赋予它一些非其所应有或在相应领域非其所能或非其所长的作用。

人们常常混淆不同的听证制度，有的按立法或行政决策听证制度的模式和方法，去运作具体行政行为的听证，或者相反，结果导致要么效率不够、经济耗费有余，要么民主、公正、公开不够，程序司法化有余。

听证就是听取意见

听证的实质就是听取意见，包括接收被听证人的证据和有关材料。听取意见自然有各种各样的方式和途径：公开的，非公开的；正式的，非正式的；直接的，间接的；口头的，书面的；对抗式的，纠问式的，等等。

一般来说，西方国家通常将听证分成正式听证和非正式听证两种基本形式。正式听证一般要采取某种程度的准司法程序，如听证主持人相对独立（即为非直接决策、决定人）。在美国，行政听证一般由行政法官或专门听证官主持，立法听证则由议会专门委员会主持；听证参加人可聘请代理人，在听证中可进行言辞辩论，听证笔录应作为具体行政行为的根据，作为立法和决策的参考，等等。当然，即使是正式听证，不同听证的正式性也是很不一样的，其正式性程度取决于听证事项对于社会公众利益和利害关系人利益的重要性和其他政策考虑，不搞“一刀切”。

至于非正式听证，则不一定需要有相对独立的听证主持人，不一定要采取口头听证形式，即使是口头听证，也不一定需要进行言辞辩论，决策、决定人可直接听取相对人的陈述和意见，而无须相互质证。在大量的政府决策和行政事务中，政府通常都采取非正式听证形式听取相对人意见，采取正式听证形式的只是极少数。

但是，无论采取什么听证形式，政府作出关系社会公众利益的决策和作出关系特定相对人利益的决定，均应真正听取公众和相对人的意见，并对公众和相对人的意见予以一定形式的回应，如不予采纳，应适当说明理由。政府作出涉及相对人权益的决策、决定，如既未举行正式听证，又未举行非正式听证，或虽举行了听证，但对听证中相对人提出的意见、建议根本未予考虑（可不采纳，但必须予以考虑和适当说明不采纳的理由），相对人如对此提起司法审查，相应决策、决定有被法院撤销的可能。

谁开听证会，谁是座上宾?

在不同种类、不同形式的听证中，听证的法律关系主体是不同的。

在立法听证中，听证组织和主持者通常为立法机关的专门机构（议会的专门委员会或工作机构），立法起草部门或立法提案机关的代表可为听证一方，听证的另一方为社会公众的代表，特别是与相应立法内容有利害关系的群体、阶层的代表。代表一般由相应群体、阶层的公众推荐产生，有时则为利害关系人自愿申请参加，如人数过多，可由听证组织者按一定规则指定。

在行政决策听证中，听证组织和主持者通常为政府法制机构；决策机关（行政法规、规章、规划的制定机关或其他政策的制定机关）的代表通常为听证一方，其权益受行政决策影响的组织、个人的代表为听证的另一方。

在具体行政行为听证中，听证的组织和主持人通常为作出相应具体行政行为的行政机关中未参与相应行为实施的机构（有法制机构的一般为法制机构）中的公职人员；直接实施相应行为的机构的代表为听证的一方，听证的另一方为相应行为的相对人。

很显然，具体行政行为的听证一般没有与相应行为无利害关系的一般公众代表参与，而在立法听证和行政决策听证中，一般公众代表参与通常是必不可少的。此外，具体行政行为听证，听证参加人通常可委托律师或其他公民代理听证，而在立法听证和行政决策听证中，听证参加人一般要亲自参加听证和亲自陈述意见，尽管法律并不排除其聘请律师协助其做听证的某些准备工作或陪同其出席听证会。

以上听证关系主体是就正式听证而言的，如果是非正式听证，听证主持人可以就是决策和决定人。对于非正式听证，关键不在于形式，而在于决策和决定人真正听取相对人意见。至于决策、决定人通过一定形式听取了相对人意见，但决策、决定未采纳相对人的意见，并不影响相应决策、决定的有效成立。相对人对决策、决定内容有异议，只能以实体问题而不能以程序问题为根据提起司法审查。

听证管多宽？

首先，听证范围究竟应该法定还是应该留给决策、决定机关自由裁量，这不能一概而论。在立法和行政决策领域，凡是涉及广大社会公众或某一社会群体、阶层重大利益的事项，如公用事业、公益性服务、自然垄断商品的定价、城市建设规划、土地利用规划的制定等，其听证应以法律、法规明定，而与社会公众利益关系不密切的事项，是否听证则应留给立法和行政决策机关自由裁量。在具体行政行为领域，凡是可能给特定行政相对人造成重大不利影响的事项，如我国行政处罚中的责令停产停业、吊销许可证照和较大数额的罚款，其听证应以法定，而对相对人有利或虽然对其不利，但不可能造成严重影响的事项，是否听证则应留给行为机关自由裁量。

其次，听证所针对的问题应该是事实问题还是法律问题，这同样不能一概而论。立法和行政决策听证所针对的主要应是事实问题，通过听证，把事实搞清楚，权衡和比较各种不同方案，以选择最合理、最科学、最能平衡各个方面利益的最佳方案；而具体行政行为听证则可能针对较多法律问题，如相应具体行政行为是否有法律根据，是否合法，相对人的行为属于什么法律性质，从法律上可能导致什么后果，等等。

听证的原则：公开、公正、公平

听证一般说来应坚持“三公”（公开、公正、公平）原则，但是，不同的听证，“三公”原则（特别是公开原则）的度应该是不同的。立法和行政决策听证的公开度无疑应该大于具体行政行为听证的公开度。具体行政行为听证大多时候可能没有公众旁听，没有新闻记者现场采访，因为其涉及商业秘密和个人隐私的情况较多，而涉及一般公众和社会利益的情况较少。

一般来说，听证在时间、举行次数和规模上，是应该有所限制的。因为听证虽然对于保证立法、决策、决定的公正性、合理性有重要价值，但这不能以无限提高立法、决策、决定的成本和牺牲立法、决策、决定的效率为代价，二者必须保持适度的平衡。具体行政行为听证通常以一次为限，多则几小时，少则几十分钟，参加人仅限于利害关系人；立法和行政决策听证虽然一事可进行多次听证，一次听证可持续数小时甚至几个工作日，参加人亦可多到数十人，但这必须受效率和成本原则的约束。

听证结果有约束力吗？

听证结果是否对立法、决策、决定产生法定拘束力，取决于听证的种类。一般来说，具体行政行为听证的结果对于作出具体行政行为的决定有法定拘束力，也就是说，具体行政行为必须根据听证所认定的事实和法律依据作出，尽管听证主持人通常不是行为决定者，但行为决定者必须根据听证笔录作出决定。

然而，对于立法听证和行政决策听证来说，听证结果对于立法者和决策者却没有法定拘束力，立法者立法和决策者决策除了考虑听证结果以外，还可以并应该考虑其他各种有关因素，听证笔录或听证笔录摘要只是他们立法和决策的参考。当然，在通常情况下，听证结果会影响他们的立法和决策。而且，作为行政决策者，他们在决策时必须考虑听证结果；在决策后通常应对听证结果作出适当的回应，简要说明为什么采纳或不采纳听证参加人在听证中提出的意见的理由（对立法听证则一般无此要求）。

听证，关注弱势群体

立法机关本身就代表民意，立法为什么还要在人民代表机关之外去进行听证，另寻民意呢？这是因为现代议会制度受政党制度的过分影响，其代表民意的全面性和真实性有时会大打折扣，再加上议会民主往往忽视少数人，特别是弱势群体的利益，以及议会议员由于各种主观和客观的原因，有时会代表私益而无视公益，故现代民主必须以参与民主补议会民主之不足，参与民主的重要形式即立法听证。

中国听政制度的建立

1996 年 3 月 17 日：第八届全国人民代表大会第四次会议通过的《中华人民共和国行政处罚法》在我国立法史上首次规定了听证制度（具体行政行为听证制度）；

1997 年：第八届全国人民代表大会常务委员会第 29 次会议通过的《中华人民共和国价格法》规定了价格听证制度（行政决策听证制度）；

2000 年～2002 年：2000 年第九届全国人民代表大会第三次会议通过的《中华人民共和国立法法》和 2001 年 11 月 16 日国务院颁布的《行政法规制定程序条例》和《规章制定程序条例》，分别规定了国家立法和行政立法听证制度。

立法听证

包括国家法律和地方性法规、自治条例、单行条例的听证。目的主要在于保证立法的民主性和科学性，保障社会公益和私益的平衡，既维护社会公益，同时又尽量不损害相应组织、团体和个人，特别是社会弱势群体的利益。

行政决策听证

包括行政法规、规章、规划和其他抽象行政行为、政策的听证。

行政决策听证的功能一方面在于为公民提供参与机会，使行政决策尽可能广泛反映民意；另一方面在于防止行政专制，使行政决策尽可能公正、合理，包括平衡社会各不同群体、不同阶层人们的不同利益，以及尽可能避免决策可能带来的消极作用和负面影响。

具体行政行为听证

包括行政处罚、行政许可、行政强制、行政征收、行政给付等行政处理决定的听证。它的首要作用在于保障依法行政，保护行政相对人的合法权益。一般来说，只有其本身权益与具体行政行为有关的人才能申请此类听证，申请听证的目的自然主要是维护自己的合法权益。

（原载于《环球》，2002（5））

为什么要制定统一的行政程序法典

法治国家最重要的指标之一是依法行政，而依法行政的最重要指标之一是行政主体行使职权在程序上有法可依，行政主体实施行政行为遵循和体现公开、公正、公平的正当法律程序。

在法制健全或比较健全的国家或地区，通常都有比较完善的行政程序法。但不同国家、不同地区的行政程序法的模式很不相同：有的制定统一的行政程序法典，有的不制定统一的行政程序法典，而依不同行政领域、不同行政事务制定数量众多的单行程序法律、法规；在制定统一行政程序法典的国家、地区，其行政程序法典有的大而全，内容包括行政立法（抽象行政行为）程序、行政处理（具体行政行为）程序、行政裁决程序、行政救济程序等，甚至包括行政组织法、行政行为法等实体法的有关内容，有的则调整范围相对较窄，内容相当简要，通常只包括具体行政行为程序而不包括抽象行政行为程序，只包括外部行政行为程序而不包括内部行政行为程序，只包括行政主体行使职权程序（即事前、事中程序）而不包括行政救济程序（即事后程序），只规定纯程序问题而不规定任何实体问题。

我国已经通过宪法确立了依法治国，建设社会主义法治国家的目标。实现这一目标所面临的一项非常重要、非常艰巨的任务即是健全和完善行政程序法。怎样完成这一任务，我们首先面临的是立法模式选择：是制定统一的行政程序法典，还是分别制定单行法？显然，我们主张制定统一的行政程序法典。我们认为，制定统一的行政程序法典至少在下述方面优于分别制定单行法：

其一，有利于行政程序法制的统一，以避免分别立法可能导致的法律间的相互不一致、相互矛盾、相互冲突，以及由这种相互不一致、矛盾、冲突而引起的对行政相对人的不公正：相同情况不同对待，或不同情况相同对待。

其二，有利于行政程序法制的系统化，以避免分别制定单行法必然导致的法制在一定时期内的残缺、漏洞（在某些领域、某些事项上有法可依，在其他相关领域、相关事项上却无法可循），以及由这种法制残缺、法制漏洞引起的执法主体的滥用权力和腐败。

其三，有利于立法成本的节约，以避免单独分别立法（在很多方面，很大程度上是重复立法，因为大量行政行为的程序是相同，或者说是应该相同的，如告知、听取相对人陈述、申辩、回避、授权、委托等）导致人力、物力、财力的大量浪费。

其四，有利于国人，特别是公职人员程序法意识的提高。制定一部统一的行政程序法典不仅可为政府，为所有行政主体实施公法行为提供统一的、规范化的、标准的"操作规则"，以防止滥权和腐败，同时也将为全体国人提供一部系统的行政法治教材，全体国人可从中受到较系统、较深入的现代行政法治教育，显然，这种教育功能是个别的单行法难以企及的。

当然，行政程序的统一立法并不完全排除有关行政事项的单独专门立法，如行政处罚法、行政许可法、行政强制法、行政法规和规章制定程序法、行政复议法等。统一的行政程序法典只规定各种不同行政行为的共同的和一般的行政程序，对于特定行政行为的特别程序，还需要制定专门的单行行政程序法或集实体规范和程序规范为一体的行政管理法规定。

（原载于《检察日报》，2002－09－25）

法

2003年

关于“政府雇员”制的一点想法

我认为，“政府雇员”制是公务员制度改革的一个思路，可以在一定范围内试验。它与传统的公务员制度比较，有利有弊。其利在于：第一，它有利于实现从身份到契约的转变，符合公共管理服务市场化的改革趋势；第二，它有利于调动公职人员的积极性、创造性，提高行政效率；第三，它有利于精简机构，裁减冗员，节约政府资源，降低行政成本；第四，它有利于在公务领域适当引进竞争，减少官僚主义，提高行政服务质量，密切政府与人民的关系（官民关系在一定程度上转化为经营者与顾客的关系）；第五，它有利于减少人事管理（任用、考核、晋升、奖惩、调动等）中的腐败，保障公平和公正。其弊在于：第一，它不利于公务员队伍的稳定，将使公职队伍人员流动性较大；第二，它不利于培养公职人员对公职的长期服务和献身精神；第三，它不利于密切公职人员队伍内部的相互关系，特别是不利于形成上级对下级的权威以及下级严格服从上级的惯势；第四，有些行政管理工作（特别是领导职公务员的工作）难以量化，故政府雇用合同中对这些公职人员的职责难以明确和详细约定，可能导致合同履行争议；第五，人事主管人员在决定是否与公职人员签订或续签合同中可能受到来自公职人员或其他方面的压力，另外，公职人员如不能续签合同，失去工作，其本人和家人生活可能发生困难，这种风险可能使在职公职人员产生后顾之忧（当然，这种风险也可能成为促使在职公职人员更努力工作的动力）。

“政府雇员”制虽然有利有弊，但我认为整体上还是利大于弊。这一制度不仅可以适用于政府中的专业技术人员，而且可以适用于其岗位职责、工作可以量化（可以以数量计量）的其他公务员。当然，这一改革将涉及几百万社会精英的利益，他们的工作直接关系到国家的命运，因此，必须慎之又慎。应该先在较小的范围内试验，然后再逐步推开。可以想见，此种改革的阻力将会是很大的。但改革只要于国于民有利，就值得去做，值得去试验，其利益受到影响的社会精英们终究也会理解和拥护的。

（原载于《法制日报》，2003－01－09）

制定行政程序法典：一项迫切的立法任务

新一届人大在立法方面将面临两项重任：制定《中华人民共和国民法》和《中华人民共和国行政程序法》，这是中国法治建设上的两项意义极其重大的宏伟工程。行政程序法不仅对于我国市场经济建设有如同民法一样的意义，而且对于我国社会主义民主政治建设（包括权力制约和人权保障）有为民法所不及的更深远的意义。就市场经济涉及的社会关系而言，不仅包括作为竞争者的各种市场主体之间的关系，而且包括作为竞争者的市场主体与作为裁判者的政府之间的关系。调整后一种关系的游戏规则对于市场竞争秩序的重要性，并不亚于调整前一种关系的游戏规则。

公正、有序的市场竞争首先要求作为裁判者的政府和政府工作人员公正、廉洁。而政府和政府工作人员的公正、廉洁是需要一系列行政程序制度保障的，如信息公开制度、回避制度、不单方接触制度、职能分离制度、告知和听取申辩制度、听证制度，以及申诉、控告、复议和诉讼等事后监督、救济制度。没有这些制度保障，腐败和偏私将是不可避免的。过去，一些政府机关和政府工作人员在批地、批规划、批项目中大肆收受贿赂，徇私舞弊，很大程度上就是因为对他们的行为没有必要的程序制约。试想，如果有健全、完善的行政程序规则：审批的条件和各申请人的条件事前要公开，审批前审批人与申请人不准单方接触，审批中根据需要举行听证，让申请人相互辩论和质证，审批后为未获准人提供有效的提出异议的途径，审批者还敢如此大胆地腐败吗？但是到现在我们还没有统一的行政程序法，行政处罚法规定的程序只适用于行政处罚行为，行政许可、行政征收、行政给付、行政确认、行政裁决、行政奖励、行政规划、行政契约等大量的行政行为，目前在程序上都基本无法可依。今后我们是逐一地制定单行法分别规范这些行政行为，还是制定统一的程序法典来统一规范这些行政行为呢？或者我们维持现状？

市场必须讲究效率：时间就是金钱，效率就是生命。然而市场主体的效率从何而来？市场主体的效率不完全取决于市场主体本身，在很多情况下它更取决于政府的行政行为。一个项目批下来要跑几十个衙门，盖几十甚至上百个印章，花上一年半载甚至更长的时间，市场主体怎么有效率，怎么与国外的市场主体竞争？然而，怎样才能提高政府行政行为的效率呢？根据世界上许多国家和地区的经验，就是通过行政程序法规范政府的行政行为。如通过时限制度、默示批准制度、告知承诺制度、联合审批制度、放松规制制度等来减少行政环节，缩短政府办事时间，提高政府办事效率。现在我国许多地方都在进行行政管理体制和行政管理方式改革，出台了不少提高行政管理效率的新举措、新办法。这些措施、办法对于解决一个地方、一个部门的拖、推、卡、压等问题大多是有效的，但是，各地方、各部门的这些举措和办法如果不通过统一的行政程序法规范化、制度化，就可能使国家行政管理秩序处于混乱状态，不可能从整体上提高政府行政效率。而且，改进行政管理的政策措施不上升为法律，其稳定性、连续性也不可能得到保障，最终可能因新的问题、新的矛盾出现而回头走老路。

制定行政程序法的意义不仅在于防止腐败和官僚主义，为市场经济提供公正、秩序和效率，而且更重要的还在于控制公权力滥用，保护人权，保护公民的基本权利和自由。因为市场不是万能的，人不是天使，所以政府是必要的，公权力是必要的。然而公权力又是由人行使的，行使公权力的人同样不是天使，从而权力滥用、公权力异化的现象不可避免：人们创设政府，选举或委托“公仆”行使公权力，其目的在于让他们为人民提供服务，为社会提供“公共物品”，但是

“公仆”们却运用权力为自己服务，运用权力去侵犯授予自己权力的主人们的权益。像“麻旦旦事件”一类“处女嫖娼”事件、“陈八斤事件”一类“好人享受精神病待遇”事件，就是公权力异化的较典型的例子。怎么防止这种异化现象，作为主人的公民怎么保护自己的人权不被“公仆”侵犯，怎么制约作为公仆的政府机关和政府机关工作人员对公权力的滥用？根据现代许多发达国家的法治经验，一个重要的途径就是制定行政程序法，用法律规范政府机关和政府机关工作人员的行政行为，使其只能“权为民所用，利为民所谋”（法律难以解决“情为民所系”的问题），而不能或难以利用公权力欺压公民，欺压行政相对人。例如，根据行政程序法，政府机关和政府机关工作人员作出行政行为，应为相对人提供参与的机会，“公仆”们不能专断，事前要听取相对人的意见，事中要遵循公开、公正、公平的程序规则，事后要接受司法审查，如有违法、越权、证据不确凿、程序不当、考虑了不相关因素或没有考虑相关因素、显失公正等情形，其行为将有可能被撤销或被确认违法，造成了相对人损失的，还要依法予以赔偿。可见，行政程序法是最重要的人权保障法之一，它对人权提供的保障包括事前、事中、事后各个阶段（重在事前、事中阶段），而不同于行政复议法、行政诉讼法和国家赔偿法，这些法律提供的主要是事后的救济和保障。事前、事中的保障可以防止侵害发生，这是事后救济所不及的。

制定行政程序法典的意义重大，无论是为了推进市场经济的发展，还是为了健全民主、法治，保障人权，我国都迫切需要制定行政程序法典。

（原载于《法制日报》，2003－03－20）

突发事态下行政权力的规范

政府在紧急状态下虽然可行使较平时更多、更广泛和更具强制性的权力，但这种权力必须受法律的规范和控制，使之既能保障政府有效地应对危机，又能防止、尽量避免相应权力被滥用和对公民基本权利、自由的侵犯。

在现代法治社会，守法、依法是政府一切行为的准则。政府在紧急状态下享有更大的权力，对于有效、及时组织和运用国家各种资源，采取强有力的措施，尽快消除危险、度过危机，作用无疑是巨大的。但是，这种权力也可能会对国民的基本人权，对于法治，造成威胁，因此需要法律进行规范。德国学者毛雷尔在讲到法律保留原则时说，对突然出现的情况，如自然灾害、特别是经济危机，不需要（事先）授权。在特殊的“紧急情况”下，人们可能接受补充性的行政权限，但不得以实际情况为由废除法律原则。否则，人们的基本权利就将失去防御。英国学者韦德也认为，在法治社会里不应存在无限制的权力，不受任何法律约束的自由裁量权必然导致滥用。根据这些理论，自上世纪以来，许多国家开始制定专门的紧急状态法，并在各种有关的行政管理法中规定紧急状态下行政权行使的特别条款，将紧急状态下的政府行为纳入法治的范围，使政府的紧急权力接受法律的拘束和规范。

考察一些法治发达国家的经验和我国目前正在积累和形成的经验，现代法律对紧急状态下的行政权主要从以下五个方面加以规范：

其一，通过紧急状态法和其他有关法律确定政府紧急权力的范围和边界。一方面，法律对于政府在紧急状态下有效、及时处理各种突发事件，应对危机所必须具有的权力，事前都尽可能详尽、明确地列举规定，如制定和发布具有限制人身自由的强制措施和处罚的条例、决定、命令的权力，作出对疫区实施封锁、对被污染水源实施封闭决定的权力，命令停止集市、集会、停工、停业、停课，征用房屋和交通工具，以及强制疏散、强制隔离、强制检疫、强制治疗的权力等。现代法治不允许法律不加限制地交给政府一张空白支票，让政府在紧急状态下去任意确定自己行使何种权力。另一方面，法律同时严格确定政府紧急权力的边界，如政府不得限制紧急状态法和其他有关法律没有授权其限制的公民的基本权利和自由，现代法治不允许法律授予政府无边界、无限制的紧急权力。

其二，通过紧急状态法和其他有关法律明确规定政府的职责。现代法治对紧急状态下政府行为的规范有两个方向：其一是确立其紧急权力的范围和边界，防止其无限扩张其紧急权力和滥用紧急权力；其二是确定其处理紧急事件的职责范围，防止其应对紧急状态失职、不作为。如法律规定政府在突发紧急事件出现后，应迅速制订应急预案，组织突发事件信息的收集、分析、报告和发布，采取对突发事件现场予以控制、紧急救助遇难、遇险、致病、致伤、致残人员，以及防止危害扩大等各种措施，组织应急设施、设备、救治药品、医疗器械及其他物资和技术的储备和调度，等等。对于政府部门及其工作人员疏忽履行法定职责的不作为，法律对之规定了严格的责任追究机制。

其三，通过紧急状态法和其他有关法律确定政府行使紧急权力的条件。在紧急状态下，政府虽然享有比平时更多且更具强制性的权力，但是，法律授予政府这些权力是附有条件的。如，我国传染病防治法在授予公安部门可协助治疗单位对法定相对人采取强制隔离措施的权力时，同时规定了下述具体条件：第一，隔离对象应是甲类传染病病人和病源携带者或乙类传染病中的艾滋病病人、炭疽中的肺炭疽病人；第二，隔离对象拒绝隔离治疗或隔离期未满擅自脱离隔离治疗。如果政府和政府部门违反法定条件行使权力，即构成滥用权力，将因此被追究法律责任。

其四，通过紧急状态法和其他有关法律确定政府行使紧急权力的程序。法律在授予政府紧急权力时，除了同时明确规定其行使相应权力的条件外，还同时严格规定其行使程序。如意大利宪法规定，在法律明确规定的且刻不容缓的情况下，警察机关得采取限制人身自由的临时预防措施，但该措施须于 48 小时内通知司法机关并申请其批准，如在 48 小时内未获司法机关批准，则视为该措施已被取消。警察机关应解除对相对人的人身自由限制。此外，在绝对紧急而司法机关又不可能及时干预的情况下，司法警察得对定期出版物实行查封，但须在 24 小时内报告司法机关并申请其批准，如在 24 小时内未获司法机关批准，则视为该查封已被取消。

其五，通过各种相应法律规定政府行使紧急权力的目的。现代行政法规范和控制政府权力的重要方式之一，即是在法律授予政府权力时明确规定授权的目的，在授予政府紧急权力时尤其如此，以制约政府机关及其工作人员在法定目的范围内行使所授权力，防止其滥用紧急权。例如日本《警察法》在授予警察处理紧急事态以各种相应权力时，为保障这些权力和警察的其他权力的正当行使和不被滥用，即在该法第 1 条明确规定，本法的目的是保护个人的权利和自由，维护公共安全与秩序，以及为保障以民主观念为基础的警察管理工作和有效地完成其任务。相对人如认为警察机关行使紧急权力的行为违背此目的，可向法院提出控告。我国国务院近日刚发布的《突发公共卫生事件应急条例》在规定政府应对突发事件各项权力时，亦在第 1 条明确规定该条例的制定目的是为了有效预防、及时控制和消除突发公共卫生事件的危害，保障公众身体健康与生命安全，维护正常的社会秩序。

（原载于《法制建设》，2003（3））

正确实施《条例》要处理好四对关系

国务院制定《突发公共卫生事件应急条例》的目的，是为了依法处理“非典”等突发公共卫生事件，保障公众身体健康和生命安全，维护正常的社会秩序，其宗旨是在国家应对突发事件的领域内实现法治。为保证《条例》立法目的和宗旨的全面、准确实现，北京大学法学院教授、博士生导师姜明安认为，正确实施《条例》要处理好四对关系。

公民权利、自由的限制与保障

政府为了有效、及时处理突发事件，应对危机，必须对公民在平时享有的某些权利、自由加以限制，如限制或停止集市、集会，要求停工、停业、停课，临时征用房屋、交通工具，封锁疫区以及强制疏散、强制隔离、强制检疫、强制治疗等。很显然，在突发事件来临，危险威胁大多数人的生命、健康的情况下，政府采取上述措施是完全必要的。因为限制相对人一时的权利、自由，是为了保障其长远的权利、自由；限制少数人、部分人的权利、自由，是为了保障大多数人、全体人的权利、自由。

但是，即便如此，即使是只对相对人一时的权利、自由予以限制，即使是只对少数人、部分人的权利、自由加以限制，也要非常慎重。政府在作出此种权利限制性决定时，要遵循行政法治所要求的比例原则和基本人权保障原则。所谓比例原则，第一是要合目的性，即要确定相应限制是实现目的所必需的；第二是最小损害性，即要在多种方案中选择对相对人利益损害最小的方案；第三是比例性，即要衡量相应方案的利弊得失，保障相应措施利大于弊，得大于失。所谓基本人权保障原则，指在限制相对人特定权利、自由的时候，切实保障宪法规定的相对人的其他权利、自由，如保障相对人的人格权、财产权、言论自由、信仰自由等。

行政权力的强化与控制

在突发事件出现，危险威胁广大公众的健康、生命的非常时期，法律必须赋予政府较之平时更多、更具强制性的行政权力，如制定和发布具有限制人身自由的强制措施和处罚的条例、决定、命令的权力，作出对疫区实施封锁、对被污染水源实施封闭的决定的权力，采取对公民人身自由予以一定限制和对公民财产予以临时征用或处置措施（如销毁被污染的衣物）的权力等。法律在此时期赋予行政机关上述权力，对于确立和维护预防、控制和消除突发事件危害所必需的秩序，以及保障预防、控制和消除突发事件危害所必需的措施的实施，均是必不可少的。没有强有力的行政权，要动员和组织人民战胜灾害，最终消除危机，是不可想象的。

然而，行政权的强化是一把双刃剑，即使是在非常时期亦如此：它既可以因其正当行使为人们提供必需的秩序，也可以因其被滥用而侵犯公民的基本人权和自由，损害国家和社会的公共利益。因此，法律必须同时对这种强化的行政权加以控制。所谓控制，其主要途径有三：一是以法律严格规定这些权力行使的条件；二是以法律严格规定这些权力行使的程序；三是通过法律监控和救济机制保证这些法定条件和程序得到严格遵循。

突发事件危害的防与治

公共卫生突发事件对人们的身体健康，甚至生命的危害是相当严重的，面对此种危害，人们往往猝不及防，措手不及。对此，政府必须采取果断措施，冷静应对。政府采取的果断措施应既包括治，也包括防。"治"自然是首要的，对因突发事件致病、致伤、致残的人，政府无疑应首先采取措施，给予他们及时的救治，否则，稍有拖延懈怠，他们中许多人就有可能因病情、伤情恶化而丧失生命。相对于"治"，"防"在时间顺序上可能位于其后，但在重要性上却位于其前，故人们谓之"防治"而非"治防"。《条例》第 5 条规定以"预防为主"，即为此理。"防"包括两个方面：一方面是防止已发生的突发事件的危害扩大，即要求政府在突发事件发生后，迅速采取《条例》第 32 条至第 44 条规定的措施，尽可能使已发生的灾害不致向尚未发生灾害的地区和尚未受害的人群蔓延；另一方面是防止以后可能再发生的突发事件给人们造成大的危害，即要求政府总结处理已发生事件的经验教训，在此基础上健全制度、完善法律，实施《条例》第 10 条至第 25 条规定的措施，以使今后可能发生的突发事件的危害减少到最低限度。

保障应对措施实现的罚与奖

为了有效预防、及时控制和消除突发公共卫生事件的危害，政府必须依法采取各种应对措施，而为了保障政府采取的各项应对措施的实现，政府必须运用罚与奖两种行政手段。关于罚，《条例》第 45 条至第 52 条分别规定了政府、政府卫生行政主管部门、政府其他有关部门、公职人员、医疗卫生机构、医疗卫生机构的工作人员，以及作为行政相对人的单位、个人违法的法律责任。关于奖，《条例》第 9 条和第 24 条分别规定了对参加突发事件应急处理作出贡献人员的表彰、奖励，以及对举报突发事件有功的单位和个人的奖励。除此以外，《条例》

第 9 条还规定了对参加突发事件应急处理的医疗卫生人员给予补助、津贴，对因参与应急处理工作致病、致残、死亡的人员给予补助、抚恤的制度。

罚与奖是政府经常运用的行政管理手段，但在处理突发事件时期，此两种手段的正确运用有着更重要的意义。至于在处理突发事件时期此两种手段相互关系如何，何者更重要，应以何者为主、何者为辅，则应依具体时间、地点而定，不能一概而论。一般来说，二者具有同样的重要性，重罚轻奖和重奖轻罚都是有害的。在处理突发事件时期，关键是政府运用此两种手段要果断，该罚即罚，该奖即奖，不能过分瞻前顾后，拖泥带水；同时应奖罚分明，奖当其功，罚当其过。为了加强奖罚的效果，有时还应根据需要依法重奖重罚。

（原载于《检察日报》，2003－05－23）

言论自由与行政干预的法律界限

——评株洲市教育局对撰著《人世老枪》一书教师的处理

株洲市教育局2001年第60号文对该市二中教师尹建庭撰著和向学生推销《人世老枪》一书作出下述通报处理：其一，同意该市二中对尹解聘；其二，要求该市所有学校不聘尹为教师；其三，收回尹已推销给学生的书。株洲市教育局之所以作出这一处理，是因为《人世老枪》一书有“世上的一切都必须为我服务”、“我的真心话就是‘专门利己，毫不害人’”等言论，以及尹在其他场合曾发表和宣扬过“读书考大学是为了自己”，将来能找好工作、挣大钱、过美好生活等观点和言论。

株洲市教育局这一通报处理行为涉及宪法规定的公民言论自由的界限和行政权对公民言论自由干预的界限问题。

言论自由有无界限？如果有，尹的言论是否超越了这一界限？

言论自由当然不是无限制的自由，当然有法律上的界限。首先，言论自由要受到《宪法》第51条的限制：公民行使言论自由权时，不得发表损害国家的、社会的、集体的利益和其他公民的合法的自由和权利的言论；其次，言论自由要受《刑法》第103条和第105条的限制：公民行使言论自由权时，不得发表煽动分裂国家、破坏国家统一，以及以造谣、诽谤或其他方式煽动颠覆国家政权、推翻社会主义制度的言论；再次，言论自由要受《民法通则》第120条的限制：公民行使言论自由权时，不得发表侵害他人名誉权、荣誉权的言论；最后，作为教师，其在行使言论自由权时，其言论还要受《教育法》和《教师法》有关规定的限制：不应发表违背教师职业道德，对学生德、质、体有害的言论。后三方面的限制实质上是《宪法》第51条限制的具体化。在一些西方国家，言论自由通常仅以不构成对公益和他人权益的“明显的”、“急迫的”损害为界限。

尹的言论是否超越了我国宪法和法律设定的上述界限呢？很显然，尹说的那些话不会对国家的、社会的、集体的利益和其他公民的合法的自由和权利造成任何法律意义上的损害，作为一个公民，他完全有权利自由发表上述言论，但作为一个教师，他的言论对学生是否有一定的负面影响呢？就笔者看来，这种负面影响是存在的：过分自私自利的观念不利于青少年的健康成长，青少年长期受这种观念的影响，他们中有些人今后可能会变得很冷漠，可能不愿为他人，甚至不愿为自己的父母、兄弟姐妹，作出哪怕一点点牺牲，成为对家庭、对社会毫无责任感的人。

如果是这样的话，尹的言论即有违教师义务。但是，尹的言论即使有违教师义务，教育行政机关是否就有权加以干预呢？如果有权加以干预，其可加以何种形式和何种程度的干预呢？这即涉及行政权对言论自由干预的界限和度的问题。

宪法和法律既然设定了言论自由的一定界限，自然就应有一定的执法机关追究超越法定界限的人的法律责任。例如，对于超越刑法界限的人，法律授权法院依《刑法》追究犯罪人的刑事责任；对于超越民法界限的人，法律规定由受害人申请法院追究其民事责任；对于超越教育法、教师法和其他行政法设定的界限的人，法律授予了行政机关加以干预，追究违法者行政责任的权力。

但是，根据宪政和法治的基本原理，行政权行使必须受到严格的法律控制，特别是行政权对公民言论自由等基本权利的干预，更要严格遵守宪法和法律设定的界限。行政权行使的一般法律控制途径主要包括：主体、权限、条件、基准、度、程序等。法律、法规、规章在规定各种行政职权时，通常都要同时规定行使者的主体资格、权限范围、行为条件、行为基准、行为度、行为程序。行政机关行使行政职权，实施行政行为，必须遵守法律、法规、规章的这些规定，否则，即可能导致相应行为无效或被撤销。至于行政权对公民言论自由等基本权利的干预，限制则更为严格，其限制的严格性表现在上述主体资格、权限范围、行为条件、行为基准、行为度、行为程序只能由宪法和法律规定，法规和规章均不得设定对公民基本权利的限制。

就尹的言论问题而言，株洲市教育行政机关的干预是否符合宪法和法律的限制呢？答案显然是否定的。首先，从权限范围讲，根据《教育法》第 28 条和《教师法》第 17 条的规定，聘任和解聘教师是学校的权利，法律没有赋予教育行政机关对教师的聘任权或解聘同意权，也没有赋予教育行政机关要求学校聘任或不聘任发表过某种言论的人为教师的权力。其次，就行为条件、行为基准和行为度而言，《教师法》第 37 条虽然规定了教育行政部门有权对教师给予行政处分，但同时规定了给予行政处分的条件，即教师有下列情形之一：(1) 故意不完成教学任务给教育教学工作造成损失的；(2) 体罚学生，经教育不改的；(3) 品行不良、侮辱学生，影响恶劣的。尹显然不具备上述情形。即使尹具备上述情形，行政处分形式中也没有株洲市教育行政机关对尹作出的上述处理形式。最后，就行为程序而言，根据现代行政法的一般原则，行政机关对行政相对人作出不利的行政行为，应向相对人说明理由、根据，听取相对人的申辩，必要时还要为相对人提供听证的机会。株洲市教育行政机关的通报行为对尹显然是不利的，故应受正当法律程序的限制。株洲市教育行政机关的行为如未遵循上述程序，即超越了正当法律程序原则的限制。

根据宪政的法治的要求，法律对行政权必须加以限制，对行政权干预公民言论自由的行为尤其要加以限制，对行政权干预教师言论自由的行为更要加以限制。因为言论自由涉及人之为人、公民之为国家主人的基本保障问题，教师言论自由更涉及对人类后代创造性、创新性的影响、培育、开拓的问题。中国近现代落后于世界发达国家，一个重要原因就是言论自由缺乏有效保障，国家、政府对言论自由限制较多，法律对国家、政府干预言论自由的限制却较少。当然，就本案而言，尹的言论确实有违教师义务，行政权可以进行一定干预。在法律没有规定具体干预方式的情况下，教育行政部门可以采取行政指导的方式，建议尹所在学校对其进行批评、教育；在尹拒不接受批评、教育的情况下，也可建议学校解除与尹的聘用合同。

（原载于《人民法院报》，2003－05－30）

政府职责与被救助人受助自由的统一

——解析《城市生活无着的流浪乞讨人员救助管理办法》

政府应该和必须对流浪乞讨人员提供救助管理，而不是可做可不做。但是对于政府的救助，流浪乞讨者完全有接受的权利和不接受的自由，而没有必须接受和服从的义务。

“新办法”对政府救助行为定性、定位的改变

2003 年 6 月 20 日，国务院公布《城市生活无着的流浪乞讨人员救助管理办法》（以下称“新办法”），与已废止的 1982 年的《城市流浪乞讨人员收容遣送办法》（以下称“旧办法”）比较，其最大的变化和进步是：将原定位为政府权力、相对人义务的对城市流浪乞讨人员的“收容遣送”改为“救助管理”，并相应将之定位改变为政府的职责和相对人的权利。

“旧办法”并没有明确将收容遣送定性为“治安管理措施”和“行政强制措施”，而是将之定性为“救济、教育”和“秩序保障”措施，如“旧办法”第 1 条规定，“为了救济、教育和安置城市流浪乞讨人员，以维护城市社会秩序和安定团结，特制定本办法”。但其内容体现的定性是强制性或准强制性的，人们从“旧办法”内容看到的多是政府的权力和相对人的义务，例如第 2 条规定，“对下

列人员，予以收容、遣送”，这里似乎看不到有任何自愿或可商量、斟酌的余地。

第 6 条规定，“被收容人员必须遵守以下规定”，如服从收容、遣送等（共四项），这显然是义务而不是权利，但对收容者却没有这样详细列举的义务规定。由于“旧办法”规定的内容与其立法目的脱钩，就使其关于收容遣送的“救济”定性变味以及政府、相对人权力、义务定位倒置。

“新办法”对“旧办法”的修正，正是对政府这种行为定性、定位的改变。这种定性、定位的改变不仅表现为“新办法”将法规名称从“收容遣送”改变为“救助管理”（这只是文字表述的改变），而且更重要地表现在整个“新办法”的内容始终贯彻相对人接受救助自愿，政府施救不能强制的原则。“新办法”规定，政府要采取措施对城市流浪乞讨人员提供救济，而政府出资举办的收容机构对特定相对人实施救济时，必须征得相对人的同意。这种规定即表明，政府对流浪乞讨人员提供救济是其职责而非权力，相对人接受救济是其权利而非义务。

那么，“新办法”为什么要赋予政府对流浪乞讨人员提供救济的职责呢？为什么要明确界定政府对流浪乞讨人员提供救济是其职责而非权力，流浪乞讨人员接受政府救济是其权利而非义务呢？

政府参与救助的必要性

对流浪乞讨人员提供救济并非是必须由政府提供的“公共物品”。在国外，这种“公共物品”很多是由非政府组织的公益团体、慈善机构提供的。但是，政府也并非置身事外，在现代社会，许多国家（特别是所谓“福利国家”）的政府通过多种方式参与对流浪乞讨人员的救济，如向从事这项事业的公益团体、慈善机构提供财政、物资资助，提供有关设施和工作条件，甚至自己举办收容救助机构，直接对流浪乞讨人员提供救济等。现代政府之所以与非政府组织一道，参与甚至直接从事此种福利事业，其原因在于：

第一，时代的发展导致人们观念的变化。早期自由资本主义时代，人们认为政府权力与人民权利、自由是截然对立的，政府权力越大，管事越多，人民的权利、自由就越少。因此，政府管事越少越好。自上世纪二三十年代后，由于“市场失灵”，人们开始重新认识政府的作用，政府不再被认为是人民权利、自由的对立物，而是应该和可以利用多为人民办事的。政府不仅应消极地保护人民的权益、自由，而且应该积极主动地为人民提供服务，提供福利。

第二，现代政府所具有的消极和积极职能均要求政府在社会救济方面有所作为。政府的消极职能主要是维护社会秩序，政府的积极职能主要是促进社会经济发展。很显然，如果社会上流浪乞讨人员过多，得不到救济和管理，不要说不利于保障或促进社会经济的积极发展，也谈不上社会秩序的消极维护。

第三，没有政府的支持，民间从事这项事业，可能会因财力不足或其他条件缺陷而发生种种困难。发达国家的经验表明，要做好对流浪乞讨人员的救助这件事，必须同时调动和发挥政府和民间两个方面的积极性。

政府的救助行为是其职责而非权力

对流浪乞讨人员救助这件事，既然政府应该做和可以做，那么为什么不是其权力而只是其职责呢？这是因为：第一，政府做这件事，相对人没有必须服从的义务。因为公民流浪乞讨并非为法律所禁止，法律没有禁止的事即是公民的自由。对于政府的救助，流浪乞讨者完全有接受的权利和不接受的自由，而没有必须接受和服从的义务。既然不存在服从，就谈不上权力。第二，从法律上讲，这件事是政府应该和必须做的，政府应该和必须对流浪乞讨人员提供救助管理，而不是可做可不做。应该和必须做是义务、职责；可做可不做则是权力（权力通常是可放弃的，虽然政府权力不得随意放弃，但亦有很大的自由裁量因素）。当然，我们说对流浪乞讨人员救助这件事是政府的职责，并不意味着这件事只能由政府来做，而不允许民间做，也不意味着只能由政府亲自做，而不允许政府委托有关机构或组织做。同时，我们说对流浪乞讨人员救助是政府的职责，也不意味着政府必须随时满足每个流浪乞讨人员的要求，有求必应。政府只能在其财力和条件范围内尽可能去满足，而不能由政府将所有流浪乞讨人员全部包下来。第三，对流浪乞讨人员救助的性质不仅决定了它不是政府的权力，而且也决定了它不是任何其他人的权力，这件事不应该成为任何人的权力。因为权力是与一定的强制性相联系的，而救助必须尊重被救助人的自愿。强制他人接受救助将使救助变质、变味（现实的教训已证明了这一点）。当然，任何人提供救助也不一定是其义务、职责使然。救助对于一般人来说，通常是基于其自愿，基于其道德，而不是基于其义务、职责，只是对于特定人，法律才将某种救助确定为他的义务、职责。对于现代政府来说，对流浪乞讨人员提供救助无疑是其义务、职责，而不是其愿意做就做、不愿意做就可以不做的，当然是在其财力和条件允许的范围内去做。

流浪乞讨人员有受助的权利、自由。既然对流浪乞讨人员提供救助是政府的义务、职责，那么，接受或不接受政府的救助就应该是流浪乞讨人员的权利、自由。其权利表现在：他可以申请政府救助，政府只要认为他符合救助条件，且政府具备满足申请人相应救助申请的条件，就应该给予申请人所申请的救助（通常由政府举办或资助的救助机构实施）。如政府拒绝救助，他可以向法院提起行政诉讼。其自由表现在：流浪乞讨人员可以接受，也可以拒绝政府提供的救助，其接受救助，到了政府举办或资助的救助机构以后，想离开还可以随时离开。当然，这种权利和自由也不是绝对的，如果有人以救助机构为住宿地，白天出去打工或流浪乞讨，晚上回救助机构吃住，这种自由可能要有所限制。总之，法规一方面要对确实生活无着的流浪乞讨人员提供救助途径和保障被救助人的受助自由，另一方面也要防止鼓励、助长人们对政府救助的依赖和懒惰倾向。

（原载于《检察日报》，2003－06－24）

好的制度更需要好的运作

8月1日，国务院颁布的《城市生活无着的流浪乞讨人员救助管理办法》将正式实施。该《办法》和民政部的《实施细则》确立了我国对城市生活无着的流浪乞讨人员权益保护的重要制度，体现了我国政府对人权的保障和执政为民的宗旨。一项好的制度设计固然重要，让好的制度良性运作更为重要。如何使这项制度在执行过程中真正体现立法的精神和立法的本意，以达到人们所期望的良好效果，这应该是该项制度正式实施之时人们最关心的问题。

目前人们对《城市生活无着的流浪乞讨人员救助管理办法》及其《实施细则》的评价，主要或基本上只是基于对两项法律文件的条文及文字的考察，即基于对制度设计的考察。然而，一个制度对于社会的真正效用，三分在于设计，七分在于运作。该制度是否能真正产生人们预期的效益，是否能真正实现设计者的设计目标，关键还在于实施。没有得力的、有效的措施保障其实施，设计者的设计和人们的预期可能很大部分要落空。

笔者认为，需要做的事和采取的措施虽然很多，但有三件事我们必须首先认真做好。

树立服务型政府的新观念

要实施好《办法》和《实施细则》确立的制度，首先要求我们转变观念，即要从长期以来我们实施收容遣送制度所形成的旧观念转变到现行救助管理制度所基于的新观念上来。这种观念转变主要包括确立下述三个方面的认识：其一，认识建立救助管理制度的根本目的是保障受助者的基本权利，即保障生活无着流浪乞讨的这部分人的基本生存权，而不是改进和维护社会秩序。虽然这个制度运作好了，在客观上会起到改进和维护社会秩序的作用，但是我们建立和实施这个制度的出发点却不能是为了秩序，而只能是维护和保障流浪乞讨人员这部分弱势群体的权益。其二，认识在这种救助关系中，受助者接受救助是其权利，救助者提供救助是其职责，而非救助者对受助者的恩赐。人们在社会中生活，结成一定的群体（包括国家），即享有相应的权利和义务，如安全权、生存权、自由权、纳税的义务、守法的义务、遵守社会秩序的义务，等等。就救助和受助而言，人在有劳动能力、有经济收入时，即有为社会作出贡献，救助他人的义务（通过纳税等途径实现）；人在尚无劳动能力或失去劳动能力，或遇天灾人祸，生活无着，生存权受到威胁时，即享有受助的权利。在这种权利义务关系中，政府并非是救助者，而只是社会（由救助者和受助者等社会群体全体成员组成）设置的一个中介。人们之所以要设置政府，通过纳税来养一个政府，就是要通过政府来为自己提供服务，包括提供此种救助服务。因此，政府做这件事完全是其职责。其三，认识对生活无着流浪乞讨的这部分人提供救助不仅是民政部门的职责，同时也是其他政府部门，更是政府自身的职责；不仅是政府的职责，也是社会的职责。从《办法》和《实施细则》的规定看，对生活无着流浪乞讨人员提供救助无疑主要是民政部门的职责，但是，民政部门只是政府的一个工作部门，其职责即是政府的职责，而且首先是政府的职责。过去我们在这一领域发生的许多问题，其重要原因之一就是政府没有履行好监督管理的职责。另外，调动社会和民间的积极性，发挥社会和民间对流浪乞讨人员救助的作用，也是我们必须确立的新观念之一。在现代社会，政府职能应尽可能向社会转移，像救助流浪乞讨人员这类事情，应更多地让社会和民间去做，政府主要承担监督检查和财政资助的职能，这比完全由政府包下来会做得更好，而且可避免“全能政府”的许多弊端。现在世界许多国家就是通过慈善组织、公益团体做这类事情。因此，我们今后也应鼓励民间办救助站，更多地让社会救济社会办。

救助制度的“硬件”和“软件”

支撑救助制度的“硬件”设施主要包括三大件：一是救助站；二是救助人员（管理人员和工作人员）；三是救助器物和设备。在大多数地方，救助站可能是在过去的收容站的基础上建立，这虽然是必要的，但必须对之进行认真改造：拆除过去的围墙、铁丝网，消除过去“关人”的种种痕迹。而对过去收容站的人员，无论是管理人员还是工作人员，一定要根据一定的标准和程序重新选用，绝对不能照单全收；新录用人员，更应有制度把关，不能凭关系进一些素质低劣的人。此外，除了一般的救助器物和设备外，救助站还应购置电脑，建立登记和档案系统等。

支撑救助制度的“软件”设施主要包括四大件：一是制度；二是标准；三是协助机制；四是移送安置机制。制度包括申请接收制度、日常管理制度、受助人员作息制度、卫生制度、学习制度、对工作人员的培训制度，等等。标准包括吃、住、交通、医疗等的标准，这些标准显然不能过高，如高于当地的低保标准，就可能产生错误的导向；当然也不能过低，过低即不能维持受助人员的基本生活需要。协助机制包括与公安、医疗卫生、铁道、交通、城建等部门的协助关系，如救助站对公安机关护送来的受助人员如何接受，如受助人员有病，是要求公安机关直接送医院，还是经救助站转送，费用如何支付、结算等等。移送安置机制包括救助站向受助人员亲属或其所在单位或其流出地的民政部门交接受助人员的机制，以及对无法查明其亲属或所在单位，甚至无法查明其户口所在地或住所地的受助人员予以安置的机制，这些都必须建立起明确的规则和制度，否则，实践中将会扯皮，无法运作。

以监督保障制度的良性运作

任何制度的运作都必须有相应的监督机制，否则，制度随时有脱轨和走向歧途的可能。由于此项救助制度是从过去的收容遣送制度转制而来的，其发生目标偏离的可能性是存在的。这种偏离可能主要源于救助站、救助站工作人员、民政部门和其他行政机关的违法行为，包括不履行或不正确履行法定职责、滥用职权的行为。为此，必须建立严格的监督机制。这种监督机制主要包括四个环节：其一，救助站的内部监督。如救助站站长和其他管理人员对工作人员的监督。其二，民政部门对救助站及其工作人员的监督。民政部门应建立对救助站及其工作人员的定期和不定期的检查制度，以及受理受助人员及其亲属的举报、申诉制度，随时处理救助站及其工作人员的违法、失职行为。其三，受助人员及其亲属对救助站及其工作人员以及对民政部门和其他行政部门的监督。如受助人员及其亲属认为救助站及其工作人员实施了违反“两不得”或“八不准”的行为，可向民政部门举报、申诉，民政部门如不予处理或处理不当，可申请复议或提起行政诉讼。《办法》及其《实施细则》虽然未规定行政复议或行政诉讼，但受助人员及其亲属对民政部门和其他行政部门的行为（ 作为或不作为）不服，无疑可以直接根据行政复议法和行政诉讼法申请复议和提起诉讼。其四，社会舆论监督。对于救助制度实施过程中的违法行为，无论行为主体和实施者是谁，是救助站还是行政机关，任何舆论机构都可以揭露和报道，任何个人和组织也都可以举报，要求有权机关予以处理。总之，要保障《办法》及其《实施细则》确立的救助制度得到正确实施，不在实施过程中脱轨和回到原来的收容遣送制度的老路上去，就必须建立完善的监督机制。

（原载于《法制日报》，2003－07－31）

《行政许可法》：迈向法治政府的重要里程碑

从上世纪 80 年代以来，我国即开始了建设法治政府的进程，《行政诉讼法》、《国家赔偿法》、《行政复议法》、《行政处罚法》等法律的制定和实施，乃是这一进程开始的序幕。这次第十届全国人大常委会第四次会议通过了《行政许可法》，并即将启动《行政程序法》的起草，则是这一进程向纵深发展的重要标志。笔者认为，《行政许可法》的制定对于建设法治政府的意义，主要表现在下述五个方面：

《行政许可法》限制了政府规制的范围，有助于政府的职能转换和转移，建设“有限政府”

法治政府的第一要义是保障人民的自由，而要保障人民的自由，就必须限制政府的权力，限制政府规制的范围，建设“有限政府”。过去，我们政府的重要失误之一就是管事太多，大事小事都要经政府审批、许可。政府这样做即严重限制了市场主体和公民个人的自由，阻碍了市场经济的发展和公民个人积极性和创造性的发挥。因此，《行政许可法》的第一任务即是限制政府规制人们社会生活和经济生活的范围：法律只允许对直接关系国家安全，公共安全，人身健康与生命、财产安全，有限自然资源的开发利用和有限公共资源的有效配置，直接关系公共利益的垄断性企业的市场准入等事项设定行政许可。即使是上述事项，凡通过市场竞争机制调节、行业组织和中介机构的自律性管理，以及行政机关采用事后监督等方式能够予以规范的，也不得设定行政许可。《行政许可法》限制行政许可事项的范围体现了法治政府减少规制、放松规制的要求。法律通过限制行政许可事项的范围，一方面取消了政府过去实施的大量不必要的规制，还市场主体和公民个人以自由；另一方面将某些必要的规制转移给行业组织和中介机构实施，只保留少量的、必须由政府实施的、真正属于“公共物品”范畴的行政许可由政府实施，从而促使政府职能转换和转移，促使政府从“全能政府”向“有限政府”转化。

《行政许可法》限制了部门和地方的许可设定权力，有助于消除法制和市场的部门分割与地方封锁，建设法制统一政府

法治政府必须是法制统一的政府。一个法治国家，即不能允许法制和市场的部门分割与地方封锁，但是过去我们的法律由于没有对部门和地方的规制权加以限制，一些中央政府部门和一些地方政府通过规章，甚至通过一般规范性文件滥设许可，通过许可乱收费，通过许可为本部门争权，为本地方牟利，通过许可搞部门分割与地方封锁。为了克服这种部门保护主义和地方保护主义的弊害，保障国家法制的统一和市场的统一，这次《行政许可法》取消了中央政府部门的许可设定权，对于地方政府的许可设定权亦加以严格的限制，省、自治区、直辖市政府只能因行政管理急需设定不超过一年期限的临时性行政许可。《行政许可法》的这种规定，无疑有助于消除法制和市场的部门分割与地方封锁，建设法制统一政府。

《行政许可法》确立了许可实施的公开原则，有利于防止腐败和滥用权力，建设透明、廉洁政府

法治与廉政是紧密联系在一起的。法治政府必然要求消除腐败和滥用权力，

至少要求确立一套消除腐败和滥用权力的机制，尽可能减少腐败和滥用权力。过去，我国在行政许可领域，特别是在批地、批项目及市场准入方面，正是由于缺乏这样一套机制，导致了许多腐败和权钱交易的大案要案发生。针对这种情况，《行政许可法》确立了许可实施的公开原则和一套相应的制约机制：首先，法律要求行政许可的事项、条件、程序必须公开，不允许暗箱操作。其次，行政机关实施行政许可，根据其性质，有的必须经过公开招标、拍卖等公平竞争程序；有的必须以经过统一考试为前提；有的必须事先依技术标准和技术规范进行检验、检测、检疫，凡未经过这些法定公开程序的，所实施的行政许可行为将被有权机关撤销或确认无效。此外，行政许可涉及申请人或利害关系人重大利益的，应相对人申请，行政机关要为之举行听证。最后，行政许可的结果应当公开，接受相对人和社会公众的普遍监督。显然，这种公开、透明的原则及其制约机制，对于防止行政机关及其工作人员腐败和滥用权力，建设廉洁政府具有重要意义。

《行政许可法》确立了许可实施的公正、公平程序，有利于防止偏私、歧视和政府失信，建设公正、诚信政府

普遍性、非歧视性、稳定性和可预期性是法的基本特征，因此法治政府必然要求公正、公平、诚信和信赖保护。在行政许可领域，保障公正、公平、诚信和信赖保护的最重要的机制是程序。过去，许多行政相对人对政府行政许可行为不满，其主要原因就是因为许可程序不公，程序不公导致偏私，导致不平等对待，导致政府失信。因此，这次《行政许可法》把规范许可程序作为立法的重要目标，确立了一系列保障公正、公平、诚信和信赖保护的规则和制度，其中最主要的有：（1）该法将公平、公正确定为行政许可的基本原则，规定行政机关对任何许可申请人应一视同仁，凡符合法定条件和标准的，均应平等给予获得行政许可的机会，不能厚此薄彼；（2）对于有数量限制的行政许可，如有两个或两个以上的申请人均符合法定条件和标准，法律要求行政机关根据受理申请的先后顺序予以许可，或者通过招标、拍卖、统一考试等公平竞争的方式确定被许可人；

(3) 行政机关审查行政许可申请，发现许可事项直接关系第三人重大利益的，应当告知第三人，申请人、利害关系人有权进行陈述和申辩，行政机关应当充分听取申请人、利害关系人的意见；(4) 行政相对人依法取得行政许可后，行政机关不得擅自撤销、变更或注销其许可；当行政许可决定所依据的法律、法规、规章修改或者废止，或者颁发行政许可所依据的客观情况发生重大变化时，为了公共利益的需要，行政机关虽可依法变更或者终止已经生效的行政许可，但对由此给行政相对人造成的财产损失应依法给予补偿。

《行政许可法》规定了许多简便、快捷和方便申请人的许可方式和制度，有利于消除政府机关之间相互推诿、扯皮和由此导致的效率低下，建设便民、高效政府

法是保障人民权益的工具，法应体现民主性和科学性的统一，因此，法治政府应是便民政府、高效政府。但是，过去我们的一些政府机关在实施行政许可行为时，由于观念、体制和具体工作制度等各方面的原因，不是尽可能为相对人提供方便、快捷的服务，而是设置种种烦琐的程序、手续，致使相对人为获得一个许可往往要跑几个甚至几十个政府部门，花几个月甚至更长的时间。针对这种情况，这次《行政许可法》将便民、高效规定为行政许可行为的基本原则，并为此确立了一系列相应规则和制度，其中最重要者有：(1) 省、自治区、直辖市人民政府经国务院批准，根据精简、统一、效能的原则，可以决定一个行政机关行使有关行政机关的行政许可权；(2) 行政许可需要行政机关内多个内设机构审查的，应当确定一个机构统一受理行政许可申请，统一送达行政许可决定；行政许可依法应由地方人民政府两个以上部门分别实施的，本级人民政府可以确定由一个部门受理许可申请，并转告有关部门分别提出意见统一办理（所谓“一站式服务”）；对有些行政许可，当地人民政府可以组织有关部门联合办理、集中办理（所谓“政府超市”）；(3) 申请人申请行政许可，其提供的申请材料存在可以当场更正的文字错误、计算错误一类错误，行政机关应要求申请人当场更正，不得以申请材料存在此种错误为由拒绝受理；申请材料不齐全或不符合法定形式的，行政机关应当一次性告知申请人补正；（4）如果申请人提交的申请材料齐全，符合法定形式，行政机关能够当场作出决定的，应当当场作出决定；如不能当场作出决定，则应在法定期限（一般为20日，特定情形为45日）内作出决定，法定期限内不能作出决定的，经本行政机关负责人批准，至多可延长10日，属特定情形的可延长45日。《行政许可法》的这些规定，对于消除行政机关推诿、拖拉、办事效率低下，建设高效政府，无疑将起到重要作用。

总之，《行政许可法》的制定是我国行政法治建设的重要里程碑。它必将推进我国行政许可行为的法制化、规范化，推进我国建设法治政府的整个进程。

（原载于《检察日报》，2003-08-28）

法

2004年

全面发挥审计制度的功能

《审计法》实施十年，成就卓著。《审计法》实施十年的实践及其成就说明，审计制度具有多方面的功能，要建设法治国家和法治政府，必须全面发挥审计制度的功能。

审计制度的第一个功能是进行财政、财务收支监督。审计机关的基本任务是为人民看好国家的“钱袋子”：监督应该进国家“钱袋子”的钱是否进了国家“钱袋子”；进了国家“钱袋子”的钱是否用于生产或购买“公共物品”；用国家“钱袋子”里的钱生产或购买的“公共物品”是否合算，是否物有所值，等等。

审计制度的第二个功能是防贪反贪，保障和促进政府廉政建设。审计机关通过审计，在发现和揭露相应政府机关和国有财政金融机构、国有企事业组织违反财政、财务法规行为的同时，也必然发现和揭露直接实施此种违法行为或与之有关联的贪污腐败分子，并使之受到法律追究。另外，审计制度的有效运作，对已萌生贪念而尚未实施贪污行为的人会产生一种有力的威慑，使其虽想贪而不敢贪，虽想贪而不能贪。

审计制度的第三个功能是维护国家财政经济秩序，保障国民经济和社会的健康发展。审计机关通过审计，保证国家财政按照国家预算及国民经济和社会发展计划运作，让国家的钱用到该用的地方去，保障环境、生态、教育和人的全面发展领域有适当的投入，不让应该投入这些领域的钱被人挪用去搞“政绩工程”，等等。

审计制度的第四个功能是进行财政效能监督，促进提高财政资金使用效益。审计机关通过审计，要审查被审计单位花国家的钱是怎么花的：花了多少钱，办了多少事，有没有不该花而花，该少花而多花的事，有没有因公职人员玩忽职守而使国家财产受到重大损失的情形，等等。

审计制度的功能是多方面的（不限于上述四项）。审计制度的所有这些功能，对于我们今天的法治国家和法治政府建设，乃至对于我们国家整个政治文明和物质文明建设，都是必要的，都具有极为重要的作用。因此，我们必须十分重视健全和完善审计制度，全面发挥审计制度的功能。

（原载于《审计研究》，2004（4））

行政：从“管理型”到“执法型”的转变

伟大的转变——从“管理”到“执法”

长期以来，人们一直将行政等同于管理。在西方资产阶级革命以前，行政通常是指管理整个国家事务；在西方资产阶级革命以后，立法、行政、司法三权分立，行政则仅指除立法、司法以外的国家管理。西方许多传统的行政法学家都曾这样给行政下定义：所谓行政，乃除立法、司法以外的一类国家（及其他公权力主体）职能（作用、活动、行为）。至于作为行政的国家职能的实质和内容，则可归结为执行与管理。从理论上说，行政作为执行和管理，其执行主要应该是执行法律，其管理主要应该是依法实施法律。

我国在计划经济时代，作为国家权力机关的人民代表大会立法较少，行政的基本职能和任务不是执法，不是执行人民代表机关的决议、决定，而是执行政策、计划，执行行政首长的指示，执行上级的命令等。直至20世纪70年代末80年代初，我国的行政还只是“管理”，而不是“执法”。尽管这个时期的行政管理与半个世纪或一个世纪以前的行政管理在内容和范围上已经有了很大的变化，但性质上并没有根本转变。

我国行政从“管理”到“执法”的转变是从80年代中期开始的。1984年，当时的全国人大常委会委员长彭真在一次与新闻界人士的座谈会上明确提出，我们国家要开始一个历史性的转变：“要从依靠政策办事逐步过渡到不仅依靠政策，还要建立、健全法制，依法办事。”此后，国家立法，特别是行政领域的立法，明显加快了步伐。1984年至1990年制定的法律和重要行政法规就达几百件。

至20世纪90年代以后，我国进一步加快了行政法的立法步伐，不仅部门行政法逐步趋于完善，而且开始逐步制定和健全作为行政法基本体系架构支柱的基本法，如《行政诉讼法》、《行政复议法》、《行政处罚法》、《国家赔偿法》、《行政监察法》、《立法法》、《国务院组织法》、《地方各级人民代表大会和地方各级人民政府组织法》，以及即将开始实施和正在制定的《行政许可法》、《行政强制法》、《行政程序法》等。

部门行政法为行政从“管理”转化为“执法”提供了直接的动力和条件，没有部门行政法，执法即失去了前提：相应部门，相应行政领域没有法，无法可执，则只能按政策办事，按长官指示办事，“管理”不可能转化成“执法”；而行政基本法则为部门行政法的健全、完善提供了动力和条件，因为行政复议、行政诉讼、国家赔偿启动了对各部门行政行为的合法性审查，如果某部门行政法不健全、完善，败诉、赔偿的压力就会促使该部门尽快去健全、完善该部门行政法，而《行政许可法》一类的行政基本法亦可以指导部门行政法的健全、完善。因此，我国的行政在整体上应认为已初步实现了由“管理型”到“执法型”、由“人治型”到“法治型”的转变，“行政管理”在很大程度上已转化成了“行政执法”。

行政执法的含义——行政行为之全部或一部

关于行政执法，目前我国法律实务界和学术界对之内涵和外延有不同的界定。有的将之等同于行政行为，谓行政执法乃行政行为之全部；有的将之区别于行政行为，谓行政执法仅为行政行为之一部。至于一部之大小，又有各种说法，有仅指行政行为中的行政处罚的，有指行政监督检查加行政处罚的，有指行政监督检查加行政处罚再加行政执行（主要指强制执行）的，还有认为行政审批亦应属行政执法范畴的。

总之，有关行政执法的概念，存在着广义、较广义、狭义、较狭义的不同认识和主张。

人们通常在下述三种场合使用“行政执法”，并赋予其以相应的含义：

其一，为说明现代行政的性质和功能而使用“行政执法”。此种场合使用这一术语，旨在强调行政是执法，是执行法律，而不是创制法律，因此，行政从属于法律；行政是执法，是依法办事，而不是也不能唯长官意志是从；行政是执法，是基于法定职权和法定职责对社会进行管理，依法作出影响行政相对人权利义务的行为，而不能对相对人任意发号施令，对相对人实施没有法律根据的行为。在这种场合，在这个意义上，“行政执法”即等于“行政”。

其二，为区别行政的不同内容而使用“行政执法”。在行政法学研究中，许多学者习惯于将行政的内容一分为二或一分为三。一分为二即将行政的内容分为两类：一类为制定规范行为；一类为直接实施法律和行政规范的行为。前者谓之“行政立法”，后者谓之“行政执法”。一分为三即将行政的内容分为三类：一类仍为制定规范行为，另两类即将前述“行政执法”行为再一分为二：一类为直接处理涉及行政相对人权利义务的各种事务的行为；一类为裁决行政相对人与行政主体之间或行政相对人相互之间的与行政管理有关的纠纷的行为。在这两类行为中，前者仍谓之“行政执法”，后者则谓之“行政司法”。在这种场合，在这个意义上，行政执法只是行政行为的一类。

其三，作为行政行为的一种特定方式而使用“行政执法”。行政行为有各种各样的方式，如许可、审批、征收、给付、确认、裁决、检查、奖励、处罚、强制等。在行政实务界，人们一般习惯于将监督检查、实施行政处罚和采取行政强制措施一类行为方式称为“行政执法”。某种行政行为方式被确定为“行政执法”并无完全统一的标准。

行政执法的改革——方式变革或机制转换

从“管理型”、“人治型”行政到“执法型”、“法治型”行政，这显然不只是一个单纯管理方式、方法变革的问题，尽管其中包含着管理方式、方法的变革，并且，管理方式、方法变革在整个行政执法改革中也占有重要地位。中国自20世纪末开始、21世纪仍方兴未艾的行政改革是涉及行政目标、行政体制、行政职能、行政作用方式、行政程序等的全方位改革。在这种全方位的改革过程中，整个行政执法机制在逐步转换。

在计划经济体制下，行政的中心任务和目标是保证国家计划的实现。计划就是政治，计划就是法律，行政必须以计划为出发点和归宿。

在计划经济体制下，行政主体与行政相对人的一般关系是命令—服从的关系，行政更多地具有管理、命令、强制的色彩，政府通常直接向企业、事业组织、社会团体，乃至公民个人发号施令。

很显然，计划经济体制下形成的上述行政管理机制不可能适应市场经济。要建立和发展市场经济体制，就必须改革和转换整个行政管理机制。

首先，由于市场经济体制要求政企分开，企业对自己的生产、经营必须享有自主权，政府不能直接干预企业的人、财、物、产、供、销，为此，行政必须变以直接管理为主为以间接管理为主，尽可能以宏观调控代替微观干预。政府更多地需要运用法律手段，而不是运用红头文件、行政命令对相对人发号施令。

其次，市场经济体制对计划经济体制下政府的地位和目标提出了挑战。在市场经济体制下，政府不仅是管理者，而且更是服务者。政府对于市场来说，其作用只是为了弥补市场的缺陷、失灵而对市场提供一定规制，为了克服市场的“信息不对称”和“外部性”而向社会提供某种“公共物品”。对于公民来说，政府只是公民为了获得秩序和保障其权利、自由而创造的一种设施，一项工具。政府在执法过程中有时要对特定市场主体，特定公民个人采取强制措施，实施行政处罚等，但这种强制、处罚不是目的，而是手段。行政主体如果为强制而强制，为处罚而处罚，甚至为了自己的利益而实施行政执法行为，或为了实现某种“秩序”而无视和侵犯行政相对人的权益，那就是政府“异化”。事实上，在健全的市场经济体制下，这种“异化”现象虽然难以避免，但难于形成“气候”。

再次，市场经济体制下行政管理的范围和权限发生了重大转变。行政由“管理”转变为“执法”，这主要是行政方式的转变。行政由主要追求“秩序”，主要追求集体、单位、政府、国家利益，转变为主要追求效益、权益，主要追求为相对人服务，这是行政目标的转变。就整个行政执法机制而言，除了目标、方式以外，还有一个要素就是其作用的范围：行政究竟管哪些事，不管哪些事，其权限的界限在哪里。计划经济体制下，政府万能，行政无所不管。而市场经济体制下的政府是“小政府”、“有限政府”，政府只行使为消除“外部性”和“信息不对称”等而提供“公共物品”等必要的和有限的公共职能。在现代市场经济体制下，政府传统行政职能中的许多职能已经或正在转移给社会。这些职能并没有废弃，这些事还得有人做，但不能再由政府做，至少不能再全部由政府做。

（原载于《中国纪检监察报》，2004－04－07）

行业协会、社团与公民社会

行业协会是社团的一种形式。社团除了行业协会以外，还有工会、青联、妇联、残联等特定人群自愿组成的联合体，还有学会、研究会等有一定共同学术爱好、共同志向、共同信仰的人自愿组成的联合体，还有环境保护组织、旅游探险组织、慈善组织，以及各种无偿从事社会公益事业的志愿组织等有一定共同兴趣、共同目标、共同人生追求的人自愿组成的联合体，等等。

社团是公民社会的一种形式。公民社会除了有发达的社团以外，还有其他各种公民自治组织，如农村村民委员会、城市居民委员会、城乡各种合作社、各种社区组织，等等。

长期以来，人们生活于，也习惯于国家与臣民、国家与公民的二元社会。在计划经济时代，"单位"虽然很发达，但那种"单位"只不过是国家的代表或化身，并没有构成与国家、公民分立的"一元"。直至今天，许多人仍然认为，社会只能是这样一种模式，只能有这样一种模式：臣民（公民）受国家保护，国家统治（管理）臣民（公民）。

然而，现代社会正形成一种新的模式：在国家与公民之间，一种根本不同于国家的人类共同体——公民社会——正日益成长壮大起来，一个"国家—公民社会—公民"的三元社会已开始出现在我们的视野中。但我们现在却还对它很不习惯，很不理解，以至于不知道怎样处理在这样一种社会形态下国家与公民、国家与公民社会、公民社会与公民、公民社会之间，如社团与社团之间、社团与其他公民自治组织之间、社团与其成员之间的各种关系，许多人仍以二元社会的观念和处事方法来对待今天的公民社会，对待今天的社团，如将行业协会视为“二政府”，将政府部门之间的领导从属关系适用于行业协会之间的关系，等等。

作为公民社会下的社团—行业协会，与国家—政府有着重要的区别。虽然二者都是人类共同体，但前者完全是（至少应该是）人们的自愿结合，后者却不完全以人们自己的意志为转移（尽管有“社会契约”说，但毕竟只是一种假设）。社团—行业协会正是为了克服国家—政府的不自愿性、强制性、统治性，为了彰显公民的主体性、自主和自治能力而存在和发展的。如果把政府的管理—从属关系及其制度引入社团—行业协会中来，社团—行业协会的价值将不复存在。如果社团—行业协会的“领导人”不是由选举，而是由任命产生，社团—行业协会之间的关系不是相互独立，而是相互从属，国家—政府的公权力就不仅没有向以社团—行业协会为基础的公民社会转移的必要，而且这种转移反而会给公民的权利和自由带来威胁，因为由国家—政府行使公权力，毕竟还要受到国家公法的严格约束，而当这种公权力转移到社团—行业协会时，国家公法很难对之严格约束，它甚至以“自治”逃避国家司法审查。

（原载于《法制日报》，2004－04－29）

转变职能　改革体制

《全面推进依法行政实施纲要》确立了在我国建设法治政府的目标。其中，转变政府职能和改革行政管理体制是我们撰写法治政府这篇大文章要做的两篇破题文章，只有首先做好这两篇文章，我们才能完成法治政府这篇大作，才能拿到法治政府的"资格证书"。

一、转变政府职能和改革行政管理体制对于依法行政，建设法治政府的意义

推进依法行政，建设法治政府必须以转变政府职能为前提。原因在于：第一，法是人民意志和利益的体现，法治政府应是为人民服务的政府。政府如果不是行使为社会提供"公共物品"的职能，而是直接干预经济，就必然会与民争利，以权谋私，背离法治政府的宗旨。第二，法是社会公正和人民权利、自由的保障，法治政府应是权力受控制的政府。政府职能如果不受限制，可以"越位"做其想做的任何事情，不可避免地就会造成权力滥用。第三，法是为生产力发展水平所决定并服务于生产力的上层建筑，法治政府应是运用法的规范，促进生产力发展的服务政府。政府如果为管理而管理，无限制地扩大对社会和市场的规制

范围，就会窒息社会和市场主体的活力，窒息市场竞争，阻碍生产力的发展。

当然，“转变政府职能”是要求政府“归位”：政府做政府应该做的事，而不是要求政府“弃位”、“不作为”。法治政府绝不应是“甩手掌柜”式的政府。

推进依法行政，建设法治政府必须以改革行政管理体制为前提。原因在于：其一，体制首先涉及权力和利益关系。这些关系处理不当，必然导致地方保护主义或部门保护主义，必然阻碍依法行政。其二，体制会对执法行为动因的形成产生影响，不好的体制产生的此种影响可能是极为负面的。其三，体制对于执法作风、执法态度有重要影响，不好的体制可能助长官僚主义、衙门作风。

二、科学界定和依法规范职能，建设“有限”和“有为”的政府

转变政府职能首先要求科学界定政府职能。不科学界定政府职能，转变政府职能就会失去方向。其次，转变政府职能要求依法规范政府职能。不依法规范政府职能，转变政府职能就不可能有保障。关于政府职能的科学界定，《纲要》提出了“推进政企分开、政事分开，实行政府公共管理职能与政府履行出资人职能分开，充分发挥市场在资源配置中的基础性作用”的原则。

《纲要》要求的科学界定政府职能和转变政府职能，同西方国家自上世纪后期开始实行的“放松规制”（deregulation）运动相比较，《纲要》提出的“转变政府职能”，是在强调政府“有限”的同时，强调政府的“有为”。

“转变政府职能”同时也要求政府加强某些与市场经济相适应的，有助于促进市场经济发展，有助于促进统筹城乡发展、统筹区域发展、统筹经济社会发展、统筹人与自然和谐发展、统筹国内发展和对外开放的职能。

三、改革行政管理体制，为依法行政提供制度保障

国内外行政法治的经验证明，深化行政管理体制改革既是推进依法行政，建设法治政府的内容，又是推进依法行政，建设法治政府的保障。因此，《纲要》

明确将改革行政管理体制作为我国推进依法行政，建设法治政府的目标，并确立了改革行政管理体制的基本原则和具体任务。

《纲要》提出了改革行政管理体制的四项要求：第一，合理划分和依法规范各级行政机关的职能和权限，解决行政机关的组织机构、人员编制、职责权限的法定化问题。

第二，完善依法行政的财政保障机制。财政保障机制是行政管理体制的重要组成部分。

第三，改革行政管理方式。《纲要》要求，充分运用间接管理、动态管理和事后监督管理等手段；充分发挥行政规划、行政指导、行政合同等方式的作用；加快电子政务建设，推进政府上网工程；政府部门之间应当尽快做到信息互通和资源共享。

第四，推进政府信息公开。政府信息公开对于提高政府的政务透明度，保障行政相对人的知情权，促进政府依法行政有着特殊重要的意义。为此，《纲要》明确要求，政府信息，除涉及国家秘密、商业秘密、个人隐私，依法可不予公开的以外，应一律向社会公开，允许公众查阅，行政机关应为公众查阅政府信息提供便利条件。

（原载于《人民日报》，2004-05-15）

让公权力受法律控制

《全面推进依法行政实施纲要》确立了建设法治政府的目标。法治政府的基本标志是公权力受法律控制。公权力不受法律控制必然导致滥用，必然导致腐败，乃至威胁党的执政根基。现代法律控制公权力最重要的方式有两个：一是程序制度，二是责任制度。

程序制度的核心是公众参与和公开、公平、公正。首先，政府的决策，除依法应保密的以外，必须以一定的方式（如听证会等）保障公众知情并参与。其次，政务信息，包括用人、用钱和分配、使用、处置国家资产等方面的信息，除依法必须保密的以外，应一律公开。为此，应尽快制定《信息公开法》。再次，政府实施行政行为，必须通过各种程序制度切断相应行政行为与政府工作人员个人及政府部门的利益联系。最后，行政执法，包括许可、给付、征收、征用、确认、裁决、强制、处罚等，必须通过各种程序制度保证对所有相对人一视同仁。为此，应尽快制定《行政程序法》。

责任制度的核心是有权必有责，用权必负责，权责一致。公权力责任包括政治责任和法律责任。政治责任是向人大负责，向社会公众负责。政府和政府工作人员滥用权力，人大可以罢免、弹劾，社会公众可以要求责任人辞职。法律责任包括行政责任（如撤销行政决定、给予行政赔偿、记过、降职、撤职、开除等行政处分）、民事责任和刑事责任。法律责任最终须由司法保障。要健全责任机制，使权力和责任统一起来，否则，公权力滥用不可能得到根本遏制，法治政府的目标难以完全实现。

（原载于《人民日报》，2004－07－09）

界定“公共利益”　完善法律规范

一、我国现行宪法和法律关于“公共利益”的规定

《宪法》第 10 条第 3 款：国家为了公共利益的需要，可以依照法律规定对土地实行征收或者征用并给予补偿。

《宪法》第 13 条第 3 款：国家为了公共利益的需要，可以依照法律规定对公民的私有财产实行征收或者征用并给予补偿。

《土地管理法》（本法已于 2004 年 8 月修订）第 2 条：国家为公共利益的需要，可以依法对集体所有的土地实行征用。

《土地管理法》（本法已于 2004 年 8 月修订）第 58 条：有下列情形之一的……可以收回国有土地使用权：（一）为公共利益需要使用土地的……

《城市房地产管理法》第 19 条：国家对土地使用者依法取得的土地使用权……在特殊情况下，根据社会公共利益的需要，可以依照法律程序提前收回……

什么是“公共利益”？公共利益包括哪些事项，哪些范围？我国现行宪法和法律对此没有界定。

二、宪法和法律是否需要对“公共利益”的含义和范围加以界定？

宪法和法律由于需要调整广泛的社会关系和社会生活，具有普遍性，因此往往不得不使用许多具有一定弹性的不确定用语，如“紧急情形”、“重大危害”、“正当程序”、“公共利益”，等等。对此，各国情况皆然。

法国《人权宣言》第17条规定，财产是神圣不可侵犯的权利，除非当合法认定的公共需要所显然必需时，且在公平而预先补偿的条件下，任何人的财产不得受到剥夺。什么是“公共需要”，什么是“显然必需”，什么是“公平补偿”，都是不确定用语，《人权宣言》并没有对此加以明确界定。

美国宪法修正案第五条规定，非经正当法律程序，不得剥夺任何人的生命、自由或财产；非有公正补偿，私有财产不得征为公用。什么是“正当法律程序”，什么是“公正补偿”，亦为不确定用语，该修正案并没有对此加以明确界定。

《日本宪法》第29条规定，财产权不得侵犯。财产权的内容，应由法律规定以期适合公共之福祉。私有财产，在公正补偿下得收归公用。这里的“公共福祉”、“公正补偿”，也都是不确定用语，该宪法条款亦没有对此加以明确界定。

对于这些不确定用语，虽然各国宪法没有对之加以明确界定，但有的国家通过具体法律、法规明确其含义和范围，使之具体化，有的国家（大多数国家）则是由执法者根据其法律理念，根据其对相应法律的目的、原则、精神的理解，就具体个案的情形对之作出其认为最适当的解释。如果相对人对之有疑义或异议，则可诉诸法院，由法官作出最终解释。

我们正在建立法治社会和法治国家，但现在离建成法治社会和法治国家还有相当一段距离。其一，我国的执法者、法官和其他法律人尚未普遍受到共同的基础法律教育和法律训练，法律共同体尚未有完全相同的法律话语。其二，我国的部分执法者和法官的法律素质和人文素质还有待提高，不少人只知机械地适用法律，在遇到法律规定不甚明确或类似“公共利益”一类不确定用语时，就不知如何应对，甚至一筹莫展。其三，我国法律共同体尚未形成稳定的、规范和制约法律人行为的、完善的法律制度和职业道德规范，一些人在遇到法律规定不甚明确或类似“公共利益”一类不确定用语时，不是运用法治理念，将不确定法律用语与相应法律的目的、原则、精神结合，灵活和公正（实质公正）地处理个案，而是滥用自由裁量权，通过恶意地扩大或缩小（甚至歪曲）相应不确定用语的内涵和外延，以达到为自己或自己的亲朋好友，或为对自己行过贿、给过好处的相对人谋利的目的，而这样做乃是以牺牲大量其他行政相对人的合法权益和国家的、社会的利益（真正的公共利益）为代价的。

三、法律是否可能对“公共利益”的含义和范围加以界定?

考察我国和境外的法律实践，法律界定“公共利益”的基本含义和大致范围应该说还是可能的。

例如，我国《行政诉讼法》对行政诉讼受案范围的规定本来是一件十分困难的事，但该法通过列举加概括再加排除的方式较好地解决了问题：该法首先列举出可能列举的行政诉讼可诉具体行政行为（共七项），为避免列举不能穷尽的问题，再设一兜底性条款，将立法时不能列举或难以列举的可诉具体行政行为（即所有涉及相对人人身权、财产权的其他具体行政行为）概括性地列入，然后排除出立法时确定不纳入行政诉讼，即不作为法院行政诉讼受案范围的行政行为。虽然《行政诉讼法》通过这一方式界定的行政诉讼受案范围仍然并非十分明确，但大致的范围应该说是比较清楚的。

我国台湾地区的“土地法”即是采用列举加概括的方式界定“公共利益”的范围。该法第208条规定：因下列公共事业之需要，得依本法之规定征收私有土地。但征收之范围，以其事业所必需者为限：(1)“国防”设备；(2)交通事业；(3)公用事业；(4)水利事业；(5)公共卫生；(6)政府机关、地方自治机关及其他公共建筑；(7)教育学术及慈善事业；(8)“国营”事业；(9)其他由政府兴办以公共利益为目的之事业。

结合我国《行政诉讼法》确定行政诉讼受案范围的立法方式和我国台湾地区

“土地法”界定“公共事业”范围的方式，我们完全有可能对我国宪法和有关法律中的“公共利益”用语的内涵和外延加以大致界定，其方法可以是：首先，给“公共利益”下一个简要的定义，如公共利益是指涉及国家安全和广大社会公众福祉的利益。其次，尽可能较全面地列举出可能列举的属于公共利益范畴的事项，如台湾地区的“土地法”列举的事项（当然不限于这些事项）。再次，设立一个概括性（兜底性）条款，即立法时无法列举或难以列举的其他应属于“公共利益”范畴的事项。此外，再设立一个排除条款，即明确排除哪些事项不属于“公共利益”的范围，如企业从事商业性开发，政府兴建高尔夫球场等事项。最后，还可考虑设立一个一般限制性条款，即规定在处理个案中，“公共利益”的范围应以相应事项所必需者为限等。

（原载于《法制日报》，2004－07－01）

健全程序和责任机制是建设法治政府的保障

——在中宣部、国务院法制办推进依法行政座谈会上的发言

法治政府的基本标志是公权力受法律控制。公权力不受法律控制必然导致滥用，必然导致腐败，从而会使公民的权利和自由失去保障，使党的“三个代表”发生异化，乃至威胁党的执政根基。

现代法律控制公权力的最重要的方式有二：一是程序制度，二是责任制度。

程序制度的核心是公众参与和公开、公正、公平。第一，政府的决策，除依法应保密的以外，必须以一定的方式（如听证会、网上讨论或通过信函、电子邮件收集公众意见等）保障公众参与。而且，人大审议不能代替公众参与。第二，政务信息，包括用人、用钱和分配、使用、处置国家资产等的信息，除依法必须保密的以外，应一律公开。为此，应尽快制定《信息公开法》。第三，政府实施行政行为，必须通过各种程序制度（如回避制度、财务“收支两条线”制度等），切断相应行政行为与政府工作人员个人及政府部门的利益联系，防止偏私，保障公正。第四，行政执法，包括许可、给付、征收、征用、确认、裁决、强制、处罚等，必须通过各种程序制度（如告知、说明理由、听取申辩以及招投标、拍卖、考试等）保证对所有相对人一视同仁，防止歧视，保障公平。为此，应尽快制定《行政程序法》。

责任制度的核心是有权必有责，用权必负责，权责一致。公权力责任包括政

治责任和法律责任。政治责任是向人大负责，向社会公众负责。政府和政府工作人员滥用权力，人大可以罢免、弹劾，可以通过选票让其“下课”，社会公众可以要求其辞职。法律责任包括行政责任（如撤销行政决定、给予行政赔偿、给予责任人员记过、降职、撤职、开除等行政处分）、民事责任和刑事责任。法律责任最终须由司法保障。因此，必须改革体制，健全责任机制，使权力和责任统一起来。否则，公权力滥用不可能得到根本遏制，法治政府的目标难以完全实现。

（原载于北大公法网：http：//www.publiclaw.cn/article/Details.asp？NewsId=44&classname=法政时评，2004-07-09。）

慈善义演收入为什么不能用于慈善?

——对四川慈善义演收入流失的法律思考

【案情简介】

央视消息：6月11日，四川省慈善总会主办的首届“希望之声”大型慈善公益演出在成都体育中心举行，参加演出的有内地与港台明星。组委会所宣传的将捐给失学儿童、孤寡老人、困难家庭的门票收入，最终落入了演出中间商和一些演艺明星的口袋。

据记者调查，本次演出存在诸多问题：首先是本次演出组委会与演出中间商签订有偿演出合同，承诺支付演出费用；其次，演出承办单位违规与不具备演出经纪资质的公司合作，利用虚假文件获得了文化部的演出批文。

由于主办单位、承办单位和演出中间商违规操作，演出所得的一百多万元除去给演出中间商和演员的费用外，四川省慈善总会不但没有募到一分钱，反而倒贴了几十万元，失学儿童和孤寡老人、困难家庭也就没有得到任何善款。

据了解，文化部已经开始对这次事件展开调查。

【评析】

本案绝不是一个偶发的、个别的、孤立的案件，类似的案件肯定还发生过。

之所以本案被曝光，而其他类似案件却不为人知晓，是因为本案慈善义演收入未达到举办者预期的多，从而使各方预期通过此次义演谋取的“利润”不能完全实现，以致发生内讧而使事件内幕得以曝光；其他类似案件则由于内部利益平衡、处理得好，当事者各方皆大欢喜而相安无事，外部人也就不得而知。

本案和类似案件为什么会发生？慈善义演收入为什么不能用于慈善而落入演出中间商和一些演艺明星的口袋，甚至落入举办者和承办者的口袋？有人认为这是因为法律不完善的问题：“法规上有空白点”，从而“问题不是很好处理”。

我认为，此类案件发生和得不到有效处理，虽然有法律不很完善的问题，但主要不是法律不完善的问题，而是执法和守法的问题。关于慈善义演的目的、性质、原则，举办单位及申请程序，审批单位及审批程序，义演收入的接收、管理、移交和使用监督，演职员不能领取报酬，主办单位和受捐单位不得挪用、私分捐赠款物的法律义务，以及对违法行为的查处和责任追究，民政部 1994 年 11 月 30 日发布的《社会福利性募捐义演管理暂行办法》均有明确的规定。另外，1999 年 6 月 28 日全国人大常委会通过的《公益事业捐赠法》对于捐赠款的接受、使用、管理，以及挪用、侵占捐赠款或未经捐赠人许可，擅自改变捐赠款（捐赠财产）性质、用途行为的法律责任及责任追究机关亦都有明确的规定。这怎么能说问题发生的原因主要是法律不完善，怎么能认为这类问题因“法规空白”而不好处理呢？

第一，根据《义演管理暂行办法》第 2 条，社会福利性募捐义演的目的是“帮助社会救济对象、支援灾区、扶持贫困地区的发展和援救其他突发性灾害中遭遇困难的人们”，不得“以营利为目的”。第 10 条规定，“参加义演的演职员在排练和演出期间，除必要的生活补贴（交通、食宿）外，不应领取报酬”。第 12 条规定，“募捐义演的主办单位和受捐单位均不得挪用、私分捐赠款物”。这些规定难道不清楚，还需要立法或司法机关进一步加以解释吗？举办单位明知这些规定，还与中间商签订了以营利为目的的“义演”合同，中间商和演艺明星也明知是募捐义演，还相互签订了领取报酬的“义演”合同。

第二，根据《义演管理暂行办法》第 3 条，举办单位申办社会福利性募捐义演，必须向民政部门提交演出计划、募集款物使用计划、活动经费预算计划。这种打着“义演”招牌骗钱的明显违法的募捐义演，居然能顺利通过民政部门的审批关。民政部门可能说申办单位提供了虚假材料，自己被欺骗，但民政厅厅长之后亲临演出现场，为支付演艺明星报酬筹款，这还能说是其不知道此次演出的违法性质吗？

第三，《义演管理暂行办法》第 7 条规定，社会福利性募捐义演的收入，应单独立户，专账管理；第 8 条规定，此种收入必须按国家财会制度进行结算，经审计部门审计和公证部门公证；除必要的成本支出，义演收入必须全部移交受捐单位。本案和类似案件如果遵循此种程序，其违法行为即使不是可以完全避免，至少也难以发生。

第四，《义演管理暂行办法》第 9 条规定，民政部门应负责检查监督捐赠款物的使用情况，并通过新闻媒体或其他形式将捐赠款物的使用情况向社会公布，接受社会公众的监督。试问，我们的每次募捐义演是否都这样做了呢？试想，如果将募捐收入去向置于众目睽睽，社会公开的“阳光”底下，还可能有本案这么多人、这么多单位好意思明目张胆、“理直气壮”地要这个钱吗？

第五，《公益事业捐赠法》第 29 条规定，挪用、侵占或者贪污捐赠款物的，由县级以上人民政府有关部门责令退还所用、所得款物，并处以罚款；对直接责任人员，由所在单位依照有关规定予以处理，构成犯罪的，依法追究刑事责任。当然，这里的法律责任不是太明确和太完善：“有关部门”、“有关规定”必须加以解释；另外，募捐义演收入包括捐赠款物，但又不仅仅包括捐赠款物，对挪用、侵占义演门票收入等行为如何追究法律责任，《义演管理暂行办法》与《公益事业捐赠法》的规定确实不甚明确。

但是，无论如何，本案和类似案件的主要问题不是“法规空白”和法律不完善，而是执法部门不严格执法和涉案当事人不自觉守法的问题，其中最重要的是执法部门违法作为和不作为的问题。如果执法部门严格执法，问题完全可以避免，即使问题发生，也完全可以对之依法处理。如果说在对违法侵占募捐义演收入行为追究法律责任的问题上，目前我国法律可能还没有非常具体、明确的规定，但法律在这件事上的目的、原则、精神难道还不十分明确吗？只要我们的执法者不是僵化的法律教条主义者，而是具有法律意识的活的法律人的话，就完全能从我们现有的法律规范中找到正确处理本案和类似案件的办法。

（原载于《检察日报》，2004－07－19，发表时的文章标题和内容有所变动，此处所依据的是原初版本。）

保障公民民主权利是人民法院的神圣使命

《中华人民共和国人民法院组织法》规定，保护公民私人所有的合法财产，保护公民的人身权利、民主权利和其他权利，是人民法院的任务。当然，《人民法院组织法》规定的人民法院的任务不止是保护公民权利，保护公民权利并非人民法院的唯一任务。但是，毫无疑义，保护公民权利是人民法院最重要的任务或最重要的任务之一，是其神圣使命。

根据《人民法院组织法》，公民权利包括财产权、人身权、民主权利和其他权利。但是，在实践中，有人（包括一些法官）却把公民的民主权利和公民的财产权、人身权割裂开来，认为法院的任务是只保护公民的财产权和人身权，公民的民主权利不在司法保护之列。

例如，村民根据《村民委员会组织法》选举产生村委会主任，政府不予认可，村主任无法履行职责，诉至法院，法院以事涉民主权利，非人身权、财产权而拒绝受理。

又如，村委会主任依法选出后，政府对其工作不满意，看着不顺眼，将其撤了。其不服，诉至法院，法院亦以事涉民主权利，非人身权、财产权而拒绝受理。

法院为什么一而再、再而三地拒绝保护公民的民主权利，拒绝受理事涉公民民主权利的案件呢？其原因恐怕有四：

其一，我们的国民，包括一些法官，对公民权利、对人权缺乏正确和全面的认识，以为只有人身权、财产权是公民权利、是人权，民主权利最多只是无关紧要的权利，是不痛不痒的人权。特别是在现阶段，中国大多数人刚解决温饱问题，民主权利对于他们似乎有点奢侈，法院现阶段保护公民民主权利似乎有点“超前”。

其二，我们的国民，包括一些法官，对稳定、发展和政府的作用缺乏正确和全面的认识，以为现在的中心任务是发展经济，发展经济的基本条件是政治稳定和维护政府的权威。要维护政府的权威和发展经济，就必须维护政府对广大农村的掌控，政府对农村的掌控又必须以对村委会主任的掌控为前提，而法院受理村委会主任告政府一类案件似乎就会威胁这种前提。

其三，我们的一些法官对行政诉讼受案范围有不正确的理解，他们认为《行政诉讼法》第 11 条规定的受案范围只限事涉人身权、财产权的行政行为，凡是涉及公民民主权利的案件，必须另有单行法明确规定。否则，法院受理就缺乏法律根据。

其四，我们目前的司法体制还不能保证我们的法院能完全行使宪法赋予的独立审判权。在现在的条件下，法院受理地方政府违法侵犯公民民主权利（如撤免村主任职务）的案件确有为难之处：“我们受理了，怎么判呢？维持吧，政府行为明显违法，我们怎么面对原告？怎么面对公众？撤销吧，我们怎么面对政府？怎么面对领导？”为摆脱此两难困境，他们也许只能选择不受理。

对以上四点原因，第三点最具迷惑性。我仅就这一点作些简要分析：《行政诉讼法》是否排除事涉公民民主权利的行政行为作为行政诉讼受案范围？我认为答案是否定的。第一，《行政诉讼法》第 11 条规定的受案范围并非限于事涉人身权、财产权的行政行为。该条规定了 8 项可诉行政行为，其中只有第 5 项和第 8 项两项限于人身权、财产权，其他六项都没有限制。第二，《行政诉讼法》第 1 条和第 2 条规定的都是“合法权益”，合法权益不限于人身权、财产权，当然包括民主权利。第三，最高人民法院对行政诉讼受案范围的司法解释是：相对人对之不服的行政行为除法定六种情形外，均可诉，没有任何排除事涉公民民主权利的案件的意思。

司法是保护公民权利和人权的最后屏障，民主权利是最重要的公民权利和人权之一。因此，法院没有理由不受理事涉公民民主权利的案件。

（原载于《检察日报》，2004－08－23）

加强人大监督的经常性、专业性和公开性

监督职能与立法职能一样，是人大的最基本职能。人大诞生五十年来，其监督职能的行使虽取得了重大成效，但亦有很多不尽如人意处。五十年来，我们国家走过这么多的弯路，我们的人民受过这么多的痛苦，这些弯路，这些痛苦，虽然不是人大监督尽职就能完全避免的，但是我们的人大监督如果能更有力、更有效些，我们肯定要少走许多弯路，肯定要少受许多痛苦。

那么，我们怎么改进现行人大监督制度，使其监督职能的行使能更有力、更有效些呢？本人认为，有三件事可以做，有三项措施可以采取。这三件事和三项措施就是：加强人大监督的经常性、专业性和公开性。

所谓“经常性”，就是不停止、不间断，不是只有开会时监督，闭会时就听之任之；不是民怨沸腾时就监督，风平浪静时就听之任之；不是只有运动式的大检查、大视察，而没有日常的、具体的、例行性的、持续性的工作。

要加强监督的经常性，人大必须建立强有力的专门委员会。例如，就人大财经委员会而言，其必须有一流的财经人才，委员会的委员大多数应懂经济，懂市场，懂财会，会算账，对政府每年提交的几百、上千页的预决算要能看得懂，能发现问题、提出问题。人大对政府真正全面深入的监督必须依靠专门委员会，仅靠人大每年一次的代表大会，用一天两天时间审议政府工作报告和政府的预决算

报告，是难以发挥实质性作用的。这些报告至少应在会前一个月送交人大专门委员会审查，由其先行逐项审查，并向大会提交审查报告。

所谓“专业性”，就是要分门别类地对监督对象和监督事项进行监督，每一种监督都要有专门监督机构、专门监督制度、专门监督程序，不能眉毛胡子一把抓，代表大会上你一言，我一语，什么事都说了，似乎什么都监督了，但什么都不痛不痒，结果是什么问题都不能解决。

就人大对法规、规章的监督而言，如果没有专门监督机构、专门监督制度、专门监督程序，其监督职能在很大程度上就只能是虚设。人大和人大常委会立法任务那么重，还有许多重大问题要讨论、决定，会期又那么短，要靠人大或人大常委会来一般性地审查监督国家机关和广大公民每年可能提起异议的数以百计、千计的法规、规章，显然是不现实的。此外，人大的人事监督职能，特别是对国家机关领导人的罢免，没有专门监督机构、专门监督制度、专门监督程序，其效能可能也要大打折扣。

所谓“公开性”，就是要增加人大监督的透明度，使人大监督与舆论监督和人民群众监督结合起来。为此，人大和人大专门委员会的监督活动，如审查、审议政府工作报告和政府的预决算报告，对政府部门负责人提出质询、询问，审查法规、规章的合法性、适当性等，除法律规定应保密的事项以外，应一律通过报纸、电视、网络等新闻媒介公开。此外，人大的监督活动还可通过听证会、质询会的形式向公众开放。

在现代社会，由于行政权的膨胀，由于政党制度的运作和各种利益团体对议会的影响，议会监督具有很大的局限性，中国人大虽然与国外议会有重要区别，但其监督同样要受上述因素的限制，因此只有公开、透明，使之与舆论监督和人民群众监督结合起来，才会真正有力、有效和保障公正。

（本文为作者在“纪念人大制度诞生50周年座谈会”上的发言，原载于北大公法网：http：//www. publiclaw. cn/article/Details. asp? NewsId＝452&classid＝7&classname＝法政时评，2004－09－13。）

依法行政是有效保护和合理利用土地资源的保障

土地资源是维系人类生存和发展的最重要、最基本的资源。一个国家、一个地区，要保障经济和社会的可持续发展，必须严格保护和合理利用土地资源。而要严格保护和合理利用土地资源，则必须在土地管理中认真地、毫不动摇地排除一切干扰，坚持依法行政。

什么是依法行政？依法行政的基本要求有四项：

其一，依行政行为法行政。行政行为法规定行政行为的条件、范围、标准和限度。依法行政自然首先要求行政机关依法定条件、范围、标准和限度行政。否则，行政机关的行为就将完全陷入随意性，行政管理的目标就可能完全落空。例如，在土地管理中，土地管理机关如果违反法定条件、范围、标准和限度，任意审批、出让土地，有效保护和合理利用土地资源就只能是一句空话。

其二，依行政组织法行政。行政组织法规定行政机关的职权、职责，解决行政机关行使职权、履行职责可能出现的错位、越位和缺位的问题。依法行政不仅要求行政机关依法定条件、范围、标准和限度行政，而且要求行政机关依法定职权、职责行政。否则，即可能出现有的事几个机关争着管、抢着管，有的事互相推诿、互相扯皮、没人管的无序现象。因此，在土地管理中，土地管理机关必须依法定职权、职责行政，土地管理机关不能行使规划行政机关的职权，国土资源部不能行使国务院的土地管理职权，哪一级土地管理机关都不能拒绝或放弃履行法律规定其应履行的职责，否则，即构成越权违法或不作为违法。

其三，依行政程序法行政。行政程序法规定行政机关行使职权、履行职责的方式、步骤、顺序、时限，解决行政机关行使职权、履行职责可能出现的暗箱操作、偏私、专断、歧视和拖延的问题。依法行政不仅要求实体依法，而且要求程序依法，程序依法不仅是防止腐败、滥权，实现实体公正的保障，而且是尊重相对人人格、人权，体现政府公正形象，实现形式公正的保障。因此，在土地管理中，土地管理机关必须依法定方式、步骤、顺序、时限行政，如依法公布土地有偿出让、收回的条件、程序，依法定程序审批、拍卖和签订土地出让合同，依法定程序办理土地使用许可证等，否则，不仅有效保护和合理利用土地资源的管理目标无法实现，而且可能导致土地管理公职人员因腐败、滥权而身败名裂。

其四，依法的目的、原则、精神行政。法的目的、原则、精神确定行政机关行使职权、履行职责的宗旨、方向，决定行政机关行使行政自由裁量权的范围、限度，解决行政机关行使法定职权和自由裁量权可能出现的滥权和机械法治主义问题。滥权和机械法治主义都是形式依法而实质背离法的目的、原则、精神。但滥权是通过形式依法去实现私欲，如依法征用土地搞形象工程，为自己的仕途升迁铺路；而机械法治主义是只管按法律条文办事，而不研究通过怎样的适法、执法去实现立法目的，如省级政府批地，只审查相应征地是不是《土地管理法》第45条规定的三种情形和报批者有没有相应法律手续，而不审查该项征地方案是否是实现《土地管理法》第1条规定的“保护、开发土地资源，合理利用土地，切实保护耕地，促进社会经济的可持续发展”的立法目的的最佳方案。很显然，滥权和机械法治主义都是有害的，都不利于实现行政管理的目标。因此，在土地管理中，土地管理机关不仅要按法的明文规定办事，还必须按法的目的、原则、精神办事。

依法行政的上述四项要求是一个统一体。要在我国土地资源管理领域中推行依法行政，要实现有效保护和合理利用我国土地资源的管理目标，就必须全面落实上述四项要求。

（本文是作者在国土资源部“12·4”全国法制宣传日座谈会上的发言，原载于北大公法网：http：//www.publiclaw.cn/article/Details.asp? NewsId=463&classid=7&classname=法政时评，2004-12-06。）

法

2005年

依法行政的灵魂

两个事例

从2003年开始，北京市怀柔区政府推行了一种“全程代理制”。根据这项制度，老百姓找政府办事，不论找到哪个政府机关，不论相应事项的办理是哪级政府、哪个政府部门的职责，都是由相应政府机关代理相对人去找有关职能部门办理，并在规定时间内办好并交付相对人。老百姓以前办件事，可能要找多个行政机关，跑多个衙门，现在只要找一个受理机关就行了。这样，政府官员可能比以前“麻烦”了，而老百姓办事却方便了。

但东北某地的七位农民却没有这样的运气。2002年年初，这七位农民承包的土地被当地政府征用为建设用地，农民们认为政府确定的补偿标准太低，向政府提出异议。政府不仅没有给予农民合理答复，反而由市政府规划和国土资源局作出让农民限期腾地的决定。农民不服，诉至法院，法院确认让农民限期腾地的决定违法（尽管如此，土地仍被强行征用），但驳回了农民要求撤销不合理征地补偿标准，责令政府重新确定补偿标准的请求，因为根据土地管理法实施条例的规定，被征地人对补偿标准有争议的，应由县级以上地方人民政府协调，协调不成的由批准征用土地的人民政府裁决。由于政府原征地公告上告知的征地批准机关为省人民政府，于是七位农民申请省人民政府裁决。然而，裁决的事并不顺利，甚至很不顺利。

“门”在哪儿

七位农民没想到自此踏上了漫漫的“秋菊打官司”之路：省政府法制办告知农民要找省国土资源厅，省国土资源厅说应找省政府法制办。2003年年底，终于答复说要找中央政府，因为征地是中央批的。就这样，省、市、区三级政府仅为向农民确定受理机关问题，就花了近两年时间。此后，七农民又开始了向中央一级行政机关讨说法的历程。他们又花了一年时间，在各部门间奔波，并且还诉至法院，但最终仍然没有找到解决他们问题的机关，更不要说实际解决问题了。更有甚者，对本案中关键性的证据，即国务院批准征用土地的批文，有关部门以属秘密文件为由，不向相对人公开。

这个案子其实并不复杂，所涉法律问题也不疑难，但为什么耗费了我们农民兄弟整整三年的时间，让他们跑了那么多他们不情愿跑的衙门，看了那么多他们不情愿看的难看的脸，听了那么多他们不情愿听的难听的话，受了那么多难言的委屈，到头来问题仍然得不到解决，甚至连解决问题的“门”都没有找到？

我们讲“三个代表”，倡“执政为民”，而这个案件涉及的这么多政府机关、政府部门和政府工作人员，在本案中是否践行了“三个代表”、“执政为民”呢？这显然不是一个纯粹的道德问题，而是涉及政治和法律机制的问题：就正常的民主政治机制而言，人民应该能够控制政府，政府应该非常在乎人民的信任。如果人民控制不了政府，如果政府公职人员可以不在乎人民的信任，这样的政治机制肯定保证不了“三个代表”和“执政为民”的实现。就法律机制而言，政府的职责应保证得到切实履行。政府是一个整体，虽然其内部各有分工，但法律不允许政府机关和政府工作人员以内部分工为借口互相推诿、互相扯皮。试想，在本案中，如果有一个机关能像北京市怀柔区政府那样实行全程代理制，代理或帮助农民去打听裁决管辖机关究竟是谁，帮助去协调解决相关问题，问题何至于拖上三年仍解决不了。可惜我们的整体法律制度中还缺少这种机制。

上世纪末，我们就在宪法中确立了建设法治国家的目标，国务院在去年又发布了《全面推进依法行政实施纲要》，确立了建设法治政府的目标。无论是法治国家，还是法治政府，最重要的一个特征就是公开、透明，就是人民享有知情权。人民只有知道政府做什么和怎样做，才谈得上监督政府和控制政府，才谈得上起码的法治。但是，在本案中，国务院批准征用农民土地的决定居然是秘密文件，要向农民保密，真是匪夷所思。如果该文件是一个综合性文件，其中包括某些涉密的内容，那也应该只对保密部分进行保密，而对法律法规规定必须向农民公开的部分，法院和政府没有理由向公众保密。由此可见，在我国，制定政府信息公开法，修改保密法，对于建设法治国家、法治政府是多么重要和迫切。

“灵魂”之问

依法行政的灵魂是什么？要全面推进依法行政，建设社会主义法治国家，理念上的问题不能不予以明确。

我们讲依法行政，而行政事务与百姓生活息息相关，对老百姓来说，他们对依法行政最直接、最日常的感受，就是在与政府打交道时，政府是否真心实意地为他们着想，想方设法地为他们提供服务。对此，上述两个形成鲜明对比的事例颇值得我们思考。

我们经常讲，依法行政不仅要依法律明文规定办事，同时还要按法律的原理、原则办事，但是在实践中却往往很难保障二者的统一。这是为什么？就七个农民的遭遇而言，上述所有政府机关都可以说他们并没有错，而是那七个农民错了：法律法规规定征地补偿争议由征地批准机关裁决，你们的地是国务院批准征的，你们去找国务院呀，干吗找我们呢？这种话不能说没有道理，因为职权法定是依法行政的基本原则之一。但是，政府是为人民服务的，讲依法行政，必须探讨政府和政府工作人员的执法理念问题。理念不是仅靠教化所能形成和确立的，它必须在法治环境、民主政治制度和法律文化的长期相互作用下逐步形成和确立。

理念关乎行动，要树立正确的依法行政理念，必须清楚依法行政的灵魂是什么？

我们应该牢记，依法行政的灵魂，是政府为人民服务。

（原载于《人民法院报》，2005－01－03）

《宗教事务条例》的立法目的及其实现途径

《宗教事务条例》的立法目的主要有二：一是保障公民的宗教信仰自由，维护宗教和睦与社会和谐；二是规范政府对宗教事务的管理，确保政府在宗教事务管理领域依法行政。为实现第一项立法目的，《条例》主要确立了以下原则和制度：

（1）公民有信仰宗教和不信仰宗教的自由，任何组织、个人不得强制公民信仰宗教或不信仰宗教；

（2）信教公民与不信教公民、信仰不同宗教的公民应相互尊重，和睦相处，不得相互歧视，不得相互作出侵犯对方尊严和权益的行为；

（3）各宗教坚持独立自主自办，不受外国势力支配，但可在友好、平等的基础上开展对外交往；

（4）宗教团体按照章程活动，受法律保护；全国性宗教团体可以依法设立宗教院校，可以根据需要和按照规定选派和接收宗教留学人员；

（5）宗教团体可依法设立宗教活动场所，信教公民可在宗教活动场所集体举行宗教活动；宗教活动场所可以按照宗教习惯接受公民的捐献，并可以经销宗教用品、宗教艺术品和宗教出版物；

（6）宗教教职人员主持宗教活动、举行宗教仪式、从事宗教典籍整理、进行宗教文化研究等活动，受法律保护；

(7) 宗教团体、宗教活动场所合法使用的土地，合法所有或者使用的房屋、构筑物、设施，以及其他合法财产、收益，受法律保护；

(8) 宗教团体、宗教活动场所可以依法兴办社会公益事业，并可获取相应收益；可以按国家有关规定接受境内外组织和个人的捐赠，可按国家有关税收规定享受税收减免优惠。

为实现第二项立法目的，《条例》主要确立了以下原则和制度：

(1) 政府及其宗教事务部门和有关部门应当依法对宗教事务进行管理，应当在各自法定权限、职责范围内，并依法定条件、程序实施行政管理行为；

(2) 对宗教团体的成立、变更和注销，应依《社会团体登记管理条例》的规定办理登记；

(3) 宗教事务管理方面的行政审批和登记，应严格遵守法定时限；

(4) 政府房产、土地管理部门应依法对宗教团体、宗教活动场所所有的房屋和使用的土地予以登记，发放所有权、使用权证书；产权变更的，应及时为其办理变更手续；

(5) 政府及其宗教事务部门和有关部门实施宗教具体行政行为，应遵守正当法律程序，适当向相对人说明理由和听取相对人的陈述和意见。国家工作人员在宗教事务管理中滥用职权、玩忽职守、徇私舞弊，应依法追究法律责任；

(6) 行政相对人对宗教事务部门的具体行政行为不服，认为其行为违法，侵犯其合法权益，可以依法申请行政复议，对行政复议决定不服，还可依法提起行政诉讼。

为了保障该《条例》得到切实和有效实施，应抓紧做好以下五项工作：

(1) 加强对《条例》的广泛宣传，以使广大信教公民与不信教公民、信仰不同宗教的公民以及管理宗教事务的政府工作人员都了解《条例》的内容和精神实质，从而自觉地遵守《条例》和按《条例》办事；

(2) 对政府宗教事务部门的工作人员进行培训，提高工作人员的专业水平和法律素质，增强他们依法行政、依法管理的意识和自觉性；

(3) 开展对宗教团体、宗教活动场所、宗教教职人员、宗教财产的登记、清理和备案，以使宗教团体、宗教活动场所、宗教教职人员的合法权益得到有效保护，也使宗教事务管理部门对其管理和服务对象有全面和清晰的了解；

(4) 严格执法，切实追究一切违反《条例》的个人和组织的法律责任，无论是宗教事务部门，还是宗教团体、宗教活动场所、宗教教职人员，还是其他公民、法人或非法人组织，都必须遵守《条例》，一切违反《条例》的行为，都应受到法律责任的追究；

(5) 加强对宗教事务部门及其工作人员依法行政、依法管理的监督，这种监督应是全方位的，既包括上级机关对下级机关的监督，也包括人大和行政监察机关的监督，还包括行政相对人通过行政复议和行政诉讼等方式所进行的监督。

(原载于《中国宗教》，2005 (1)，同期还载有其他专家的相关评论。)

向法治政府目标迈出的重要一步

2004年3月，国务院发布了《全面推进依法行政实施纲要》，确立了用十年左右时间将我国各级人民政府建设成法治政府的目标。对于建设法治政府的任务，国务院无疑比地方各级人民政府肩负着更为重大的责任。国务院如何作为，其对地方各级人民政府的表率作用对于建设法治政府的整个工程，无疑具有举足轻重的影响。最近，国务院向社会公布了新修订的《国务院工作规则》的主要内容。从该《规则》所确立的原则、制度和公布《规则》主要内容这一行为本身，我们欣喜地看到，国务院已率先向法治政府的目标迈出了重要一步。

政府工作规则是政府对自身活动确立的有关实体和程序方面的要求。这些要求是否要形成正式的规范性文件，是否要向社会公布，我国法律对之并没有明确的规定，历届政府也没有这样的做法。在国外，除已制定了政府信息公开法的少数法治发达国家外，通常也很少有这样的法律规定和实践。我国国务院之所以这样做，表明了其建设法治政府的决心：其将自己制定的规范自己行为的规则公之于世，既是为了自律，鞭策自己毫不动摇地实行这些规则，更是为了接受他律，让全社会来监督自己坚持不懈地实行这些规则。

就《规则》的主要内容而言，其所确立的规范和制度均体现了法治政府的基本原则和要求。首先，《规则》在处理政府政务与人民的关系上，确立了执政为民、人民参与政务、人民监督政务的原则。“执政为民”是规范政府政务的宗旨、目的：政府的一切行为，无论是制定行政法规、规章，还是实施具体行政行为，都必须以人为本，从人民的利益出发，而不是从政府本身的利益出发，如为了自己的“政绩”，为了 GDP 而牺牲环境，牺牲农民的利益，牺牲子孙后代的利益等。“人民参与政务”是对政府政务运作提出的要求：无论是行政决策，还是行政立法、执法，都要通过一定形式、途径，如听证会、论证会、座谈会、网上讨论、书面征求意见等，保证人民的参与权。民主执政既要求政府内部会议制度的完善，不能什么事都由政府一把手说了算，还要求（更要求）公众参与制度的健全，不能再沿袭传统的行政管理模式：只有政府是管理者，老百姓只是被动的被管理者。“人民监督政务”是对政府政务运作控制提出的要求：政府实施行政行为，不仅要接受人大监督、司法监督、监察监督、审计监督，还要接受人民群众和新闻舆论的监督。人民群众通过申诉、控告、检举和在报纸、杂志、广播、电视、网络上发表对政府政务的评价、批评等，监督政府政务的运作，这是现代民主和现代法治的基本标志。

其次，《规则》在处理政府政务与法律的关系上，确立了合法行政、合理行政、程序正当、高效便民、诚实守信、权责一致的原则。“合法行政”要求政府按法律的明文规定行政；“合理行政”要求政府按法律的目的、原则、精神行政；“程序正当”要求政府按正当法律程序（如告知、说明理由、听取申辩、回避等程序）行政；“高效便民”要求政府按法律的宗旨（为人民服务）行政；“诚实守信”要求政府按法律的本质（公正性、稳定性和可预期性）行政；“权责一致”要求政府按法律规定的职权、职责行政（行使多大的权力即要承担多大的责任）。《规则》为国务院及其工作部门确立的这些要求是现代依法行政的基本要求，这些要求不同于传统依法行政的要求。传统的依法行政（形式法治主义）仅仅要求政府机械地按法律的明文规定办事，而现代依法行政（实质法治主义）不仅要求政府按法律的明文规定办事，而且要合理行政、程序正当、高效便民、诚实守信、权责一致。

由此可见，《国务院工作规则》所确立的规范和制度体现了现代依法行政的原则，体现了现代法治政府的要求。国务院制定（修订）这一《规则》和向社会公布《规则》主要内容的行为表明，作为我国最高国家行政机关的国务院，在领导全国各级人民政府建设法治政府的征程中，自己已率先向法治政府的目标迈出了重要而扎实的一步。

（原载于《法制日报》，2005－03－02）

行政处罚程序无内外程序之分

任何行政行为一旦进入司法审查，根据《行政诉讼法》第 32 条的规定，行政机关即有义务向法院提交相应行为的所有证据材料和所依据的规范性文件。

行政处罚程序无内外程序之分

我基本同意这样的观点：行政处罚的一般程序，无论是行政机关自认为其直接涉及行政相对人权利，将之归入“外部程序”的部分，还是行政机关自认为其不直接涉及行政相对人权利，将之归入“内部程序”的部分，都是可以和应该接受司法审查的。但在对这一观点进行论证时，需要注意如下三点：

第一，事实上，行政处罚程序都是外部程序，而无内部程序、外部程序之分。所谓“内部行政程序”，是指行政机关实施内部行政行为的程序，如行政机关制定内部工作规则，进行内部人事安排，对内部工作人员进行奖惩、任免等的程序。而行政机关对外部行政相对人实施具体行政行为的程序，如行政处罚程序，则都是外部程序。某些行政机关将这种外部行政行为的程序再分为“内部程序”和“外部程序”，是既缺乏法律根据，也缺乏理论根据，甚至是荒谬的。例如，这些行政机关将行政处罚程序中的调查、检查程序列为“外部程序”，而将行政机关负责人对调查、检查的审批、决定程序归入“内部程序”；将行政处罚决定程序中的送达处罚决定书的程序列为“外部程序”，而将行政机关负责人（个人审批或通过集体讨论）作出处罚决定的程序归入“内部程序”。前者可进行司法审查，后者排除司法审查。显然，这是很不合理、很不适当的，这种划分会给司法审查制造不必要的困难。因为法庭要通过案件审理，真正搞清楚行政机关实施调查、检查和作出行政处罚决定的真实理由、根据，首先要审查的恰恰应该是行政机关负责人的审批、决定程序及相应行政文书，如审批表、集体讨论的会议记录或会议纪要等。正是这些审批、决定程序及相应行政文书，能最好地反映相应行政行为的启动和运作的各种具体情况。

第二，任何行政行为一旦进入司法审查，根据《行政诉讼法》第 32 条的规定，行政机关即有义务向法院提交相应行为的所有证据材料和所依据的规范性文件。任何行政机关没有权力将其中某一部分材料以“内部程序”为理由，拒绝向法院提交。即使某些材料具有“国家秘密”性质，它通常也只能向当事人保密和要求法院向当事人保密，而不能向审查相应行政行为的法院保密。行政机关拒绝向法院提交法院要求其提交的证据材料，法院可以以其举证不能而判决其败诉。

第三，法院不能一般性地审查行政机关的规章和规范性文件规定的程序。法院之所以不能一般性地审查这些程序，不是因为这些程序是所谓“内部程序”，而是因为规定这些程序的规章和规范性文件属于“抽象行政行为”的范畴。但是，当这些程序一旦为被诉具体行政行为所适用时，法院就理所当然地有权对这些程序予以审查。法院通过审查，如认为这些程序是违反相应法律、法规的规定时，即可以并应该根据法律、法规的规定判决确认被诉具体行政行为违法；如认为这些程序是符合相应法律、法规的规定，是对相应法律、法规规定的补充和具体化时，法院则应审查被诉具体行政行为是否遵循了这些程序。被诉具体行政行为如遵循了这些程序，法院会判决确认其合法；反之，则会判决确认其违法。但是，不管属于何种情形，法院无论如何都不应以行政行为某种程序是由规章和规范性文件规定的，而认定其为“内部程序”和据此放弃对它的审查。

行文至此，想起一个行政复议机关和人民法院以“内部程序”对相应行政行为不予受理和审查的案例（该案载《财经》，2005（7））。该案例涉及的虽然不是行政处罚，但在区分“内部程序”和“外部程序”的荒谬性和有害性上，任何具体行政行为都具有共性。该案案情如下：福建省莆田市城厢区龙桥街道办事处外延寿村农民认为政府征用他们的土地给予其补偿的标准过低（政府规定每亩补偿9 000元，他们认为根据《土地管理法》等相关法律的规定，每亩补偿费应为30 000元以上），遂向市政府提出异议，市政府不予理会。之后，农民们依据《行政复议法》向市政府正式申请复议，市政府告知农民：依据《土地管理法实施条例》第25条的规定，相对人对征用土地补偿有异议，应向批准征用土地的人民政府申请复议，请求批准征用土地的人民政府裁决。这次外延寿村农民的土地征用补偿标准是由福建省人民政府批准的，故应向福建省人民政府申请复议裁决。于是，农民们向福建省人民政府提出了复议申请，但福建省人民政府以其批准行为属“内部程序”而不予受理。具体理由是：“省政府对莆田市政府2003年度第五批次征地的闽政地［2003］159号批复文件不过是针对莆田市政府关于征地请示所作的内部批复，不直接发生法律效力”。复议不被受理，农民们怎么办呢？根据《行政复议法》的规定，农民们有两个选择，一是直接向法院提起行政诉讼；二是请求复议机关的上级行政机关责令其受理或由上级行政机关直接受理。于是，农民们同时“两条腿走路”：一方面通过国务院法制办请求国务院撤销福建省政府“不予受理”的决定和责令福建省政府受理；另一方面向福建省福州市中级人民法院提起行政诉讼。但是，“两条腿走路”没有一条走通了：国务院法制办那边一直到今年3月他们赴京上访时没有任何声息；福建省福州市中级人民法院则拒绝受理，既不立案，也不作出裁定。法院不作为，农民们怎么办？根据最高人民法院关于《行政诉讼法》的司法解释，受诉法院既不立案，也不作出裁定，起诉人可以向上一级法院申诉或者起诉，上一级法院认为符合受理条件的，应予受理；受理后可移交或指定下级法院受理，也可自行审理。于是，农民们向福建省高级人民法院起诉，但福建省高级人民法院也拒绝受理，最后，农民们向最高人民法院起诉，最高人民法院立案庭的法官则建议农民们去找信访办。于是农民们找到全国人大常委会信访办，全国人大常委会信访办接待了他们，介绍他们到福建省人大常委会办公厅“接谈处理”。就这样，农民们又回去了。

农民们折腾了近两年，吃了多少苦不说，关键是问题仍没有得到解决。为什么？人为地将一个外部行政行为区分为“内部程序”和“外部程序”，恐怕是罪魁之一。

（原载于《人民法院报》，2005－04－18）

改革信访制度　创新我国解纷和救济机制

信访制度是我国整个解纷和救济机制的一个环节。因此，信访制度的改革应当并且必须与我国整个解纷和救济机制的创新联系起来。

我国现行解纷和救济机制主要包括五大环节：诉讼、复议、仲裁、调解和信访。这一机制目前运行的情况怎样呢？它对于建立和谐社会究竟发挥了多大的功效和作用呢？应该说“我国现行解纷和救济机制运行情况总的来说是顺畅的”，它对于公正和及时解决各种社会争议、纠纷，特别是解决因国家公权力违法、不当行使而产生的各种争议、纠纷，监督行政机关依法行政和其他国家机关依法办事，防止其滥用权力，保护公民、法人和其他组织的合法权益，消除或缓解社会矛盾，维护社会稳定，建立和谐社会，是发挥了重要作用的。

但是，毋庸讳言，由于这个机制在我国建立和形成的时间较短（建立和形成于 20 世纪 90 年代），以及我国当下正处于转型时期，受各种主观和客观条件的限制，它还很不完善，还有很多缺陷，其内部结构、内部各种制度及其相互关系的设计还有很多不合理处，其作用和功能远不能适应及时、公正解纷，以及控制公权力滥用和保障公权力相对人权益的需要。

就信访而言，在现有制度下，信访人反映的问题有多少通过信访真正解决了？信访人提出的申诉、控告有多少切实查处了？信访人通过信访，有多少其生活和情绪确实安定下来了？对于这些，我们没有准确的量的统计，但是从目前全国各地、各部门仍不断增长的信访量和一些地区群体性事件频发的现实看，信访制度功效的发挥并不理想。

当然，我们说信访制度功效发挥不尽理想，并不是说它没有发挥作用或仅发挥了很小的作用，事实上信访制度在上述诸方面均发挥了重要作用。如果没有信访制度，各种问题、矛盾、争议和纠纷肯定会更多，有些问题、矛盾、争议和纠纷甚至可能会激化而导致重大损失。我们说信访制度功效发挥不尽理想，只是说它本应该发挥更大的作用而没有发挥，它解决了少量的问题、矛盾、争议和纠纷，但却对大量的问题、矛盾、争议和纠纷无所作为或无能为力，甚至引发出新的问题、矛盾、争议和纠纷。

这是为什么？是信访制度本身设计不合理，还是我国整个解纷和救济机制（信访制度只是这个机制的一个环节）设计不合理？抑或是二者均存在问题？

我认为，恐怕是二者都存在问题。就信访制度本身来说，第一，信访的机构过于分散，立法机关、司法机关、政府以及政府的各个部门大多都设有信访机构，但整个系统缺乏统一协调的机制，甚至缺乏统一的计算机联网系统，信访人一个问题可能同时找几个机构，得到的答复和解决方案可能不一样，甚至相互矛盾；第二，由于信访机构分散，每个机构的工作人员又非常有限（有的几个人，有的十几个人），面对大量的信访案件，不要说件件亲自处理，就是件件亲自过问处理结果，在很多时候都是不可能的；第三，信访机构没有独立处理问题的权限，一般实体问题（甚至某些程序问题）的解决均需请示行政首长，而行政首长的工作又是那么忙，一百个案件也许难以批示一二；第四，法律对信访案件的处理没有严格的程序规范，有的信访机构对同一案件反复批转下级机关或其他有关部门处理，下级机关或其他有关部门往往拖着不办（有的甚至藉此惩治信访人），信访人便没完没了地反复信访；第五，法律对信访案件的处理大多没有规定严格的实体标准，而行政首长对个案的批示、处理有时又太过随意，以致吊起了其他信访人或非信访人过高的“胃口”，导致领导人解决了一个旧的案件，却引发出十个、百个新的案件，有时还误导一些人弃复议、诉讼等法律途径而找领导人批示，往往要折腾一年半载，领导人批示却下不来（领导人自然不可能对所有信访人有求必应），到时他们想再走复议、诉讼途径，但复议、诉讼时效已过，只得又回来再信访，如此往复。

就我国整个解纷、救济机制而言，其问题在于：首先，正规法治化渠道不畅，复议、诉讼门槛过高，限制过多，如受案范围将大部分行政行为（抽象行为、内部行为以及涉及政治、文化和其他非人身权、财产权的行为等）排除在复议、诉讼范围，特别是诉讼范围之外；原告资格将许多起诉人（如被拐卖者、下落不明者的近亲属等）排斥在复议、诉讼的门外；时效制度（复议二个月、诉讼三个月）更是使许多案件进不了复议机关和法院的门。这样，大量各种各样的争议、纠纷的当事人就都被迫踏上了信访之途。而且，当事人一旦被迫踏上信访之途，往往是不仅问题解决不了，其在信访路上还下不来。因为他（她）认为，再坚持坚持，似乎还有希望（因为有解决问题的，甚至有问题解决得比复议、诉讼还好的先例），以致信访队伍越来越大，上访者越来越多。其次，整个解纷、救济机制缺乏整体设计，各种制度、各个环节之间相互协调、相互衔接不够。例如，信访与复议、信访与诉讼如何协调和衔接，有时是复议、诉讼完了又信访，信访完了又复议、诉讼；有时是复议、诉讼不受理去信访，信访不受理又去复议、诉讼。最后，在整个解纷、救济机制中，有些环节没有建立或运作起来，或者没有发挥应该发挥的作用，例如，全国各级人民代表恐怕有几十万，他们如果能够真正发挥听取民声、反映民意和监督政府的作用，信访案件的大部分问题有可能通过这一渠道得以解决。

由此可见，要解决目前信访制度存在的问题，使信访制度发挥其应发挥的功能，不仅要重构和创新信访制度，而且要重构和创新整个解纷、救济机制：第一，要对目前过于分散的信访机构进行整合，建立起统一的计算机联网系统；第二，要建立类似国外议会督察专员或行政督察专员制度，统一协调各地各部门的信访工作；第三，要修改《行政复议法》和《行政诉讼法》，扩大行政复议和行政诉讼的范围，使大部分行政争议能通过正式法律程序解决；第四，建立若干专门行政裁判所，处理诸如土地征用、房屋拆迁、工伤补偿、交通和医疗事故纠纷等专门性争议案件；第五，充分发挥人民代表的作用，人民代表（特别是全国人大代表）每月应设固定时间和地点接待选民，听取选民的意见，建议和帮助选民解决有关他们自己难于解决的问题，或为他们解决问题提供咨询。

当然，要解决目前信访制度存在的问题，使信访制度充分发挥其解纷、救济和促进建立和谐社会的功能，当前最重要的工作是规范信访制度本身。所谓“规范”信访，首先是给信访定位。《信访条例》第2条规定，信访是指公民、法人或其他组织采用书信、电子、邮件、传真、电话、走访等形式向政府反映情况，提出建议、意见或者投诉请求，依法由行政机关处理的活动。这里确定了“反映情况，提出建议、意见和投诉请求”三种功能，其中“投诉请求”占有的比重最大。

信访人通过信访向国家机关投诉，如前所说，是国家解纷、救济机制中的一个环节。国家解纷机制中的基本法治渠道是复议、诉讼和仲裁。无论是公权力相对人之间的争议，还是公权力相对人与国家机关之间的争议，都应该尽可能地通过复议、诉讼和仲裁这些较正式的法治化渠道解决，信访应该是起补充、辅助的作用。因此，《信访条例》第14条和第21条规定，信访人对依法应当通过诉讼、仲裁、行政复议等法定途径解决的争议，应当向有关机关提起诉讼、仲裁、行政复议等，而不能诉诸信访（如果向信访机关提出信访，信访机关将不予受理，并告知其向有关机关提出）。所以，“规范”信访，就要将信访置于国家整个解纷、救济机制的适当位置，从完善国家整个解纷、救济机制的高度来改革、改进信访。

“规范”信访，也指完善受理、办理信访的程序。《信访条例》规定了几项制度。如信访信息系统互联互通制度、信访受理管辖制度（以避免越级信访），以及信访受理、办理、复查、复核的时限制度（以避免拖延、耽搁和以冷漠、官僚主义态度对待信访）、信访处理听证制度（以保障信访案件处理的公正），等等。过去，信访没有效率，不解决问题，很大程度上是与对信访没有较严格的程序制约分不开的。当然信访不能设定像诉讼、复议那样的严格程序，如果那样，信访的优势就不存在了，就会不仅没有效率，而且也不能以适当的灵活性（尽管具有一定的人治性成分）缓和法治在一定情形下的过分僵硬和过分刚性了。

毫无疑问，在中国特色的法治社会里，信访仍有较大的作用空间，它作为具有一定人治性成分的解纷、救济环节，是我国现时解纷和救济机制中不可缺少的组成部分，其对法治性解纷、救济环节具有重要的补充、辅助作用。但是，同样毫无疑问，现行信访制度必须改革，我国现时整个解纷、救济机制必须创新，目前的《信访条例》只是我们改革和创新的第一步，下一步怎么走，我们应该并且必须继续进行探索。

（原载于《中国党政干部论坛》，2005（5））

法治政府必须诚实守信

2004年国务院发布的《全面推进依法行政实施纲要》确立了依法行政，建设法治政府的六项基本要求，其中之一即是诚实守信。所谓诚实守信，就是政府必须对人民讲信用，政府行为不能反复无常，政府必须遵守行政法上的信赖保护原则。

信赖保护原则的内涵有四：其一，政府行为一经作出，非有法定事由和经法定程序不得随意撤销、废止或改变，因为政府行为具有确定力和公定力。其二，政府对行政相对人作出授益行为后，事后即使发现有违法情形，只要这种违法情形不是因相对人过错造成的，政府亦不得撤销或改变，除非严重损害国家和社会公共利益。其三，政府行为作出后，如事后据以作出该行为的法律、法规、规章修改或废止，或者据以作出该行为的客观情况发生重大变化，为了公共利益的需要，政府可以撤销、废止或改变已经作出的行为。但是必须通过利益衡量，认定撤销、废止或改变已经作出的行为所获得的利益确实大于行政相对人将因此损失的利益时，才能撤销、废止或改变相应行为。其四，政府撤销或改变其违法作出的行为，或因公共利益的需要撤销、废止或改变其合法作出的行政行为，如这种撤销、废止或改变导致相对人损失，要对相对人的损失予以补偿。

就曾玉祥案而言，有关政府机关完全违背了诚信和信赖保护原则。广西壮族自治区人民政府办公厅曾明确批复："自治区人民政府同意黎钦铁路工程建设中需使用的沙、石等地方材料免收一切税费。"但是，时隔七年以后，钦州市公安局却以曾玉祥没有向税务机关申报和缴纳税款为由，认定曾玉祥构成"偷税罪"，将其拘留、逮捕并移送起诉。而且，在钦州市公安局实施上述行为时，曾经作出"免收一切税费"批复的自治区政府办公厅竟然不出来说一句话。

诚然，信赖保护原则有时会与依法行政原则相冲突。就本案而言，严格根据信赖保护原则，自治区政府的决定即使是违法的，政府自己和其他有权机关也都不能撤销，否则，将导致相对人行为失去根据而构成违法犯罪，从而使人民失去对政府的信任。严格根据依法行政原则，自治区政府的决定如果是违法的，政府自己和其他有权机关都可以，并且都应该将之撤销，否则，法律的权威和严肃性将无法得到保障。那么，怎么协调这两种价值的冲突呢？现代法治的协调方法是利益衡量和利益平衡。即政府自己或其他有权机关在对政府已作出的违法行为进行处置时，首先应对公共利益和私人利益进行衡量，尽量选择能使二者利益最大化、损失最小化的方案。如果为了公共利益，选择了对私人利益不利的方案，则应对私人相对人的损失予以补偿，以平衡私人利益和公共利益。

就本案而言，自治区政府的免税决定即使是违法的，因为只是一个个案决定，对公共利益的损害并不会太大，也完全没有必要撤销（但可以确认该决定违法和据此追究有关公职人员的责任）。钦州市公安机关在广西壮族自治区政府作出的免税决定尚未撤销的情况下，即对相对人予以拘留、逮捕和移送起诉，这是完全违反法治原则的。

案情介绍

1996年，广西地方铁路公司开始建设黎塘至钦州的铁路并成立了"黎钦铁路工程建设总指挥部"（以下简称指挥部）。1998年，指挥部聘请曾玉祥到下属部门——石料采供经理部任职，实行内部经济指标责任包干。为了降低黎钦铁路的建设成本，指挥部向广西壮族自治区政府写了专门报告，申请对黎钦铁路建设中的相关税费进行减免。1997年11月5日，自治区政府办公厅下发了桂政办

(1997) 354 号《关于黎钦铁路建设中所需沙石料税费问题的批复》，明确答复："自治区人民政府同意黎钦铁路工程建设中需使用的沙、石料等地方材料免收一切税费"。根据自治区政府"免收一切税费"的政策精神，指挥部和下属石料采供经理部以及所有向黎钦铁路工程提供沙石的单位和个人一直以这个第 354 号文件作为免税的依据。在黎钦铁路建设期间，没有任何部门和个人对这个第 354 号文件的效力提出任何异议。铁路竣工之后，经过自治区有关部门的审计，也没有对"免收税费"提出任何质疑。可是，时隔七年之后，钦州市公安局突然于 2005 年 2 月 5 日对曾玉祥进行了刑事拘留，理由是其在为黎钦铁路采供石料期间偷逃增值税和个人所得税。同年 3 月 12 日，公安机关对其执行了逮捕。6 月 1 日，钦州市公安局又将该案向市检察院移送审查起诉。(《法制日报》记者　薛子进)

(原载于《法制日报》，2005－06－29)

善用现有维权资源和完善现行权利保障制度

——王培荣维权经历的启示

近几年有关报刊和互联网介绍的王培荣不屈不挠、坚忍不拔的维权经历既给予我们公民，也给予我们政府（广义的政府）多方面的启示：

第一，在我们现行体制下，维权的道路往往是艰辛而不可能是一帆风顺的。我们只要一踏上这条道路，就要准备战斗，前面可能会有黑恶势力，有腐败分子，有官僚主义，有各种既得利益者设置障碍，他们可能是分别地，也可能是纠集在一起，挡住你维权的路。你必须有毅力、有智慧战胜他们。否则，你只能放弃，任凭自己的权益受他们侵犯。

第二，在我们的制度下，侵权是非正义的，而维权是正义的。因此，维权总会受到多数人的支持和拥护。但是，多数人又有“搭便车”的惰性，不愿自己挑头，不愿承担过多的维权风险。侵权者正是利用多数人的这种“搭便车”心理，肆意侵犯其权益。因此，社会需要鼓励和培养王培荣这样的为维护多数人权益而勇于自我牺牲的精英。

第三，维权光靠不屈不挠、坚忍不拔是远远不够的，还需要善于运用各种制度和非制度资源。王培荣在维权过程中交替使用复议、诉讼等制度化途径和通过媒体、网络曝光，向党政领导反映、向专家学者求助等非制度化途径，造成了对侵权者的强大的社会舆论压力。从法治角度讲，公民维权主要应通过制度化途径，但是，由于我国目前体制上的原因，公民维权走制度化途径往往受阻：如你本来符合起诉条件，法院就是不受理你的案子；你明明有理，硬是判你败诉。你有什么办法？因此，在现有条件下，我们只能较多地通过非制度化途径补充制度化途径的缺陷。王培荣维权之所以取得一定成效，与他善用各种制度和非制度资源是分不开的。我们看到，虽然他的官司败诉，但政府在舆论的压力下仍然悄悄地纠正了自己的违法行为。

第四，公民权益不仅要消极维护，更要积极保障。所谓积极保障，有两方面的含义：其一是要加快进行政治体制、行政体制、司法体制的改革，尽可能消除或减少产生侵权的制度根源。反思风华园侵权案，闫家训为什么会受到公安机关的特别保护，为什么能取得物价部门的价格许可，风华园原物业公司为什么能获得房管部门的《物业管理企业资质证书》，之后竟然还获得建设部颁发的“全国物业管理示范住宅小区”的称号？这其中除了相关公职人员个人的违法违规操作外，更有太多制度上的缺陷和漏洞的原因。如果我们不改革体制，不消除制度上的缺陷和漏洞，维权怎抵挡得住侵权？其二是要尽快健全和完善法治化的救济途径，为公民维权提供有效的制度上的保障。反思王培荣的维权经历，行政复议、行政诉讼以及法定申诉、控告检举制度都没有能发挥应有的作用：当事人投入了那么多的精力、那么大的成本，花了将近五年时间，问题至今仍没有得到完全解决。这说明我们的救济机制无论在设计上还是在运作上都存在问题，如果我们不尽快加以改造和完善，让公民维权过分诉诸舆论，过分依赖“找人”，特别是找领导人，那我们就不可能实现建设法治社会与和谐社会的目标，事实上，大量的维权问题也不可能通过舆论运作和领导批条子解决。

王培荣维权经历对我们的启示是多方面的，我们公民和我们的政府都应该从中获得相应教益。

（原载于北大公法网：http：//www.publiclaw.cn/article/Details.asp? NewsId=828&classid=7&classname=法政时评，2005-08-29，关于王培荣的维权经历亦可参见该网站。）

优化行政审判司法环境之我见

一、什么是行政审判司法环境?

行政审判司法环境是指影响和制约行政审判制度运作的社会整体机制，主要指司法外部的政治、经济、文化和社会舆论机制。这些机制主要包括下述要素：

1. 整个国民（特别是行政诉讼当事人）的行政法制观念和行政法意识；

2. 国家政治、经济体制以及由国家政治、经济体制决定的司法体制；

3. 国家立法（行政诉讼法、行政实体法、行政程序法）的完善程度；

4. 党委、立法机关、政府对行政审判的态度；

5. 舆论机构对行政审判的宣传报道；

6. 律师的行政法素质；

7. 行政诉讼参与人（证人、鉴定人、勘验人等）的素质与行政审判设施的状况；

8. 行政法学教学、研究状况。

二、为什么现在要提出优化行政审判司法环境的问题?

现在提出优化行政审判司法环境的问题，主要理由（原因）有三：

1. 我国宪政和法治的发展（依法治国、建设法治国家作为国策，人权入宪，国家确定建设法治政府的目标等）对行政审判提出了更高的要求；

2. 国民因权利意识的加强，对行政审判寄予了越来越大的期望（期望行政审判能比其他监督、救济制度对行政权的腐败和滥用发挥更大的制约作用，对公民法人和其他组织的合法权益发挥更大的保护、保障和救济作用）；

3. 目前的行政审判存在诸多不如人意之处，不能完全适应宪政和法治的发展对行政审判提出的要求，不能有效满足和回应国民权利意识增强后对行政审判寄予的期望。

行政审判存在的不如人意之处主要有：原告起诉难、法院审理难、律师辩护难、法官审理判决难、法院生效判决裁定执行难。

上述“五难”的形成有多方面的原因，其中司法环境存在问题是重要原因。这主要包括三个方面的问题：一是司法运作环境问题，如一些地方的党委、人大、政府认为行政审判可能影响当地经济发展、影响财政税收或计生等中心工作而对行政审判支持不够，甚至因地方保护主义而干预行政审判；二是司法体制环境问题，司法的人、财、物过分受制于地方，影响审判独立和司法权威；三是法律环境问题，如《行政程序法》、《行政强制法》等行政基本法尚未出台，《行政诉讼法》规定受案范围过窄，原告资格限制过严、国家赔偿法规定赔偿标准过低等都给行政审判造成了诸多的“难”。

三、怎样优化行政审判司法环境?

优化行政审判司法环境必须多管齐下，目前要做的主要工作包括：

1. 加强对行政诉讼法的宣传，提高国民，特别是各级领导干部对行政审判意义和功能的认识；

2. 抓紧修改《行政诉讼法》、《国家赔偿法》、《人民法院组织法》、抓紧制定出台《行政强制法》、《行政程序法》等作为行政审判依据的法律、法规；

3. 加强和改进党对行政审判工作的领导（支持法院依法审判，不干预具体案件的审理、判决）；

4. 逐步推进与行政审判有关的政治体制和司法体制的改革，对行政审判的管辖进行适当调整（如行政案件主要集中由中级人民法院管辖，中级人民法院可设若干巡回审判庭到基层法院巡回审判，或更多地指定管辖、异地交叉管辖等）；

5. 加大对干扰行政审判和违反行政诉讼法行为（如发布阻碍公民、法人或者其他组织依法起诉的文件、指示，不应诉，不出庭，不履行举证责任，干预法院对具体行政案件的审理，不执行法院生效判决，因败诉对法院或诉讼当事人进行打击报复等）的法律责任的追究力度。

（本文为作者接受《人民法院报》特约记者采访的提纲，原载于北大公法网：http：//www. publiclaw. cn/article/Details. asp? NewsId=1057&classid=7&classname=法政时评，2005-12-02。）

“法律生态化”的主要领域

“法律生态化”主要在三个领域展开：立法领域，执法领域，法学研究领域。

一、立法领域

立法领域的“法律生态化”主要表现在两个方面：

1. 在立法内容和法律体系结构方面，注重健全和完善有关环境、资源、能源等涉及可持续发展的法律、法规，增加保护自然、生活和生态环境的法律、法规在国家整个法律体系中的比重。其比重的增加度应确保经济、社会的发展与生态的平衡。

2. 在宪法和部门法的立法指导思想、目的和原则方面，突出环境保护、生态平衡、人与自然的和谐以及可持续发展等价值、理念。并以此理念检视现行宪法和各部门法，凡现行宪法和各部门法的规定与此价值、理念相违背、相冲突的，应加以修改、废止；凡现行宪法和各部门法对此价值、理念有所忽视，相应规定有所欠缺、遗漏的，应加以补充、完善。至于今后新的立法，则必须将此价值、理念贯穿于法律的每一个条文、每一个规范中。

二、执法领域

执法领域的"法律生态化"包括"行政执法生态化"和"司法生态化"两个方面：

1. 行政执法生态化。行政执法生态化体现在执法理念、执法机构、执法行为、执法手段与执法技术等行政执法的各个环节。在执法理念上，行政执法机关及其工作人员由过去只注重保障经济、社会秩序转变为同时注重保障环境和生态平衡；在执法机构上，行政执法机关中各级政府的地位、人员编制、职权职责以及执法权威和独立性诸方面由过去与其环境、生态保护职能要求不相适应转变为逐步适应；在执法行为上，行政执法机关及其工作人员由过去只注重处罚违法行为，追究违法者违法责任转变为同时注重治理违法行为对环境和生态的破坏；在执法手段与执法技术上则适应保护环境和生态的需要，而改变过去过分注重震慑违法而不顾及环境后果的做法（如焚烧违法物品时追求火光冲天、浓烟滚滚的气势，结果导致大范围空气污染）。

2. 司法生态化。司法生态化则体现在司法理念、司法裁判、司法程序和司法执行等司法的各个环节。在司法理念上，司法机关及司法工作人员由过去只注重裁决人与人的矛盾、争议，调整人与人的关系转变为同时注重解决人与自然的矛盾，协调人与自然、人与环境的关系；在司法裁判方面，由过去只注重制裁违法行为，保护当事人的合法权益转变为同时注重解决案件所涉及的相应环境问题，保护生态；在司法程序和司法执行上，由过去只注重对当事人的公正转变为同时注重对其周围的人，乃至对后代人的公正，即注重司法及其执行对环境和生态的影响等。

三、法学研究领域

法学研究领域的"法律生态化"包括"法学研究方法生态化"和"法学研究

内容生态化”两个方面：

1. 法学研究方法生态化。法学研究方法生态化，是指由过去仅从视法律为调整人与人的社会关系的规范的角度研究法律，转变为既从视法律为调整人与人的社会关系的规范的角度，又从视法律为调整人与自然的关系的规范的角度研究法律，即改变过去将社会和自然截然区分的认识世界的方法，而采取首先将社会和自然视为一体，然后再对二者加以适当区分的方法，也就是说，在我们研究法律调整人与人的社会关系时，要特别注意研究此种调整对自然的影响，特别注意考察其中可能涉及的人与自然的关系，并将此种研究成果反馈于立法，通过立法不断去协调和保障人与自然的和谐。

2. 法学研究内容生态化。法学研究内容生态化有两个层次的含义：第一层含义是指法学研究越来越注重环境、资源、能源等涉及可持续发展的法律部门的研究，对这些法律部门的研究有越来越多的人力、物力投入；第二层含义是指法学研究越来越注重对整个法律—宪法和所有部门法中所蕴含的可持续发展的法律目的、原则、精神的研究，并通过此种研究，向国家和社会提出相应法律立、改、废的建议和改进执法、司法的建议，使立法、执法和司法越来越多地体现和越来越有效地实现可持续发展的法律目的、法律原则和法律精神。

（本文为作者在教育部哲学社会科学重点研究基地主任会议上的发言提纲，原载于北大公法网：http：//www.publiclaw.cn/article/Details.asp? NewsId=1091&classid=7&classname=法政时评，2005-12-16。）

法

2006年

判决书上网：要积极推进而不是缓行

最近，《法制日报》就“判决书上网制度在我国应该推进，还是应该慎行、缓行”展开了一场辩论，形成了“推进派”和“慎行、缓行派”两种主张。两派在辩论中均为其主张提出了相当多的根据和理由，虽然这些根据和理由在说服力方面还存在某些欠缺，但为我们拓宽了视野。笔者认为，“推进派”的根据和理由在总体上比“慎行、缓行派”更值得我们重视和深思。

首先，两派都以美国制度作为其主张的重要根据。“推进派”说，美国的判决书通常都是上网的，只有初审法院的部分判决书可以不上网。但“慎行、缓行派”反驳称，美国判决书有相当比例没有上网，甚至根本就没有制作判决书。笔者以为，以美国判决书是否应该上网作为我国判决书是否应该上网的考虑因素之一是必要的，但是，以美国判决书是否上网作为我国判决书是否应该上网的根据和理由，甚至作为主要的根据和理由，则是缺乏说服力的。因为美国作为法治文明较为发达的先进国家，其司法制度的经验自然值得我们这些发展中国家学习、借鉴，但是，任何国家包括法治发达国家在内，其各项法律制度的产生和发展，都有赖于该国特定的经济、政治环境，以及历史、民族、文化背景（如美国的辩诉交易制度、英国的平衡法制度等，均有其特殊背景）。我们在学习和借鉴时，不但要分析上述因素，而且还要分析这一法律制度今天在该国所显示出来的利弊得失，以及这些制度在我国建立和运作是否会产生同样的利弊得失。实践证明，在美国运作效果相当好的制度在我国运作不一定同样好，而美国没有的制度在我国不一定没有建立的必要。

其次，两派都为其主张提供了相当有学术味的理论基础。“推进派”提供的理论基础是“司法民主逻辑”，“慎行、缓行派”提供的理论基础是“司法裁判逻辑”。根据“司法民主逻辑”，“作为国家权力重要组成部分的司法权必须向全体国民负责，其运行过程必须接受国民的监督，也正因为如此，执掌司法权者，无论是最高法院，还是基层法院，都需要把所有的司法决策置于国民的眼皮底下”。而根据“司法裁判逻辑”，“司法权是一种不同于其他国家权力的特殊权力，甚至可以说是一种具有独断性的权力”；“司法权是一种神圣的、不可置疑的裁判权。司法的裁判性意味着，按照正当程序作出的裁判不一定必须在网上公开”。笔者以为，以“司法民主逻辑”和“司法裁判逻辑”分别作为判决书上网“推进”或“慎行、缓行”的理论基础虽有相当道理，但其道理与结论之间并不存在逻辑上的联系：判决书上网似乎主要不是为了解决民主问题，该制度很难说是民主的必然要求；“司法的裁判性”似乎也不一定要求判决书不上网或少上网，上网、不上网与裁判性也没有必然的联系。不过，作为两派均引以为据的两点理由——“目前我国部分法官素质不够高”和“目前我国审判尚不够独立”——倒显得与论点的关系更加直接、密切。在笔者看来，这两点理由实际上是在支持“推进派”的主张，而在一定程度上否定了“慎行、缓行派”的主张。“推进派”认为，因为目前我国部分法官素质不够高，判决书应该上网，判决书上网可创建提升法官整体素质的机制：“如果所有的判决都毫无例外地上网，法官必须谨慎地对待每一个案件的判决，不可能有侥幸掩饰之想。一些水平低的法官也只能或者努力提高业务能力，减少错误，或者在巨大的压力之下选择离开。长久地看，只有这样才能真正提升法官的整体素质。”但是“慎行、缓行派”却不以为然，他们认为，部分法官素质低，判决书制作不规范，错误率高，正是判决书不能轻易上网的理由。因为上网的判决书对其他法院具有指导作用，对公民具有教育作用：判决书上网的“更重要的功能”是“建立案例指导（或判例）制度，形成国家法律在全国范围内统一理解和适用的有效机制，并在此基础上树立国家司法的权威和尊严”。如果让错误的判决书上网，岂不造成对法官和国民的误导？这里涉及对判决书上网制度的功能认识问题。笔者认为，判决书上网的基本功能是促进和维护司法公开、公正，而非进行司法指导和对国民进行法律教育，尽管判决书上网也会附带产生一定的司法指导和法律教育功能。故这一理由难以支持“慎行、缓行派”的主张。

对于“目前我国审判尚不够独立”的理由，“推进派”认为，正因为我国审判尚不够独立，存在各种干预，所以判决书更要上网。判决书上网了、公开了，干预者就难以干预了，法官也有抵制干预的更多的动力和理由。但是，“慎行、缓行派”认为，“在我国现行体制下，法院的人、财、物等全部资源严重依赖于其他权力机关，法官有时还不能完全独立地按照对法律的真诚理解和自己的内在良知自由地作出裁判，法院在行使司法权过程中经常会受到各种不正当因素的干扰。在这种情况下，判决书上网不仅不会增强民众对司法的信赖，而且还将降低司法应有的权威和尊严”。这里涉及民众对司法信赖和尊重的基础的问题，笔者认为，民众对司法信赖和尊重的基础应是真实的司法公正，而不是设置某种“无知之幕”：明明存在着干预和不公正，却不让更多的民众知道。因此，笔者认为，在我国，目前判决书上网不是太多了，而是很不够。我们要做的是进一步推进判决书上网，而不是“刹车”和“慎行、缓行”。

（原载于《检察日报》，2006－02－23）

邮政专营的理由经不起推敲

打破行政垄断，允许民营，在邮政领域引入竞争机制，是自 20 世纪中后期以来世界各国邮政改革发展的一个基本趋势。我国邮政改革实际上也在朝着这个方向走，自 20 世纪 90 年代以来，不少地方，特别是许多大中城市，相继出现了各种民营快递邮政企业。这些民营快递邮政企业在发展过程中虽然也存在这样那样的问题，但在整体上是深受消费者欢迎的。

民营快递邮政的明显优势在于：其一，服务方便。民营快递随叫随到，服务上门，相比过去在邮电局寄信，排长队等候，大大节约了消费者的时间。其二，服务快捷。民营快递大多真正做到了“快递”：本市快件通常能在当天送到，外市的也能在一两天送到。相较过去通过邮电局寄信，消费者确实感觉到“快”了。其三，促进了国有邮政服务质量改善。民营快递的存在，使国有邮政感到了压力，其服务相较过去也有了较大改善。其四，民营快递给社会提供了大量的就业机会。

但是，现在却有人想通过法律设限（民营快递企业不得经营单件重量在 350 克以下的国内信件），将民营快递企业赶出邮政经营的大部分领域。其主要理由是：民营快递难以保障通讯安全，难以保障邮政的普遍性服务，往往通过不正当竞争手段损害国有邮政企业的利益。

笔者认为，这些理由是经不起推敲的。首先，就邮政安全来说，消费者完全可以自己把握：如果他们认为民营快递不安全，完全可以选择国有邮政。国家机关则完全可以要求其工作人员，邮寄重要信件必须选择国家邮政途径。所以，以安全为理由通过法律限制民营快递不仅是不公平的，更是不必要的。其次，就邮政普遍服务来说，民营快递并非完全不愿意承担边远地区和邮政业务量小的地区的邮递服务，它们现在不做这方面的业务是因为做不起，国家如果给民营快递适当的补贴，民营快递企业中恐怕也会有很多愿意做“亏本买卖”的，国家可以通过招投标来选择经营者。最后，“不正当竞争”不是民营快递的“专利”，国有邮政企业同样存在不正当竞争行为，“垄断”就是最大的不正当竞争。如果把民营快递取消了，民营快递带来的所谓不正当竞争确实消灭了，但与此同时，竞争也就消灭了。而没有竞争，也就没有了市场经济。因此，笔者认为，对目前邮政快递市场存在的不正当竞争行为，正确的解决途径是健全、完善有关法律法规和加强行政执法，而不是限制和取消竞争。

（原载于《检察日报》，2006－04－03）

代表辞职，法律要作三处修改

2006年3月17日，湖南省溆浦县第十四届人大常委会第二十五次会议作出《关于接受向宪浩等35名同志辞去县人大代表职务的决定》。至此，该县35位因工作变动的“官员代表”全部辞职（见《中国青年报》）。

关于代表辞职制度，1992年4月3日发布的《中华人民共和国全国人民代表大会和地方各级人民代表大会代表法》（以下简称《代表法》）仅在第41条中规定，代表辞职被接受的，其代表资格终止。至于人大代表辞职的条件、程序、代表机关接受或不接受代表辞职的根据、法律结果等问题，《代表法》均未作任何规定。

就代表辞职的条件或情形而言，《代表法》虽未直接加以规定，但从整个法律确立的制度和规则来看，还是可以推论出应导致相应代表辞职的若干情形的。例如，该法第4条规定“代表应当与原选区选民或者原选举单位和人民群众保持密切联系，听取和反映他们的意见和要求”；第5条规定“代表受原选区选民或者原选举单位的监督”等。这些规定即意味着，代表如果脱离原选区或原选举单位，无论是户口迁出还是工作调离，都应该辞职。否则怎么与原选区选民或者原选举单位保持密切联系？怎么受原选区选民或者原选举单位的监督？怎么回答原选区选民或者原选举单位对代表工作和代表活动的询问？又如，《代表法》规定了代表应该履行的种种职责，这些规定就意味着代表如果生病或因其他原因长期不能出席人民代表大会的会议，就应该辞职，否则，怎么行使《代表法》规定的代表的各项职权呢？

但是，上述情形出现后，代表是否必须辞职，现行《代表法》和其他法律并未予以明确规定。在实践中，出现这些情形的代表很多并不主动辞职，而所在代表机关也不采取措施提示或要求其辞职。这种占据着人大代表位置却不履职（不能履职或虽能履职但因各种原因不履职）的"荣誉代表"现象，对于我国政治制度的正常和有效运作有着多方面的危害：第一，它损害了代表机关的形象——如果这种"荣誉代表"多了，会使人们对代表机关能否有效代表人民行使国家权力产生怀疑；第二，它可能损害原选区选民或者原选举单位的利益，因为代表都是一定选区选民或选举单位选出的，如果其不履行职责，该选区选民或选举单位的意见和利益就不能在相应人代会上得到充分表达；第三，它可能影响代表机关正常行使职能，虽然"荣誉代表"的数量通常很少，不至于影响人代会的召开和决议、决定的通过，但这些代表长期不出席会议，可能影响其他代表的履职情绪；第四，不能履职或不履职的人大代表如果不辞职，仍然占据代表职位，可能会增加国家不必要的开支，导致一定财政资金的不合理和无效益的使用。

当然，不能履职或不履职的人大代表不辞职，不能完全归咎于这些代表个人，主要原因还是法律不完善。今后修改《代表法》，应增加有关人大代表辞职的具体规定，其主要内容应包括：其一，代表辞职的条件和情形，如生病、工作调动、户籍变动、因个人或家庭原因不能履行代表职责等。其二，代表辞职的程序，包括个人申请、代表机关审查、审查时限、代表机关作出决定及决定的主体（人大或人大常委会，抑或是委员长会议、主任会议）、决定程序等。其三，代表机关接受辞职或不接受辞职的法律结果。如接受辞职，何时启动原选区或选举单位进行代表补选；如不接受相应代表辞职，是否应允许申请人申请复议一次，复议中，申请人如仍坚持辞职，代表机关该如何处理等。

代表辞职制度是人民代表大会制度的重要内容，而人民代表大会制度是我国的根本政治制度，因此，尽快完善人大代表辞职制度对于建设和健全我国政治制度具有重要的意义。

（原载于《检察日报》，2006-04-10）

王名扬与中国行政法

中国的行政法学者或者学过行政法的人，应该没有不知道王名扬教授的，应该没有未读过王名扬教授的行政法著作的，应该没有人不在其书架上摆放王名扬教授的“外国行政法三部曲 ”：《英国行政法》、《法国行政法》、《美国行政法》或至少其中一部的。在中国，如果有这样的行政法学者，有这样的学过行政法的人，那一定是奇迹，绝对是奇迹。

中华人民共和国成立以后出版的第一本行政法教材《行政法概要》（1983 年法律出版社出版），王名扬教授是作者之一。王老不是这本教材的一般作者，是该书作者中唯一完整、系统学习、研究过行政法，并获得了公法学博士学位，而且是洋公法学博士学位（法国巴黎大学博士学位）的作者。可以想见，他在这本教材的编写中，对该教材基本概念和范畴的确定、该教材体系架构的安排、该教材主要内容、范围以及与其他相关学科边界区分的界定，做了什么样的工作，担当了什么样的角色和作出了什么样的贡献。而《行政法概要》对于我国行政法学科的建立和行政法学体系的架构创设，其开创性作用已毫无疑问地彪炳于中国行政法学的发展史册上。

除了“外国行政法三部曲”以外，王老还主编了《法、美、英、日行政法简明教程》（1991 年山西人民出版社出版）和《外国行政诉讼制度》（1991 年人民法院出版社出版）。这两本书，影响稍小一些，但其实践意义亦不可小视。

王老的著作对于中国行政法学和中国行政法制的建立和发展究竟产生了什么样的作用？为什么会产生这样的作用？

中国历来重人治而轻法治，中国古代也有法律，但那些法律主要或基本上是治老百姓的，主要或基本上是刑法。中华人民共和国成立以后，20 世纪 50 年代初期，人们还比较重视法制，法律虽然制定得不多，但法令、法规和规范性文件还是发布了不少，然而，这些法律、法令、法规和规范性文件中能真正称得上以控制政府权力、保障公民权益为基本功能的“行政法”可以说少之又少（如果说不是完全没有的话），更不要说后来“反右”、“大跃进”、“文化大革命”完全抛开法律，摧毁法制，创建“无法无天”的社会、“无法无天”的国家，在那种“计划经济”体制下，国人只知“最高指示”而不知法律，更不知行政法为何物了。

中国的法治之路，中国的行政法制建设，就是在这样的背景下起步的。在“文化大革命”刚刚结束，国人刚从“无法无天”中走出和刚踏上改革开放之路的 20 世纪 70 年代末和 80 年代初，要在中国重构（在某种意义上不是重构，而是创建）法制，要从根本上将治国之道从人治转变为法治，要在中国播种行政法，可以想见，是一件多么不容易、多么艰巨的事情。在那时，不要说一般老百姓，就是我们这些法律科班出身的人，都搞不清行政法是个什么东西。我们，无论是从事行政法教学研究的学者，还是从事行政法实务工作的立法工作者、行政执法人员，或者是从事行政审判工作的法官，正是从王老（以及其他几位行政法学大师，如龚祥瑞教授等）的这些著作中，知道了什么叫“自然正义”、什么叫“越权原则”、什么叫“行政救济”、什么叫“司法审查”、什么叫“行政法院”，什么叫“行政诉讼”、什么叫“正当法律程序”、什么叫“听证”、什么叫“信息公开”、什么叫“阳光政府”……我国的行政法治事业就是这样开始的。在这个事业的发展过程中，千千万万人为之付出了努力，为之作出了贡献。但毫无疑问，王名扬教授付出的努力是特别巨大的，作出的贡献是特别巨大的。

王老生病期间我去看他时，他曾经向我表达过让我帮助他完成《比较行政法》这部巨著后面部分的意思。王老这么信任我，我非常感动。但是，无奈我的外国行政法知识太有限，水平太有限，没有能力来完成这个重任（勉强而为，可能有损王老著作在读者心目中已形成的美好形象），再加之我目前手头的事太多，抽不出更多的时间来完成这个重任（要做好这件事至少需要两年时间）。这样，王老的《比较行政法》就一直作为未完成稿留在他的书案上。

最近，王老的亲属决定委托北京大学出版社出版这个未完成稿，并希望我为王老这本未完成的著作写个序。另外，他们还委托我对王老没有写完的第四章进行一点技术处理，使该书具有一定的完整性。

写序我本来是不敢答应的，因为根据惯例，为书作序，似乎一般应是相应学术领域的学术前辈、学术权威或其他有名望的人所为，我哪有资格为作为我的老师辈的王老的著作写序！但我还是应承了下来，一为借这个机会向读者说说王老对中国行政法学、中国行政法治的贡献，因为我比较了解王老，熟悉王老；二为向读者推荐王老的这本新作，尽管王老的这本“新作”是他多年前写就的，而且是一部未完成稿，但其学术价值不逊于王老的其他学术著作；三为我们之间的友谊、友情、乡情。所以，我虽然有点诚惶诚恐，但还是写了。

我相信，我们的读者一定会像喜欢王老的“外国行政法三部曲”和他的其他著作一样喜欢王老的这本新著，一定会像学习王老的“外国行政法三部曲”和他的其他著作一样学习王老的这本新著。王老的这本新著也一定会像他的“外国行政法三部曲”和他的其他著作一样，对中国行政法学的发展和行政法制建设产生深远的、重要的和积极的影响和作用。

（此文节选自作者为王名扬先生著《比较行政法》（北京大学出版社 2006 年版）写的序言，原载于《法制日报》，2006－09－28。）

公共利益与“公共利益优先”的限制

《物权法（草案）》设置了两个“公共利益”条款：“物权的取得和行使……不得损害公共利益……”（第5条）；“为了公共利益的需要，县级以上人民政府依照法律规定的权限和程序，可以征收、征用单位、个人的不动产或者动产……”（第49条）。“公共利益”本是公法中的核心概念，现在将之引入到作为私法的物权法之中，这是否符合法治原则？是否会导致对公民权利、自由的侵害？

在私法中引入“公共利益”的概念，这是现代社会民主、法治国家的普遍做法。它不仅符合法治原则，更是现代法治原则的必然要求。只有引入“公共利益”概念，才有可能解决现代社会个人权利、自由与国家利益、社会利益经常可能发生的矛盾和冲突，才能防止个人权利、自由不适当的膨胀和滥用，损害国家的、社会的利益和他人的权利和自由，以及在国家、社会因安全、秩序、发展等需要而必须适度限制或损害个人权利、自由时，个人在国家给予适当补偿后能够容忍这种适度的限制或损害。

但是，“公共利益”概念引入私法，也确实存在很大风险：它可能导致公权力不适当的膨胀和滥用，严重损害公民个人的权利和自由。这种风险不是预期、假设和可能，而是实际的、现实的和已经发生并还在发生着的，如前几年湖南发生的“嘉禾事件”、沈阳、北京、南京等地发生的“野蛮拆迁事件”，以及最近两年许多地方发生的违法征地、占地事件和违法关闭民营企业、民办学校等事件，这些事件都是打着“公共利益”的旗号进行和实施的。因此，要防止和避免这种风险，必须对私法中引入的“公共利益”进行必要的限制。

对“公共利益”限制的途径有三：其一，界定“公共利益”的标准和范围，明确什么是“公共利益”；其二，确定认定“公共利益”的方法和程序，明确由谁判断、认定和怎样判断、认定“公共利益”；其三，确定处理公共利益与私人利益关系的准则，明确在什么条件下公共利益才能优于私人利益（公共利益优于私人利益不是无条件的）、才能限制或损害私人的利益以及能在多大程度上限制或损害私人的利益。

首先，关于“公共利益”的标准。“公共利益”是一个完全抽象的不确定概念的观点无疑是不正确和有害的：如果“公共利益”完全没有客观标准，任凭公权力主体解释和界定，公民的权利和自由将不复存在。当然，“公共利益”的确是一个没有严格、确切标准和范围的不确定法律概念，但“没有严格、确切标准和范围”不等于没有标准和范围。“公共利益”的基本标准是其“公共性”，即该利益是相应社会共同体（社会共同体可以是国家、地区、社会组织乃至地球村）全体成员或大多数成员的利益，而不是个别成员或少数成员的利益，例如，同样是征地和拆迁，一些政府官员是为改造城镇危房、改善乡村道路交通条件，或者是为了建学校、修福利院等，而另一些政府官员是为制造“政绩”或满足开发商的赚钱愿望而大兴土木，这怎么判别呢？看某种利益是不是“公共利益”，我们当然不能只看行为者自己所作的主观目的宣示，而要通过分析其行为内容、行为过程和行为客观结果（是否为相应社会共同体全体或大多数成员提供福利）而找出问题的答案。

其次，关于认定“公共利益”的方法和程序，这也许比界定“公共利益”的标准和范围更为重要。因为什么行为最终对社会共同体全体成员或大多数成员有利（即“公共利益”），公权力主体往往难以在行为前准确判断（即使他想追求“公共利益”），但社会共同体每个成员对相应行为是否符合自己的利益则比较容易判断。因此，公权力主体在实施公权力行为前，先通过一定方式、途径（如网络、媒体、座谈会、听证会、论证会等）征求和听取相应社会共同体的意见，看他们同不同意、高不高兴实施该行为，由“公共利益”的主人自己来判断和认定相应公权力行为是不是符合自己的利益（即“公共利益”），这也许是发现和识别“公共利益”的最好的方法和程序。

最后，关于处理公共利益与私人利益关系的准则，人们一般认为“公共利益优先”，这种认识和行事方法虽然不能说不正确，但存在片面性：第一，公共利益与私人利益在大多数场合应该是统一的、一致的。在这样的场合，不存在何者优先的问题，慢待了私人利益也就慢待了公共利益，否定了私人利益也就否定了公共利益。第二，在某些场合，公共利益与私人利益会发生冲突，但公共利益价值相对较小，而私人利益价值相对较大（如生命、自由、人格尊严或重大的财产利益等），如属这种情形，“公共利益优先”不应适用。第三，有时，公共利益与私人利益会发生冲突，而两者价值又难分高下，在这种情况下，是否只能适用“公共利益优先”而无其他选择呢？这也未必，因为人们在处理实际问题时，往往有多种方案可供选择，公权力主体在这种情形下除了有“公共利益优先”的方案可选择外，有时还会有“公私兼顾”（“双赢”）的方案可选择。公权力主体只要不死抱“左”的成见，不做那种凡事不调研、不论证、不找寻多种方案和在多种方案中进行选择而任意决策、轻易决策的懒人，往往会在似乎“山重水复疑无路”，只能“公共利益优先”、牺牲私人利益的时候，突然“柳暗花明又一村”，找到“公私兼顾”和“双赢”的新方案、新路径。

（原载于《中国发展观察》，2006（10））

公民基本权利保障与和谐社会构建

现在我们都在提倡和谐社会，但和谐社会不是没有矛盾、没有摩擦、没有利益冲突的“平静社会”。事实上，古今中外的人类社会均不曾有过完全没有矛盾、没有摩擦、没有利益冲突的“平静社会”。即使有过相对的“平静社会”，那种“平静”和“稳定”也往往是表面的、形式的和在短暂时期内存在的。专制统治者或者马克斯·韦伯所述三种统治者类型中的所谓“魅力型”统治者，可能在一定时期内能制造出这样的“平静社会”。前者通过高度集权、高压统治和人民的畏惧使社会“平静”和“稳定”，后者通过领袖个人的权威、魅力和人民的崇拜、迷信使社会“平静”和“稳定”。但是，和谐社会与那样的“平静社会”是完全不同的。尽管和谐社会也应该是相对平静的、稳定的和有秩序的社会，但这种“平静”、“稳定”、“秩序”不是通过以国家强制力压制和掩盖矛盾、摩擦、利益冲突而制造出来的，也不是因社会公众崇拜、迷信“魅力型”领袖而内心自我克制、压制，使矛盾、摩擦、利益冲突不致激化、不形于外而生化出来的，而是通过法治化的民主、博弈机制调节、化解矛盾冲突而形成的，这就需要法律对公民的知情权、参与权、表达权和监督权予以确立和保障。没有法律赋予公民知情权、参与权、表达权和监督权并保障其实际行使，没有公开、公平、公正的民主、博弈机制及有效运作，则不可能有真正的、实质的和可持续发展的和谐社会。

所谓“知情权”，首先是公民了解政府政务运作信息的权利。公民只有知道政府是怎样花纳税人的钱为纳税人提供“公共物品”的，知道政府是怎样作出决策和怎样实施政务的，知道政府制定各种法规、政策的内容和制定的理由、根据，知道“公仆”们勤政、廉政的情况，公民才会相信政府、支持和配合政府的管理，从而减少可能因怀疑、误会而产生的与政府的矛盾、冲突；即使在矛盾和冲突产生后，也易于沟通、协调和解决。此外，“知情权”也包括公民通过政府和其他公共机构收集社会信息的权利。公民建立政府的目的之一，是通过政府收集和发布各种信息，如食品、药品安全及其他商品质量的信息，生活、生态环境状况的信息，市场流通的信息等，以防止社会生活中因各种“信息不对称”而可能导致的被侵权及由此可能引发的矛盾、冲突；在侵权事件、矛盾和冲突发生后，有了信息公开，有了“知情”的渠道和途径，相应问题才有获得较公正和有效解决的可能。

所谓“参与权”，主要是指公民依法通过各种途径和形式，参与管理国家事务、管理经济和文化事业、管理社会事务的权利。这里的“各种途径和形式”，包括选举、投票、协商、座谈会、论证会、听证会、批评、建议、通过平面媒体和网络讨论国家政务等。参与权首先使公民感受到自己是国家的主人、社会的主人、本人所在共同体（本人所在的单位和所参与的社会组织）的主人，感受到自己对国家、对社会、对所在共同体、对他人的责任，从而积极与政府和单位、组织的管理者合作，推动社会公共事业的发展；同时，公民对国家政务（如立法、决策、执法等）和社会事务的参与，有利于防止社会公共政策和公权力行为的偏差和失误，平衡和协调各社会不同阶层、不同群体人们的利益冲突。

所谓“表达权”，主要是指公民通过出版、集会和其他各种途径（如新闻媒体、信访等）公开发表自己的思想、观点、主张和看法的权利。“表达权”是公民的基本人权，其实现的程度是衡量一个国家民主、法治和文明的重要尺度。有人可能认为表达权和言论自由对社会稳定、和谐会有副作用。这种认识是片面的。公民滥用表达权和言论自由（如污蔑、诽谤、恶意煽动等）会损害社会稳定、和谐，但公民依法行使表达权和言论自由则是社会稳定、和谐的必需条件。首先，各社会不同阶层、不同群体的人们只有平等地享有表达自己的思想、观点、主张和看法的话语权，才能实现和保障社会公平（平等博弈），没有社会公平，怎么会有社会稳定、和谐？其次，持有不同思想、观点，不同主张、看法的人们只有平等地享有表达权、话语权，才能相互了解、相互协调、相互妥协，没有相互了解、协调和妥协，各种利益冲突怎么化解？利益冲突长期不能协调、化解，社会怎么稳定、和谐？

所谓“监督权”，主要是指公民对国家机关及其公职人员行使公权力行为进行监督的权利。公民监督权的范围主要包括三个方面：其一，对立法、决策的监督，如申请违宪审查、违法审查等；其二，对行政执法的监督，如申请行政复议、提起行政诉讼等；其三，对公职人员滥用权力、不作为和腐败行为的监督，如申诉、控告、举报、检举等。依法保障公民监督权对于构建和谐社会的作用同样是不可或缺的。首先，监督是保障公权力合法、正当行使的必要条件。历史已经反复证明，没有监督和制约的权力必然膨胀、腐败和滥用，公民面对违法、腐败的公权力，即使能让他身体服从，其内心也不可能服从，被管理者对管理者不服，甚至仇恨，社会何以能和谐？其次，监督是公权力在行使过程中实现自我纠错、自我调节，以保障立法者、决策者、执法者主观与客观一致，法律、政策与国情、社情、民情适应，从而社会与自然和谐、人与自然和谐的重要条件。立法、决策、执法中的问题并非立法者、决策者和执法者本身都能自己发现和自己找出解决的办法，而必须有赖社会公众的监督。法律如果不为社会公众提供顺畅的监督渠道（如违宪审查申请等），社会公众发现的立法、决策、执法中的问题不能上达有权机关，有权机关不能及时采取解决问题的措施，社会怎么和谐？人与自然怎么和谐？

公民的知情权、参与权、表达权和监督权是相互联系、互为条件的一个整体。没有知情权，参与权、表达权和监督权不能实现；没有参与权，知情权和表达权也会大打折扣；没有表达权，参与权和监督权将形同虚设；没有监督权，知情权和表达权在很大程度上会失去意义。因此，依法保障公民的知情权、参与权、表达权和监督权是构建和谐社会的一个系统的基础工程，应该全面和整体推进。

（原载于《检察日报》，2006－12－18）

从“爱眼协会”申请成立受阻案说起

2006年3月1日北京市第一中级人民法院受理董坚诉卫生部不答复筹备“中国爱眼协会”申请的行政诉讼案。之后，2006年5月17日和25日，一中院两次开庭审理。

董坚曾作为“全国爱眼日”4位最先倡议人之一。早在1992年，董坚与国内眼科医学权威教授王延华、徐广第、耿贯一联合发起设立“全国爱眼日”倡议，4年后，卫生部等16个部委将每年6月6日确立为“全国爱眼日”。

董坚起诉卫生部的理由是：自2000年来，他联合国内一百余位医学专家向卫生部提出的批准筹备“中国爱眼协会”的申请悬而无果，“申请先后递交9次，均没得到正式答复”。

原告请求法院判决被告履行法定职责，对是否批准筹备社团作出书面决定。

被告答辩认为，卫生部至今尚未正式受理董坚等人的申请，而且本案件已经超过了提起行政诉讼的法定期限。

十六届六中全会公报指出，构建社会主义和谐社会的目标和主要任务是：社会主义民主法制更加完善，依法治国基本方略得到全面落实，人民的权益得到切实尊重和保障……结社自由是宪法确立的公民的基本权利，这一基本权利能否得到切实尊重和保障，直接关系到民主法制能否真正确立，关系到依法治国基本方略能否真正实施，从而关系到构建社会主义和谐社会目标能否真正实现。

结社自由是社会主义民主的题中应有之义。因为人民是分成不同的阶层和群体的，各个阶层和群体要参与国家政治生活，要使自身的利益在社会共同体的合作和博弈中得到维护，就必须组成一定的团体，形成一定的话语权。否则，不可能建立有效的政治参与机制和培植现代民主政治运作的土壤和环境。

结社自由也是社会主义法制和法治的题中应有之义。因为作为法制、法治基本依据和基本手段的法律、法规，应是人民利益和意志的反映和体现。而人民要在立法中反映和体现自己的利益和意志，主要是依靠代表制。无论是人大代表，还是听证会、论证会的代表，如要真正代表人民利益和意志，则其产生即应与一定的社团、组织相联系。特别是弱势群体，他们只有通过结社，以社团集体的力量才能保证其利益和意志在法律、法规和政府决策中得到反映和体现。

结社自由促进民主、法制建设进而促进和谐社会目标的实现，这对于和谐社会构建的作用还只是间接的。然而，结社自由对于构建和谐社会还有直接的作用。首先，人们组成社团，形成一定的共同体，可以协调组织内部的关系，从而最大限度消除社团内部成员之间的矛盾和冲突。其次，社团可以沟通不同群体间的相互关系，促进不同阶层人们的相互了解、相互信任，同时可以减少不同阶层、不同群体间信息交流和社会交易的成本。再次，人民自愿成立的社团是制约政府和政府官员腐败的有效机制，是密切政府和政府官员与人民关系的便捷桥梁。最后，社团，特别是大量从事公益事业的社团，如爱眼协会、爱耳协会、野生动物保护协会、绿色和平组织等，对于保护人的生命、健康，保护环境、生态，保障人与自然的和谐，保障社会、经济的可持续发展，有时可能发挥比政府更大、更有效的作用。

然而，我们在过去一个很长的时间内，对结社自由没有正确的认识，我们的一些同志不仅看不到结社自由对构建和谐社会的必要性和诸多积极作用，反而认为结社自由不利于社会稳定，不利于社会和谐，从而在立法和执法的各个环节上限制和阻碍结社自由。“爱眼协会”申请成立受阻案即再次凸显了这些问题。

首先，就立法层面而言，从中华人民共和国建立至今，国家一直没有制定结社法，从而使人民行使结社自由权得不到具体的法律保障。尽管人民的结社自由权有宪法的明确规定，国务院也制定了法规层级的《社会团体登记管理条例》（以下简称《条例》）予以落实，但由于国务院的《条例》对公民申请成立社团规定了“双重许可”程序，即公民申请成立社团，首先要经其业务主管单位审查同意，然后再经民政部门审查登记。对于后一种许可，《条例》规定了较为严苛的条件，如有固定的住所，有 3 万元（地方性或跨行政区域的社团）到 10 万元（全国性社团）以上活动资金等（当然，条件即使严苛，但毕竟有条件，条件既是对申请人的限制，也是对审批机关的限制）；对于前一种许可，《条例》则根本没有规定任何条件、程序或时限，业务主管单位完全可以凭自己的主观意志决定同意或不同意，凭自己的主观意志决定在什么时候（哪怕是 5 年以后或更长的时间）作出同意或不同意的答复，或根本不予答复。

其次，就执法层面而言，尽管《条例》规定了行政机关审查批准的条件和时限（批准筹建的时限为 60 日，登记时限为 30 日），但行政机关完全可以以种种方式和借口予以规避，如在本案中采用的方式和借口：“申请人递交的申请材料不全”、“申请人递交的申请材料不符合要求”等。你问他哪些不全，哪些不符合要求，他无可奉告。或者这次告你这里不全，不符合要求，下次告你那里不全，不符合要求，你一次次申请，他让你一次次回去补正材料。

再次，就司法保障层面而言，虽然《行政诉讼法》规定公民、法人或者其他组织认为行政机关和行政机关工作人员的具体行政行为侵犯其合法权益，有权依法提起行政诉讼，《行政许可法》规定公民、法人或者其他组织对行政机关的行政许可行为有权依法提起行政诉讼，但行政机关同样以种种借口规避司法审查，如“社团登记行为不涉及相对人的人身权、财产权，不属于行政诉讼的受案范围”，“行政业务主管单位审查同意相对人建立社团的行为不是行政许可行为，从而是不可诉的行政行为”等。有些法院也采纳行政机关的辩词，对因行政机关不同意相对人建立社团的行为或对相对人申请不予答复而提起的诉讼不予受理。

“爱眼协会”申请成立受阻案说明，在我们国人中，还有不少人的观念落后于十六届六中全会决议所体现的理念，他们对结社自由与构建和谐社会的关系缺乏正确的理解。此外，我们现行的立法、执法、司法对公民结社自由权的保障也存在若干不完善之处，不利于和谐社会的构建。因此，为了落实十六届六中全会决议，我们一方面要改变观念，正确认识结社自由对于民主、法治和构建和谐社会的作用；另一方面，我们要适当调整我们的制度，进一步从立法、执法、司法等各个方面为公民行使结社自由权提供更全面、更充分的法律保障。

（原载于《中国发展观察》，2006（12））

纳税人能否提起行政公益诉讼?

1. 在我国，纳税人基于其纳税人和公民身份，对国家机关使用政府资金如何监督?

在我国，纳税人基于其纳税人和公民身份，对国家机关使用政府资金的监督途径主要有三：其一，通过自己选举的人民代表对国家预算、决算进行审查，发现国家财政资金被违法或不当使用时可通过自己选举的人民代表提出质询，要求人民代表机关组织调查和追究违法者的责任。其二，向国家监察机关和审计机关提出检举、举报，要求监察机关和审计机关进行检查、调查、审计，如经监察机关和审计机关检查、调查、审计，认定检举、举报的违法事实成立，可要求其追究违法机关及其责任人的法律责任。其三，以纳税人的身份（非一般公民的身份）向人民法院提起行政公益诉讼。请求人民法院确认行政机关或法律、法规授权的组织不当使用国家资金的行为违法。

2. 纳税人认为国家机关违规使用政府资金时，是否可以通过提起行政诉讼的方式行使监督权?

实践中这种案例很少，但从法律上看是可以的，并不存在不可逾越的障碍。《行政诉讼法》第 2 条规定："公民、法人或者其他组织认为行政机关和行政机关工作人员侵犯其合法权益，有权依照本法向人民法院提起诉讼。"国家财政资金主要源于纳税人的税款，其违法、不当使用当然侵犯了纳税人的合法财产权益，纳税人依法应享有行政诉讼原告资格。当然，行政诉讼的性质主要是救济性的，其监督性是第二位的，因此，纳税人一般不能仅以监督者的身份起诉，其起诉时，应多少证明自己的利益比一般其他纳税人的利益更多地受到相应被诉行政行为的不利影响。在美国，早在20世纪50—60年代，联邦最高法院即开始承认纳税人的诉讼原告资格，日本则在1962年制定的《行政案件诉讼法》中规定了“居民诉讼”，允许居民（一般为纳税人）就地方政府“与财务会计有关的行为”提起诉讼。

3. 公益行政诉讼在我国是否具有存在的法律依据，提起行政公益诉讼的主体和条件是什么？

我国《行政诉讼法》没有明确规定行政公益诉讼，也没有明确排除行政公益诉讼，根据《行政诉讼法》第1条确立的行政诉讼目的和宗旨：保护公民、法人和其他组织的合法权益，维护和监督行政机关依法行使职权，应该是允许行政公益诉讼存在的。行政公益诉讼的主体既可以是《行政诉讼法》第2条规定的公民、法人和其他组织，也可以是《行政诉讼法》第10条规定的人民检察院。前者起诉的条件应该是“认为其合法权益（如纳税人权、环境权、信息权、正当法律程序权等）受到侵犯”，后者起诉的条件应该是在其他法律监督途径（如人大监督、监察监督、审计监督等）已经穷尽的前提下“实行监察法律监督”。

4. 宪法规定公民享有对国家机关提出批评、建议、申诉、控告和检举的权利，这些权利是否足以保障公民监督国家事务管理，构建和谐社会？如何具体落实？

宪法规定公民对国家机关提出批评、建议和申诉、控告、检举的权利是保障公民监督国家事务管理，构建和谐社会的必要条件，但不是充分条件，更不是唯一条件。为了有效保障公民对国家事务管理的监督和构建和谐社会，宪法和法律还必须加强和完善有关公民诉权（包括行政公益诉权）、知情权、参与权、结社权等权利的规定。

（原载于《检察日报》，2006－04－15）

公民道德、职业道德与法律责任

据2006年5月29日《潇湘晨报》报道，2006年5月27日晚10时45分，长沙市公安局芙蓉分局人民路派出所民警将一名患病流浪者送往芙蓉区救助管理站，救助站值班人员认为危重病人应“先救治后救助”而拒绝接收，此后警察离去，救助站致电“110”，“110”致电“120”，“120”认为“110”应到场共同送医，而“110”未到现场，“120”因而离去。此后，流浪者被遗弃在救助站门口，次日凌晨，人们发现流浪者已经死亡，这个事件当然涉及法律责任的判断问题，但首先还不是一个法律责任判断问题。

即使在一个法律极不严密甚至完全没有法律的“自然状态”的国度里，人们只要有基本的道德准则和起码的恻隐之心，这种事件也不至于发生。一个人（非普通动物）在看到自己同类的生命处在危险境地甚至死亡边缘而需要自己伸出援手的时候，不应该视而不见和冷漠地走开，像本事件中的“120”、救助站、“110”和派出所的民警一样。

人们一旦失去基本的道德准则和起码的恻隐之心，即使有再严密、再严厉的法律，这种事件仍有可能发生。像本事件中的各个主人公一样，他们可以把责任推给别人：既然别人也看到了或知道了，或者有别人可能看到或知道，为什么必须由我伸出援手呢？

这涉及公民道德和职业道德问题。公民是国家共同体的一员，对共同体的任何其他成员既具有法律上的权利，也具有法律上和道德上的义务。法律上的义务通常同时是道德上的义务，最基本的道德义务也是（才是）法律义务。至于职业道德，则是从事特定职业的公民的特定行为规范，职业道德规范不同于一般公民道德义务，它通常同时是法律义务。就本事件而言，对于病危流浪者的救助，看到或知道此事的一般公民仅负有道德义务而非法律义务，而对于看到或知道此事的“120”、救助站、“110”工作人员和派出所的民警却不一样，他们对之既负有一般公民道德义务，同时负有职业道德义务和法律义务。

公民道德和职业道德怎么培植？最基本的方法是教育，从幼儿到青少年到成年，国家、社会、家庭都要给予公民以道德义务的教育和熏陶。但这还不够，还必须辅之以法律的保障：在法律中体现和贯彻道德，并将公民最基本的道德义务（如抚养子女和赡养父母的义务，见到他人生命处在危险境地或死亡边缘，自己有可能采取一定措施救助而应采取一定措施的义务）和职业道德义务予以法律化，确定违反相应道德义务的行为（作为和不作为）的法律责任。

从法律责任的角度检讨本次事件，我们的法律（含法规、规章）确实也有不完善的地方：国务院 2003 年发布的《城市流浪乞讨人员救助管理办法》和民政部随后发布的《实施细则》都只规定了受助人员在救助站站内发病、染病的处置规则，而没有规定流浪乞讨人员在站外发病、染病被人送往救助站或本人自己求助于救助站的处置规则，更没有规定医院治疗费用的负担规则。长沙市虽然规定了对流浪乞讨中的危重病人、传染病人和精神病人实行“先救治后救助”原则，但对实施规则和救治经费负担也缺乏明确具体的规定。

当然，仅就本事件的法律责任而言，“120”无疑应负主要责任，但救助站、“110”和派出所的民警对自己违反职业道德的行为（见危不救、见死不救），同样应承担相应的法律责任，因为他们不是普通的公民，而是对救助流浪乞讨人员负有职责的工作人员，尽管他们可以以各种理由推脱责任。

虽然法律责任追究不是构建公民道德和职业道德的最基本和最重要的途径，但是，没有法律和法律责任的保障，公民道德和职业道德也是难以培植的。

（原载于《检察日报》，2006 - 06 - 26）

平衡公权与私权、兼顾公益与私益

我国现行宪法已将实行法治和保障人权确定为国家的发展目标和治国方略。

实行法治和保障人权意味着国家要以法律和制度规范公权力的行使，防止公权力滥用和对私权利的侵犯，在立法、执法和司法的运作过程中，坚持比例原则，实现公权与私权的平衡、公益与私益的兼顾。

但是，在现实生活中，我们的公权力行使者、我们的公职机构和公务人员，往往违反比例原则，重公权而轻私权，重公益而轻私益，以致经常导致公权力被滥用，私权益被侵犯，而公共利益在很多情况下也实际被损害。

这样的实例大量存在。

实例一：江苏省某市，市民刘某家养一犬。某日，刘某上班，狗跟出门。此时，正好有一妇女带一小孩从其家门前路过，狗叫了几声，小孩被吓哭。后派出所传唤刘某到所接受治安处罚，并要求刘某实施“三留”：留指纹、留照片、留DNA。DNA必须通过抽血获取。刘某拒绝抽血，因为派出所没有专门技术人员抽血，且不能保证抽血的针头是一次性的和卫生的，其担心感染疾病（如艾滋病）。但派出所仍坚持对她抽血，不抽就不让回家。她不得已最终被抽血，后有律师质疑派出所抽血的合法性与合理性。派出所说“三留”是上级公安机关的要求，他们通过“三留”侦破了多起多年未能侦破的案件，这说明“三留”制度有利于治安管理，有利于维护公共利益。

评析：即使“三留”制度（特别是抽血留 DNA）有利于侦破案件和加强治安管理，根据法治和人权保障的要求，也必须有法律、法规的明确根据（而非上级机关的指示），必须只针对有较严重违法犯罪行为或嫌疑的特定对象（而非针对因饲养动物管理不善而惊吓他人的一类轻微违法者），必须有保障相对人安全的措施（而非像本案中由一般民警使用无安全保障的针头为相对人抽血）。否则，就可能导致公权的滥用和对私权的侵犯（如造成疾病传染，还会导致对公共利益的侵害）。

实例二：中东部地区某市，政府为改善交通状况，决定运用 BOT 形式招商引资建桥修路，其与外地某公司签订合同约定：由该公司出资建设，路桥修好后，公司可建收费站收费 30 年。但是，该公司在路桥修好后仅收费 3 年，政府就责令其撤除收费站，理由是收费站收费造成堵车，导致交通不畅。该公司不得不服从政府命令，将收费站撤除。政府的这一命令使得该公司负债上千万而濒于破产。

评析：近年来这样的案例时有发生。虽然在这些案件中，政府行使公权力确实是为了公共利益（保障交通畅通），但是根据法治和人权保障原则，维护公共利益必须兼顾私人利益，政府为了保障交通畅通可以要求私人公司撤除收费站，但必须对相对人因此受到的损失给予相应的补偿。此外，政府在签订合同前，本应当考虑和论证 30 年收费站的方案是否可行。一旦作出承诺，就不应该随便改变，否则，政府行使公权力时反复无常，公民的私权利就会失去保障，随时有被强势公权力侵吞剥夺的危险，政府也会为此失去公信力。

实例三：湖南省某县，政府为了搞开发建设，动员居民拆迁。由于补偿安置不合理，一些居民拒绝拆迁。政府竟为此打出口号：“谁影响我县发展一阵子，我就影响他一辈子。”并与之配套推出“四包两停”措施，即该县所有国家公职人员要承包做好其家属和亲戚的拆迁动员工作，做不好的，停职停薪。

评析：政府为了发展所辖区域的经济，为了开发建设（如果不是为了搞形象工程或其他目的的话），依法适当拆迁部分居民房屋是必要的和合适的。但是政府在行使拆迁这种公权力时，一定要适度、合理，兼顾公民的私权利，绝不能将公权力的行使推至极致。像本案这样，不仅以强势的公权力威胁相对人，而且以强势的公权力“绑架”作为相对人家属和亲戚的国家公职人员。如果这样，公权力就可能变成专制的工具，法治和人权就会荡然无存。

实例四：西南地区某市，公安机关为了加强网络管理，向全市市民发布一通告，规定市民在家里上网，需要先向公安机关备案登记。对拒不备案登记者，轻则予以警告，重则停机半年。

评析：公安机关的这种行政行为，与前年陕西某地公安机关进入公民住宅抓夫妻看黄碟的行为相似，涉及公权力干预私权的范围和度的问题。公权力机关为了维护社会秩序和公共利益，对私权利可以进行一定范围和一定程度的干预，但是，这种干预只能以维护社会秩序和公共利益的必要为限，且不能侵犯公民最低限度的自由。试想，公民在家上网、夫妻在家看黄碟，能对社会秩序和公共利益造成多大的损害呢？如果允许公权力对私人这种最低限度的自由和权利也进行干预的话，那么，公民相对于国家共同体还能剩下多少可保留的自由和权利呢？

实例五：湖南省某县，59 岁的村民滕氏为身患白血病的孙女筹钱治病，在乘车途中，她将别人丢弃的一些空矿泉水瓶（共 28 个）收集起来，准备拿回家去变卖，但是，当她带着这些矿泉水瓶下车时，却被该县公安局拘留。公安局拘留滕氏的理由是其违反《治安处罚法》第 23 条第 1 款第 3 项：扰乱火车上的秩序。

评析：滕氏的行为是否构成“扰乱火车上的秩序”，这一定性是可以讨论的。即使构成，根据《治安处罚法》，也只有情节较重的，才可处拘留处罚。滕氏的行为能构成“较重”吗？如果滕氏的行为能构成“情节较重”，那么，有人在火车上喧哗闹事、打架斗殴、强行乞讨等，又构成什么呢，难道反而构成“情节较轻”？当然，本案的根本问题不仅仅在于公安机关对滕氏行为的定性和科罚是否正确，还在于行政机关在执法中如何把握和坚持公权与私权平衡、公益与私益兼顾的理念。就滕氏的行为而言，其能对公益造成多大的损害？公权力有必要对之予以那么强力的干预（限制人身自由的拘留）吗？这显然违反了行政法上的平衡和比例原则。

坚持比例原则，平衡公权与私权，兼顾公益与私益，这是保障人权和建设法治国家的必要，是我们在立法、执法和司法实践中均要坚持的理念。但是上述案例表明，我们在实践中往往偏离这一理念，这是为什么呢？原因可能是多方面的，但最重要的原因有三：一是传统的轻视个人、轻视私益的“左”的观念作祟；二是有权力的人对扩张权力、滥用权力的路径依赖；三是保护私权、私益的法律不健全完善。

那么，我们怎么解决这些问题，才能在我国实现公权与私权平衡、公益与私益兼顾的真正的法治原则呢？既然我们找到了问题和产生问题的原因，解决问题的对策自然也就有了：针对传统的“左”的观念，我们无疑应加强现代法治理念教育；针对权力的扩张和滥用趋势，我们无疑应加强和完善对公权力运作的监督机制和对公权力相对人的救济机制；针对保护私权、私益法律的不完善状况，我们无疑应加强和完善私权、私益保护的立法。我们相信，只要我们真正在上述领域做扎扎实实的工作并取得进展，坚持比例原则，公权与私权平衡、公益与私益兼顾，具有人权保障实际内容的法治就会真正鲜活地呈现在我们的国人面前。

（原载于《人民论坛》，2006（16））

养路费征收争论所涉法律问题之我见

养路费征收的争论所涉法律问题主要有三：其一，养路费征收是否合法？其二，法治政府下的行政决策应遵循什么要求？其三，行政相对人对违法行政决策及行政行为应怎样对待，能否直接抵制？

对于第一个问题，我的答案是：养路费在《公路法》修改后六年仍征收是违法的。其违法性表现在：

第一，它违反了《公路法》的明文规定。《公路法》第 36 条明确规定的是通过征税而不是收费筹集公路养护资金，要求国务院制定的是依法征税而不是收费的具体实施办法和步骤。因此，国务院和国务院主管部门没有依法制定征税而是制定了收费的实施办法，这就违反了法律的明文规定。

第二，它也违反了《公路法》的立法意图。《公路法》1997 年颁布，1999 年修改，删除了第 36 条第 2 款关于“费改税”前可仍征收养路费的规定，其意图很明显，就是要实行“费改税”。有关部门到现在仍征收养路费，显然违反了立法的意图。

第三，它违反了立法授权。国务院办公厅发布国办 2 号文件，转发几个部委的规定，其做法应认为是不适当的。因为《公路法》是授权国务院规定，国务院办公厅和相关部委进行规定即构成越权。即使经国务院授权，其授权内容也只能是“费改税”，而不应是仍征收养路费。而且，从法理上讲，再授权应经原授权者同意。

对于第二个问题，我的答案是：法治政府下的行政决策至少应遵循三项要求：

第一，行政决策具有广泛的自由裁量空间，但自由裁量不能超过合理限度。行政决策不同于具体行政行为，行政主体可以享有广泛的自由裁量权，就《公路法》确定的“费改税”出台时机的决策，国务院当然可以自由裁量。否则，人大常委会就不会授权国务院“制定具体实施办法和步骤”而以法律直接规定“费改税”制度的相应出台时间。但是，国务院这种选择时机的自由裁量是否可以是无限期的呢？当然不是。合理的期限应该是国务院制定“具体实施办法和步骤”所需要的调查、研究和论证的时间，一般不应超过一届人大的任期（五年）。一届政府在整个任期内不行使本届人大常委会的授权，同时，既不向人大常委会报告，也不请求人大常委会推迟实施时间，这种自由裁量显然超过了“合理”的限度。

第二，行政决策应考虑相关因素，不考虑不相关因素。对于“费改税”实施的决策（制度确立是人大常委会的决策，国务院只是作实施的决策），应考虑的相关因素很多，其中主要包括，原几十万收费人员的安置、“费改税”以后部分驾驶人员（如出租司机等）因每天用车时间长、耗油多而负担加重、国际油价上涨（有人认为国际油价上涨就不能“费改税”，这一逻辑似乎难以成立）、中央与地方对燃油税的分配等等。所有这些问题的决策者在决策时当然都需要考虑，都应该考虑，并应找出适当的应对办法。但是，决策者不应考虑不相关的因素，如方方面面关系的照顾，各种不适当利益的满足。如果决策者不考虑相关因素而草率决策，可能导致社会不公，造成社会矛盾和冲突。而决策者决策过多考虑不相关因素，则一方面是对非法既得利益者的退让，另一方面则使自己的行为构成执法不作为，贻误改革良机。

第三，行政决策应向国家权力机关报告和接受国家权力机关的监督。行政机关在进行执法决策时，可能发现立法存在某种疏漏，立法确立的相应制度难于实施或短时间内难于实施。在这种情况下，行政机关应通过年度政府工作报告或专题报告，及时向国家权力机关提出，建议国家权力机关修改立法或推迟实施立法。行政机关即使有一千条、一万条合理的理由，也无权自行修改法律或擅自不执行法律或自行无限期推迟执行法律。

对于第三个问题，我的答案是：行政相对人对不同性质的违法行政决策及行政行为，应采取不同的态度对待：

第一，行政相对人对于一般的违法行政决策及行政行为，应通过批评、建议途径向相应决策、行为机关提出，要求它们改正；行政机关不改正，可通过行政复议、行政诉讼，请求复议机关或人民法院依法撤销；或通过人大代表提出议案，由人民代表机关撤销。一般的违法行政决策和行政行为在被有权机关撤销前，仍具有法律效力，相对人仍应执行。否则，每个相对人均可自己判断行政决策和行政行为违法，自己决定不执行，社会秩序就会大乱。

第二，行政相对人对于明显、重大，可能造成社会公共利益和人民生命财产重大损失的违法行政决策及行政行为，享有抵抗权。例如，行政相对人对于明显无法律根据的乱收费、乱摊派、乱罚款（如无财政部门统一制发的罚款收据等），有权拒绝缴纳；对于可能导致伤害公民生命或身体健康的违法行政命令，可以拒绝执行。

第三，行政相对人行使抵抗权应非常慎重，遵循比例原则。即只有不抵抗会造成不可弥补的损失时才应直接抵抗，如果情况不是那么严重，行政相对人都应通过正常的法律救济途径（复议、诉讼、请求人大审查等）寻求救济。否则，其要对错误行使抵抗权导致国家或社会公共利益的损害，承担法律责任。

就目前行政机关征收养路费的行为而言，行政相对人是否可以直接抵制而不交费呢？我认为是不可以的。因为征收养路费行为虽然违法，但此种违法尚未达到对国家、社会公共利益或人民生命财产急迫、其实施会导致不可弥补的损失的程度，因此，对此种违法，仍应循正常法律途径解决。

（本文为作者在“北大公众参与研究中心公共政策论坛”的发言提纲，原载于北大公法网：http：//www. publiclaw. cn/article/Details. asp? NewsId = 1729&classid=7&classname=法政时评，2006－12－18。）

法

2007年

自觉、主动接受监督是法治政府的品格

法治政府是依法行政、受法律制约的政府，是依法向人民和人民代表机关负责，受人民和人民代表机关监督的政府。

人民的监督包括人民团体、组织、个人及作为人民喉舌的新闻媒体的监督，人民代表机关的监督在我国包括各级人民代表大会和各级人民代表大会常务委员会的监督。在各种对政府的监督主体中，各级人大常委会是最专职化的监督主体，其对政府实施的是经常性的、全方位的和能直接产生法律效果的监督。

2007 年 1 月 1 日起施行的《中华人民共和国各级人民代表大会常务委员会监督法》（以下简称《监督法》）对各级人大常委会监督一府两院的范围、方式和程序予以了全面、系统的规定，是构建我国人大常委会监督机制的基本法律。各级政府在建设法治政府的进程中，必须认真学习《监督法》，积极贯彻执行《监督法》，自觉依《监督法》接受人大常委会的监督。

首先，各级政府及其工作人员，特别是领导人员，必须认识政府自觉接受人大常委会监督的意义：政府是国家法律的直接执行者，是行政法规、规章和各种具体政策的制定和实施者，其行使的权力（行政权）最经常、最广泛、最直接地涉及和影响公民、法人和其他组织的权益和自由，从而也最易于腐败、滥用并对公民、法人和其他组织的权益、自由构成威胁和侵害。因此，在任何一个法治国家，政府及政府所行使的行政权从来都是国家权力机关监督的重中之重。

其次，各级政府及其工作人员，特别是领导人员，必须认真学习《监督法》，了解和掌握人大常委会监督政府的范围、方式和程序。根据《监督法》，人大常委会对政府的监督是全方位的：既包括对行政立法和其他规范性文件制定的监督，也包括对行政决策和行政执法的监督；既包括对政府用人（领导人员）的监督，也包括对政府花钱（财政收支）的监督。人大常委会对政府监督的方式和途径是多样化的：既包括听取和审议专项工作报告，审查和批准决算，听取和审议国民经济和社会发展计划、预算的执行情况报告，听取和审议审计工作报告，也包括执法检查、规范性文件备案审查、询问、质询、特定问题调查以及对违法失职政府工作人员的撤职等。

最后，各级政府及其工作人员应自觉、主动依《监督法》接受人大常委会监督。政府接受人大常委会的监督不应该只是被动的，而且应该是主动的。虽然就监督与被监督的关系而言，监督者通常是主动的，被监督者通常是被动的，但是，被监督者在很多情况下也可以变被动为主动，即自觉、主动地接受监督。例如，根据《监督法》的规定，政府可以主动向人大常委会要求报告专项工作，接受监督；政府应主动将决算草案提请人大常委会审查、批准，主动向人大常委会报告国民经济和社会发展计划、预算的执行情况，提请其审议；对行政立法和其他规范性文件，政府更应主动依法报送人大常委会备案审查。至于执法检查、询问、质询和特定问题调查，其接受监督的被动性成分虽然较大，但政府也可以主动向人大常委会提供相关材料和说明，配合其监督。

总之，法治政府应自觉、主动地接受人民代表机关的监督；自觉、主动接受监督应是法治政府的品格。

（原载于《检察日报》，2007-01-02）

新闻舆论监督：无须“应当”，少些限制即可

自2008年1月1日起施行的《郑州市预防职务犯罪条例》第20条第2款规定：“新闻媒体应当依法对国家工作人员的职务行为进行舆论监督。”笔者认为，新闻媒体对国家工作人员的职务行为进行舆论监督，无须“应当”，少些限制即可。

首先，“应当”意味着一种法律义务，相应法律主体不履行法定义务即要承担法律责任。如果这样，当某一或某些国家工作人员违法实施职务行为时，是否所有新闻媒体都应进行报道，哪家报纸、电台、电视台不报道就要承担法律责任？或者“应当”的义务并非如此广泛，而只是当某一或某些国家工作人员违法实施职务行为时，知道或者应当知道相应违法行为的新闻媒体应当进行报道，否则即要承担法律责任。但如果是这样，又由谁来判断和怎么判断相应媒体“知道或者应当知道”呢？显然，舆论监督对于新闻媒体主要应是法律权利而不是法律义务。

其次，新闻媒体对国家工作人员的职务行为进行舆论监督有一种天然的积极性，只要政府不对它们加以过分限制，它们通常会非常主动和积极地报道国家工作人员违法实施职务行为的事件和发生相应事件的原因，因为如果某一媒体缺乏这种主动性和积极性的话，它们就会在行业竞争中失去观众、听众，它们就会静

静地死亡。

再次，当下的问题不是新闻媒体对国家工作人员的职务行为进行舆论监督缺乏主动性和积极性，而是一些地方、一些部门对新闻媒体进行舆论监督的限制太多了：报什么事、什么人要经过这个部门或那个领导的批准，层层卡压；有的事、有的人就根本不让报道。试想，我们如果把这些限制减少一些，废除一些（当然不能全部废除），还能有这么多官员坦然地、旁若无人地、前“腐”后继地腐败吗？我们还能有这么多的、一波接一波的矿难吗？

当然，法律允许新闻媒体进行舆论监督并不意味着新闻媒体可以毫无限制地进行舆论监督。法律对新闻媒体进行舆论监督当然要设定必要的限制，否则，新闻媒体也可能利用舆论监督搞腐败，甚至敲诈勒索。但是，对新闻媒体进行舆论监督的限制必须由法律设定，而不能任由地方和部门设定，否则，新闻媒体的舆论监督自由将残缺不全，甚至荡然无存。因此，笔者建议全国人大加紧制定《新闻法》，并且像重视《物权法》的制定一样重视《新闻法》一类涉及民主政治的法律的制定。

在《新闻法》未出台之前，郑州市人大常委会能通过地方性法规规定新闻媒体的舆论监督权（尽管它们是将之作为义务规定的）应该是非常值得赞赏的。我前面说了这么多话不是否定这个法规，而只是建议将法规中舆论监督条款中的“应当”减缓为“可以”。用“可以”就可以了，完全不用担心我们的新闻媒体因法规只是规定“可以”而不是“应当”而没有舆论监督的动力和压力。

（原载于《检察日报》，2007－01－04）

春运票价不上浮与公共决策的法治化机制

● 如果票价不上浮是人治的产物，明年相关决策者换了，上面以人为本的注意力变了，今年获得的一切明年都可能失去，而且可能失去更多。

● 据现代法治的一般原理，公共决策的法治化至少有四项标准：公众参与、信息公开、科学论证、信赖保护。

2007年1月10日，铁道部新闻发言人发布信息：今年春运，铁路各类旅客列车票价将一律不上浮，而且今后春运，铁路客运也将不再实行票价上浮制度。近日来，铁道部的这一决策赢得了一波又一波的赞扬和喝彩之声，受到了广大社会公众的热烈欢迎。

但是，人们在赞扬、喝彩之余也不免要问：铁道部的这一决策是怎么作出来的呢？这一决策究竟是法治的产物还是人治的产物？如果是人治的产物，我们值不值得如此高兴？如果明年铁道部部长换人了，总理换人了，上面的注意力变了(不再那么强调和谐社会、以人为本)，今年获得的一切明年都可能失去，而且可能失去更多。如果是法治的产物，那么人们又不免要问，为什么是呢？法治对公共决策究竟有些什么要求？铁道部今年作出票价不上浮的决策如果是法治的产物，其去年作出票价上浮的决策是不是法治的产物呢？其他政府部门这些年作出的降价或涨价决策（如公园门票涨价、电信服务涨价等）是不是法治的产物呢？

法治总不会与降价或涨价有必然的联系吧，我们总不能认为降价（或不涨价）即法治，涨价即人治吧？

那么，我们怎么区分某一特定公共决策是法治的还是人治的呢？

根据现代法治的一般原理，公共决策的法治化主要有下述四项要求：

1. 公众参与。公共决策由于是对公共事务的决策，往往涉及千百万人的利益，所以，为了反映广大公众的意愿，避免决策者暗箱操作，防止少数利益集团控制决策，法治原则要求公共决策有广泛的公众参与。公众参与的方式包括举行听证会、座谈会、通过电子邮件或信函向决策机构书面反映意见，以及通过网络或其他媒体展开讨论、辩论等。某一特定决策有无广泛的公众参与是衡量相应决策是法治还是人治产物的首要标准。

2. 信息公开。公共决策的信息公开主要不是指决策结果和决策根据的事后公开，而是指决策前和决策过程中的作为决策启动因素和决策法律依据、事实依据的信息的全面公开。没有全面、真实的信息公开，不同利益团体（生产者、服务提供者、消费者、管理者等）即无法在决策过程中进行公平的博弈，公众参与就只能成为热热闹闹的“表演秀”，成为掩盖人治决策的障眼术。

3. 科学论证。法治化的公共决策既要求决策的民主化，同时也要求决策的科学化。科学化与民主化是统一的和互补的。现代社会管理涉及大量的科学技术问题，其决策稍有不慎，即可能导致经济、社会或生态环境的灾难。而要解决公共决策的科学性问题，显然不能仅靠一般的公众参与，而必须依靠专家。特定的公共决策必须组织特定的专家论证，而且这种论证必须是全面和深入的，是有责任制保障的。

4. 信赖保护。公共决策因为是政府的决策，故具有公信力。人们相信政府的决策，政府自然就应对公众的信赖利益予以切实的保护。公共决策作出以后，政府即不能轻易改变，即使因情势的变化和公共利益的需要而要改变原决策，也应贯彻比例原则，在多种可能的方案中选择对相对人利益损害最小的方案，并对相对人因决策变更而造成的损失予以公正的补偿。

根据以上标准，无论是铁道部本身，还是社会公众，对今年铁路春运票价不实行上浮制度的决策性质（是法治性质还是人治性质）均可作出一番评价。笔者不了解该决策的整个过程，但依据媒体报道的有限资料，感觉该决策在法治方面似乎是存在缺陷的：公众参与、信息公开、科学论证均不够——这次票价不上浮既非听证的结果，亦非论证的结果，而只是领导层的善意决定，尽管这种善意决定也许是他们对公众多年来不满春运票价上浮而怨声不绝作出的回应（而非只是对上面“注意力”的回应）。如果是这样，决策者也算体察了民意，其决策也可谓“开明之治”了吧。

我国宪法已经确立了依法治国，建设法治国家的治国方略，国务院于2004年颁布的《全面推进依法行政实施纲要》又确立了建设法治政府的具体目标。法治国家和法治政府的最重要的指标是公共决策的法治化。因此，建立和完善法治化的公共决策机制是我们当前要特别重视和下大力气去推进的一项战略工程。

（原载于《人民日报》，2007-01-17）

政府收费必须取之有据，用之透明

中国政法大学高家伟教授于 2007 年 1 月 14 日给交通部部长写信，建议交通部门公开每年全国养路费的征收数额和使用出处，以取得养路费缴纳人的理解和信任，减少目前养路费征收的困难。笔者认为高教授的这一建议是具有法理根据的。

政府收费必须取之有据，用之透明，这是民主政治和法治政府的最起码的要求。所谓“取之有据”，就是政府开征任何税费项目都必须有法律根据，经过人民代表机关审议、批准；所谓“用之透明”，就是政府所收税费款项用于何处必须公开、透明，让缴费人和全体社会公众都知晓、明白。

在一般民主国家，“钱袋子”通常都是由人民代表机关（议会）掌管的，政府每年要收多少税费，收取何种税费，都必须事前报请人民代表机关（议会）批准、确定。政府用钱用多少，用于何处，每一笔、每一项也都必须事前报请人民代表机关（议会）批准、确定。事后，政府对自己的财政收支情况还必须向人民代表机关（议会）报告。此种批准和报告都是公开的，每个公民都可通过一定途径获取相应信息。

政府收费的数额和使用出处公开、透明，说明政府是从属于人民，受人民支配的。人民是主人，政府是人民的公仆。公仆办事花钱，当然要向主人说清楚，公开透明。否则，主仆关系就会颠倒。

政府收费的数额和使用出处公开、透明，也是保障政府廉洁，防止政府和政府工作人员贪污、腐败的需要。政府收费如果暗箱操作，就可能给某些政府机关和政府工作人员乱收费、乱花钱，甚至贪污、挪用留下可乘之机和便利。

政府收费的数额和使用出处公开、透明，还是维护和增进人民对政府的信任，提高政府的公信力，树立政府在人民中的廉政、高效形象的需要。因为，如果政府收费的数额和使用出处不公开、透明，即使政府收费取之有据，用之合理，人们也可能怀疑其是否有流入政府机关和政府工作人员私人口袋的部分，是否有用于政府机关和政府工作人员吃喝玩乐的部分，是否有浪费和花钱不值的部分。如果有人就此故意造谣，公众对政府更会失去信任，甚至产生怨恨之情。

最近社会上不断出现的对交通部门征收养路费的质疑之声，一方面是人们对此项收费是否“取之有据”有疑问，另一方面是人们认为此项收费“用之透明”有所欠缺：交通部门每年究竟收了多少钱，这些钱都派了什么用场（如养路、修路、养人等），人们不清楚。有人这样一算，那样一算，似乎这笔钱交得有些冤枉，就不想交了。

因此，为了回应人们的质疑，促使人们自觉自愿交费，政府应尽快解决养路费“取之有据”和“用之透明”的问题，对于“取之有据”，建议国务院委托交通部门向全国人大常委会就养路费继续征收作一专题报告，经其认可；对于“用之透明”，建议交通部门和审计部门对历年养路费收费的总额和使用出处作一清理，将其具体收支情况（尽可能具体、详细）通过政府公报或网络媒体公之于众，让缴费人和全体公众都知晓、明白。

（原载于《法制日报》，2007－01－22）

构建权利、权力的法治化博弈机制是构建和谐社会的前提

——在中国政法大学“首届中国法治论坛”上的发言整理稿

一、任何社会都不可避免矛盾和利益冲突

社会的和谐与不和谐不在于有无矛盾和利益冲突，而在于有无公正、有效的解决矛盾、化解利益冲突的机制。

任何社会都不可避免矛盾和利益冲突，和谐社会同样不可能没有矛盾和利益冲突。古今中外的人类社会从没有过完全没有矛盾、没有摩擦、没有利益冲突的“秩序井然”的和谐社会，但有过相对“秩序井然”和相对“稳定”的社会。这种相对“秩序井然”和相对“稳定”可以通过四种途径获得：第一种途径是专制统治者通过高度集权、高压统治迫使人民畏惧而使社会“有序”和“稳定”。第二种途径是“魅力型”统治者通过对其自身的权威、神化，使人民崇拜、迷信而使社会“有序”和“稳定”。第三种途径是“以阶级斗争为纲”的领导人通过不断发动政治运动和推进阶级斗争，确立一个阶级对另一个阶级的专政，一部分社会群体对另一部分社会群体的优越地位而使社会“有序”和“稳定”。第四种途径则是法治型政府通过民主、博弈机制解决矛盾、化解利益冲突而使社会处于一种矛盾和冲突虽然不断产生、但不断得到化解的有序和稳定状态。第四种途径与

前三种途径使社会获得的“有序”和“稳定”是完全不同的。专制型社会的“秩序”和“稳定”是通过以国家强制力压制和掩盖矛盾和利益冲突而制造出来的；“魅力型”社会的“秩序”和“稳定”是社会公众因崇拜、迷信领袖而内心自我克制、压制，使矛盾、摩擦、利益冲突不致激化，不形于外而生化出来的；阶级斗争型社会的“秩序”和“稳定”是通过一部分人压迫和压制另一部分人而“熄灭”矛盾、摩擦和利益冲突而制造的。通过上述这些途径制造的“有序”和“稳定”显然都是虚假的，从而也只能是短暂的。只有第四种途径形成的“有序”和“稳定”才是真实的、可持续的，才是真正“和谐社会”的秩序。可见，社会的和谐与不和谐不在于有无矛盾和利益冲突，而在于有无公正、有效的解决矛盾、化解利益冲突的机制。

二、转型时期社会矛盾和利益冲突有增加和激化的趋势

转型时期社会矛盾和利益冲突之所以有增加和激化的趋势，原因有三：其一，转型时期，经济和政治体制的改革，必然导致人们之间利益的大调整：部分人可能因改革而获得利益，部分人则可能因改革而丧失部分利益；而获益者也有获益大和获益小之分。这样，失益者阶层、团体、个人与获益者阶层、团体、个人之间，获益小的阶层、团体、个人与获益大的阶层、团体、个人之间，必然会产生这样、那样的矛盾、冲突。其二，转型时期，人们物质生活状况发生着重大变化，而许多人的精神生活却跟不上时代的变化：过去信仰的理想、信念逐渐丧失，新的理想、信念却未能形成，这些人的心理不平衡感会越来越严重。其三，转型时期，旧的制度逐渐瓦解，新的制度尚在探索，许多制度均处于不健全和不完善状态。制度的不健全和不完善使各种不法分子、投机分子、腐败分子大量侵吞国家、社会资财，形成了一部分暴发户，从而加剧了贫富两极的分化和矛盾。所有这些，都使得转型时期的社会矛盾和利益冲突有增加和激化的趋势，导致了社会关系的不和谐，导致了对社会、经济稳定发展的风险。

实践表明，转型时期社会关系较常规社会复杂得多，各种社会矛盾和利益冲

突也较常规社会复杂得多。这些社会矛盾和利益冲突是各种各样的，其中主要包括下述五类：其一，私人利益与私人利益之间的冲突，如两个相互竞争的企业之间，生产者、销售者和消费者之间的矛盾冲突；其二，私人利益与公共利益的冲突，如生产者、销售者片面追求利润的行为与管理者对之进行质量、环境监控行为之间的矛盾冲突；其三，公共利益与公共利益之间的冲突，如政府经济主管部门促进经济发展的行为与环境主管部门保护生态环境的行为之间的矛盾冲突；其四，行使公权力的机关、公职人员的利益与私人利益之间的冲突，如行政机关将行政执法指标与行政机关、公职人员的利益挂钩时导致的执法者与被执法者之间的矛盾冲突；其五，行使公权力的机关、公职人员的利益与公共利益之间的冲突，如公务员，特别是领导干部，追求"政绩"与保证经济、社会平衡、协调和可持续发展之间的矛盾冲突。

三、构建权利、权力的法治化博弈机制是构建和谐社会的前提

构建和谐社会之所以必须构建权利、权力的法治化博弈机制，原因主要有四：其一，如前所述，转型时期，各种社会矛盾和利益冲突不仅不可避免，而且有增加和激化的趋势；其二，在现代市场经济的条件下，国家不可能用强权去压制社会矛盾和平息利益冲突，也不可能产生和制造"魅力型"领袖让公众倾倒、崇拜、迷信，而消释和消弭社会矛盾与利益冲突；其三，阶级斗争的办法虽然可以通过斗争、专政，通过一部分人压迫和压制另一部分人把社会矛盾、冲突强压下去而制造"秩序"，但这样做成本太大，且残酷、不人道，更不利于社会、经济发展；其四，唯有法治化的博弈机制较为公平。博弈虽然也可理解为是一种"斗争"，但它是在通过法制创设的一种公开、公正、公平的环境中所进行的有序的"斗争"（竞争）。法治化博弈的规则是参加博弈的各方（或通过他们的代表）共同参与制定的。因此，博弈各方自愿参与博弈，也会自愿接受博弈的结果，哪怕是对己方不利的结果。

权利、权力的博弈机制包括各种各样的博弈形式，如权利博弈有市场竞争、

调解、仲裁和民事诉讼等；权力博弈有竞选、谈判、协商、宪法诉讼等；权利—权力博弈有集会、游行、示威、听证、请愿和行政诉讼等。

四、确立和保障博弈各方的知情权、结社权、表达权和救济权是构建权利、权力的法治化博弈机制的基本条件

所谓知情权，首先是行政相对人一方了解政府政务运作信息的权利。行政相对方只有知道政府是怎样花纳税人的钱为纳税人提供“公共物品”的，知道政府是怎样作出决策和怎样实施政务的，知道政府制定各种法规、政策的内容和制定的理由、根据，其才能和公权力方博弈。否则，一方掌握着各种信息，处在“明处”，另一方什么情况也不了解，处在“暗处”，怎么博弈？此外，“知情权”也包括行政相对方获取通过政府和其他公共机构收集的社会信息的权利。人民建立政府的目的之一，即是通过政府收集和发布各种信息，如食品、药品安全及其他商品质量的信息、生活、生态环境状况的信息、市场流通的信息等，以尽量减少因社会生活中各种“信息不对称”而在权利博弈中吃亏、上当和导致被侵权。有了信息公开，有了“知情”的渠道和途径，在侵权事件发生后，博弈才可能公正展开，相应问题才有可能获得较公正的解决。

所谓结社权，主要是指博弈各方，尤其是弱势群体一方依法组织起来，结成相应的利益共同体，通过共同体的组织表达自己的愿望，维护自己的利益。弱势群体（如农民、个体劳动者、民工、家政服务人员等）的成员如果不组织起来，仅靠个人单打独斗，是很难与强势群体博弈的。同时，社会各阶层和不同利益团体也只有组织起来，才能有效参与国家政务（如立法、决策、执法等）和社会事务，就“公共物品”与政府间以及相对人各方相互间展开公正博弈，以防止社会公共政策和公权力行为的偏差和失误，平衡和协调各社会不同阶层、不同群体人们的利益冲突。

所谓表达权，主要是指博弈各方通过出版、集会和其他各种途径（如新闻媒体、信访等）公开发表其思想、观点、主张和看法的权利。“表达权”既是博弈

的条件，其行使也是博弈的一种方式。“表达权”的实现程度是衡量一个国家民主、法治和文明的重要尺度。有人可能认为表达权和言论自由对社会稳定、和谐会有副作用，这种认识是片面的。公民滥用表达权和言论自由（如污蔑、诽谤、恶意煽动等）会损害社会稳定、和谐，但公民依法行使表达权和言论自由则是进行权利、权力公正博弈所必不可少的条件，从而是有利于社会稳定、和谐的。首先，各社会不同阶层、不同群体的人们只有平等地享有表达自己的思想、观点、主张和看法的话语权，才能实现和保障社会公平（平等博弈），没有社会公平，怎么会有社会稳定、和谐？其次，不同思想、观点，不同主张、看法的人们只有平等地享有表达权、话语权，才能相互了解、相互协调、相互妥协，没有相互了解、协调和妥协，各种利益冲突怎么化解？利益冲突长期不能协调、化解，社会怎么稳定、和谐？

所谓救济权，主要是指博弈各方中任一方在博弈过程中因博弈环境或条件不公平而感到自己方吃了亏，其权益被侵犯而请求法院予以救济的权利。诉讼本身是一种博弈途径和博弈方式，但因为它是维权的最后一道屏障，故又是博弈的保障。为此，必须建立独立、公正、权威的司法。无论是权利争议，还是权力冲突，或者是权利与权力的纠纷，在其他途径不能得到公正解决的情况下，最后都应该能获得司法终局的公正解决。没有独立、公正、权威的司法救济，权利、权力的法治化博弈机制就不可能最终形成，从而也难以构建真正的和谐社会。

（原载于《美中法律评论》，2007（3））

“协调和解”：还需完善法律依据

近日，最高人民法院在北京召开了第五次全国行政审判工作会议。这次会议有很多亮点，其中之一即是要求各级人民法院积极探索通过协调和解途径解决行政争议的新方式。所谓新方式，是相对于我国行政诉讼制度建立以来解决行政争议一直不适用调解而一律以裁判结案的“旧方式”而言的。会议为什么将这种解决行政争议的新方式称为“协调和解”而不直接称人们耳熟能详的诉讼法专用语“调解”呢？二者有什么重要区别吗？答案是没有。既然没有，那为什么要用“协调和解”而不用“调解”呢？据说根本原因是因为《行政诉讼法》第50条规定，人民法院审理行政案件，不适用调解。如果我们直接称解决行政争议的新方式为“调解”，即有“违反《行政诉讼法》”之嫌。

那么，在行政诉讼中适用调解，以调解方式解决行政争议确实违反《行政诉讼法》吗？笔者认为，答案不是必然的。

首先，《行政诉讼法》在总则第1条中就开宗明义地确定，该法的立法目的是“保证人民法院正确、及时审理行政案件，保护公民、法人和其他组织的合法权益，维护和监督行政机关依法行使行政职权”。立法目的是任何一部法律的灵魂，对整个法律起统率和指导作用。立法目的既定，一切执法和司法行为都必须有利于立法目的的实现，而有利于立法目的实现的执法和司法行为在本质上和方向上应认为是合法的。调解，作为解决争议（包括行政争议）的一种方式，对于正确、及时化解某些特定种类的行政争议，保护相对人的合法权益和监督行政机关依法行政显然是有效和有益的，从而，在特定条件下运用这种方式解决行政争议无疑是合乎《行政诉讼法》的立法目的的，因此不能不加区分、不加分析地将在行政诉讼中适用调解、以调解方式解决行政争议视为"违法"。

其次，《行政诉讼法》第50条规定，人民法院审理行政案件，不适用调解。这里"不适用调解"的主体是法院，"不适用调解"的时间和地点是人民法院审理行政案件的时间和场合。行政诉讼法禁止法院调解，但行政诉讼法并不禁止法院外的其他第三人，如行政机关的上级机关、社会公益组织或律师等，对行政诉讼双方当事人进行调解。行政诉讼法禁止法院审理行政案件时（即开庭时）调解，但并不禁止法院在非审理行政案件时进行调解。而且，行政诉讼法规定的"不适用调解"，其立法原意是不能以调解书结案，而并未排除法院通过对案件事实、证据及法律的分析影响争议双方，以及被告受此分析启发而自觉改变被诉具体行政行为和原告受此分析启发而自愿撤诉。

当然，根据《行政诉讼法》第50条的规定，法院确实不能在审理行政案件时调解和以调解结案。法院如果这样做，确实违法，至少在形式上是违法的，但是这种违法并不能以变换一种表述（用"协调和解"取代"调解"）就能使之合法，这样做是很危险的。法院如果带这个头，行政机关、公民、法人和其他组织都可能找到某种方式规避法律，那整个法治的大厦就要崩溃了。诚然，个别法院这样做，其违法是"善意"和"良性"的，但是，"善意"和"非善意"，"良性"和"恶性"有时会难以区分。法治首先应该是"形式法治"。

前已述及，"调解"在本质上和方向上应认为是合法的。这里的合法是就"实质法治"而言的。我国宪法规定的"法治"（建设社会主义法治国家）应是"形式法治"和"实质法治"的统一。那么，为了保障行政审判中的法治统一，我们必须协调《行政诉讼法》第50条和第1条的矛盾。怎么协调呢？无疑应该修改第50条，变"人民法院审理行政案件，不适用调解"为"人民法院审理行政案件，可适用调解，可调解的行政案件的范围和调解程序由最高人民法院以司法解释的方式确定”。当然，修改行政诉讼法需要一定时间，在修改之前，在行政诉讼中是不是不能以调解方式解决行政争议呢？显然不是。法院只要不在开庭审理过程中调解和不以调解书结案，其运用调解方式解决行政争议是不存在法律障碍的。

有人主张，在行政诉讼法修改之前，先由最高人民法院制定协调和解（包括以协调和解结案）的司法解释，以为各级人民法院目前正在探索的行政案件处理新机制提供法律根据。笔者认为这样做是不妥的。司法解释如果可以修改法律的明文规定，那我们的国家就不是离法治国家越来越近，而是越来越远。一件利国利民、建设和谐社会的好事，为什么要违法地做呢？人大修法，并非“难于上青天”，如果对一部法律全面修改工程太大、难度太大，我们完全可以先修改其中迫切需要修改的一个或两个条款。再说，在修法之前，我们的协调和解工作并不是不能做。现在的问题，是要对其规范，使之既充分发挥其化解“官”、“民”矛盾，构建和谐社会的作用，又不突破《行政诉讼法》第50条规定的边界，并防止和避免这一方式运用不当而可能产生的副作用。

为了防止和避免协调和解方式（即调解方式）运用不当而可能产生的副作用，成都市中级人民法院和湖南省高级人民法院提出了运用这一方式的若干原则，如合法性原则、自愿原则、有限协调原则、利益平衡原则、效率原则等。笔者认为，在行政诉讼法没有修改和最高人民法院司法解释没有出台之前，人民法院在以协调和解方式解决行政争议的过程中遵循这些原则是必要的和有益的。但是，我国是成文法国家，特别是在目前我国部分法官法律素质还不是很高的条件下，非成文法律原则对司法的规范作用毕竟是有限的。因此，目前解决探索行政案件处理新机制最根本和最重要的任务，还是修改《行政诉讼法》第50条和制定、发布相应的司法解释，为以协调和解（即调解）方式解决行政争议提供法律依据。

（原载于《法制日报》，2007-04-04）

行政诉讼是构建和谐社会的重要制度架构

对于行政诉讼的救济功能和监督功能，在《行政诉讼法》已制定和实施十六年后的今天，人们已达成了比较广泛的共识，但是对于行政诉讼是否有利于改进“官”、“民”关系，消除老百姓与政府机关的矛盾和冲突，保障社会稳定，即行政诉讼是否具有构建和谐社会的功能，有不少人，特别是少数政府机关及其领导人，对之却持怀疑态度。他们认为，社会上很多矛盾和冲突，例如征地、拆迁、罚款、收费导致的矛盾和冲突，本来完全可以利用他们的行政权力摆平、搞定，但是，有了行政诉讼制度之设，老百姓没完没了地告：起诉、一审、二审、再审，以致引起没完没了的矛盾和冲突。他们认为，官民不和谐、社会不稳定，主要是行政诉讼惹的祸。因此，他们尽量压制“民”告“官”，采取各种软硬兼施的手段和措施阻止行政相对人告；实在阻止不了，就向法院施加压力，让法院不受理，受理了就让驳回，驳不回就让“协调”其撤诉，“协调”不了就判其败诉。他们这样做也许是为了保一方稳定、和谐、发展，不想让老百姓告状和上访影响、妨碍地方的建设和发展进程。

那么，行政诉讼究竟是构建和谐社会的制度架构还是制造不和谐、不稳定的制度架构呢？笔者认为显然是前者而不是后者。

首先，和谐社会是行政相对人的人权和其他合法权益得到尊重和保障的社会。“官”、“民”的矛盾和纠纷，大多是作为“官”的行政机关及其工作人员侵犯作为“民”的行政相对人的合法权益引起的。对于这种矛盾和纠纷，只有通过行政诉讼等法定救济途径使相对人被侵犯的权益得到恢复或补救，才能缓和、平息，乃至最终化解。如果试图采用行政权力压制，可能在一个时期能使相应矛盾和纠纷缓和、平息，但最终只能是压而不服，可能引发更大、更严重的矛盾和纠纷。

其次，和谐社会是公权力受到有效监督和制约，不致滥用，不致对公民权利、自由构成威胁的社会。人类几千年的发展史反复证明，不受监督和制约的权力必然膨胀、滥用、腐败，而公权力膨胀、滥用、腐败则必然导致社会矛盾激化，“官逼民反”。“官”虽然可以通过高压手段在一个时期内迫使“民”不敢反、不能反，“自愿”做“顺民”“载舟”，但水下涌动的暗流终究有一天会“覆舟”。因此，真正和谐的官民关系必须通过行政诉讼等各种对公权力的监督、制约制度来培植和构建。

再次，和谐社会不仅是人与人和谐相处的社会，而且是人与自然和谐相处的社会。人的生存、发展必须依靠自然，一刻也离不开自然。但是，人由于其认识的局限性和短期利益的驱动，又时时刻刻在污染和破坏环境。而对环境污染和破坏的重要渊源之一就是公权力主体，一些公权力主体受其无限膨胀的“政绩欲”、“事业心”的驱使，移山填海、围湖造城、毁林毁田、建厂上项目，使人与自然的不和谐达到极致。怎么扼制公权力主体的这种无限膨胀的“政绩欲”、“事业心”可能和必然导致的对自然的破坏呢？这当然需要各种制度设计，但行政诉讼无疑是制约公权力对自然破坏的一种非常重要的制度架构：公权力主体移山填海、围湖造城、毁林毁田建厂上项目必然要影响相应公民、法人或其他组织的权益，这些利害关系人因为其自身的利益受到波及，无疑有着比环保机关、监察机关更大的监督和制约的积极性。他们进行行政诉讼在主观上也许是维护自己的合法权益，但在客观上则起着保护自然环境、维护人与自然和谐的毋庸置疑且不可替代的作用。

（原载于《人民法院报》，2007－04－04）

法律人与法律学人的品性

前些天，有一位法律报刊记者采访我，问法律人应具有什么品性。这个问题把我给问住了，我一时竟然答不上来。过去记者采访我，通常都是问我对某一法律事件的看法、对某一法律规则或原则的理解，或对某一具体案件的分析意见。“法律人的品性”这个问题太抽象了，怎么回答呢？我想了想，问她，你问的是什么“法律人”吗？法律人是各种各样的：有从事法律教学和科研工作的作为法律学者的法律人，有从事立法、执法、司法工作的作为法律实务工作者的法律人，每一种不同职业的法律人都有或应该有不同的品性。例如，法律学者与法律实务工作者比较，前者需要有较多的批判、创新精神，后者需要有较严格的依法办事、遵循先例的品性。法律实务工作者中的律师与法官比较，律师需要较多的辩才和博弈精神，法官则需要有较严格的不偏不倚的品性等。记者回答，她现在要与我讨论的是一般法律人的共性，而不讨论各种不同法律人的特性。

那么，作为一般法律人，作为整个法律共同体的人，他们通常具备或者说应该具备什么共同的品性呢？我想了想，作为一般法律人，首先恐怕是相对于政治人（政治家与政治学者等）而言，其次是相对于经济人（企业家与经济学者等）而言，再次也是相对于哲学人、文学人、科学人等而言。有了这么一个思路，我脑子里就开始有了法律人品性的概念。于是，我对记者说，法律人的品性主要有三：信仰法律、追求正义、崇尚秩序。

信仰法律。法律人信仰法律就像政治人信仰权力、经济人信仰利润、科学人信仰真理一样。法律人往往以法律为标准和尺度来衡量各种事物的是非曲直，遇到问题，首先想到的是法律：先是考察本国的现行法律——哪部法律的第几条第几款第几目是怎么规定的，该条款应如何如何解释，相应问题是否应适用该条款；后是考察本国以往的法律；再是考察国外境外的法律；等等。法律虽然不能解决一切问题，但法律人总是会选择法律，至少是首先选择法律去解决问题。而不会如同政治人、经济人一样，首先选择政治交易或金钱交易途径去解决问题。

追求正义。法律人虽然也追求效率，但法律人第一追求的是正义。公正优先而不是效率优先，这是法律人品性与经济人品性最重要的区别。为追求正义，法律人特别讲究程序，讲究公开、公正、公平。正义包括实质正义和程序正义。法律人不仅重视实质正义，也重视甚至更重视程序正义。因为程序正义不仅是实质正义的保障，而且其本身所体现的彰显人格尊严的价值尤为法律人所看重。

崇尚秩序。法律人通常被认为比较保守，因为法治要求遵循先例，给予人们对未来的预期，以维护现行秩序。法律人并不一味地反对变革现实，但是对改革和变革持非常慎重的态度。不到非改不可的程度，法律人一般主张维持现有的法律和法律秩序。对于现行秩序的不公正，法律人可以通过运用其精密、灵巧的法律技术去解释法律和适用法律，使不公正归于公正，以维护社会的有序运行。法律人特别注意诚信和信赖保护，过去制定的规则、说过的话、给过相对人的承诺，现在实行起来即使对自己不利，也不能以“改革”、“发展”或“公共利益”需要之名而随意推翻，除非通过法定程序修改规则或通过与相对人协商变更承诺。

以上是我对一般法律人品性的认知。我是一个法律学人，法律学人虽然与法律实务人同为法律人，具有一般法律人共同的品性，但法律学人毕竟不同于法律实务人。那么，法律学人相较于法律实务人，具有什么特殊的品性呢？接受完记者的采访后，我向自己提出了问题，对此问题我似乎没有多想，脑子里很快就有了答案。法律学人的特殊品性有三：信仰法律，更执著于批判法律；追求正义，更执著于思考正义；崇尚秩序，更执著于创新秩序。

信仰法律，更执著于批判法律。法律人信仰法律是指信仰法治，信仰法对人权的保障和对公权力的制约，信仰法在人们追求真善美的过程中可能发挥的作用和功效。但是法要真正发挥此种作用和功效，值得人们信仰，值得一代一代的人信仰，法本身就要尽可能地真、善、美。然而任何现实的法都不可能是尽善尽美的，不要说恶法，就是良法，也会有很多漏洞、瑕疵。所以法律学人的使命就是不断地批判现行法律，分析和揭露现行法律的瑕疵和漏洞，以警示和促使法律实务人（其使命更多的是宣传现行法，执行现行法）去修补或避开现行法的瑕疵和漏洞，使现行法不断地向真、善、美接近。

追求正义，更执著于思考正义。追求正义是所有法律人的品性，但法律实务人更多的是通过造法、执法去实现正义，而法律学人则更多的是思考正义，思考什么是正义，思考法如何实现正义、法如何维护正义、法如何恢复被破坏或被颠倒的正义。

崇尚秩序，更执著于创新秩序。法律的品质本来更多地是保守而不是创新，是维护秩序而不是推动改革。但秩序必须与现实世事、人心相适应。法律创造的某种秩序如果与现实世事、人心严重相背，这种秩序终究会断裂、瓦解。为避免断裂、瓦解式的秩序变更导致的社会灾难，不断的、渐进的变革是必要的。为此，法律学人就必须以自己的创新思维和创新研究成果去推动秩序的革新、创新。创新是所有学人的使命和品性，没有创新，就没有学人资格，自然也不能在法律学人中“混”。

（原载于《法制日报》，2007－04－08）

推进政府信息公开，保障公民知情权的实现

民主政治的最基本、最质朴的含义是人民当家做主：人民是国家的主人，政府是人民的公仆。正是基于此，人民对政府信息有知情权，政府有对人民公开其政务信息的义务。否则，主人就不是主人，公仆就不是公仆了。

法治政府的最基本、最原初的标准是依法行政、公开透明：政府依法定职权、规则、程序办事，政府办事的依据、过程和结果向社会公开，接受公众的监督。否则，政府管理就不可能是法治，而只能是人治和专制了。

《政府信息公开条例》（以下简称《条例》）的颁布预示我国将向民主、法治迈出扎实的一步。在《条例》颁布之前，我国政府信息虽然也通过某些形式和途径予以了一定程度的公开，但是，在过去的旧体制下，公开并非常态，并非原则。常态是不公开，原则是保密。在旧体制下，公民的知情权得不到法律的保护，而政府暗箱操作却反而能获得法律（如《保密法》）的支撑，有些政府或政府部门封锁信息，但暗箱操作是其故意曲解法律而非法律原意。

现在有了《条例》，公民的知情权是否就可以无障碍地实现呢？这不一定。《条例》虽然为公民知情权的实现提供了法律上的可能性，但是，要使这种可能性变成现实性，要保障公民知情权能够真正有效实现，还有赖于我们对《条例》的正确认识和严格执行，对违反《条例》行为责任的严肃追究，对侵犯公民信息

获取权的有效救济，以及其他相关条件的配合，如抓紧修改《保密法》、《档案法》和其他相关法律、法规，制定相关配套法规、规章等。

首先，《条例》为公民设定的知情权的有效实现取决于人们对《条例》在整体上的正确理解和认识。《条例》的基本精神和立法目的是“保障公民、法人和其他组织获取政府信息，提高政府工作的透明度”，虽然《条例》规定政府有的信息发布需经批准，政府信息公开不得危及国家安全、公共安全、经济安全和社会稳定，但对这些规定的解释必须与《条例》的基本精神和立法目的保持一致，且遵循“公开是原则，保密是例外”的宪政要求，所谓“例外”，即必须有法律、法规的明确、具体规定，若发生争议，最终由司法判断。

其次，《条例》为公民设定的知情权的有效实现取决于各级政府及其工作部门对《条例》的严格执行。《条例》对政府信息公开的范围、方式和程序均有非常明确、具体的规定，这些规定要得到严格的贯彻执行，政府必须进行认真扎实的工作：要设立信息公开的专门工作机构；要建立信息收集、储存、保管、交换、查阅、设立、发布的专门制度、场所、设施；要对现有的信息进行清理、分类和对未来的信息源进行预测，确定公开方案；等等。

再次，《条例》为公民设定的知情权的有效实现取决于对违反《条例》行为责任的严肃追究和对侵犯公民信息获取权的有效救济。政府信息掌握在政府机关手里，而政府机关及其工作人员由于种种原因，大多不愿意将其掌握的信息公开。因此，对之必须有督促、监督和保障措施，如考核、评议、监察、行政相对人举报、申请行政复议和提起行政诉讼等。在所有这些措施中，行政诉讼应该是最重要、最有效的措施：行政相对人依法申请获得某种信息，行政机关违法拒绝的，行政相对人可诉诸司法审查，法院经审查，如认为相应信息属于依法应公开的范围，可判决行政机关限期提供，如行政机关拖延提供造成相对人损失的，法院还可判决行政机关赔偿。

最后，《条例》为公民设定的知情权的有效实现还取决于修改《保密法》、《档案法》和其他相关法律、法规，以及制定相关的配套法规和规章。《条例》属于行政法规的范畴，其位阶低于《保密法》和《档案法》。《保密法》和《档案法》都是20世纪制定的，其贯彻的立法精神是“保密是原则，公开是例外”，如果我们不对这种立法精神和体现这种立法精神的相关规定进行修改、修正，《条例》的实施有时就可能遇到难以克服的障碍。此外，为保证《条例》在各个部门、各个领域的全面实施，还必须抓紧制定相关的配套法规和规章，如前不久颁布的《环境信息公开办法（试行）》。

现在，离《条例》正式施行的时间还有一年，在这一年时间里，我们如果能抓紧做好上述工作，就有可能使《条例》确定的建立公开、透明政府的立法目的变成现实，使我国公民的知情权得到真正有效的实现。

（原载于《法制日报》，2007－04－29）

多些民主形式，少些形式民主

自有了价格听证会以来，常有人纳闷：好端端的听证会，咋就变成了涨价会？听证会本来是一种很好的表达民意、反映民意、听取民意和实现民意的民主形式，有时咋就变成了表达官意、反映官意和实现官意的工具？

最近，北京酒仙桥危改拆迁补偿安置方案举行投票表决，又有人纳闷：危改拆迁涉及的是公民的私有财产，而票决是一种最重要的民主形式——民主，能适用涉及公民私有财产的事项吗？

民主本来不是个十全十美的好东西，但它对于解决人类共同体的公共事务，却是一个没有任何东西能比它更不坏的好东西。民主如果运用得当，它确实能较好地帮助人们实现其结成共同体的目的和愿望：既维护共同体的有效运转，以提供人们生存不可或缺的，且非共同体不能提供的“公共物品”，又保障共同体所有成员的权益，防止共同体内一部分人（或少数，或多数，或掌握公权力的成员，或普通成员）压迫另一部分人和侵犯另一部分人的权益。然而，民主如果运用不当，它有可能成为共同体内的专制者为欺骗广大成员，掩盖其专制行为而制造的骗局，它还可能成为共同体内多数人压制少数人的“多数人暴政”。前一种民主（运用得当的民主）是真民主，后一种民主（运用不当的民主）是假民主，是民主其外，专制或暴政其中的“形式民主”。

人们对目前某些价格听证的纳闷和对最近北京酒仙桥危改拆迁补偿安置方案票决的纳闷，实质是对当下一些人热衷于搞“形式民主”的担忧。

那么，我们怎么扼制“形式民主”呢？笔者以为，发展民主的多种形式也许是途径之一，多一些民主形式，可能就会少一些“形式民主”。

民主，特别是现代民主，有多种多样的形式，票决只是形式之一，听证会也只是形式之一。现代民主除了以票决民主作为主要或基本的形式以外，还有协商民主、审议民主等。协商民主和审议民主在英语里通常使用的是同一表述：Deliberative Democracy，但这两种民主形式在汉语里是有区别的：前者更多地指共同体成员间的相互协商、相互妥协，以达成共识，其最终结果一般是相应决策、方案无异议地为全体成员一致认可，无须再行票决；后者则更多地指共同体为了就某种决策、某种方案在全体成员或大多数成员中达成共识，通过座谈会、研讨会、听证会、审议会、论证会等形式不断地组织讨论、辩论，使相应决策、方案逐步由少数人接受扩展到多数人接受，由多数人接受扩展到全体人接受。审议的过程实际是一个说服的过程：少数人说服多数人，多数人再说服尚未被说服的少数人，以最终达成一致。当然，审议的过程同时也是一个不断修改原决策、原方案的过程，使最终的决策、方案能平衡和照顾到方方面面的利益，即使相应决策、方案最后仍需经过票决程序通过，但审议程序已可保证票决通过的决策、方案能最大限度地反映和体现不同利益群体人们的意志和利益，包括少数人的意志和利益。

就价格听证来说，如果我们能广泛地运用民主的各种形式，听证会就不可能变成涨价会：人们通过（在网络或会议上的）各种研讨、审议、论证等“审议民主”，对某种价格应涨应降自然会形成一种舆论，对此种舆论，决策者很难左右；另外，人们还可通过一定范围投票的“票决民主”，展示一种民意，对此种民意，决策者亦很难漠视。

对于酒仙桥危改拆迁补偿安置方案遇到的难题，同样可以适用多种民主形式来破解。但有人认为，“民主票决”程序不适用危改拆迁工程一类决策事项，民主无权干涉生命、财产、婚姻等私人权利。因此，对拆迁一类涉及私有财产的事项举行投票表决完全是一个错误。

这种说法可能有一些绝对。民主也许无权干涉个人的生命和婚姻，但是，在现代社会，民主对私有财产恐怕不能不有限度地干预。首先，人们要组成共同体，建立国家，就不能不向私人收税、收费。政府向私人收税、收费的范围、标准怎么确定，恐怕要经过一定的民主程序（直接民主或代议制民主）。其次，人们要在一定的共同体内共同生活，就必须要有一定的公权力维持秩序、保障安全和提供其他公共物品，而这就免不了在某些情况下要征收、征用个人的私有财产，这种征收、征用的范围、条件及补偿标准怎么确定，在现代社会恐怕也要经过一定的民主程序（投票民主或协商民主）。最后，人们在一定的共同体内生活，为了避免矛盾和冲突，和谐相处，不能不对各自的私有财产权进行一定的限制。这种限制的范围和度如何确定，在现代社会恐怕也要经过一定的民主程序（审议民主或票决民主）。

就城市房屋拆迁来说，民主也不是绝对不能适用的。拆迁可能有各种情况，如完全为了公共利益（如修建奥运场馆，建设水、电、煤气公用设施等）而进行的拆迁；完全为了商业利益（如开发商看中了某块有潜在开发利益的地段，欲进行开发）而进行的拆迁；以及兼顾公共利益、商业利益和居民私人利益（如这里讨论的“危改”）而进行的拆迁等。就上述三种情况的拆迁而言，均不能排除可适用一定的民主程序。为了公共利益的拆迁，在某种意义上可以说是强制性的，但拆迁地的选择（建设用地选址）、补偿安置方案的制定等，仍然是可以讨论、可以适用一定的民主程序的。为了商业利益的拆迁，本来是私人利益对私人利益，而非共同体的公共事务，似乎民主程序是完全不适用的，但这也不尽然，这是由我国的国情决定的：虽然被拆迁的房屋是私人的，而房屋下面的土地却都是国有的。从而我国的商业拆迁不可能完全是一种私人间的自由买卖，政府不能不加以适当干预。而政府干预就不能没有一定的民主程序制约，否则，腐败和滥用权力就不可避免。至于公私利益兼顾的拆迁，如“危改”拆迁，其实质是政府主导，而非开发商主导的拆迁，故听取民意（包括多数民众的意见和个别民众的意见）和走民主程序就更是必需的了：此种拆迁一方面要照顾多数民众的意愿，不能因少数人的利益（甚至个别人的无理要求）而阻止多数人利益的实现，也不能因多数人的利益而置少数人（哪怕是几户或一户）的合法、合理的利益而不顾，以“多数票决”压制少数人和损害、牺牲少数人的利益。

有人之所以断言，民主不适用于拆迁一类涉及私有财产的事项，是基于其对民主的两种误解：一是认为民主就是少数服从多数，民主不可能同时兼顾多数人和少数人的利益；二是认为民主就是票决，似乎除了投票民主外，民主就没有其他形式。

民主当然意味着少数服从多数，但是，民主，特别是现代民主，同时还意味着保护少数，意味兼顾多数人和少数人的利益。民主的基本含义是人民当家做主：人们因其对各种“公共物品”的需求而结成各种不同的共同体，人们在共同体内共同生活，当然有权共同决定共同体的公共事务。有时共同体内人们的意见会不一致，从而投票是必要的。但是，投票并不意味着以多数压制少数、压服少数。投票应是在相互协商、相互妥协，尽可能达成兼顾多数人和少数人利益的方案的基础上进行。否则，就是“多数人暴政”，少数就没有理由服从多数，共同体存在的根据就会发生动摇。

正是为了保护少数，照顾少数，兼顾多数人和少数人的利益，现代民主创立了协商民主、审议民主等多种形式。此外，就是“票决民主”的“决”，也不仅仅是指由票数定输赢，以票数作为相应决策、方案是否通过的根据。有时票决只是作为一种探求民意的方法，可谓之“民意测验”。决策者经过此种“票决民主”后，再以“审议民主”、“协商民主”紧随其后，以吸收最广泛的民意，形成能平衡和兼顾各方利益的最佳决策。

从以上对“民主”的分析可知，民主，包括“票决民主”，并非不能适用酒仙桥危改拆迁工程及其补偿安置一类事项。只要投票组织者不把“票决民主”当做民主的唯一形式，不把投票的票数作为决定该工程上马或下马，该方案实施或废弃的唯一根据，那么，有关方面组织的这次投票就不仅没有错，而且符合现代民主和法治的精神。通过投票，酒仙桥的居民表达了其一般的和基本的意志，有关方面了解了一般的和基本的民意，以下的工作就应继之以“审议民主”和“协商民主”。通过“审议民主”（座谈会、研讨会、听证会、审议会、论证会等），让赞成者充分陈述赞成的理由、根据，以说服异议者，同时让异议者充分陈述其异议的理由、根据，陈述他们的特殊困难和特殊利益，以促成对原拆迁、补偿、安置方案进行修改，适当照顾各种特殊人群的特殊困难和利益。此外，在“审议民主”的基础上，再辅之以“协商民主”，即组织各种不同利益团体针对各自的特殊利益进行协商，相互妥协，在整体方案的基础上达成解决特殊问题的特殊方案。

由此可见，民主是公共决策（无论是否涉及私有财产）的最佳选择。当然，作为公共决策最佳选择的民主，必须是真民主，而非假民主和形式民主。为了保障真民主和扼制假民主、形式民主，必须发展民主的多种形式，综合运用民主的多种形式。

（原载于《法制日报》，2007－04－08）

《投机倒把行政处罚暂行条例》应予废止或撤销

记者（白龙）：《投机倒把行政处罚暂行条例》（以下简称《暂行条例》）* 对我国现在经济社会生活有着怎样的影响和作用？

姜明安：有一定的积极作用："投机倒把"是一个有着很大弹性的不确定的"罪名"。这样，当社会经济生活中新出现了某种扰乱或损害市场秩序的行为，现行法律、法规中又难以找到对之予以制裁的根据时，就可以适用这个不确定"罪名"对之予以制裁，以维护市场经济秩序。

但其消极作用是主要的：其一，它肯定和维护计划经济的理念，不利于社会主义市场经济理念的培植和弘扬。其二，它易于导致行政管理的随意性，不利于严格依法行政和行政法治。其三，它可能导致行政管理秩序的混乱，不利于行政机关各司其职、各负其责（《暂行条例》规定的工商行政管理机关打击投机倒把的职权与其他法律、法规赋予其他行政部门的职权存在很多重合之处）。其四，它易于导致行政主体和行政工作人员滥用权力和侵犯行政相对人的合法权益（已有多起这样的事件报道），不利于保护人权和市场主体的经营自由。其五，它可能在一定程度上、一定范围内窒息经济发展的活力，不利于经济的繁荣和发展。

* 该条例于2008年被国务院废止。

记者：该《暂行条例》为什么"暂行"了20年这么长时间？

姜明安：这有多方面的原因，其中主要有：其一，《暂行条例》没有"暂行"期限，有的"暂行条例"（如《国务院关于国家行政机关工作人员奖惩的暂行条例》等）竟"暂行"了近四十年；其二，20世纪90年代以后，计划经济的体制虽然已经逐步终结，但计划经济的观念还一定程度地存在于部分国民的意识中：不能让经商、做生意的人发大财，不能引导人们热衷于经商、做生意，抑商、均富等思想在我国国民中还有较大的市场；其三，在法规清理工作中缺乏认真论证，只看到"暂行条例"暂时的、局部的积极作用，而没有深究其多方面的消极作用；其四，我国尚没有建立让广大公民参与的对法规、规章提请审查和撤销的行政立法监督制度或司法诉讼制度。

记者：该《暂行条例》现在是否应予废止或撤销，应怎样废止或撤销？

姜明安：这个《暂行条例》明显弊大于利，早就应该废止或撤销。废止是国务院自律，自行纠正自己作出的违法或不当的抽象行政行为。撤销是全国人大常委会根据《宪法》和《立法法》行使对行政立法的监督权，主动或应有关国家机关、社会组织或公民个人的请求、建议，撤销国务院违宪、违法的行政法规。对这个《暂行条例》，是走废止还是走撤销的途径好呢？我个人认为，走撤销的途径较好。因为我国《宪法》实施了几十年，《立法法》也施行了七年，全国人大常委会还没有行使过一次撤销行政法规的权限，如果这一次能行使，即可将我国人大常委会的这一重要制度（也是我国民主法治的一项重要制度）激活，使之真正开始运行起来。当然，全国人大常委会如果由于各种因素暂时还不能启动这一制度，国务院仿照2003年废止《城市流浪乞讨人员收容遣送办法》的方式自行废止该《暂行条例》，亦无不可。

（原载于《新京报》，2007-07-20）

“信访倒查”，关键在于倒查什么

河南推行“信访倒查”制，媒体和网络上有不少正面评价。有人认为，这种用“倒查”的办法来追究“源头单位”责任的做法让人眼睛一亮，它很有可能“倒逼”出一个畅通无阻的民意表达渠道来（见2007年7月24日《人民日报》）。有人认为，这种制度既可改变官员对上访问题的推诿态度，使之认真对待来信来访以切实解决民众反映的问题，又可以防止“决策时拍脑袋，失误时拍屁股”的现象发生（见2007年7月26日《欧洲时报》）。还有人认为，“信访倒查”有“三利”：一可以防止地方政府追求政绩的“冲动浮躁病”；二可以防止领导干部对待群众上访的“麻木不仁症”；三可以防止责任过错追究的“集体负责制”导致的“谁都负责，谁都不负责”的现象（见2007年7月23日遂昌县人民政府门户网）。

不过，“信访倒查”制推出后，也有不少人对之有疑虑、担忧，甚至异议。一篇建议“信访倒查要慎行”的网评指出，如果倒查与基层干部的官帽子连在一起，他们会出于自我保护的本能，全力以赴把负面消息捂住、盖住，会动用一切力量把上访的人挡住，拉回来。如此，稳定就只是人为的控制，而火山口下的岩浆正剧烈活动着。另外，现实社会的矛盾还具有潜隐性、复杂性和不确定性，如果简单地进行信访评估，会不可避免地伤害一些真抓实干而又对结果无法有效掌控的人（见 2007 年 7 月 23 日“千龙大会堂—京华论坛”）。国外媒体也有评论担忧，对上访民众反映的问题，国内不少官员长期以来并非调查解决，反省自身工作的问题，而是将上访者视为麻烦，采用盯梢、跟踪、截访、打压等非正常方式处置，甚至动用专车、飞机派专人把上访者从省城、京城接回去。如果信访倒查，一些官员因为担心受到责任追究而压制、阻拦民众上访，堵访、截访或许会愈演愈烈（见 2007 年 7 月 26 日《欧洲时报》）。

“信访倒查”制究竟得失如何？恐怕没有人认为它是一个有百利而无一害或有百害而无一利的绝对好或绝对不好的制度。分歧可能是利多弊少还是利少弊多，是得大于失还是得不偿失，是值得推广还是不值得推广。

笔者认为，对“信访倒查”制的评价，恐怕不能简单地认定其利多弊少还是利少弊多，是得大于失还是得不偿失，关键在于“信访倒查”要“倒查”什么。

“信访倒查”可以是查源、查事、查人、查制度。

所谓“查源”，是指查信访的来源，即查信访人来自哪个地方、哪个单位；是什么原因导致信访人信访；相应地方、单位的负责人是谁；这些负责人为解决信访人提出的问题，防止信访人信访，保一方平安，保所在地方、所在单位无上访，做了什么工作，进而决定其应承担什么责任。

所谓“查事”，是指查信访涉及的事，查信访人反映的是什么问题：是政府盲目决策、滥用权力、随意作为的问题，还是政府官员违法、腐败、侵犯相对人权益的问题；或者是政府机关不作为，放任黑恶势力横行乡里、欺压百姓的问题，以及信访人和其他利害关系人的合法权益因这些事件受到了什么损害的问题。

所谓“查人”，是指查对信访所涉事，对信访人所反映问题负有责任的人，如谁是盲目决策、滥用权力、随意作为的责任人；谁是违法、腐败、侵权的责任人；谁是玩忽职守、不作为的责任人等，这些责任人对相应事件、问题各应负什么责任（党纪、行政、民事或刑事责任）。“查人”的责任不同于“查源”的责任：“查人”的责任是指查对信访所涉事、所涉问题的责任；“查源”的责任主要是指查信访源的责任：是何地、何单位没有做好工作，让信访人信访（特别是群访）了，即查这些地方、这些单位的负责人没有保一方平安，保所在地方、所在单位无上访的责任。

所谓"查制度"，是指查导致信访所涉事、所涉问题的制度原因：相应政府为什么会盲目决策、滥用权力、随意作为？相应政府官员为什么会违法、腐败、侵权？相应政府机关为什么会玩忽职守、不作为？之所以导致这些问题的发生，政府和政府机关运作的制度有什么缺陷？政治、经济、社会的管理体制有什么漏洞？比如，是什么样的制度缺陷和体制漏洞导致政府盲目决策、滥用权力、随意作为？为什么一个涉及千百公顷的土地征收，关系到千百户民宅的项目，一个党委常委会或一个政府常务会议甚至一个办公会议就定了？人民代表机关决定重大问题的制度和人大常委会的监督制度这时为什么不灵了？人民参与制度和舆论监督制度这时为什么不灵了？政府没有经过人大，没有听取当事人的意见，一个决定、一个通告就把老百姓祖祖辈辈耕作和赖以谋生的土地征收了，就把老百姓居住的房子强拆了，老百姓去法院告状，法院还以种种理由不受理，在这种情况下，老百姓怎么办？当然只能信访。又比如，一个城市政府为了发展经济，提高GDP，当年到处招商引资到该市办水泥厂、石场等，后来上面政策变化了，提倡科学发展、提倡绿色 GDP，市政府一个决定、一个通告，让人家关闭所有水泥厂、石场走人，你不给人家合理补偿，人家的损失怎么办，人家欠银行的债务怎么偿还？他没有路走，只能信访。

"信访倒查"，查源、查事、查人、查制度，这"四查"，一个也不能少，你只"查源"，想堵住信访（特别是群访），是不可能的。你想堵也是堵不住的，你让各地方、各单位立军令状也不会顶用。你"倒查"地方、单位负责人的责任，他们自然会更卖力地去堵访、截访，但是，信访人的问题不解决，你堵访、截访有什么用？你堵访、截访了一个信访人、一批信访人，会引发十个、十批信访人继续上访，其他信访人甚至会以更极端的办法信访。你只"查事"、"查人"也不行，你查处了一件、十件违法、滥权的事，惩治了一个、十个贪官、庸官，如果你不解决制度上、体制上的问题，可能还会发生更多的违法、滥权事件，出现更多的贪官、庸官。因此，查制度比查源、查事、查人更重要。"信访倒查"，关键应该是查制度。

“信访倒查”，如果是全面查源、查事、查人、查制度，重点查制度，笔者认为，它应该是一项利多弊少、得大于失的制度。当然，即使如此，其一定的消极作用和弊端总是难免的，世界上没有绝对十全十美的制度。因为“信访倒查”自然免不了要查处、追究信访事件可能涉及的违法、违纪的人的责任，这些违法、违纪的人害怕查处，自然就会更加加大堵访、截访信访和打击报复信访人的力度。但是，我们不能因担心这一点就不“倒查”他们和放任他们，我们必须把查处违法、违纪者和保护信访人结合起来。

鉴于我国目前信访人数这么多，信访和涉信访事件给社会和谐、稳定带来的隐患这么多，我们除了应运用“信访倒查”制度来“倒查”信访所涉具体的事、人和制度外，笔者认为，我们还必须对信访制度本身进行反思和“倒查”：我们的正常的法律救济渠道——复议、仲裁、诉讼——究竟怎么了？为什么这么多人不愿意走这些法制化渠道而选择信访？或者他们曾经选择和尝试过走这些法制化渠道，但为什么他们走这些法制化渠道一开始就走不通或最终走不通？或者他们确实不愿意走这些法制化渠道——复议、仲裁、诉讼，而愿意信访，但既然他们选择了信访，而信访却为什么老是解决不了他们的问题呢？多少年来，多少人在信访的道路上跋涉，有的跋涉了几年、十几年，甚至更长时间，对此，我们今天难道不应“倒查”和反思一下我们的信访制度本身的问题吗？对信访制度本身问题的“倒查”和反思，笔者曾经写过一篇短文：《信访制度及其解决争议的机制应该创新》（载《法制日报》，2004－02－12），笔者现在仍然坚持该文的观点，故谨以该文作为对这个问题探讨的抛砖引玉之作和本文的补充与续作。

（原载于《法制日报》，2007－08－27）

立法，应推行广泛参与制而非回避制

据报道，重庆市最近在立法改革方面推出重要举措：地方性法规、地方政府规章或政府重大规范性文件的起草（含评审、审查），凡与该立法项目有明显利害关系的部门、组织、单位或个人不得参与，而由立法部门将相应立法通过委托、招标等方式委托无利害关系的部门、组织、单位或学者、专家起草，或者由市政府法制办直接起草。此种举措被称为“立法回避制”。

重庆市为什么要推出“立法回避制”这种改革举措？据该市法制办负责人解释，主要理由有三：其一，旨在克服立法的部门利益倾向，消除政府立法中长期存在的“政府权力部门化、部门权力利益化、部门利益法制化”的痼疾；其二，借以推进立法公开，扩大公众参与，体现科学民主；其三，有利于借助各方面的经验、智慧，特别是借助专家、学者的知识优势和智力。

然而，立法是否真的应实行回避制？上述三点理由是否真的可为“立法回避制”提供理论和实践的支撑？

笔者认为，“立法回避制”和作为“立法回避制”根据的上述理由是值得商榷的。

首先，立法不同于行政和司法。立法的性质是制定人们普遍性的行为规范，规定人们在各种不同社会关系中的权利、义务，以确立各种共同体（国家是最重要的人类共同体）的运作秩序。为此，立法应最大限度地反映民意、集中民意和表达民意，而要使立法最大限度地反映民意、集中民意和表达民意，就必须保障人民最大限度地参与，保障各种不同利益群体、不同利益阶层的人民参与博弈。从而，越是有利害关系的群体、组织、单位和个人，在立法中越是应保证他们参与博弈的机会。否则，立法将是不公正的，将背离立法的本质：最大限度地反映各种不同利益群体、不同利益阶层的人民的利益和意志。因此，立法不应适用回避制，立法回避是荒谬的。而行政和司法则不同，它是公权力行使者将法律适用于具体的人和事，为了避免公权力行使者自己做自己的法官，以权谋私，故必须实行回避制。即使公权力行使者道德高尚，绝不以权谋私，但他们只要与自己所处理的相应事务有利害关系，就必须回避（而绝不能搞什么“举贤不避亲”），以维护行政、司法的外在公正形象和广大社会公众对行政、司法公正的心理认同。

其次，为克服立法的部门利益倾向，消除政府立法中长期存在的“政府权力部门化、部门权力利益化、部门利益法制化”的痼疾，需要采取的针对性措施恰恰应该是扩大参与和博弈，包括扩大各种不同利益群体、不同利益阶层的公众参与和博弈，也包括扩大各种有不同利益的政府部门和公权力机关的参与和博弈，而绝不应让所谓有利害关系的主管政府部门回避。就现代立法而言，在世界各国，无论是政府立法，还是议会立法，主管政府部门均发挥着非常重要的、不可为其他部门、组织所替代的作用。因为现代立法涉及的专业技术因素越来越高，议会议员、政治家以及其他政府部门不可能具有相应主管政府部门所具有的专门知识、专门经验、专门技能。因此，现代立法，特别是涉及高专业技术因素的立法，应充分发挥主管政府部门的作用，而不能让相应主管政府部门回避。让主管政府部门回避、缺位是荒谬的。至于主管政府部门组织立法起草或参与立法起草可能在立法中渗入它们的部门利益，完全可能通过公众参与、其他部门参与、立法审查、审议机关审查、审议以及其他程序博弈机制制约。

再次，为了在立法中借助各方面的经验、智慧，特别是借助专家、学者的知识优势和智力，委托立法确实是必要的。另外，为了防止主管政府部门在立法起草中过分渗入它们的部门利益，以法谋私，委托立法也确实是必要的。但是，委托立法却并不等于立法回避，委托立法无论在委托立法起草前还是在委托立法起草后，都不应让主管政府部门完全缺位。委托立法起草前，主管政府部门应拟定立法计划，确定立法目的、确定立法调整对象和调整范围等，委托立法起草后，主管政府部门应对委托单位起草的草案内容的适当性、可行性进行审查，向立法机关的法制部门提交审查意见，以保证委托立法的质量。政府部门的主要职责有二：一是就其主管事务起草规则（包括起草法律、法规、规章和其他规范性文件的草案）；二是执行规则。我们不能因现行立法中有部门保护主义现象的存在，就将主管政府部门起草规则的职责全部取消，而将它们所主管事务的规则的起草权全部委托别的组织、部门或个人行使，让主管政府部门只行使执行职责。

最后，立法回避与“推进立法公开，扩大公众参与，体现科学民主”也没有必然的联系。试想，就是主管政府部门和其他利害关系人完全不参与相应立法的起草，但如果委托起草的组织、单位或政府法制部门关门立法，我们能期望实现“推进立法公开，扩大公众参与，体现科学民主”的结果吗？恐怕不能。相反，即使立法由主管政府部门自行起草或由其组织起草，如果其依法举行各种听证会、论证会，通过媒体、网络广泛征求公众意见，其是否仍不能实现“推进立法公开，扩大公众参与，体现科学民主”的效果呢？恐怕不会如此。由此观之，是否能“推进立法公开，扩大公众参与，体现科学民主”，关键不在于立法是否实行回避制，而在于人们是否能为立法设置一套民主、科学的程序。

因此，结论是政府立法，宜实行广泛的公众参与制，而不宜实行利害关系人或主管政府部门回避制。

（原载于《检察日报》，2007－09－17）

法治不允许政府为特定相对人设定特权

近来，邯郸市为重点企业设置专用车牌的做法和许多其他地方类似的举措受到越来越多人的质疑乃至批评。也许质疑者、批评者们不一定都能明确和详尽地说出自己质疑、批评的理由、根据，但人们明显地感到这些做法和举措不妥，感到这些做法与自己潜意识中的社会主义法治理念不符。

从法治原理考察，这些做法和举措确实是错误的，违反了法的基本原则和精神，甚至违反了法的明文规定，尽管推出这些做法和举措的人的目的、动机可能是好的和善良的。

首先，这些做法和举措违反了法的平等性原则。平等当然不是绝对的：法治允许给特定人设定某些特定优惠待遇，也允许给特定人设定某些特别限制。但是这些特别“优惠待遇”和“特别限制”必须符合正义标准，否则即构成“特权”和“歧视”。例如，你不能因身份——富人或穷人、官员或平民等——免除某人因违法而应受之惩罚，无论是刑罚或行政处罚，无论是重罚或轻罚。人们可以给予老红军、战斗英雄等免票乘车的优惠待遇，给予依法纳税的“纳税大户”以办理纳税手续的各种方便条件的优惠待遇，但任何人不能给予老红军、战斗英雄、“纳税大户”违法、犯罪不受罚的特权。我国《刑法》和《行政处罚法》都有对特定情形的违法人可以或应该从轻、减轻，乃至免除处罚的明确规定，但这些特定情形都不包括身份。又如，根据正义标准，可以给予特定人工作所特别需要的特别待遇，如给人民警察的警车配置警灯、警笛和给予其过交通收费站的特别通行权，这些都是人民警察工作的特别需要，但如果将这种特别待遇给予老红军、战斗英雄或“纳税大户”，就是制造身份特权。另外，根据正义标准，政府也可以对特定产业发展或环境保护事业给予某种特别的政策优惠待遇，对促进当地经济发展和环境保护的有功人士给予奖励，但如果政府动用警力为这些有功人士提供专门保护，甚至给其子女中考、高考加分，就是制造身份特权，违反了正义标准。

其次，这些做法和举措违反了法的民主性和正当程序原则。民主和正当程序当然不意味着政府的任何决策都需要经过人民代表机关的讨论或同意，都要经过公众参与的程序，现代政府通常都享有广泛的行政自由裁量权。但是，根据现代民主原则，政府如果要动用纳税人的钱为特定人设定某种特别权利或待遇（如警力专门保护），政府要免除特定人的法定义务（如减免税负），政府要豁免特定人违法的法律责任（如减免刑罚、行政处罚），则必须经过人民代表机关的讨论或同意，必须经过一定的公众参与程序。否则，人民当家做主的地位就无以维护，公权力扩张和滥用的势头就无法遏制。

再次，这些做法和举措违反了现代法治要求的“有限政府”和依法行政原则。“有限政府”当然不是要求政府管事越少越好，“有限政府”应同时是有为政府。但“有限政府”要求政府不要干预可以和应该由市场调节、社会自治处理和解决的事项，政府只应负责向社会公众提供“公共物品”——经济调节、市场监管、社会管理、公共服务。政府在提供“公共物品”方面可以和应该有为。如果政府不把精力放在提供“公共物品”上，而过分注重GDP的增长，为GDP增长而招商引资，为招商引资而为大商户、大企业主设定特权，就改变了政府本来的角色和应有的职能。现代政府可以和应该适度干预经济，但是政府如果把经济发展作为其主要目标乃至唯一目标，甚至为发展经济不择手段（如为特定相对人设定特权）时，法治政府就可能变成专制政府，有限政府就可能变成全能政府，依法行政就可能变成依长官意志行政。

最后，这些做法和举措也违反了现代法治要求的利益协调和平衡原则。法的重要功能是调整社会关系，协调各种不同利益集团的矛盾、冲突，实现社会和谐与平衡。现代法调节和平衡社会关系的一个重要趋势是利益适度向弱势群体倾斜，如经适房、廉租房制度、最低生活保障制度、穷困大学生减免学杂费制度等。而当下某些地方政府推出的为特定相对人设定特权的制度是完全与现代法治要求的利益协调和平衡原则背道而驰的：纳税大户有那么多钱，你免他的交通过路费干什么？你给他免费医检、疗养干什么？他们对此有何需要？政府无非是想让这些“成功人士”在社会公众面前显露一种特权，使他们心生一种光荣感、优越感，以激发他们进一步推动当地经济发展的积极性。诚然，政府通过这些做法和举措可能（但也不一定）实现这样的目的。但政府是否想到，你实施这些做法和举措可能使另外一些人——一般社会公众，特别是弱势群体心生不平，心生一种挫折感乃至愤怒感，从而加剧社会矛盾和冲突？

任何政府决策、任何社会制度，通常都会有利有弊，有得有失，但利弊有大小之分，得失有多少之别。政府在推出某一决策和制度之前，一定要进行利弊得失的分析论证。像上述政府为特定相对人设定特权的决策和制度，如果相应政府在推出之前进行过认真的利弊得失分析论证，人们可以预期，它很可能就不会被推出，相应政府很可能会自动进行“人工流产”，而不至于让它顺利产出，给社会带来种种消极作用。

（原载于《法制日报》，2007－09－23）

论“个性官员”

官员有清官、贪官、勤官、庸官、能官、强官之分。贪官不好，老百姓恨，庸官也不好，老百姓怨，这几乎是没有疑问的。然而，清官、勤官、能官是不是就一定好，一定为人民所乐于接受，为人民所欢迎呢？这也不一定，需要具体加以分析。一个官员，如果仅仅清廉，而在其职位上无所事事、无所作为，这样的“清官”人民不一定需要，不一定欢迎；同样，一个官员，如果仅仅勤勉，而治绩全无，其管辖的地区、领域，多少年“山河依旧”，无任何改变、发展，甚至人们的生存条件还越来越恶劣，这样的“勤官”人民也不一定需要，不一定欢迎；至于“能官”、“强官”，其不仅“勤”，而且有抱负，有才干，有胆略，常被人称为治理一方的“铁腕人物”或“个性官员”，其治下的地区、领域，往往是一年小变样，三年、五年大变样，人们自然欢迎和乐于接受这样的“能官”、“强官”（如仇和、吕日周、李金华、潘岳、李毅中等），但“能官”、“强官”如果仅仅“能”、“强”，而其“能”、“强”却不受民主、法治的制约，即使其同时也“廉”，其亦可能以其“能”、“强”实施专制、独裁和滥用权力，从而构成对人民权利、自由的威胁，人民自然也没有理由欢迎和乐于接受这样的“能官”、“强官”。由此可见，人民需要和欢迎的好官应该是既廉、勤，又能、强，且自觉受民主、法治制约的“公仆”。

中国自改革开放以来，政坛上涌现出一批又一批有个性、有抱负、有才干、有胆略的“能官”、“强官”，他们敢于思考、敢于讲话、敢于做事、敢于创新。他们在其所负责的地区或领域，突破传统的施政套路，大刀阔斧地推进改革和发展，甚至通过掀起一波又一波的“风暴”，在短时间内促成和展示出明显积极的施政效果。

对于这些“能官”、“强官”，人们怎么看？官场和民间似乎都有不同的看法。多数人持肯定和支持的态度，认为这些“能官”、“强官”是真正为人民做事的好官，是中国改革和发展的希望；但也有人不以为然，认为这些“能官”、“强官”是“人治”的代表，其“铁腕”行为构成对人权的威胁。

这种对“能官”、“强官”看法的分歧源于对官员与制度、官员的能动作用与法治关系的不同认识。

官员与制度、官员的能动作用与法治究竟应是一种什么关系呢？

官员与制度都是人民设置的，法也是人民（通过人民代表机关）制定的。相对于人民，官员与制度、法都是手段。人民设置官员，其目的是让其为自己提供最好、最高效的服务，而不是让其去适应某种制度和法。人民设置制度，制定法，其目的是让制度、法规范官员的行为，防止官员贪、懒、越权和滥权，保障官员最好、最有效地提供公共物品，而不是让制度、法去妨碍官员做事。

一个有作为的官员，自然应该有一点精神、有一定抱负、有一定胆略，敢于和善于为人民做一点实事，有所作为。特别是担任领导职务的官员，没有一点“闯”和“创”的精神，没有一点干事的劲，是绝对不称职的。人民不会愿意养一批无所事事、无所作为的庸官，即使他们不贪、不懒。

当然，官员敢于做事，领导干部敢于“闯”和“创”，均必须置于依法施政的前提之下。“依法”，首先是依法的目的、原则和精神。官员做事的目的与法的目的应该是一致的，那就是为人民谋福利，维护人民的权利和自由。官员做事，领导干部“闯”和“创”，其目的如果不是为了人民，而是仅仅为了自己，为自己职务升迁创造“政绩”，为自己追名逐利，其行为就背离了法的目的、原则和精神。这样的“能官”、“强官”虽然有时也能为人民做点事，但是，在其本人利益与人民利益冲突时，他们就会作出损害人民的利益而维护自己利益的选择。

其次，“依法”也指依法定的具体规则、规定，特别是法律的具体规则、规定。官员做事，领导干部“闯”和“创”，有时需要突破，也可以突破某些不合时宜的政策性规定或某些规章、规范性文件确定的规则，但绝不能突破法律、法规（特别是法律）的明确规定。严格遵守法律、法规的明确规定是防止政府官员恣意妄为、滥用权力的必需，这条“红线”是任何“能官”、“强官”都不能和不应踩的。

有人认为，“能官”、“强官”要有所作为，要大刀阔斧改革，有时不得不突破法律、法规的某些规定。没有一定的“良性违法”，想有所作为、想做事的官员就不能创新，就做不成事。这样想、这样说的人其实是不懂法。法应该是活的，不是僵死的。法通常会给予做事的官员以广泛的自由裁量空间。只要做事的官员（包括官员的法律顾问）真正学法、善于研究法和解释法，在绝大多数情况下是能为自己的行为找到可靠的和有说服力的法律根据的，关键在于他是否去找。找不到法律根据，蒙着眼去闯法律红线，说明他不是真正的“能官”、真正的“强官”。当然，在个别情况下，找了也确实可能找不到，做事的人遇到的确实是某一完全过了时的，且没有任何弹性，不能对之做任何另外解释的法律规定，对于此种情况，你别无选择，只能提请法律、法规制定机关修改相应规定。“良性违法”在我们社会主义法治国家是不允许的。

由此可见，官员，特别是担任领导职务的官员，在任职过程中展示个性、抱负、才干和胆略的行为不仅是允许的，而且是应当鼓励的，但其前提条件是依法——在法律提供的广阔的自由裁量舞台，充分发挥其主观能动性，上演其有声有色的，且有其个性特征的活剧。那种靠踩法律红线、“良性违法”而博得喝彩的官员不是真正的“能官”、“强官”。

（原载于《法制日报》，2007－09－28）

诚信应是法治政府治事理政的基本准则

子曰："人而无信，不知其可也。"

子曰："民无信不立。"

这是我们的老祖宗孔子在两千多年前说过的关于诚信的两句话。第一句话是说人与人之间要讲信用，没有信用，人们就无法进行交往，社会共同体就难以维系。第二句话是说政府对人民要讲信用，政府对人民不讲信用，人民就会对政府失去信任。人民对政府失去信任，政府就不能存在。

孔子上述两句话与我们现代人所信奉的法和法治的原则、精神是相吻合的。在某种意义上，正是因为"人而无信，不知其可也"，故现代各国私法均确定以诚信为其基本原则，如我国《民法通则》明确规定，民事活动应当遵循自愿、公平、等价有偿、诚实信用的原则；正是因为"民无信不立"，故现代各国公法均确定以诚信政府和信赖保护为其基本原则，如我国《行政许可法》规定，行政机关给公民、法人或其他组织颁发的行政许可，不得擅自改变，如为公共利益的需要不得不变更或撤回，要依法对相对人的损失予以补偿。

法治政府是有公信力的政府，而公信力是建立在行而有诚、言而有信的基础上的。法治政府只能是和必然是诚信政府，它不能不以诚信作为其治事理政的基本准则。因为法即是以诚信为前提的，诚信是法的内在本质。无论是以文字表现的法，还是以惯例、原理、习俗表现的法，无论是硬法，还是软法，无论是私法，还是公法，其精神和灵魂都只能是诚信。没有诚信，就没有法，就没有法治。民无诚信，即为刁民、奸民，何谈法治社会？政府无诚信，即为专制政府、无赖政府，何谈法治国家？

我国早在20世纪后期就已经启动了建设法治国家、法治政府的工程。1999年法治入宪，2004年国务院发布《全面推进依法行政实施纲要》，确定以十年左右坚持不懈的努力基本实现建设法治政府的目标。法治国家、法治政府工程启动后，我国法治建设取得了重大成绩，这是世人有目共睹的。但是，同样毋庸讳言的是，我们也还有不少地方、不少部门、不少领域，其建设法治国家、法治政府仅停留在会议、口号和外在形式上，其治事理政的基本风格仍是人治、权治、专制。这些地方、部门、领域的政府和政府官员要求老百姓守法，他们自己却可以不受法律约束，随心所欲，任意所为；他们要求老百姓讲诚信，自己却可以不受自己的承诺约束，今天可以对自己昨天出台的政策、发布的红头文件不认账，本届政府可以对上届政府出台的政策、发布的红头文件不认账，甚至为创政绩不惜对自己的"臣民"实施欺骗、胁迫。

像河北省曲阳县自1992年以后执政的历届政府、政府首长和政府官员，他们在会议上，在文件上不可能不讲"法治"、不讲"诚信"，但是他们的所作所为，与法治、诚信的距离可能就相差太远。关于债券发行，关于集资、摊派，关于公务员和教师的工资，我国法律、法规是有一系列明确的规定的呀，他们是不知道呢，还是视而不见？

关于债券发行，《预算法》第28条规定，地方政府不得发行地方政府债券。《证券法》第4条规定，证券发行、交易活动的当事人具有平等的法律地位，应当遵守自愿、有偿、诚实信用的原则；第5条规定，证券的发行，禁止欺诈；第10条规定，非公开发行证券，不得公开劝诱。

关于集资、摊派，中共中央、国务院自20世纪90年代始即发布了一系列禁止乱集资、乱摊派的文件和法规，如1992年国务院发布的《全民所有制工业企业转换经营机制条例》即明确禁止任何政府机关、组织向企业的乱集资、乱摊派行为，对任何政府机关、组织向企业的乱集资、乱摊派行为，企业有权拒绝，有权检举、控告。

关于公务员和教师的工资，《公务员法》第78条规定，任何机关不得扣减或者拖欠公务员的工资。《劳动法》第50条规定，不得克扣或者无故拖欠劳动者的工资。

当然，这些法律、法规有些是河北省曲阳县政府1992年实施发行债券集资行为时尚没有的，是国家以后才制定和发布的。但是，即使是这样，即使当时所有这些法律、法规的禁止性规定都不存在（当然有存在的），河北省曲阳县政府的行为也是明显违反法治的原则和精神的，因为：

其一，政府的行为（特别是对相对人不利的行为）不是“法无禁止即可为”，而是法无授权即不能为。河北省曲阳县政府1992年扣发教师和公务员的工资，强行让他们购买政府发行的债券有何法律、法规的明确授权呢？如无法律、法规明确授权，即为违法。

其二，退一步讲，河北省曲阳县政府发行债券的行为即使有法律、法规根据，但其明确承诺1997年全部还本付息却到现在仍赖着分文不付的行为又有什么法律、法规根据呢？再退一步讲，即使法律、法规有地方政府发行债券的规定，没有关于政府要兑现向老百姓作出的承诺的规定，但对于承诺的意义，政府官员不可能不懂吧？如果不懂，其是不是有义务在承诺前查查辞典，或询问一下自家上学的孩子关于承诺的含义呢？

其三，河北省曲阳县政府某些官员提出“新官不理旧账”是一种明显的无赖理论。无论政府，还是企业，其新任法定代表人对于前任或前前任法定代表人的职务行为，都不能不认可、赖账。否则，社会秩序、经济秩序、国际交往还如何进行？这是法律常识。不要说我国政府换届，执政党并不发生变化，就是西方国家，政党更替，后执政党政府也不能不认可前执政党政府的行为。

河北省曲阳县政府的行为和其他一些地方的政府、政府部门实施类似行为，其原因是什么呢？最重要的原因也许不是我们的政府官员不懂法（确实也有不懂法的），最重要的原因恐怕是我们的许多政府官员缺乏诚信，缺乏法治理念和法治精神，他们把法仅仅作为治理老百姓的工具，当这个工具好用时即用之，不好用时则弃之。至于这样做是否会影响政府公信力，他们是不予考虑的，他们认为没有考虑的必要，因为他们手里有权力，老百姓信不信任我有什么关系，只要领导信任我，用我，我就有办法让老百姓服从。

纵观此案可见，我们必须深入反思我们建设法治国家、法治政府工程开展以来的经验教训。这些政府、政府部门对法治的这种阳奉阴违的现象说明，我们建设法治国家、法治政府，不仅要注重立法，让政府办事有法可依，不仅要注重向政府官员普及法律知识和法律理论，让政府官员知法懂法，而且，更重要的是要注重培养政府官员的诚信精神和法治理念，要让诚信精神和法治理念融入政府官员的血液，使之时刻在他们的血管里流淌。让诚信和法治真正成为政府官员治事理政的基本准则。

附记者采访文（节选）：

地方政府发债券逾期十年一分不还

——河北省曲阳县企业破产债券风波调查

74 岁的陈宗法老人抖抖索索地从一个破旧的布书包里拿出一沓“曲阳县重点工程债券”，话未出口，已是泪流满面。多年的内心积郁，毫无遮掩地呈现在记者面前。

事情和河北省曲阳县一个企业破产案有关。15 年了，当地政府信誓旦旦的承诺言犹在耳，事情却已经是面目全非。

陈宗法老人只是当年企业破产案涉及的众多债务人之一。当年破产改制坑了那些当初出于对政府的信任买了债券参与企业集资的机关干部、教师以及大量群众。

15 年：一个没有兑现的政府承诺！

1992 年，河北省曲阳县政府为了启动原曲阳最大的国有企业——曲阳县化肥厂——10 万吨尿素技改项目工程，广泛动员当地干部群众、企业、社会团体向该厂投资、集资，并承诺保证投资者的合法权益，按时偿还债务。

当时，县政府发文并通过县财政局发行债券，把全县一千多名在编机关干部，八千多名中小学教员当年调整工资所补发的总额共一百八十余万元薪酬全部扣留作为集资款投入化肥厂使用。

当时，陈宗法是曲阳县北养马中心小学的校长。“那年正好赶上涨工资，得到县里的通知，说要支持县里的重点工程，正式在编的老师都要购买县里发行的债券。当时每个老师扣了差不多 400 块钱。不管愿意不愿意，教委直接把钱扣了，一次性扣完。”

据陈宗法介绍，那个月老师不仅没有拿到上调的工资，而且连当月的工资一并都没发，有些老师当月的工资不够就从第二个月的工资中扣除。

每个老师拿到的是一叠每张面值 50 元的“曲阳县重点工程债券”。在债券的正面盖有河北省曲阳县财政局的国债发行专用章，债券的背面有这样的债券说明：

（1）本期重点工程债券由县财政发行，由县工业企业集团担保。

（2）本期债券发行经县政府曲政［1992］12 号文件批准。

（3）本期债券期限为 3 年至 5 年，利率在同期居民储蓄基础上上浮 10%，自发行之日起计息，从 1995 年起陆续还本付息，至 1997 年年底全部还清。

（4）本期共发行债券 600 万元，面额分 50 元、4 元、1 元三种，本券盖章有效，涂改作废，伪造者由司法部门依法论处。

“当时县里的人都知道有这么个化肥厂。我虽然工资不高，但是这么大的工程，觉得支援点也应该，况且有政府的担保。”陈宗法说。

“当年凡是拿工资的都买了。”一位县里已经退休的老干部说。当时他家里由于公职人员多，一家人合起来买了有一千多元。

买债券的不仅仅是公职人员。陈国民是曲阳县庄伙乡西泉口村的村民，当年他自己有三四辆货车跑运输。“就集中在那一个月，不买债券就不让交养路费，不交养路费车就上不了路。”陈国民清楚地记得他一次性买了 1 700 元的债券。“当时向我们搭售的时候说这些债券可以用来买化肥，可是等我拿着去买的时候，根本不顶用。”

由于资金匮乏，到了 1996 年前后，化肥厂几乎停产。为了启动生产，县政府决定广泛向社会募集资金。曲阳县宏大经济开发有限公司投资 320 万元成为最大的投资人。在化肥厂与宏大公司当时签订的投资协议书和与此相关的县政府批文中，有“如遇企业重大产权变动和破产，要优先保证宏大资金的归还”的内容，并有县政府所盖公章和主管县长的签字。

另外，在县政府工作组的监督下，农民群众通过交纳购买化肥预付款、向厂方供燃料（煤）暂不收费等形式向化肥厂投资。

尽管全县都在轰轰烈烈地为化肥厂投资、集资，但化肥厂由于种种原因还是再次停产。2000 年 3 月，曲阳县委县政府向债权人宣布：曲阳化肥厂正式进入破产程序。据当年的化肥厂厂长郝永田陈述，为了顺利破产，并保证全县的稳定，县委专门召开扩大会议以决议形式承诺：保证偿还群众投资人债务。

企业破产之后，进行了整体出售，以 1 150 万元的价格拍卖给一家民营企业曲阳县田原化工有限公司。

然而，破产工作结束后，曲阳县人民法院却裁定：县化肥厂破产清算结果在优先偿还厂内职工工资福利之后财产告罄，所扣发干部教师的工资和集资款被列入第三清偿顺序不再清偿。

至此，以政府的名义担保的债券在群众的手中几乎成为废纸。那些交了钱没有拿到化肥，送了煤却没拿到煤款的人，也被列入第三顺序清偿程序。然而，化肥厂破产除了安置了职工以外，连国家税金都没有还，更别说这些债务了。手持“任何条件下优先偿还协议书”的宏大公司也没有得到任何政府允诺的优先，甚至在清偿程序中根本没有被提及。

1997 年就应该全部还清的债券，十年之后的今天一分钱都没有兑现。

…………

（原载于《法制日报》，2007－11－19）

执法为民：观念是前提，制度是保障

人民政府一切工作的出发点和归宿都是为人民服务，这应该是毫无疑义的。但是我们的政府机关和政府公职人员在实际工作中很多时候没有做到这一点，这是为什么呢？江苏警方推行“执法告知制度”的经验告诉我们，政府机关和政府公职人员要在实际工作中真正做到为人民服务、执法为民，必须首先解决两个问题：一是转变观念，即将“管理就是治民，执法就是处罚”的观念转变为“管理就是服务，执法乃是为民”的观念，使服务、为民成为执法者的自觉而非应付“上面”的要求装装样子；二是确立制度，即建立和完善具体的、务实的、可操作性的制度，把服务、为民的口号落实到一项一项的实际执法行为之中。

从宪政和政府法治的历史考察，告知制度并非是江苏警方的创新。人类在几百甚至上千年前就形成了自然公正（Natural Justice）的理念，这个理念包含两项最基本的法理原则：一是任何人不得做自己的法官，即任何官员处理涉及与自己有利害关系的公务时必须回避；二是公权力机关欲对任何人作出不利的行为时，要事先告知、说明理由和听取申辩。欧美和日韩等几十个国家在近百年的行政程序立法中，几乎都将这一人类古老的自然公正理念及所体现的这两项法理原则化为成文法规则，使之成为公权力运作必须遵循的“刚性”准则。我国 1996 年制定的《行政处罚法》也将这两项法理原则法律化，要求行政机关实施行政处罚行为必须告知、说明理由和听取申辩。

当然，江苏警方推行的“执法告知制度”在我国《行政处罚法》的实施方面是有创新的。《行政处罚法》规定的“告知”只限于执法者对拟处罚所基于的事实、理由、依据和当事人所享有的救济权利的告知，而江苏警方实施的“处罚临界告知”、“电子监控违法告知”、“违法可能性告知”（如驾驶证即将逾期、车辆安全技术检验逾期、机动车即将报废等的告知）显然不是机械地执行《行政处罚法》中“告知”的文字规定，而是创造性地将《行政处罚法》中“告知”的文字规定与“自然公正”和“执法为民”的理念衔接了起来，真正激活了法律的精神和原则。

近几年来，江苏警方和其他许多地方、许多部门在党的十六大确定的“以人为本”的理念、方针、政策的指引下，在执法为民方面推出了不少制度创新。但是也有一些地方、一些部门仍然沿袭过去旧的管理思路，将管理单纯视为维持某种“秩序”的手段，将行政相对人单纯视为管理对象，甚至将有某种违法行为的公民视为“刁民”，管理者对被管理者的态度往往是热情不足，冷漠有余：门难进、脸难看、话难听，使得官民隔阂越来越大，矛盾、纠纷愈演愈烈。这既涉及观念问题，也涉及制度问题。如果我们的管理者、执法者对待被管理者、行政相对人像对待自己的父母、子女、兄弟姊妹一样有感情，在对他们作出不利行为或处置时，一定会告知、说明理由和听取申辩的。当然，在绝大多数情况下，被管理者、行政相对人毕竟不是管理者、执法者真正的父母、子女、兄弟姊妹，因此，这还需要有制度保障，就像江苏警方推行的“执法告知制度”一样，将告知的范围、内容、程序等通过规范性文件明确规定下来，要求执法机关和执法者必须遵循。

江苏警方目前推出的还只是“执法告知制度”，如果我们其他地方、其他执法部门能接着推出“执法说明理由制度”和“执法听取申辩制度”，我们如果有了具体的、务实的、可操作性的告知、说明理由和听取申辩这三项体现执法公平、正义和文明的最基本制度，我国的行政执法将会出现一番全新的景象：官民之间的隔阂会越来越小，官民矛盾、纠纷会越来越少，整个国家离和谐社会的距离会越来越近。再进一步，如果我们全国人大或全国人大常委会能在总结全国各地经验的基础上，通过制定全国统一的《行政程序法》，将告知、说明理由和听取申辩确定为所有行政领域、所有政府部门实施所有行政行为的普遍性规则，并且通过具体制度保障这些规则真正贯彻落实，那么，在我国，法治政府、服务政府的目标对于我们老百姓来说，就再不是一种“可望而不可即”的东西了，而是“站在海岸遥望海中已经看得见桅杆尖头了的一只航船”，“立于高山之巅远看东方已见光芒四射喷薄欲出的一轮朝日”，“躁动于母腹中的快要成熟了的一个婴儿”。

附《人民日报》记者对江苏警方推行“执法告知制度”经验的报道（节选）

550万次执法告知彰显以人为本理念

——江苏警方全国首推“执法告知制度”两周年回眸

2005年8月1日，江苏警方在全国率先推出交通安全、刑事案件立破案、信息网络安全等六项执法告知制度。

两年多来，全省已作出各类执法告知550万余次，执法告知送达率达95%以上。带来的直接效果之一是，2006年全省交通事故和死亡人数较2005年分别下降13.9%和9.4%；今年（2007年）前十个月，两项指标同比又分别下降22.1%、7.5%。执法告知制度推出的当年，被中央主流新闻媒体评为“2005年度中国十大法制新闻”之一。

…………

江苏警方从人民群众关心的切实利益问题入手，确定了六项告知内容：

交通安全违法记分临界告知和累计12分告知。对交通安全违法累计9分时，由交通管理部门向该驾驶人发送《交通安全违法记分临界告知单》。对交通安全违法累计12分时，向该驾驶人发送《交通安全违法累计12分告知单》，通知当事人接受处理。未告知的，其后的交通安全违法行为不记分。

电子监控设备记录交通安全违法行为告知。对电子监控设备记录的交通安全违法行为，由交通管理部门及时公告。除故意闯信号灯和高速公路超速外，对同一车辆在同一地点的同一种交通安全违法行为达3次的，向该机动车所有人或驾驶人发送《电子监控设备记录交通安全违法行为告知单》。未告知的，其后对同一车辆在同一地点的同一种交通安全违法行为不处罚。

驾驶证审验、换发和机动车辆安全技术检验逾期告知。对逾期未办理驾驶证审验、换发手续，车辆安全技术检验手续的，由车辆管理所向该驾驶人分别发送《驾驶证审验、换发逾期告知单》、《机动车辆安全技术检验逾期告知单》。

机动车辆临界报废告知。在机动车辆报废期满的两个月前，由车辆管理所向该机动车所有人发送《机动车辆临界报废告知单》，对逾期不办理报废手续的，公告该机动车登记证书、号牌、行驶证作废。

刑事案件立案、破案告知。在不影响侦查工作的前提下，在受理的案件立为刑事案件后，由办案部门向报案人、控告人、举报人发送《立案告知单》；在案件侦破后，由办案部门向被害人或其法定代理人、近亲属发送《破案告知单》；八类主要刑事案件未能及时破获或久侦未破的，定期向被害人或其法定代理人、近亲属发送《未破案件侦查进展告知单》。

信息网络安全管理违法行为告知。对互联网上网服务营业场所不执行上网人员实名登记制度、不安装安全管理软件或擅自停止运行安全管理软件的，由公安信息网络安全监察部门向经营者发送《信息网络安全管理违法行为告知单》，对初次违法且未造成后果的予以教育警告，对再次违法的严格依法处罚。

两年来，全省公安机关通过现场签注告知、邮寄信函告知、书面送达告知、电话约定告知、发送短信告知等多种方式，累计作出各类执法告知550.2万余次，其中交通安全告知430万次，告知率达95%；刑事案件立破案告知119万次，告知率达94%；信息网络安全管理告知1.2万次，告知率达100%。

经过两年多的实践，执法告知已成为江苏公安机关的基本执法制度、公安民警执法活动的必经程序。

…………

（原载于《人民日报》，2007－12－21）

法

2008年

依法应对突发事件是对各级政府执政能力的考验

一波又一波的雨雪、冰冻、寒流……丁亥年岁末，老天爷给即将欢度新春佳节的中国人安排了这么一个艰难的"年关"。神州大地上的中南部国人，几十年（据说这场冰雪在中国中南部至少五十年不遇，有些地方甚至百年不遇）都没有体验过毛主席在《咏梅》词中所描绘的"已是悬崖百丈冰"和在《冬云》诗中所描绘的"雪压冬云白絮飞"、"高天滚滚寒流急"的冰雪寒冬滋味了。这次人们可饱尝了这种滋味：冰雪导致交通瘫痪，成千上万的人滞留在车站、机场、码头；无数的大小车辆被阻塞在国道、省道或高速公路上，动弹不得，驾车和乘车的人们前不着村，后不着店，一日复一日地忍受着饥寒交迫的煎熬；许多中小城市和乡镇停水停电，居民生活极度困难……

怎么办？人们如何应对这种自然灾害突发事件，法律和法治理念能否为应对这种自然灾害突发事件发挥某种作用？我们的立法者似乎有先见之明，2007 年 8 月，第十届全国人大常委会第二十九次会议通过了《突发事件应对法》，该法于 2007 年 11 月 1 日起正式施行。该法施行后不到 3 个月就发生了这次冰雪灾害。《突发事件应对法》和该法所体现的法治理念，对于战胜这次自然灾害突发事件可能发挥什么作用和如何实现这种作用？我们的政府应如何应对这一自然灾害突发事件，确保人民生命财产安全，确保经济平衡正常运行，确保社会和谐稳定，确保人民群众过一个欢乐祥和的春节？这一自然灾害突发事件是对我们各级政府执政能力的严峻考验。

首先，我们应当依法应对当前的自然灾害突发事件。根据《突发事件应对法》第四章的规定，当自然灾害一类突发事件发生后，履行统一领导职责的人民政府应当按照有关规定统一、准确、及时发布有关突发事件事态发展和应急处置工作的信息，并采取各种相应应急处置措施，如组织营救和救治受害人员；封锁危险场所，划定警戒区；疏散、撤离并妥善安置受到威胁的人员；抢修被损坏的交通、通信、供水、排水、供电、供气、供热等公共设施；向受到危害的人员提供避难场所；保障食品、饮用水、燃料等基本生活必需品的供应；依法从严惩处囤积居奇、哄抬物价、制假售假等扰乱市场秩序的行为；依法从严惩处哄抢财物、干扰破坏应急处置工作等扰乱社会秩序的行为；等等。有关政府和政府主管部门如不依法履行上述职责，即构成行政不作为，将被追究相应的法律责任。

其次，我们应当遵循人民政府依靠人民和执政为民的法治理念应对当前的自然灾害突发事件。《宪法》第 27 条规定，一切国家机关和国家机关工作人员必须依靠人民的支持，经常保持同人民的密切联系，倾听人民的意见和建议，接受人民的监督，努力为人民服务。我们应对自然灾害突发事件，同样必须依靠人民群众，人民群众有无穷的智慧。我们如何控制、减轻和消除当前雨雪冰冻极端天气引起的灾害和灾难，必须广泛听取人民群众的意见和建议。各级人民政府应通过电信、网络和各种新闻媒介，广泛征求各界群众和群众团体对控制、减轻和消除灾害的善言良策；政府为控制、减轻和消除灾害采取的各项措施，只要不是特别紧急、需要立即执行的，均应通过一定的形式和途径先听取民意后再作出最终决策。

依法、有效应对突发事件既是执政为民的要求，也是执政为民的体现。人民通过民主选举的方式产生政府，通过纳税、缴费等方式维系政府的运作，政府当然有义务向人民提供有效应对自然灾害突发事件，控制、减轻和消除灾害等项公共服务。政府在应对自然灾害等突发事件中要真正做到心系人民，一切从人民的利益出发和一切为了人民，除了需要广大政府官员有执政为民的法治理念保障外，还需要有相应的法律责任保障。如果有关政府或政府部门在应对自然灾害突发事件，控制、减轻和消除灾害方面不作为或失误，对之负有相应责任的政府官员，特别是领导人员，应为此引咎辞职或承担其他政治责任。

再次，我们应以贯彻落实科学发展观和构建和谐社会的十七大精神应对突发事件。科学发展观的第一要义是发展，核心是以人为本，基本要求是全面协调可持续，根本方法是统筹兼顾。国务院2008年1月27日召开的全国电视电话会议提出的“四个确保”——确保人民生命财产安全，确保经济平衡正常运行，确保社会和谐稳定，确保人民群众过一个欢乐祥和的春节——即体现了科学发展观的要求。我们采取应对自然灾害等突发事件的各种措施，不仅要考虑如何尽快恢复和发展生产，确保经济平衡正常运行，更需要考虑如何尽快消除自然灾害对人们生命财产安全和正常生活的威胁，如何尽快恢复交通运输和正常的生活必需品供给，如何尽快消除人们对当前雨雪冰冻极端天气的恐慌情绪。特别是在目前新春佳节将近之际尤应如此。中国人特别重视春节这个传统节日，我们以人为本，在当下要做的头等大事也许就是“确保人民群众过一个欢乐祥和的春节”了。

应对自然灾害突发事件，必然要涉及个人、单位、国家和社会的利益，必然要涉及各种不同领域、不同方面、不同群体的人们的各种利益。如何协调好方方面面的关系（如春运中铁路、公路运输企业与顾客的关系，灾害抢险中施工单位和周边居民的关系等），兼顾好不同利益群体的利益（如因灾害受到伤害或死难者及其家属的利益，对导致相应伤害、死难负有一定责任或对之并无责任的运输企业、有关部门、政府机关等的利益），处理好应对自然灾害突发事件中的各种利益关系是政府为保障社会和谐在目前必须认真“构思”和“撰写”的一篇大文章。能否“写”好这篇大文章是对我们各级政府执政能力的考验。我们相信，在党的十七大精神的指引下，我们各级政府一定能够经受住考验，向人民交出一篇依法应对这次自然灾害突发事件的漂亮文章。

（原载于《检察日报》，2008-01-29）

反腐败“三注重”的关键是健全完善正当法律程序

党的十七大报告提出了反腐败应“三个更加注重”的方针，即更加注重治本、更加注重预防、更加注重制度建设。怎么贯彻和实现反腐败“三注重”的方针？关键在于健全完善正当法律程序。

正当法律程序的演进与适用范围

考察西方各国宪法或宪法性法律文本中关于“正当法律程序”的各种不同表述、规定，以及学者对“正当法律程序”的界定、论述，我们对“正当法律程序”的含义和适用范围可作以下解析：

正当法律程序起始于“自然正义”。“自然正义”的概念已存在多个世纪，其主要含义可归结为两个规则：其一，任何人不得自己做自己的法官；其二，任何人在受到公权力不利行为的影响（特别是刑事处罚或其他制裁）时，有获得告知、说明理由和提出申辩的权利。

正当法律程序早期主要适用于刑事处罚领域或与刑事处罚有关的事项，如拘留、搜查、逮捕、起诉、审讯、监禁等。但后来适用范围越来越扩大，不仅适用于司法或准司法行为，而且适用于行政行为和其他各种公权力行为，如罚款，没收、吊销证照等行政处罚，查封、扣押、冻结等行政强制，土地、自然资源和其他财产的征收、征用、税费征缴、行政许可、审批，以及行政确认、行政裁决、行政给付，乃至人事管理中的拒绝录用、辞退、开除和其他行政处分。

正当法律程序最初的主要形式和途径是告知、说明理由、听取申辩和公职人员在与所处理事务有利害关系时回避。但20世纪中期以后，公开、透明、公众参与在正当法律程序中越来越占有重要地位。

正当法律程序缺位是腐败滋生的重要原因

公权力腐败的滋生、发展、蔓延，其原因是多种多样的，其中，正当法律程序缺位乃是我国现阶段腐败滋生、发展和蔓延的最重要原因。目前一些地区、一些部门、一些领域腐败现象猖獗，几乎都与这些地区、部门、领域公权力运作缺乏正当法律程序制约密切相关。

——正当法律程序缺位滋生行政审批、许可中的腐败。根据正当法律程序，审批、许可项目的设立必须通过相应途径、形式（如座谈会、听证会、论证会）听取相对人意见；行政审批、许可的条件、标准、程序必须向社会公开，并通过一定途径、方式告知审批、许可的申请人；行政审批、许可的实施必须实行回避原则。如果上述正当程序有效建立并被严格执行，发生在行政审批、许可中的腐败行为必然大大减少。试想，如果国家食品药品监督管理局早建立起了严格的回避制度和确立起了保证这一制度严格执行的规则，其原局长郑筱萸便不可能那么轻而易举地接受请托，为与其妻、子有这样那样关系的八家制药企业在药品、医疗器械的审批方面谋取利益，并通过其妻、子收受上述单位负责人给予的款物了。即使他仍坚持那么做，那也将是极为困难、极为冒险的。

——正当法律程序缺位滋生官员选拔、任用中的腐败。党政领导和组织、人事部门在官员选拔、任用中卖官、受贿索贿是我国现阶段腐败中的一种比重较大、影响极为恶劣的腐败现象。如中共江苏省委原常委、原组织部部长徐国健在官员选拔、任用中卖官，受贿、索贿六百四十多万元。这种腐败为什么发生？其中一个重要的原因同样是正当法律程序的缺位。根据正当法律程序，在官员的选拔、任用中，政务官员的任用主要应通过人民的选举或人民代表机关的选举产生，事务官员的晋升主要应通过考试、考核和民意测试进行；官员（特别是政务官员）的选拔、任用应事先让社会公众了解候选人的基本素质、能力及政策主张；官员的选拔、任用要听取异议者的意见。这样，党政领导人和组织、人事部门对选拔、任用人选就能较为慎重。但现在很多地方、部门选拔、任用官员缺少这些程序，从而一些卖官的人胆子就特别大，因为反正他卖出的官以后出了事，他无须为之承担任何责任。

——正当法律程序缺位滋生“一把手”行使公权力中的腐败。“一把手”腐败是中国目前腐败现象中一个具有普遍性的现象。多年以来，“一把手”腐败的比例一直高居不下。如成克杰案、胡长清案、胡建学案、陈良宇案、李大伦案等。这是为什么？一个重要的原因是中国各个地方、各个部门的“一把手”权力极大而其行使权力的行为受正当法律程序的制约过小。根据宪政和法治的要求，权力应当与责任一致：有权必有责，用权受监督，违法受追究。但是我国目前许多地方和部门的“一把手”往往权力和责任脱钩，他们通常执掌所辖区域人、财、物大权，但是他们很少受到有效的外部和内部监督，既很少主动接受外部人大和人民群众的监督，也很少受到内部正当法律程序的制约。“一把手”、“一言堂”的运作方式自然是难以抵制腐败的。

——正当法律程序缺位滋生行政决策中的腐败。根据正当法律程序，行政决策首先应该公开、透明。决策的内容凡是涉及社会公众利益，或需要花费纳税人的钱的，即需由国家财政支出的，除依法需要保密的以外，均应向社会公开，广泛听取社会公众的意见，必要时还应召开座谈会、论证会或听证会，就相应决策涉及的专门性问题展开讨论、辩论。正是我们目前许多行政领域正当法律程序的严重缺位，使一些贪官的腐败决策的酝酿、生成、出台能“一路绿灯”，不仅能顺利通过、出台，而且能得到顺利执行、实施。如原郑州市惠济区委书记冯刘成决策建造“白宫”式的豪华办公楼；原重庆市忠县黄金镇领导人决策建造被当地群众称为“小天安门”式的办公楼群，原山西省粮食局领导人决策在国家级风景名胜区修建“粮神殿”，等等。

——正当法律程序缺位滋生行政执法中的腐败。行政执法行为是行政行为中数量最多且最广泛、最直接、最经常涉及行政相对人权益的行为，从而行政执法领域也是最容易发生腐败的领域。如海南省海口市城管监察支队第四大队在城管执法中对违章、违规单位或个人收取赞助款后免予行政处罚，并按10%的比例将赞助款返还各执法中队用于个人奖励。这是一种集体性质的腐败行为。怎么防止行政执法中的这类腐败行为？人们开出了各种各样的药方，其中较为有效、较为灵验的药方恐怕还是正当法律程序。各国、各地区反腐败的实践经验证明，正当法律程序虽然不能保证行政执法人员不想腐败，却能在一定程度甚至很大程度上使行政执法人员不敢腐败、不能腐败。

完善正当法律程序，走出一条中国特色的反腐之路

中国是共产党执政的社会主义国家，目前正处在计划经济向社会主义市场经济的转型时期。中国的国情决定了中国的反腐之路不会同于至少不会完全同于西方国家的反腐之路（如多党制、三权分立等）。中国的反腐主要不是靠权力制约权力（虽然权力的相互制约同样不可缺少），而主要是靠权利制约权力，靠正当法律程序制约权力。

那么，我们怎么完善权利制约权力的机制，怎么完善正当法律程序制度，走出一条中国特色的防腐、反腐之路呢？在中国创建权利制约权力机制，走程序制权、程序反腐之路，很重要的途径是应该在治国理政过程中推行正当法律程序，以正当法律程序规范从政行为。

首先，应健全和完善相应的制度，包括将一些多年来已经在做，并行之有效的做法法律化、制度化。如重大决策经党的代表大会或党委全体会议讨论决定，并听取和征询各民主党派的意见；党的机关（如党委组织部、纪委、政法委）等行使国家公权力（非纯党内事务）的行为，应通过一定形式向人大报告，接受人大的监督。

其次，在中国创建权利制约权力机制，走程序制权、程序反腐之路，应制定统一的行政程序法典和制定、完善各行政领域的单行行政程序法，将整个政府运作中应遵循的正当法律程序法律化、制度化，以正当法律程序规范所有政府部门行使公权力的行为。

最后，在中国创建权利制约权力机制，走程序制权、程序反腐之路，还必须完善司法程序立法，通过正当法律程序防止和消除司法腐败。近年来不时发生的司法腐败案大多与司法正当法律程序不完善或缺位有关。

（原载于《检察日报》，2008－02－19）

反思“梁广镇现象”，推进人大制度改革

据《检察日报》2008年6月2日报道，广东省云浮市“亿万富翁”梁广镇因涉嫌挪用公款犯罪被立案侦查，鉴于其云浮市人大代表身份，经云浮市检察院申请，该市人大常委会许可检察院对其采取强制措施并移送法院进行刑事审判。然而，广西百色市人大常委会表示了不同的意见，原因是梁广镇也是百色市人大代表，未经其许可，云浮市检察院不能对其采取强制措施并移送法院进行刑事审判。一人可否兼任两地人大代表？两地人大常委会机关意见相左，检察机关无所适从，案件被迫搁置。

最近学界和实务界都在热议上述“梁广镇现象”所涉及的法律问题。笔者认为，我们应从“梁广镇现象”反思我国人民代表大会制度的改革。

人民代表大会制度是我国的基本政治制度，这一制度的优越性已经为该制度在我国五十多年来运作的正反两方面的经验所充分证明。所谓“正反两方面的经验”，其“正”是指该制度受到重视且运作较为良好时（如“1982年宪法”实施到现在这个时期）对我国政治文明和物质文明建设的促进作用；其“反”是指该制度被践踏，被弃置不用（如“大跃进”和“文化大革命”时期）或该制度存在缺陷、漏洞，运作不良时对政治文明和物质文明建设的副作用。“梁广镇现象”即说明我国人大制度至今仍存在某些缺陷和漏洞，有进一步加以改革和完善的

必要。

反思“梁广镇现象”，我国人大制度至少可在以下三个方面加以改革和完善：

其一，应在制度上保障人民代表真正实际履行人民代表的职责，真正代表相应选区选民的利益和意志，行使国家权力，包括选举产生政府、监督政府和决定相应选区重大问题的权力。《全国人民代表大会和地方各级人民代表大会代表法》（以下简称《代表法》）规定，各级人民代表大会代表是各级国家权力机关组成人员，代表人民的利益和意志，依照宪法和法律赋予本级人民代表大会的各项职权，参加行使国家权力。而目前像梁广镇这样的代表，不要说实际履行两地人民代表的职责，切实代表两选区选民的利益和意志参加行使国家权力，就是实际履行一地人民代表的职责，切实代表一个选区选民的利益和意志，参加行使国家权力恐怕都是不可能的。两个县级人大（特别是非梁广镇户籍所在地的县级人大）之所以选梁广镇为市级人大的代表，考虑更多的恐怕不是他履行人民代表职责的能力，而是他对当地的投资贡献。我们如果要真正保障选民选出的代表真正实际履行人民代表的职责，真正切实代表相应选区选民的利益和意志，就必须逐步推行和扩大人大代表直接竞选的范围（深圳市即将推行此项改革），让选民对被选举人有更多的了解和更多的选择。这样，不仅两地同选一人为其选区人大代表的可能性将不存在，一人被同时选为两级或两级以上的人大代表的可能性也会大为降低。

其二，应在法律和实践上切实保障公民的平等选举权和被选举权。我国《选举法》虽然没有明确规定公民选举权和被选举权平等，但平等的原则和精神在我国《宪法》和《选举法》中均是有体现的，如《宪法》关于公民在法律面前一律平等的规定，《选举法》关于年满 18 周岁的公民（依法被剥夺政治权利的人除外），不分民族、种族、性别、职业、家族出身、宗教信仰、教育程度、财产状况和居住期限，都有选举权和被选举权，每一选民在一次选举中只有一个投票权的规定，等等。当然，现实生活中，无论在法律上还是在实践中，由于我国政治、经济、文化诸条件的限制和各种主客观原因，我国公民选举权和被选举权平等的原则并没有完全实现，如《选举法》中关于城乡按不同人口比例选举人大代表的规定，实践中上述“梁广镇现象”所体现的公民因“财产状况”不同而有不同的被选举权（同时在两地当选）。对于前种不平等，胡锦涛总书记曾在中共十七大报告中郑重建议加以改革，“逐步实行城乡按相同人口比例选举人大代表”。对于后一种不平等，恐怕应建议立法机关通过立法加以明确限制。

其三，应通过具体制度设计保障人民代表与选民和选举单位的联系，保障选民和选举单位对所选出的人民代表的监督。《代表法》规定，代表应当与原选区选民或者原选举单位和人民群众保持密切联系，听取和反映他们的意见和要求，努力为人民服务；代表受原选区选民或者原选举单位的监督。就“梁广镇现象”分析，目前我国很多人大代表与选民、选举单位的联系渠道看来是不那么畅通的，选民、选举单位往往很难找到自己选出的人民代表反映他们的意见和要求，选民和选举单位对所选出的人民代表的监督在很大程度上只停留在法律条文上。在实践中，不仅生意繁忙的梁广镇在广东、广西两地任人大代表难以与选民密切联系和接受选民监督，就是仅在一地一级人大任职的很多人大代表也很少与选民和选举单位打交道，选民和选举单位也很少有途径，甚至很少有兴趣监督他们。这是为什么？问题不在于法律的原则规定，而在于具体的制度设计。这种制度设计如不能切实保障选民根据自己的意志和利益选举真正能为自己代言、真正能为自己办事的代表，不能切实保障其后能有有效途径罢免不能真正为自己代言、真正为自己办事的代表，或在下一次选举中不再投这种代表的票，真正的政治文明、中国特色的社会主义政治文明就难以建立和实际运作。

反思“梁广镇现象”，展望深圳市正启动的区级人大代表直接竞选和其他政治体制改革前景，我们对我国的政治文明建设充满希望。

（原载于《法制日报》，2008－06－17）

“阳光法案”的困境与求解

中共中央近日发布了《建立健全惩治和预防腐败体系 2008—2012 年工作规划》。该规划以专章（第三章）规定了“健全反腐倡廉法规制度”的任务，并特别强调要加强反腐倡廉国家立法工作，建立健全防治腐败法律、法规，提高反腐倡廉法制化水平。在今后五年内有计划、分步骤地制定或修订一批法律、法规和条例，适时将经过实践检验的反腐倡廉具体制度和有效做法上升为国家法律、法规。笔者认为，在五年内应制定的反腐倡廉法律、法规中，最重要者应为确立官员财产公开申报制度的“阳光法案”。

在我国社会主义市场经济和民主政治不断向前推进、发展，但官员腐败现象却一直得不到根本遏制的今天，制定“阳光法案”，建立严格的官员财产公开申报制度已是势在必行。现在我们推进此一防腐、反腐工程的关键已不是条件成熟不成熟的问题，而是我们有没有敢于破釜沉舟、排除阻力、真正推进反腐败进程的决心和魄力。

新疆阿勒泰地区——一个位于西北边疆、经济并不发达、腐败现象并非特别严重，亦并非民怨甚高的地区，能够推出一个《县（处）级领导干部财产申报规定（试行）》，即说明中国制定“阳光法案”条件不成熟论难以成立。当然，新疆阿勒泰地区的规定是否能够真正有效运作还有待时日考验。

诚然，制定“阳光法案”，建立官员财产公开申报制度确实是需要条件的，没有相应的政治、经济、文化和技术基础，没有相应的理论准备，这种法治化的（而非仅依靠“人跟人”监视和严刑酷罚的人治化的）防腐、反腐制度是不可能建立和实际运作的。但是，“阳光法案”与推进“阳光法案”出台和保障其顺利运作的基础、条件的关系并不是完全单向的，而是双向和互动的。这也就是说，“阳光法案”的出台和运作须以一定的政治、经济、文化、技术和理论准备为基础和条件，而“阳光法案”的出台和运作又可以反过来促进政治、经济、文化和技术的发展，促进相应的理论研究的深入，促进这种基础和条件的完善。

首先，“阳光法案”是建立在民主政治的基础上的。没有民主政治，政府官员不由人民或人民代表机关选举产生，不受人民和人民代表机关监督，人民控制不了政府和政府官员，自然不可能要求政府官员申报和公开其本人及其家庭的财产，不可能有“阳光法案”。从民主政治的理论讲，官员是共同体的公仆，人类组成共同体（国家是共同体之一），赋予共同体官员一定的公权力，其目的是让官员运用相应公权力为全体共同体成员服务。然而受共同体全体成员委托行使公权力的官员不是天使，他们同样是有七情六欲的普通人，他们完全有可能运用公权力为自己谋取私利，包括贪污受贿。因此，共同体成员对受自己委托行使公权力的官员必须加以监督和制约，而对官员监督和制约很重要的且实践证明效果很好的途径就是“阳光法案”，要求官员申报和向共同体成员公开其本人及其家庭的财产。可见，“阳光法案”须以民主政治为基础，民主政治也需要“阳光法案”保障（防止民主政治因官员腐败而异化为专制政治）。

其次，“阳光法案”也是建立在市场经济的基础上的。在自然经济和计划经济的条件下很难想象能有“阳光法案”的出台和运作。因为在自然经济条件下，经济活动相对简单，公民与政府官员接触相对较少，不像在市场经济条件下，经济交易复杂、频繁，市场主体经常要与政府官员打交道，如向政府官员申请各种各样的许可、审批，接受政府官员各种各样的监控、规制等，从而政府官员有许多受贿、索贿、敛财的机会，因此，社会公众，特别是市场主体，要求政府官员申报和公开其本人及其家庭财产的呼声越来越高。至于在计划经济条件下，人们的生产、生活，包括官员的职务活动和个人生活，都在国家的严格控制之下，官员和公民都很少有私人财产。政府官员虽然也有滥用权力和腐败的，但很少或几乎没有人能积敛十万、百万的财富，因此，那时不可能产生“阳光法案”的要求和呼声。由此可见，“阳光法案”只能诞生于市场经济时代。同时，市场经济也必须有“阳光法案”，必须通过“阳光法案”为市场经济创造正常运作和发展的平台和环境。如果没有“阳光法案”，政府官员在受贿、索贿、敛财时毫无顾忌，市场的公平竞争将不复存在，市场经济最终将异化、退化。

再次，“阳光法案”的出台和运作还必须以国民和公职人员具有相应的法治文化观念为前提条件。如果国民过于习惯于当“顺民”，不想或不敢监督政府官员，或者过于相信政府官员，认为人民政府的官员肯定都是为人民服务的，不会为自己牟私利；如果政府官员过于以管理者或“天然代表人民利益者”自居，坚守“民可使由之，不可使知之的”理念，“阳光法案”肯定是难以出台和运作的。当然，“阳光法案”与国民和公职人员的观念的关系也是一个互动的关系：国民和公职人员的观念转变，宪政、法治观念的形成有助于推进“阳光法案”的出台和运作，而“阳光法案”的出台和运作反过来也可以促进国民和公职人员的观念转变，促进其宪政、法治观念的形成和生长。显然，我们不能认为应等到某一天，全体国民和公职人员都具有了宪政、法治观念才能推出“阳光法案”，而只要在多数国民和公职人员有了出台“阳光法案”的要求和呼声时就推出“阳光法案”，从而推动二者互动：使更多国民和公职人员的观念因“阳光法案”的运作而转变，使“阳光法案”因国民和公职人员宪政、法治观念的不断增强而进一步完善和更有效运作。

最后，“阳光法案”的出台和运作也需要以一定的技术手段和理论准备为条件。就技术手段而言，“阳光法案”的出台和运作需要解决金融机构客户身份识别、客户身份资料和交易记录保存、大额交易和可疑交易报告等一系列技术性难题；就理论准备而言，“阳光法案”的出台和运作需要解决官员申报和公开其本人及其家庭的财产的义务与保护官员及其家庭成员隐私权二者的平衡，需要解决保障社会公众知情权与保护官员及其家庭成员进行有关市场交易活动的商业秘密二者的平衡，还需要解决官员财产申报、公开的范围，申报、公开的方式和拒绝、拖延申报或虚假申报的法律责任及追究责任的方式等一系列法律理论和法律制度设计的难题。不解决这些技术性难题和法律理论与法律制度设计的难题，"阳光法案"自然难以顺利出台，出台后也难以有效运作。但是，如前所述，技术手段和理论准备与"阳光法案"的出台和运作的关系也是互动的：一定技术手段的具备和理论准备是"阳光法案"出台和运作的前提，而"阳光法案"的出台和运作又是诸多技术难题和法律理论、法律制度设计难题解决的条件。因为很多技术性问题和理论性问题只有在实践中才能暴露，在实践中才能解决。就像一个人要学习游泳，下水前先学点技术和理论是必要的，但要真正学会还必须下水。

根据以上分析，我国制定"阳光法案"，建立官员财产公开申报制度的条件是否具备了呢？应该说基本具备了，尽管不是很完备（这些"不完备"完全可以，有的甚至只能在"阳光法案"推出后，在制度的实际运作过程中完善），但是，这个法为什么就久久推不出，这个制度为什么就久久建立不起来呢？自从1994年第八届全国人大常委会将之列入立法规划，到今年（2008年）整整14年了，尽管在这期间，中共中央办公厅、国务院办公厅1995年曾发布《关于党政机关县（处）级以上领导干部收入申报的规定》，中共中央纪委、中共中央组织部2001年曾发布《关于省部级现职领导干部报告家庭财产的规定（试行）》，但这两个文件离"阳光法案"的距离还很远：第一，它们不是法；第二，它们不是"阳光"，不公开；第三，申报范围有限，前者只是"收入"，不是"财产"，更不是"家庭财产"，后者虽是"家庭财产"，但申报对象仅限于省部级现职领导干部；第四，没有规定"任职申报"和"离职申报"，难以发现官员在担任相应职务期间家庭财产的"增量"及其来源。

那么，是什么原因在这么长的时间内阻碍了我们推出真正的"阳光法案"，建立全面的和规范化的官员财产公开申报制度呢？恐怕主要有两个方面的因素：其一是我们对整个官员的家庭财产的基本底数不清：我们各级、各类官员究竟有多少财产，他们的财产与普通百姓的财产大概呈多大比例，我们各级、各类官员中究竟有多少人有非法财产，其非法财产与合法财产大概呈多大比例，有非法财产的官员与无非法财产的官员大概呈多大比例等，我们心里没有数。心里没有数就可能产生顾虑：如果少数官员财产较多，与普通百姓财产的差别太大，如果某些官员部分财产来源不明或来源非法，对之予以公开是否会影响社会稳定，影响人民群众对政府和政府官员的信任。其二则是部分官员对“阳光法案”的反对，这些官员有的可能家庭财产较多，尽管财产来源合法，但不愿“露富”；有的则是其家庭财产中有较多甚至大量来源不明或来源非法的部分，这些官员自然会通过各种渠道，编造各种理由（包括“条件不成熟论”）阻止“阳光法案”的出台。

对上述两种因素，我们应怎样应对？第一种因素主要是认识上的问题。我们必须对我们整个政府官员队伍有一个正确的认识，他们中的绝大多数应该是清清白白做事，两袖清风为官的。其中有些官员，特别是沿海发达地区的官员，家庭财产比较多，只要其来源合法，人民群众是完全能够理解的。至于有一定数量的官员，其家庭财产中有较多，甚至大量来源不明或来源非法的部分，对之予以公开、查处，不仅不会影响人民群众对政府和政府官员整体的信任，不仅不会影响社会稳定，反而会有助于增加人民群众对政府和政府官员整体的信任，有助于加强社会稳定。相反，如果对官员家庭财产存在来源不明或来源非法的情况不公开，却可能真正影响人民群众对政府和政府官员整体的信任，真正影响社会稳定，因为只要问题存在，不公开人们会私下传播，私下传播则可能把问题越传越大，甚至有人还会无中生有，造谣惑众。两者比较，道理自明。至于部分官员通过各种途径，以各种理由对出台“阳光法案”的反对，我们的对策应该是将他们反对的理由公开，认真进行分析和答辩，我们绝不能因担心拒绝他们的反对可能影响与他们的“团结”而停下我们反腐败的脚步，将“阳光法案”的出台时间无限期地推延下去。

对于防腐反腐，对于推出防腐反腐有特效的“阳光法案”，我们现在特别需要的是决心和魄力，有了决心和和魄力，各种技术难题都将迎刃而解。

（原载于《法制日报》，2008－07－07）

政府官员“下海”的是非评说

2008 年 5 月 22 日，河南商丘市出台《关于扩大对外开放促进全民创业的若干规定》，以“工龄×5×上年度月平均工资”的经济补偿鼓励政府官员辞职“下海”（进入市场经商、办企业等）。对此，社会各界有各种不同的评价，并引起人们对改革开放二十多年来全国各地政府制定的各种鼓励官员辞职“下海”政策的反思。

公务员有辞职的权利，辞职后有去企业或其他营利性组织任职，从事营利性活动的权利，这几乎是世界各国公务员制度的通例，尽管各国的公务员法同时对之规定了相应例外和相应限制性措施，以保证国家利益、公共利益和公务员的廉洁性不受到侵犯，但像我国改革开放以来由政府通过相关政策性措施推动公务员辞职“下海”的做法却极为罕见。官员“下海”应该说是中国特定时期的特定现象。

怎么评价这种现象，是耶，非耶？

首先，对这种现象，我们应分析其历史背景，分析中国官员“下海”潮形成的经济、政治和文化源流。20 世纪八九十年代的中国是一种什么情形呢？中国社会刚刚开始转型：由计划经济向市场经济转型，由全能政府向有限政府转型。这种转型必然要求人才资源的配置与之相适应。但是，在当时的中国，人才，特别是精英型人才，大多集中在政府机关。政府机关人才过剩，人浮于事，而市场却人才奇缺，特别是管理型人才、开拓创新型人才奇缺。对于这种国家人才资源配置的严重失衡，本来应通过市场予以自动调节，但是，当时中国不要说人才资源市场尚未形成，即使人才资源市场已经形成，也自动调节不了，因为中国人几千年形成的“官本位”观念太强，而敢于承担市场风险的观念太弱，很少或几乎没有官员自愿辞官不做而去冒市场竞争的风险。因此，这种人才资源配置失衡的调节任务只能主要由政府承担。政府通过一系列政策性措施，如停薪留职、经济补偿、优惠贷款、减税免税等，鼓励和推动官员“下海”。从今天中国市场经济发展的速度和所取得的成就看，当年政府鼓励和推动官员“下海”的政策无疑是正确的，此后一波接一波的“下海”潮对推动中国社会的转型（包括体制和观念的转型）无疑是有重要贡献的。

其次，对这种现象，我们应分析其法律和法理根据，分析其合法性。从法律上讲，官员辞职“下海”和政府制定官员“下海”政策应该说都是有法律根据的，《公务员法》第 13 条和《公务员法》生效前调整国家公职关系的《国家公务员暂行条例》第 7 条都明确规定了公务员有申请辞职的权利。从法理上讲，公务员除了有公务员身份外，还同时具有公民身份，作为一个公民，当然有选择职业的权利，这是一个公民不可剥夺的基本自由。但是官员辞职“下海”和政府制定官员“下海”政策有法律、法理根据并不意味着每个官员“下海”和所有政府机关制定的官员“下海”政策都是合法的。

第一，官员辞职“下海”必须遵守《公务员法》关于公务员辞职的限制性规定，如未任满国家规定的最低服务年限的公务员不得辞职，涉密职位的公务员必须脱密期满才能辞职，公务员辞职后两年内（原系领导成员的，则三年内）不得到与原工作业务直接相关的企业或其他营利性组织任职，不得从事与原工作业务直接相关的营利性活动。官员辞职“下海”和政府制定的官员“下海”政策如果违反这些规定，则是违法的。

第二，政府制定鼓励公务员辞职“下海”的政策性规定，特别是经济补偿标准，必须适当，必须与政府机关因机构调整、撤销、合并、缩编裁员等而辞退公务员的补偿标准相协调，不能差别太大。而且，这种政策性规定和经济补偿标准应根据不同历史时期国家人才资源配置的情况而有所差别：改革开放初期，政府机关人才过剩，市场人才奇缺，其政策和经济补偿标准的鼓励度自然应大一些，而现在国家人才资源配置失衡的情况已大有缓解，且即使失衡，很大程度也可通过人才市场自发调节，因此，政府没有必要，且不应该给予辞职“下海”的官员过高的经济补偿和不适当的政策优惠，否则，即构成滥用权力和违法。

第三，政府制定鼓励公务员辞职“下海”的政策性规定，特别是经济补偿标准，必须通过听证会、网上讨论或其他形式，广泛听取纳税人的意见，必须向人民代表机关报告，经相应人大或人大常委会审议、批准。因为用于补偿辞职“下海”官员的钱并不是政府的，而是纳税人的，是全体人民的，政府无权自己决定将纳税人的钱，将全体人民的钱用于某一社会阶层，即使是用于社会弱势或困难群体，也应经过法定程序（何况辞职“下海”官员并非弱势或困难群体）。否则，即违反法律的民主程序，构成程序违法。

由此可见，对官员辞职“下海”和政府制定官员“下海”政策的是与非、功与过，应具体情况，具体分析。有做得对、做得好、做得合法的、也有做得不对、做得不好、做得违法的（既违反法律规定，又违反法律原理、原则），不能一概而论。

（原载于《新京报》，2008－07－19）

《中国公法三十年》总序

中国的公法[①]，有近四千年的历史，如夏代的《政典》、西周的《周礼》，均包含大量的行政法规范，特别是《周礼》，更被认为是一部“包罗万象的行政法规大全”[②]。之后，中国历代封建王朝，其公法均有相当发展，云梦《秦简》、汉《九章律》、隋《开皇律》中都有数量不小的公法规范，至于《唐六典》、《大明会典》、《清会典》，则更被认为是“属于调整封建国家各机关活动规则的行政法典”[③]。

中国的公法学，则发展、发达较晚，仅有一百多年的历史。梁启超在19世纪末20世纪初发表的《宪法之三大精神》（1912年）、《宪政浅说》（1910年）、《自由书》（1899年）、《各国宪法异同论》（1899年）、《立宪法议》（1900年）、《中国国会制度私议》（1910年）等可以认为是中国早期的公法学

① 公法有广义和狭义之分。广义的公法指规定国家有组织的政治团体、政府及其部门和它们的代理机构的结构、行为权力和豁免权、义务及责任的规则和原则……主要调整国家与普通个人之间的关系……公法通常包括宪法、行政法、行政诉讼法、地方政府法、社会保障法、税收法、教会法和军事法。刑法和刑事诉讼法有时也被包括在公法之中（参见《牛津法律大辞典》中文版，733页，北京，光明日报出版社，1988）；狭义的公法仅指宪法和行政法。本丛书研究的公法为狭义的公法。

② 曾宪义主编：《中国法制史》，27页，北京，北京大学出版社、高等教育出版社，2000。

③ 张晋藩主编：《中国法制史》，90、129、195、203、277、303页，北京，群众出版社，1982。

论著。[①] 梁启超之后，中国涉足公法学研究的学者逐步多了起来，相应著述也逐步多了起来，如保廷梁的《大清宪法论》（1910 年）、白鹏飞的《行政法总论》（1923 年）、王世杰的《比较宪法》（1927 年初版，1936 年第三版时改为与钱端升合著）、张知本的《宪法论》（1933 年）、管欧的《行政法各论》（1936 年）、马君硕的《中国行政法总论》（1947 年）、刘静文的《宪法中政府制度的比较》（1948 年）等。[②]

从 1949 年中华人民共和国成立至今，新中国公法学的发展可以分为两个大的阶段：1949 年至 1978 年为第一阶段；1978 年至现在为第二阶段。第一阶段新中国公法学的发展是缓慢的，很多时候甚至是停滞的，公权力行使处于“无法无天”的境地，公法学研究处于“无学无术”的状态。近三十年时间几乎没有正式出版过一部公法学教科书或专著，相关的著作和论文也很少见。[③] 第二阶段新中国公法学的发展步伐是快速且扎实的，取得了具有历史意义的重大成绩。这种成绩不仅表现在这三十年内数以千计的公法学学术著作的出版和数以万计的公法学学术论文的发表[④]，更表现在大量的公法学学术成果转化为推动公法及其制度建设的实践。1982 年宪法及之后多项宪法修正案的出台，依法治国原则的确立，人权入宪，私人财产权的保障，公权力监督制约机制的建立等，都有这三十年公法学研究的作用和贡献。另外，行政诉讼法、行政复议法、行政处罚法、行政许可法、立法法、监督法、公务员法、政府信息公开条例等一系列规范公权力行使的法律、法规的制定，有限政府、透明政府、服务政府、责任政府及公开、公

① 梁启超的宪法、宪政论著还有《论政府和人民的权限》、《论中央地方之权限及省议会之必要与其性质》、《责任内阁释义》、《立宪国诏旨之种类》、《中国立国大方针》、《新民论》、《开明专制论》、《论中国与欧洲国体异同》等数种。参见邱远猷、王贵松：《梁启超宪法学思想研究》，载《法学家》，2004(3)。

② 参见周叶中主编：《宪法》，17～20 页，北京，北京大学出版社、高等教育出版社，2000；姜明安主编：《行政法与行政诉讼法》，742～744 页，北京，北京大学出版社、高等教育出版社，2007。

③ 可参阅张庆福主编：《宪法学研究述略》，天津，天津教育出版社，1989；许崇德主编：《新中国行政法学研究综述》，北京，法律出版社，1991。

④ 参见胡锦光、韩大元：《中国宪法发展研究报告》，北京，法律出版社，2004；应松年、杨伟东：《中国行政法学 20 年研究报告》，北京，中国政法大学出版社，2008。

正、公平原则、正当法律程序原则、信赖保护原则、比例原则等一系列体现现代法治理念的公法原则为立法确立和制度化，在很多方面和很大程度上也都源于这三十年公法学研究成果的转化。当然，这三十年公法学研究的发展也在很多方面和很大程度上源于和得益于中国公法及其制度建设的伟大实践，正是中国公法法治实践为中国公法学理论提供了社会需求，提供了研究的素材，提供了不断发展的动力。这三十年中国公法学的发展与中国宪政、法治实践的发展实际上是相互促进的，二者处于一种良性互动的状态。

我们为什么要编写这么一套《中国公法三十年》丛书，专门研究1978年以后中国公法三十年的发展，总结、分析这三十年中国公法理论、公法教学、公法立法、公法制度、公法监督（司法对公权力行使合法性的审查）以及对外国公法的译介与移植方面的经验，其出发点和动因有三：

其一，中国公法这三十年的发展经验对于中国未来民主政治和法治的发展极为珍贵，极为重要。中国"文化大革命"的教训表明，一个国家，其民主、法治的建设对于国民的权利、自由和幸福影响至巨，甚至是决定性的。"文化大革命"中，我们许多国人，包括处于公权力高位的国家主席，也包括作为普通百姓的工人、农民和知识分子，其人权备受践踏、蹂躏，其工作、学习和生活方式选择的自由，甚至人身的自由受到随意限制、侵犯，均在很大程度上源于当时中国民主、法治的不健全、不完善，乃至缺失。那么怎么健全、完善民主、法治，建设民主、法治的国家呢？基础工作之一就是公法及其制度架构的设计和构建。中国改革开放三十年来在民主、法治建设方面取得的成就与我们在公法方面选择的正确发展方向、目标、路径是密不可分的。当然，在三十年中，我们也曾有不少不正确或不适当的选择。不然，我们在民主、法治建设方面取得的成就会更大些。今后，中国的发展目标是进一步推进国民的人权保障和自由、幸福，促进国家的富强、民主、文明。为此，我们必须非常积极地，同时又非常审慎地推进公法及其制度建设。如何既积极又审慎地推进公法及其制度建设，改革开放三十年来中国公法发展的经验（包括正面的和负面的经验）对于中国未来民主政治和法治发展方向、目标和道路的选择弥足珍贵，我们必须好好总结、用心总结这些经验。

其二，中国公法这三十年的发展经验对于中国未来公法学研究和整个法学研究的发展极为珍贵，极为重要。中国公法学研究发展的道路是曲折的，从梁启超到王世杰、钱端升，再到马君硕、管欧，中国公法学至20世纪三四十年代开始形成体系，并初具规模，但旧中国公法学研究的内容主要是西方的宪政、法治，或者是以西方的公法学理论研究中国当时专制式和西式混合的，以专制式为体，以西式为用的政体和法制。由于当时中国公法及其制度落后，加上各种客观条件的限制，当时中国公法学研究也不可能发达、兴盛。及至中华人民共和国成立，客观条件本来为公法和公法学在中国的发展、繁荣提供了很好的机会，20世纪50年代前期，中国公法和公法学也确曾显露出朝发达、兴盛方向发展的趋势。但是我们终究没有能把握住很好的客观条件，公法和公法学刚显露出的发达、兴盛趋势也终究没有能延续。“左”的思想路线及接连不断的政治运动给新中国成立初期刚制定的宪法、行政法和刚创立的还很幼嫩的宪政和行政法治一波又一波的冲击、破坏，至“文化大革命”时几乎使之彻底摧毁。50年代，当时七零八落的中国公法学队伍开始还试图以苏联公法学为蓝本，建立中国公法学的体系，到后来，这条道路也没有能走通，公法学者大多进了“牛棚”思过。中国公法学的真正发展、兴盛是在改革开放后的三十年。这三十年，公法及其制度一步一步发展，从人治到法制，从法制到法治，从依法治民到依法治官，从漠视人性到重视人权，从严管、严打之治到正当法律程序之治，从全能政府到有限政府，从命令行政、强制行政到合作行政、服务行政，从形式法治到实质法治，从注重文本宪法到注重实践宪政。公法学及其学术流派理论也相应不断创新、深化，从管理论到控权论，从控权论到平衡论，从实用主义到规范主义、功能主义，从“西化论”到“本土论”，从借鉴、移植到普适与特色的结合……三十年的争鸣、探索，其经验（包括正面的和负面的经验）是极其珍贵的。未来中国公法学，乃至整个中国法学发展的道路怎么走？我们不能不借鉴这三十年的经验，不能不好好总结。

其三，中国公法这三十年的发展经验对于经济、政治和社会体制转型国家的制度变革和宪政、法治建设具有重要的借鉴作用。中国的发展道路是特别的，很难设想世界上还有其他国家会有中国的“二万五千里长征”，会有中国的“大跃进”和“文化大革命”，会有独具中国特色的改革开放。但是中国与世界其他国家生活在同一个星球，特别是同处在各国交往越来越多、联系越来越密切、其治道相互借鉴的程度越来越高的全球化时代，中国的发展道路又不可能是完全特别的，它不可避免地有着某些与世界其他国家共同的特征，不可避免地有着与世界其他国家面临的共同问题，从而其解决相应问题的途径必然有为世界其他类似国家借鉴的可能性。例如，中国由半封建半殖民地向民族独立国家的转型，由计划经济体制向市场经济体制的转型，由人治治道向法治治道的转型，在世界范围内并非唯一。特别是后两种转型：由计划经济体制向市场经济体制的转型，由人治治道向法治治道的转型，现在世界上很多国家也正在经历或将经历。由于要进行同样的（尽管各国有各国的特色）转型，其转型的经验自然可以相互借鉴。所谓转型经验，当然包括以公法及其制度指导、促进和保障转型的经验，在这方面，中国这三十年的经验（包括正面的和负面的经验）是极其宝贵的。其中，如何处理宪政、法治与改革、稳定、发展的关系，如何处理宪政、法治与市场经济的关系，如何处理宪政、法治与有序发展民主、推进政治体制改革的关系的经验，对于正在经历或将经历制度转型的国家无疑具有较多的普适性和可借鉴性。因此，我们特别有必要对之好好总结，以为世界上各种不同转型国家进行的制度变革探索作出我们应有的贡献。

本套丛书由教育部哲学社会科学重点研究基地、北京大学宪法与行政法研究中心策划和组织，由公法领域的四所国家重点学科单位——北京大学、中国人民大学、中国政法大学、浙江大学——的公法学者担纲编写。[①] 丛书共包括四卷，分别为：第一卷，公法理论研究与公法教学。本卷旨在探讨宪法学与行政法学过去三十年的理论发展脉络，以及宪法学与行政法学教学的发展线索，从中挖掘中

① 北京大学宪法与行政法研究中心于2004年通过评审，被确定为教育部哲学社会科学（宪法学与行政法学）的重点研究基地，是全国公法领域唯一的全国重点研究基地。北京大学、中国人民大学于2002年被评定为公法领域的国家重点学科单位，中国政法大学、浙江大学于2007年被评定为公法领域的国家重点学科单位。

国公法学理论和教学同中国制度建设需求之间的互动关系，评价公法学术上的得失，揭示未来的可能发展。第二卷，公法立法与公法制度变迁。本卷主要以公法领域修宪（1982 年宪法的制定和以后的四次修宪）和重大法律的制定为线索，展示公法制度在过去三十年中的变革，揭示公法制度发展的内在逻辑，找寻促进或阻碍公法发展的因素与力量。内容涉及宪法修订或法律的制定、修改及其背景；宪法或法律的主要内容及重大制度的创新；公法制度的实际运行及评价；重大典型的公法事件；等等。第三卷，司法审查与典型案例。本卷主要考察司法对政府行为的监督及其发展。从 1982 年通过民事诉讼审理行政案件始，经行政诉讼法制定、三次重要的司法解释（两次对行诉法的全面解释和一次对证据问题的专门司法解释）和最高人民法院大量的批复、指导性案例，直至近几年出现的以宪法为据对政府行为的司法审查，对之进行系统的梳理和归纳，以中国司法在宪政结构中的特殊地位为背景，展现司法在推动宪法与行政法的演进方面所发挥的作用，揭示司法推动力的渊源及其面临的阻碍，探讨司法审查未来发展趋势。第四卷，外国公法译介与移植。本卷研究中国作为法治后进国家，对域外相关制度的移植与借鉴、对域外公法理论的引介与吸纳；考察中国公法三十年来对域外制度与理论的移植与引进，在本土与移植之间所表现出来的徘徊与取舍，总结中国公法在这方面的经验与教训，讨论外来经验与本土资源在中国这一特定语境下存在的紧张与契合，探究在本土与移植间所秉持的理念和采取的态度。[①] 各卷的具体分工是：第一卷“公法理论研究与公法教学”，由北京大学公法学者撰写；第二卷“公法立法与公法制度变迁”，由中国人民大学公法学者撰写；第三卷“司法审查与典型案例”，由中国政法大学公法学者撰写；第四卷“外国公法译介与移植”，由浙江大学公法学者撰写。

本套丛书的总主编是北京大学宪法与行政法研究中心名誉主任、中国法学会行政法学研究会名誉会长罗豪才教授。罗教授对这套丛书的编写非常重视，不仅在丛书编写工作启动之初即确定了该丛书的指导思想：以邓小平理论、

① 这些内容是丛书策划时所制定的“编撰方案”确定的，各卷在编写时，主编和作者对之有所调整。

“三个代表”重要思想和科学发展观指导对中国公法三十年经验的总结，通过对过去三十年经验的全面总结和深入反思，推进未来中国公法和公法学的健康发展，而且在丛书编写的各个环节和时段，对丛书的内容和体系、结构等提出了许多具体的建议和意见。这套丛书的编写工作能够顺利启动和最终完成，除了总主编罗豪才教授和各位副总主编所进行的认真的组织工作，全体编委、撰稿人为收集、梳理资料和撰写、修改书稿所付出的辛勤劳动外，还应特别提及下述几位学者的特殊贡献：一是沈岿和王锡锌教授，是他们最早提出了这套丛书的策划方案，并且在编写过程中提出了很多有益的建议；二是陈端洪和翟小波博士，他们虽然没有参加丛书的撰稿，但多次参加编写会议，为这套丛书贡献了他们的诸多的智识；三是金承东副教授、王贵松博士和王青斌博士，他们分别承担了浙江大学、中国人民大学和中国政法大学各相应分卷编写的大量组织和联络工作，为各相应分卷的顺利启动、完稿贡献良多。对于这些学者的特殊贡献，我们表示特别感谢。

本套丛书在编写过程中，曾多次召开各种大小研讨会，由各卷负责人或主要作者参加，讨论丛书涉及的各种理论问题和技术性问题，协调各卷内容的分界，交流对有关人物、事件和学术观点的评价。尽管如此，参加丛书编写的作者对所讨论的问题并未全部达成共识。因此，本套丛书无论在理论观点上，还是在编写体例和风格上，都未能完全一致。而且由于时间有限，作者的研究视野有限，本套丛书对公法发展三十年所涉人物、事件的研究肯定有不少遗漏，对相应人物、事件和学术观点的评价肯定有不适当，甚至错误之处。对此，一方面要请读者，特别是被该丛书遗漏和不当评价的学者和实务工作者原谅；另一方面则请发现丛书不当和错误之处的读者给我们指出来，以便我们在该书再版或重印时予以修正。

如本序言前面所述，总结中国公法三十年发展的经验是一件非常有意义的事，同时，也是一件非常急迫的事，趁着许多老一辈公法学家还健在，趁着许多珍贵的公法文件，资料还没有流失，我们的总结可能较大程度地接近历史真实，否则，若干年以后我们再来做这件事，困难就会多得多。我们组织本丛书的编撰只是做这件事的开始，我们希望有更多的学者参与，能从不同的角度（如政治学、社会学的角度），以不同的方式（如专题研究的方式、实证研究的方式）对过去三十年中国公法发展的功过、得失进行总结、反思。

在本丛书付梓之际，依出书惯例写下这些“多余的话”，是为序。

（2008 年 8 月 28 日）

行政程序法制化是推进民主政治建设的必需

公众参与、政务公开、权利制约权力与权力制约权力的结合是现代民主政治的重要制度和重要特色。而现代民主政治这些重要制度的实现和重要特色的显示均有赖于正当程序法律化，特别是行政程序法制化，有赖于公权力，特别是行政权力依正当法律程序运作。为此，必须制定统一的行政程序法典，保障公权力运作的公开、公正、公平。

首先，现代民主政治要求公众参与。传统民主主要是议会民主，要求政府是消极政府，管事越少越好。而现代社会中经济高速发展，科技高度发达，社会、环境、生态及影响人类生存安全和可持续发展的各种问题日益突出，政府不能不担负起越来越繁重的行政管理任务和职责。尽管人们一再通过“有限政府”的原则和制度限制政府的规模，转变和转移政府的职能，但现代政府仍然要做很多的事，对国家经济和社会生活进行广泛的干预。现代政府不仅要行政、要执法，如审批、许可、征收、监督、检查、强制、处罚等；还要立法，如制定行政法规、规章，发布规范性文件等；还要司法，如确认财产权属、调处争议、裁决纠纷等。现代政府行使如此广泛的公权力，对于保证社会经济正常运作和人们正常生活所必需的“公共物品”的供给是必要的，但毫无疑问，它也会对人民的权利和自由带来威胁，因为权力自身有膨胀和腐败的趋势。对此，仅以议会民主、代表制民主制约是远远不够的。控制现代公权力腐败、滥权、侵权的重要的、不可或缺的制度是参与民主。然而，参与民主必须依靠法制化的程序保障，没有行政程序法，公民参与不可能真正实现。

其次，现代民主政治要求政府政务公开。传统民主只强调立法公开和司法公开，行政更多强调的则是保密。因为在消极政府时代，行政主要是秩序行政、高权行政，政府行为较少涉及人民的经济和社会生活，其影响人民权利和自由的范围远不及现代社会广泛，从而政府政务不公开并不会构成对人民权利和自由的严重威胁。但现代社会情况发生了很大的变化，行政更多的是规制行政、服务行政和福利行政，政府对公民的管理已达到“从摇篮到坟墓”的广度和深度，政府的行政行为无时无刻不影响着公民、法人和其他组织的权益。在这种情况下，要保障政府的公仆性质和人民的主人地位，没有政府的政务公开是不可想象的。现代民主必然要求“阳光政府”，要求政府行为公开。而要保障政府行为公开，防止行政“暗箱操作”，以法律保证行政过程透明，舍行政程序立法无他途可循。

最后，现代民主政治要求权利制约权力与权力制约权力的结合。传统民主主要强调权力制约权力，特别是强调司法审查，强调以司法权制约行政权。但是以司法审查为中心的权力制约权力机制有着天然的局限性：其一，其制约监督启动的主动性、积极性不足；其二，其制约监督有时可能陷于权力争斗，为制约而制约，无视国家和人民的利益；其三，其制约监督往往是事后的，难以在事前、事中防止滥权、阻止侵权，避免重大损害、损失的发生。有鉴如此，现代民主强调以权利制约权力，通过法律赋予公民、法人和其他组织在行政过程中以陈述权、申辩权、查阅资讯权、申请听证权等种种权利，以制约公权力滥用和对相对人权利的侵犯，从而防止滥权、阻止侵权于事前、事中，避免重大损害、损失的发生。然而，很显然，要启动这种权利制约权力的机制，要保证这种权利制约权力机制的正常运行，必须制定行政程序法，使正当程序法律化。

《湖南省行政程序规定》的制定和即将实施开了个好头，它无疑将有助于推动我国其他地方行政程序立法的步伐，而全国各地如都能像湖南省一样，抓住机遇，陆续推出各自的行政程序立法，则国家统一行政程序法典的立法进程必将大大加快。若如此，我国民主政治建设将展开崭新的一页。

（本文是作者在《湖南省行政程序规定》实施研讨会上的发言，原载于《新京报》，2008－10－07）

法治政府与问责制

问责制是法治政府不可或缺的构成要件和推进依法行政的必然要求。国务院《全面推进依法行政实施纲要》确定的建设法治政府的七项目标的第六项和依法行政的六项基本要求中的第六项即分别是“行政权力与责任紧密挂钩”，“权责统一”，“有权必有责、用权受监督、违法受追究、侵权须赔偿”。问责制之所以成为构建法治政府不可或缺的要件和推进依法行政的必然要求，原因在于：其一，民主政治是法治政府的根基，而民主政治意味着人民当家做主，政府和政府官员为人民服务，向人民负责。政府和政府官员为人民服务得好，人民即信任他们，服务得不好，失职、渎职、给国家和人民利益造成重大损失，人民当然可以和应该通过其代表机关追究他们的责任；其二，依法执政、依法行政是法治政府的根本，而依法执政、依法行政必须以问责制为保障，没有对违法执政、违法行政的严格的责任追究，依法执政、依法行政就永远只能停留在书面和口号上，而不可能化为现实；其三，以人为本，“权为民所用”是法治政府的宗旨，而以人为本，“权为民所用”在实践中受到的最大和最直接的威胁，即个别官员片面追求 GDP 的增长，片面追求显性“政绩”。为了 GDP 的增长，为了显性政绩，他们甚至置人民生命财产于不顾，置根本的国家利益和公共利益于不顾。对此，必须以严格的问责制制约。否则，法治政府必将异化。

问责制的“责”包括法律责任和政治责任。当然，在现代社会，政治责任也应由法律规范，成为法律化的政治责任。但是，法律化的政治责任仍然属于政治责任的范畴，它与严格的法律责任有着重要的区别。第一，两种责任的追究对象不同，前者的追究对象是政府和领导职官员，主要为政务官员；后者的追究对象主要是事务性官员（领导职官员如果具有追究法律责任的事由，可以同时成为追究法律责任的对象），通常为相应业务或技术官员。第二，两种责任的追究主体不同，前者的追究主体应该主要是人民代表机关，或由人民代表机关直接产生和授权的机关。后者的追究主体应该主要是行政法制监督机关和司法机关。第三，导致两种责任的缘由不同，前者主要是因政策、决策失误或失职、渎职、滥权导致人民生命财产或国家利益、公共利益重大损失，后者主要是因违法、违规、违章、违纪行为直接导致人民生命财产或国家利益、公共利益损失。第四，两种责任的责任形式不同，前者主要有引咎辞职、罢免、弹劾、免职等，后者则包括记过、记大过、降职、撤职、开除等行政处分和有期徒刑、无期徒刑、死刑等刑罚处罚。第五，两种责任的追究程序不同，前者通常应循人民代表机关的质询、审议、决定程序，后者则应循行政处分程序和刑事诉讼程序。

问责制的“制”指问责的制度化和规范化，包括法律责任和政治责任的制度化和规范化。目前，我国在法律责任的制度化、规范化方面取得了较大进展。国务院 2007 年 4 月 22 日发布的《行政机关公务员处分条例》，对公务员违法违纪行为导致人民生命财产或国家利益、公共利益损失问责的各种事由、责任形式和问责程序进行了详细、具体的规定，实用性、操作性都比较强。《刑法》、《刑事诉讼法》则对公务员滥用职权、玩忽职守等渎职犯罪问责的标准、程序进行了规范，有较好的追责效果。然而，在政治责任的制度化、规范化方面，我国还存在较大缺陷，实践中随意性较大。2001 年国务院颁布的《关于特大安全事故行政责任追究的规定》调整范围有限，仅限于事故领域，且标准、程序和责任人确定的规定非常原则，很不具体，留下了很大的随意性空间；2004 年中央办公厅颁发的《党政领导干部辞职暂行规定》则既非法律、法规，亦非完善的问责制规范性文件，其问责内容仅限于引咎辞职和责令辞职两种责任形式，对领导职官员政治责任的追究主体、方式和程序等均缺乏全面、系统的规定。

我国近年来发生的一系列导致公民生命财产安全和国家利益、公共利益重大损害、损失或造成国内外恶劣政治影响的事件、事故，如 2005 年安徽阜阳的“大头娃娃”事件和广东梅州大兴煤矿透水事故、2007 年陕西镇坪县的“周老虎”事件和山西临汾新窑煤矿瓦斯爆炸事故、今年“6.28”贵州瓮安和“7.19”云南孟连的大规模群体性事件，以及最近山西襄汾的“9.8”溃坝重大事故、河北石家庄市乃至全国许多地方均涉案的三聚氰胺奶粉事件、河南登封“9.21”矿难和深圳“9.20”特大火灾事故，等等，大多与所在地方、部门领导职官员的失职、渎职、滥权有关。如果缺乏制度化和规范化的问责制，这些事件、事故和其他类似事件、事故中的领导职官员失职、渎职、滥权的行为就可能得不到有效、有力和公正的责任追究：某一事件、事故被舆论广泛关注，“社会反响”强烈，就可能掀起一阵“问责风暴”，一大批与事件、事故有牵连的官员，不管责大责小，责直接或责间接，均予免职撤职；反之，就可能大事化小，小事化了，甚至不了了之。实践中曾有官员因一份文件写错几个字丢官的，也有所辖地区、部门发生死伤数十人事故的官员官照做的。这种非制度化、非规范化的问责制不仅对当事官员不公正，对非当事官员也起不到有效震慑作用，难以使他们在其任职岗位上如履薄冰，时时处处谨慎行事，而且还可能导致有权问责机关的官员选择性问责，以达到排斥异己、发展亲己势力的政治目的。

因此，很显然，要推进法治政府建设，促进官员，特别是领导职官员在决策和履职过程中以人为本，以公民生命财产安全和国家利益、公共利益为重，而不是以 GDP 增长和提高自己的政绩为重，防止重、特大事故和政治影响恶劣的事件发生，必须建立和完善制度化、规范化的政治责任问责制。

首先，应通过法律、法规和执法惯例确立政治责任问责标准。即政策、决策失误和失职、渎职、滥权达到多大程度、造成多大损失即应承担多大责任，相应事件、事故导致多大损失、造成多大影响即应对多高级别的党、政官员问责，并根据案情和相应问责标准，确定对该级别的问责是仅及于政府部门领导职官员还是同时及于政府部门和政府部门领导职官员，或者同时及于政府及党的领导职官员。这种标准应该是相对确定的，但不可能绝对确定，即应该有一定的弹性幅度，因为政治责任中的政策、决策失误与相应事件、事故的发生，其关系和联系是十分复杂的，法律、法规应该给予问责机关一定的裁量空间，当然，为了防止裁量机关滥用裁量权，问责执法案例的编辑整理是必要的，即通过执法惯例补充法定标准的不足，以制约问责机关的随意性。

其次，应通过改革和完善人大的质询、审议、罢免、撤职、免职制度建立和规范政治责任问责的形式和程序。人大和人大常委会应成为最主要的政治责任问责机关。在大多数法治发达国家，议会对政府政策、决策的审议，对政府官员的质询是经常性的，议会不仅可以通过对个别官员的弹劾、罢免问责，而且在实行责任内阁制的国家，议会如果认为整个政府的政策、决策不当（无论是否导致重大事故、事件发生），还可以通过对整个政府——任何级别的政府（地方政府或中央政府）——提出不信任案，要求政府总辞职而问责。我国虽然不宜完全移植这种制度，但加强和完善人大和人大常委会对政府官员的质询、决策审议和对失职、渎职官员的罢免、撤免制度是非常必要和非常迫切的。不如此，就不可能建立起真正有效的问责制。而我们如果不建立起真正有效的问责制，国务院《全面推进依法行政实施纲要》确定的建设法治政府目标的实现将遥遥无期（《纲要》确定的实现期为十年），党中央提出的科学发展观也难以有真正化为现实的保障。

（原载于《法制日报》，2008－10－13）

国家赔偿立制是中国法治和人权保障的历史性进步

改革开放三十年以来，中国在法治和人权保障方面虽然还有很多不尽如人意、需要进一步改进和完善之处，但所取得的成就无疑是前所未有和举世瞩目的。在这三十年取得的所有这些成就中，国家赔偿制度的建立（以《国家赔偿法》的制定为标志）和开始在中国这个曾有着几千年重皇权、重官权，轻民权、轻人权专制制度历史的国度里正式运作（尽管至今运作得还不是很顺畅，国人尚有很多的不满意），无疑是极具历史意义的一项成就，是中国推进法治和人权保障进步的里程碑。

国家赔偿原则在中国宪法和法律上的确立自然不是自 1994 年 5 月 12 日第八届全国人民代表大会常务委员会第七次会议通过并于 1995 年 1 月 1 日起施行的《国家赔偿法》始。早在 1954 年，第一届全国人民代表大会第一次会议通过的第一部《中华人民共和国宪法》第 97 条即明确规定："由于国家机关工作人员侵犯公民权利而受到损失的人，有取得赔偿的权利。"之后，1975 年第二部宪法、1978 年第三部宪法虽然取消了此国家赔偿条款，但 1982 年第四部宪法，即现行宪法又恢复了该条款，并将侵权赔偿者由"国家机关工作人员"扩大到"国家机关和国家工作人员"。1986 年，第六届全国人民代表大会第四次会议通过的《民法通则》第 121 条更是明确规定，"国家机关或者国家机关工作人员在执行职务中，侵犯公民、法人的合法权益造成损害的，应当承担民事责任”。可见，国家赔偿原则在中国宪法和法律上是早已确立，早已有之。然而，宪法和法律上的这些原则规定在近四十年的时间里在很大程度上只是停留在纸面上，并没有转化为制度、转化为现实，这是为什么？因为在改革开放以前，中国还缺乏国家赔偿制度建立和运作的基本条件。首先，在计划经济时代，公民除了很少的生活必需品外，一切都是“公家”的，几乎没有太多国家可能侵犯的私有财产需要国家赔偿制度予以保障；其次，在当时“不断革命”、“继续革命”的各种政治运动中，任何公民都可能成为“运动”的对象，今天的“运动”主体明天即可能成为“运动”的对象，而作为政治运动对象的人的人身权、财产权是几乎不受法律保护的，不可能因其权益受损要求国家赔偿；再次，宪法虽然确立了国家赔偿条款（“七五宪法”、“七八宪法”则连此条款也取消了），但法律对赔偿主体、赔偿范围、赔偿标准、赔偿程序没有做任何规定，公民受到国家侵害，即使有想要求赔的，你找谁去赔，谁给你赔？

当然，这不是说在《国家赔偿法》实施之前，我们国家对自己的错误行为给公民造成的损害没有进行过任何赔偿。事实上，早在新中国成立前的革命根据地时期，中国共产党及其领导的军队就贯彻“损坏老百姓东西要赔”的原则，新中国成立后党和国家对于历次政治运动中错误批斗或镇压致其人身权、财产权受到严重损害的人也曾通过“落实政策”给予其政治平反和一定的经济补偿。但是，这种“落实政策”不是法治化的国家赔偿制度：首先，它具有随意性，国家和政府行为，特别是政治运动的对或错，完全以领导人的思考和判断为标准，领导人说没错就没错，错了也对。其次，它具有非公平性，对同样的被害人，落实不落实政策、赔与不赔、赔多赔少，完全没有法定标准。领导特批的（在各种被害人中可能百里有一、千里有一或万里有一），赔偿（补偿）可能超过其实际损失，领导或有关方面讨厌的，可能不仅没有任何赔偿（补偿），甚至连反也平不了。再次，它具有非权利性，“落实政策”被视为当局对被害人的一种“恩赐”，而非当事人依法应享有的一种权利。

国家赔偿制度真正在中国的确立和实际运作无疑始自1994年《国家赔偿

法》的制定和随后的实施。国家赔偿制度之所以能在20世纪90年代中期的中国大地上生长，是因为此时中国的政治、经济和国民观念已经开始具备国家赔偿制度建立和运作的条件：通过十一届三中全会以来十多年的改革开放，“以阶级斗争为纲”的路线逐渐被“以经济建设为中心”和“依法治国”的治国方略所取代；轻视人权，任意践踏人权的政治运动已被公民权利能获得初步尊重和保障的正常法治秩序所取代；以所有国民近乎“无产”为基础的计划经济已逐步被一部分国民“先富起来”和越来越多的国民“有产”的市场经济所取代。随着这些政治、经济条件的形成和成熟，国人逐渐产生了对国家赔偿制度越来越强烈的需求。这种需求是从“民告官”开始的。20世纪80年代，经济体制改革使国民的权利意识愈益增强，私人财富的积累和政府行政侵权行为的不时发生导致国民维权的呼声越来越高。于是“民告官”的《行政诉讼法》于1989年出台了。然而，“民告官”不是为了“告官”而告官，行政相对人“告官”主要是为了维权，要求政府恢复自己被政府侵犯的权益，赔偿自己因政府侵权受到的损失。因此，国家赔偿与“民告官”的行政诉讼是紧密相联系的。如果有了“民告官”的行政诉讼而没有国家赔偿，“民告官”在很大程度上就会失去意义。正因为如此，1989年全国人大制定《行政诉讼法》时，在该法中即设专章规定“侵权赔偿责任”，开始在国家法制中初创国家赔偿制度。不过，《行政诉讼法》对国家赔偿制度的规定仍然非常原则，非常简略，基本上不具可操作性。而随着“民告官”行政诉讼案件的增多和刑事赔偿案件的出现，国人对制定专门的《国家赔偿法》的需求越来越迫切。正是在这样的背景下，确立中国人权保障制度的重要法律——《国家赔偿法》在《行政诉讼法》实施三年半以后的1994年终于出台了。

今天，我们许多国人对《国家赔偿法》有一大堆怨言，说它规定的赔偿范围太窄、标准太低、程序太不合理（受害人申请赔偿在很多时候要先请求侵权机关自己确认自己行为违法），等等。这些批评在今天无疑都是正确的，随着时代的变迁和国民权利意识的加强，《国家赔偿法》确实需要修改了。但是，《国家赔偿法》当年的出台和这十多年的运作，对于中国法治文明的进步而言，其历史作用是极为重大的：在中国几千年的文明发展史中，该法第一次把公民和国家置于平等的地位，通过法律制度确定：国家侵犯公民权益要依法承担赔偿责任，公民因国家侵权行为受到损害有要求国家赔偿的权利。这种法律制度的实际运作，乃是国家尊重和保障人权与人民控制和制约国家公权的法治的真正起步。

（原载于《检察日报》，2008－10－16）

用科学发展观指导司法改革

司法改革包括司法机制改革、司法体制改革、司法制度改革和司法程序改革。司法机制、司法体制、司法制度和司法程序的内涵和外延互有某些交叉之处，但整体上不存在完全相互包容、相互涵盖的情形。司法机制是指司法的体系、结构及司法作用于社会，社会同时也影响和作用于司法的互动过程和互动方式，包括司法体系内部各要素之间（如法院与检察院、普通法院与专门法院、普通法院内部民、刑、行等各审判庭之间）互动的过程和方式，是静态和动态的统一。司法体制则主要指司法体系内部横向和纵向的各种关系，各类各级司法机关的主管和管辖分工，以及由这种主管和管辖分工决定的它们各自在整个司法体系中的地位，司法体制也涉及司法机关与各级人大、政府和党委的关系，以及司法人员产生、任免，司法经费取得、分配的途径、方式等，司法体制是相对静态的。司法制度是指司法运作的各种规范体系，分别调整司法人、财、物、诉、审、判、执等司法的各领域和各构成要素，如审判制度、检察制度、裁判执行制度、法官制度、检察官制度、司法经费保障制度等。司法程序则主要指司法机关受理和审判案件，处理民事、行政、刑事争议，惩罚犯罪，监督和保障法律执行的方式、过程和步骤，如民事诉讼程序、行政诉讼程序、刑事诉讼程序等。司法程序相对于司法制度，更多地具有动态性。

司法改革可以是全局性的改革，即涉及上述所有四个要素的整体改革，也可以是局部性的改革，即仅涉及上述四个要素中的某一个要素，甚至仅涉及某一个要素中某一个环节的改革，如法官制度改革、审判方式改革、审判监督程序改革等。

司法改革，无论是全局性、整体性改革，还是局部性、单项性改革，都必须首先确定正确的目标和方向，然后根据此种目标和方向设定具体的任务，再根据具体任务选择适当的路径和提出相应的要求。所有这些工作，都必须在科学发展观的指导下进行。否则，即会偏离改革的正确方向和目标，难以实现改革的任务，甚至与改革的初衷背道而驰。

那么，根据科学发展观，司法改革的方向、目标究竟是什么呢？改革的任务为何？我们应对改革提出哪些基本要求？

第一，以人为本，保护公民、法人和其他组织的合法权益，保障人权是司法改革的首要目标。我国司法改革已进行多年，并取得了很大成绩。特别是在司法制度和司法程序方面，最高人民法院和最高人民检察院都推出了很多具有重要意义的改革措施，如审判方式的改革、管辖制度的改革、证据制度的改革、再审程序的改革、强制执行制度的改革等。但是在司法机制和司法体制方面，我们的改革步伐却相对较慢。就是在司法制度和司法程序方面，我们虽然进行了诸多改革，但改革的成效有的并不明显，有的并不令人满意。这是为什么？一个重要的原因就是改革推动者有时没有确立明确的改革的方向和目标；或者虽确立了明确的改革方向和目标，但在改革方案实施时，忘却或偏离了此种方向和目标。近年来，法学界和法律实务界的很多人卷入了司法应“职业化”还是应“平民化”、司法主要应追求“程序正义”还是“实质正义”、司法的主要评判标准应是“法律效果”还是“社会效果”等的争论、辩论。人们之所以意见分歧，难于达成共识，主要原因在于其对改革方向、目标有不同的认识。如有人认为司法改革的目标是“三性”：独立性、权威性、公正性，故特别强调“职业化”、“程序正义”、“法律效果”；有人认为司法改革的目标是“三服务”：为改革开放服务、为社会稳定服务、为党和国家的中心工作服务，故特别强调“平民化”、“实质正义”、

“社会效果”。笔者认为，这些认识都是片面的。根据科学发展观，司法与立法、执法一样，都应该以人为本，相对于立法与执法，司法更应该特别强调人和人权，特别强调保护公民、法人和其他组织的合法权益，一切司法改革措施，都必须以是否能促进人权保障，促进对公民、法人和其他组织合法权益的保护为取舍标准，依据这个标准，“职业化”、“平民化”、“程序正义”、“实质正义”、“法律效果”、“社会效果”都是必要的，只是在不同的时空条件下，它们的比重配置应有所不同。

第二，维护社会主义市场经济秩序，保障经济、社会和环境的全面、协调、可持续发展是司法改革的重要任务。目标决定任务。在不同的司法改革目标下，即有不同的司法改革任务。如果我们把司法改革的目标确定为“三性”，司法改革的主要任务就是司法体制和司法程序，通过改革司法体制保障司法的独立性，通过改革司法程序保障司法的公正性和权威性。如果我们把司法改革的目标确定为“三服务”，司法改革的主要任务就是司法机制和司法制度，通过改革司法机制保障司法为党和国家的中心工作服务，通过改革司法制度保障司法为改革开放服务和为社会稳定服务。但是，以“三性”为基本目标的司法改革可能导致司法孤芳自赏，脱离人民，以“三服务”为基本目标的司法改革则可能导致司法跟风媚俗，甚至成为地方或部门官员追求 GDP 指标和“政绩”的工具。当然，“三性”和“三服务”本身并不错，将它们作为司法改革的局部性、阶段性目标也应该是适当的，但我们不能将它们确定为基本目标，并据此设计司法改革的任务。司法改革的基本目标应是对人民权利、自由的维护和对人权的保障，司法同样应以人为本。据此目标，司法改革的任务应是全方位的，即包括机制、体制、制度和程序等各个方面。通过改革，使司法能真正有效维护社会主义市场经济秩序，保障经济、社会和环境的全面、协调和可持续发展。从整体、全局和长远的角度讲，维护社会主义市场经济秩序，保障经济、社会和环境的全面、协调和可持续发展是保障人权、保护人类基本的生存和生活环境的需要。当然，在某些个别案件中，某些特定公民、法人或其他组织的某些局部和短期利益可能与全体公民的整体、全局和长远利益相冲突，司法有可能难以完全兼顾此两种利益。如果发生这种情形，司法从人类可持续发展的全局出发，作出对某些特定公民、法人或其他组织局部、短期利益不利的行为或裁决，只要我们的司法文书充分说明理由，当事人终究是会理解的。至于某些地方或部门领导人在错误的“政绩”观驱使下，“以 GDP 为纲”推动的“发展”，司法当然应该通过自己的行为和裁决坚决予以抵制。

第三，坚持统筹兼顾，正确处理公正与效率、公益与私益、法律效果与社会效果的关系是司法改革的基本要求。司法的过程可能更多地表现为博弈，但司法的结果应更多地追求和谐、平衡。为保障和谐、平衡，司法应主动和积极地为当事人双方提供公平博弈的平台，并在司法活动的整个过程中以科学发展观的统筹兼顾理念正确处理公正与效率、公益与私益、法律效果与社会效果的关系。公正与效率，不仅是司法活动本身的公正与效率，更重要的是司法所裁决的争议、纠纷所涉经济、社会、文化等事务、事项的公正与效率。公正与效率、公益与私益、法律效果与社会效果在多数情况下是统一的：保障了公正，就促进了效率；维护了公益，同时也保护了私益；取得了好的法律效果，同时也就带来了好的社会效果。但是在许多具体案件中，这些价值有时也会发生冲突：过分追求公正，就可能牺牲效率；过分追求公益，就可能损害私益；过分追求法律效果，就可能影响社会效果。在这种可能发生价值冲突的情况下，我们的司法人员就必须运用法治理念和法治智慧以及利益权衡的理论和方法，协调这些价值的关系。在各种不同的案件中，这些价值的相互关系是极其复杂的，不同的时空条件，不同的法律主体和法律客体，不同性质、种类的法律争讼，其所要求的公正与效率、公益与私益、法律效果与社会效果等价值的比重也是不同的。对于这些价值关系在具体案件中如何平衡，法律没有给出，也不可能给出统一的标准答案。我们进行的司法改革，自然也不能创设出这样的标准答案。科学发展观对司法改革提出的基本要求是，通过对司法机制、体制、制度、程序的调整和变革，使之能逐步创设和形成一个供不同价值公平博弈，从而能有效实现不同价值、不同利益和谐、平衡的平台。

（原载于《人民法院报》，2008－11－13）

中国公法学三十年的主要成就与主要经验

我发言的题目是"中国公法学三十年的主要成就与主要经验"。讲公法学首先要对"公法"有个界定，我讲的"公法"是相对"私法"而言，不是相对"母法"而言。宪法是母法，宪法也是公法。相对于宪法，行政法和民商法都是子法，而民商法是私法。作为公法的宪法，怎么会是私法民商法的母法呢？这是一个复杂的问题，我们今天没有时间讨论。今天我只讲相对于"私法"的"公法"，不涉及"子法"、"母法"的问题。其次，我今天讲的公法主要是指宪法和行政法，而公法应该是整个规范公权力创建、配置、行使、监督、救济和责任的法，除了宪法和行政法以外，还包括诉讼法、税法、经济规制法，乃至刑法。广义的公法还包括社会公法和国际公法。但是我今天不可能讲这么多，今天只讲宪法和行政法。

关于公法学三十年，我讲三个问题：其一，三十年公法学的主要成就是什么？其二，三十年公法学研究的主要经验是什么？其三，三十年公法学所展示的发展趋势是什么？

第一个问题，关于三十年公法学的主要成就。我认为主要成就有三：第一，创建了宪法学与行政法学两个学科；第二，设计了中国宪政和行政法治的发展蓝图，推动了中国宪政和行政法治的构建；第三，培养了一大批公法学理论研究和公法实务人才。

中国公法学这三十年的第一个成就，是创建了宪法学与行政法学两个学科。我读书的时候（1978年～1982年），甚至之前，法律系就有宪法这门课，就有老师讲宪法。那是不是有宪法课，有老师讲宪法，就有了宪法这个学科呢？恐怕不能这样认为。评价一个学科是否建立至少有三个要素要考虑：第一要看是否确立了相应学科的一些基本范畴、基本概念，比如宪法学科，至少要有有关人权、宪政、法治、社会共同体、公权力、公权力相对人这些基本范畴、基本概念，至少这些基本范畴、基本概念已经确立。如果连这些最基本的范畴、概念都没有确立，你能说有宪法学科吗？第二要看是否形成了相应学科的一套基本理论，比如宪法学科，要有相应的理论去解释宪法条文，去解释宪法条文后面的原理。如我们大家为什么要组织共同体？为什么要产生公权力？我们建立共同体是希望获得公共物品，我们创建公权力是企望公权力为我们提供公共物品，提供公共服务。但是公权力创建以后，却往往异化，不仅不为我们服务，反而侵害我们的权益，欺侮我们。这是为什么？我们为什么要对公权力进行控制，为什么需要宪法和法律规范公权力呢？我们对公权力应怎么控制，怎么规范呢？宪法学理论要把这些讲清楚，解释清楚。没有这些解释公权力和公法现象的理论，能说已经建立起了宪法学科吗？第三，作为一个学科，必须有一些反映该学科基本理论、基本知识的教科书、著作。我读了四年大学，没有看到过一本正式的中国宪法学教科书、正式的中国宪法学著作。至于行政法，我上大学时，则不仅没有教科书、著作，北大法律系连这个课都没有（全国都没有），甚至连行政法这个概念都没有。在这种情况下，能认为我国当时有行政法这个学科吗？经过三十年，你现在到我们的书店去走走，去看看，宪法学、行政法学的教科书、著作随便抓都可以抓出几十本来，当然这些书有些是互相抄的，但怎么说还是有些真东西的。否则，你到哪里去抄？应该说，这三十年，公法这两个学科在中国基本建立起来了，而且，这两个学科，特别是行政法学，是这三十年创立起来的。

中国公法学这三十年的第二个成就是设计了中国宪政和行政法治的发展蓝图，推动了中国宪政和行政法治的构建。现在中国公法已经构建起了一个系统、一套制度、一套机制。这个东西，三十年前我们有吗？不要说活的、动态的公法机制，就是连静态的公法规范、公法制度都没有。那时虽然有一个宪法，七五宪法，但那叫宪法吗？宪法主要应规范的是国家共同体与共同体成员的关系，共同体如何组织起来，如何产生公权力，作为共同体成员的公民有什么权利，作为公权力主体的国家机关有什么权力，前者有什么义务，后者有什么责任，前者选举后者担任公权力职位，是让后者为之提供服务，那么，前者怎么控制后者滥用公权力，宪法要对之加以设计，如让后者互相制约，如果制约不了，我们保留的权利即发挥作用，我们撤销对他们的任用，你干得不好我可以让你下来。七五宪法中，这些东西都没有，尽是口号，那叫宪法吗？不仅七五宪法、七八宪法严格说来也很难叫宪法，所以，后来我们搞八二宪法。这个宪法，我们的肖蔚云教授是参与设计的，除肖蔚云教授外，宪法学界参与的还有许崇德教授、王叔文教授等。八二宪法后来的四个修正案，宪法学学者也都是参与了的。第一个修正案是 1988 年，解决允许私营经济存在的问题；第二个修正案是 1993 年，解决建立市场经济问题；第三个修正案是 1999 年，解决建设法治国家的问题；第四个修正案是 2004 年，解决尊重和保障人权的问题。这些问题解决了，有市场经济了，承认人权了，讲依法治国了，这下我们才觉得真有宪法了，有宪政了。再说行政法，我 1984 年曾到中央组织部去参加《公务员法》（当时叫《国家工作人员法》，1993 年以《国家公务员暂行条例》出台）起草。1986 年成立行政立法研究组（挂靠在全国人大法工委下面），开始陶希晋先生组织我们起草行政法典，写了十几稿，出不来。后来转换思路，第一步，从行政单行法开始，先搞行政诉讼法，解决行政权力事后受监督问题。第二步，搞行政处罚法、行政许可法，解决行政权事中制约问题，让你腐败不了。你行使权力影响相对人权益，要告知、说明理由、听取申辩，重大事项还要听证，不只是事后监督。第三步，搞依法行政实施纲要，解决建设法治政府和行政权向社会转移问题，不只是事前、事中和事后控制、制约、监督，而且要把行政权力的一部分拿出来，转交给社会，如交给律师协会、医师协会、注册会计师协会，让公权力逐步社会化。所有这些行政法治的设计和构建，我们北大行政法学者和行政法学界的许多学者都是全程参与了的。

中国公法学这三十年的第三个成就是培养了一大批人才。我们北大宪法行政法专业毕业的博士生有一百多名，现在有的已成为学界知名教授，像袁曙宏、方世荣、石佑启、何兵、贺日开、宋功德等，在政界也有做得很不错的，像江必新、甘藏春、陈斯喜、王学政、郭志斌等。这些公法学博士都已成为学界和实务界的中坚、骨干。

第二个问题，关于三十年公法学研究的主要经验。我认为主要经验亦有三：

第一个经验是公法理论研究与公法法治实践紧密结合。公法这个东西，不像李贵连教授搞的法史，也不像苏力教授搞的法理，他们可以钻进图书馆或坐在科研楼里，一本一本书地啃，一本一本书地写。那确实是真正地做学问。但是我们搞的公法这个东西，虽然它也有很多理论，但主要是应用性的。我们研究的成果必须得到国家和社会认可，才能实际应用。所以我们必须大量地接触实际，与实际部门紧密地结合。我们公法学者研究公法，从一开始就与实际部门结合。比如我们1986年成立的行政立法研究组，共14个成员，分别来自全国人大法工委、国务院法制办、最高人民法院、北京市政府、全国律协以及北大、人大、法大、社科院法学所等高校和法学研究机构。这三十年，我参加起草、咨询、论证的法律、法规、规章至少有一百多部。搞公法学的（学者），如果不参加公法法治实践，你搞的那一套理论是没有什么用的，作用是很有限的。我们搞公法学的学者，大多数人都参与了立法、执法和司法的实践，有时我们还参加一些重大疑难案件的论证。尽管社会对学者参加案件论证有争议，对学者参与案件论证也确实需要完善制度，以防止影响司法独立，但是我总觉得，法学院的老师无论如何应该接触点案子，你什么案子也不接触，你能说清楚什么法理啊？除非你去搞法史。搞纯法理的人甚至也应研究点案子。

第二个经验是利用本土公法资源与借鉴国外、境外公法法治经验紧密结合。我们研究的公法，是中国公法，是规范中国公权力的公法，当然必须立足中国，反映和体现中国特色。但是中国与外国同处于一个地球村，人有差别，有共性，公权力同样有差别，有共性。你不能设想“中国特色”是另一个星球的东西。因此，搞中国公法必须了解别国的公法，对别国的经验、别国的制度，不一定要照搬，不一定要用他们的，但是必须研究、必须知道、必须了解。我们搞一个法律，可能要跑几十个国家。像肖蔚云搞宪法，我们搞行政法，都跑了很多国家，如美国、英国、法国、意大利、西班牙、澳大利亚、日本、韩国等，像印度、埃及等法治尚不发达的国家，我们也去考察了，看人家怎么转型。我们出去，有时在外待三个月，有时待一个月，有时待五六个月，不仅跟学术界打交道，也跟实际部门接触。所以，我们这些年制定的法律，广泛借鉴了国外的经验。你看我们的行政诉讼法，设行政庭我们是借鉴了法国和欧洲国家行政法院的经验；合法性审查标准，如滥用职权、显失公正、违反法定程序（正当法律程序）等，是借鉴了美国、英国等国家的理论和实践经验；行政处罚法、行政许可法规定的听证，也是跟别人学的，不是我们的创造。有人错误理解"中国特色"，以为中国什么都要另搞一套，实际上应该在充分利用本土资源的基础上充分借鉴国外、境外的法治经验，不为特色而特色，目的只能是有利于把中国的事情搞好，有利于制约、规范中国公权力，保护相对人的合法权益。搞学问也是这样，我们不一定用外国的书做教材，但我们一定要读很多外国的书，研究外国的公法理论。我们中心（即北京大学宪法与行政法研究中心）组织编译了两套公法译丛：一套是罗豪才教授主编的，在商务印书馆出版，主要侧重古典公法著作；一套是我主编的，在中国人民大学出版社出版，主要侧重现代（20 世纪 80 年代以后）的公法著作，现在两套书各出了十几种，目的在于扩大我们学生的视野。

第三个经验是继承公法法制、法治传统与不断创新公法法制、法治紧密结合。我们研究公法，必须重视传统，不能割断历史。古代中国可能没有公法法治，但有公法法制，而且有相当丰富的公法法制资源，如唐六典、明、清会典等。我们应该加以研究、利用，可以从秦始皇开始研究，甚至可以更早点，从夏商周开始。至于国民政府时期，公法和公法学的东西更多，有不少宪法和行政法的著作，如王世杰、钱端升的《比较宪法》，范扬、管欧、马君硕的行政法著作，都值得一读。我上大学的研究行政法，就是从读他们的著作开始的。1949 年后，改革开放前的中国，虽然不重视法治，但在公法法制方面也有自己的经验，甚至根据地时期也有一定的公法法制经验。我们这三十年搞公法和公法学，实际上是继承了前人的公法传统的。当然继承一定要与创新相结合，而且要更重视创新，我们不能简单拿过去的东西来用。比如自由资本主义时代，人们认为公权力越少越好，政府管得越少越好，现在行吗？无论是解决环境、生态问题，还是解决恐怖袭击问题，公权力缺位恐怕都不行。但是对公权力既要利用，又必须控制、必须规范。我们提出限制公权力、控制公权力与规范公权力结合，发挥国家公权力作用与发挥社会公权力作用、国际公权力作用结合，以权力制约权力与以权利制约权力相结合，这些都是我们的创新。

第三个问题，是三十年公法学研究所展示的发展趋势。我认为主要趋势亦有三：

其一，相较上世纪，新世纪的公法学更加注重对公法进行整体、宏观研究。过去公法学者研究公法，搞宪法的只研究宪法，搞行政法的只研究行政法，搞国际公法的只研究国际公法；现在我们把公法作为一个整体进行研究，既包括国家公法（宪法、行政法、诉讼法、税法、经济规制法、刑法等），又包括社会公法（有关社会公权力，如NGO、NPO等运作的法），还包括国际公法。我开《公法导论》这个课已经有四五年了，袁曙宏教授已出版了《统一公法学原论》的著作。对公法进行整体、宏观研究很重要，比如，研究人，你可以分别研究人的手、足、五官、内脏等，这都很必要，但是你还必须对一个人进行整体研究，否则，你对人的了解、对人的知识只能是片面的。如同人的各个系统是相互关联的一样，公权力的各个部分也是相互关联的，不对公权力进行整体、宏观研究，就不可能对公法有全面和深入的理解，其理论就不可能对实践有最有效的指导作用。

其二，相较上世纪，新世纪的公法学更加注重对公法程序法的研究。这三十年，我们非常重视公法程序法，上世纪后期我们推出的《行政处罚法》、《行政许可法》、《立法法》、《行政法规制定程序条例》、《规章制定程序条例》等，其内容主要是规范公权力运作程序。新世纪我们还想推动统一的行政程序法典出台，过去两届人大都将统一的行政程序法典列入全国人大五年立法规划，这届人大五年立法规划虽未列入，但我们行政法学界的决心很大，以后几年会以大力气投入搞这个法。现在先搞单行法，如行政强制法、信息公开法、行政收费法、行政裁决法等，条件成熟后即搞整体的统一的行政程序法。程序法非常重要，西方国家多搞司法中心主义，过去只重视司法审查，实践证明作用有限，故现在开始改变，规范公权力主要还是要靠程序控权、事中控权。所以，我们新世纪公法学研究必然将更加注重对公法程序法的研究。

其三，相较上世纪，新世纪的公法学更加注重对公法软法（软公法）的研究。我们研究公法不能只研究硬法，不研究软法。软法是调整社会关系的一个比硬法更广泛的法律领域。有些社会关系，硬法很难调整，或者不适于硬法调整。在这些领域，软法即发挥着重要的作用。如执政党执政，它不是国家机关，但它行使着广泛的公权力，为了保障其权力得到合法、正当行使，就必须以法律对其行为进行规范。规范政党的行为当然也可以有硬法，但更多的是软法，比如，规范执政党与参政党民主党派的关系，即主要适用软法。目前，凡是中共中央作出重大决策、决定前，都要召集八个民主党派负责人协商，中共中央长期这么做就形成了惯例，形成了软法，以后的中央负责人一般不能打破这个惯例，这个惯例对执政党有软约束力。另外，在通常适用硬法的领域，现在也有更多适用软法的趋势，如环境保护领域，过去都是硬法调整：立法机关确定污染排放标准，执法机关依此标准执法，超标要么罚款、关闭企业，要么征收排污费。现在立法机关、执法机关与企业协商制定法律、法规、规章，立法可以讨价还价，排污指标可以买卖，企业之间可以进行排污权交易，用不完排污指标的可以卖到钱，排污指标不够用的要花钱去买，而且价格越来越贵，这样各方面都有了减少污染排放的积极性。这种软法有时比硬法还管用。我们不能什么事都企望人大制定硬法，像我们北大，每年要制定很多规则规范我们老师、学生和行政管理部门的行为，守则、规则一本一本的，像博士生手册、博士生导师手册等，这些都是软法，你要把它们都变成硬法，行吗？肯定不行，对这些东西，我们必须加以研究。因为它们实际影响我们的权益，而且经常侵犯我们的权利。对社会公权力主体制定软法的行为，必须进行规范，比如应该要求公开听取相对人意见，重要的应该开听证会，要公布，要定期评估和修改等。为此，新世纪公法学应更加注重对公法软法（软公法）的研究。（掌声）

（原为作者在北京大学法学院“法学三十年研讨会”上的发言，载北大公法网：http=//www.publiclaw.cn/article/Details.asp?NewsId=2442&classid，2008-12-08。）

法

2009年

司法裁量的规制与软法在司法裁量规制中的作用

我讲三点意思：其一，研究司法裁量规制和从软法角度审视司法裁量规制的意义；其二，规制司法裁量的主要途径和方法；其三，软法在规制司法裁量中的作用。

一、研究司法裁量规制和从软法角度审视司法裁量规制的意义

2008 年 11 月中央政法委出台的《司法改革意见》和之后最高人民法院为落实该意见而提出的 12 项改革任务中，都有规范司法裁量的要求。可见，研究司法裁量规制，探寻司法裁量规制的有效途径和适当的“度”（不超过“必要”的范围），对于保障司法改革的正确方向和司法改革任务的顺利进行，有着最实际和最直接的意义。从司法裁量和规制司法裁量的必要性看，此项研究的意义主要表现在三个方面：其一，司法裁量是司法权的基本构成要件，从某种意义上来讲，没有司法裁量就没有司法权。司法权的主要任务就是解决争议、处理案件，而解决争议、处理案件就必须有裁量。不要说法律不可能对人们在现实生活中的每一种行为都设定具体明确的规则，即使法律对之都设定了具体明确的规则，法官将规则适用于具体案件事实也不能不进行判断、裁量。有人认为，自由裁量只

存在于行政，司法只能严格依法，无裁量余地。这完全是误解。实际上，就执法者个人而言，法官的自由裁量权甚至大于行政官员的自由裁量权。因为行政的原则是下级服从上级，而司法的原则是法官独立审判，其裁量并不需要请示院长、庭长。当然，在整体上，行政的裁量权大于司法裁量，特别是行政决策的层面。其二，司法裁量跟行政裁量一样，是一种手段和工具，这种手段和工具的运用，既可以为善，即执法者运用裁量保障个案的实质公正、实质正义；也可以为恶，即执法者运用裁量为自己滥权、偏私服务。其三，为保证司法裁量为善，使之作为实现实质正义的手段，避免司法裁量为恶，成为滥权偏私的工具，就有必要对司法裁量权进行规制。其四，规制司法裁量的手段可以是硬法，但更多的是软法。因为如果硬法对司法裁量进行了严密的规制，裁量的空间就会大大缩减，甚至在一定程度上使裁量不复存在。其五，由于司法裁量不可避免，对司法裁量的规制不可或缺，软法又是规制司法裁量的最重要的工具（至少是最重要的工具之一），故我们对司法裁量规制和对以软法途径规制司法裁量加以研究的意义就是不言而喻或不言自明的了。

二、规制司法裁量的主要途径和方法

如何规制司法裁量，保证司法裁量权正当行使，我认为主要有五个途径：其一，通过立法目的、立法精神规制司法裁量。法律对某一事项没有作出明确具体的规定，法官怎么判案，重要方法之一是探寻立法目的和立法精神。法律的立法目的和立法精神通常见于相应法律的总则，特别是法律的第一条、第二条。其二，通过法的基本原则规制司法裁量。法的基本原则可能是成文的，也可能是不成文的，如信赖保护原则、比例原则、法律优位、法律保留原则、诚信原则、正当法律程序原则、无罪推定原则、公序良俗原则等。其三，以判例、惯例规制司法裁量。判例是典型和权威案例，如最高人民法院判决的案例或最高人民法院公报登载的案例；惯例是国家机关或公民、法人、其他组织习惯性行为规则，如行政惯例。其四，以政策和司法裁量基准规制司法裁量。政策是党和国家根据形势和当前任务制定的，例如，党中央和国务院根据当前国际金融、经济危机制定、出台的各种政策。法官在行使司法裁量权时无疑应考虑政策。当然，政策必须在宪法和法律的范围内制定，一些地方违法出台的“土政策”不应成为司法裁量的根据。司法裁量基准是最高人民法院（部分基准可由高级人民法院制定）专门为规范司法裁量制定的具体判断、裁量标准。司法裁量基准不是法律，在一般情况下，法官办案必须遵循，但出现特殊情形，法官可不遵循并在法律赋予的裁量权的范围内判案。对此，法官应在法律文书中说明理由。其五，以程序规制司法裁量。程序是规制司法裁量的重要手段。程序包括法定程序和正当程序。法定程序主要是指三大诉讼法规定的程序；正当程序是法理而非具体法律确定的程序，如告知，说明理由，听取申辩，自己不做自己的法官，公开、公正、公平等。

三、软法在规制司法裁量中的作用

规制司法裁量的软法既有成文法的软法，也有不成文法的软法，既有静态的软法，也有动态的软法。软法在规制司法裁量权方面的作用主要有三：其一，指导裁量。软法为司法裁量提供标准和依据，法官在裁量中必须考虑软法提供的这些标准和依据。而且，在一般情况下应遵循这些标准和依据。在特殊情况下不遵循必须说明理由。其二，促进裁量。法律赋予法官的裁量权法官必须行使，不得懈怠。即法官裁量时应考虑多种方案（一种方案即无裁量），在多种方案中选择；进行选择则应考虑应该考虑的因素，不考虑不应该考虑的因素，在此基础上选优。其三，制约裁量。软法对于规制司法裁量权的重要作用是防止裁量权滥用。法律赋予法官裁量权是要求法官根据一定的、但难于为硬法确定的规则对法律事实进行判断、衡量，对法律争议、纠纷进行裁决。这种“一定的规则”主要就是软法。有了软法，某些法官即使想滥用裁量权，也不敢和不能随意滥用。软法对裁量的促进作用主要是解决法官对司法裁量的不作为——应裁量而不裁量；软法对裁量的制约作用主要是解决法官对司法裁量的乱作为——滥用司法裁量权。

（本文是作者在“从软法角度审视司法裁量规则”研讨会上的主题发言，原载于北大公法网：http：// www. publiclaw. cn/article/Details. asp? NewsId ，2009 - 03 - 12。）

对济南市组织开展廉政短信活动的评论

编者按：10 月 27 日，中纪委、监察部召开了“加强新形势下反腐倡廉建设”的专家座谈会，中共中央政治局常委、中央纪委书记贺国强出席会议听取专家的意见和建议。作为与会专家，北京大学宪法与行政法研究中心主任、中国法学会行政法学研究会副会长姜明安教授提出了如何建立健全执政党各级党委、纪委、政法委等党的机构行使公权力的监督制约机制的学术建议。

本报济南（2009 年）6 月 9 日电（记者 马跃峰）：记者从山东省济南市纪委了解到，济南市从即日起在全市范围内开展修身养德短信征集活动，并明确要求全市副局级领导干部每人至少创作编发一条廉政短信。

济南市纪委、监察局提出，此次活动充分利用手机短信覆盖面广、传播速度快、受众广泛的特点，使廉政文化更广泛深入地在广大社会公众中传播、渗透、弘扬、彰显，在全社会营造廉荣贪耻的舆论氛围。通过动员组织广大干部群众特别是党员领导干部参与，激励大家从自身做起，从加强人格、锻造党性修养入手，坚定理想信念，牢固树立正确的世界观、人生观、价值观和权力观、地位观、利益观，筑牢拒腐防变的思想道德防线，切实增强广大党员干部的廉洁从政意识。

此次征集廉政短信，以修身养德、倡廉颂洁为主题，要求立意新颖、构思巧妙、语言精练、寓意深远，起到潜移默化、润物无声的教育效果。内容应以宣传党的反腐倡廉方针、政策，歌颂正面典型；弘扬清风正气，倡导廉洁从政；深刻阐述腐败的危害性，警示广大党员干部洁身自好；进行人格锻造教育和党性党风教育，促进党员干部自警、自省、自尊、自爱、自重等为主。

自6月9日到10月1日，济南市所有部门和单位的干部群众都可以参与。济南市还特别要求，全市副局级领导干部每人至少要创作编发一条廉政短信。征集结束后，济南市纪委、监察局还将组织评奖，颁发证书和奖品，并对优秀短信结集出版。

姜明安评点：济南市纪委组织这一活动的出发点——传播、弘扬廉政文化，营造反腐倡廉舆论氛围——无疑是很好的，但实际效果将会如何呢？不知其是否已进行过成本效益的分析论证。就我个人的感觉而言，手机短信的教育功能远不及其娱乐功能。如果我们花费人力物力去做这种成本大于效益、形式意义大于实质意义的事，倒不如以此种人力物力去征集和宣传廉政典型人物、典型事迹，这样做可能比通过征集廉政短信实现传播、弘扬廉政文化，营造反腐倡廉舆论氛围的效果会更好些。当然，如果济南市纪委对此已经进行过论证，认为征集廉政短信的活动确实值得做，其鼓励党员、干部自愿参与自然是不应受非议的。但这只能以鼓励自愿参与为限，如果以强制性任务下达，要求某一级别的党员干部必须参与、必须编发则不妥，这样做有违法治的精神和党章确定的党员权利义务。

（原载于《人民日报》，2009－06－12）

平衡原则在行政审判中的适用

日前，最高人民法院针对行政审判因各地为应对国际金融危机而采取各种措施而引发的新情况、新问题，发布了《关于当前形势下做好行政审判工作的若干意见》(以下简称《意见》)。《意见》以《行政诉讼法》确立的“保护公民、法人和其他组织的合法权益，维护和监督行政机关依法行使行政职权”的立法目的和现代行政法的公平、公正与效率、效益相协调的原理为指导，将平衡原则确定为行政审判，特别是当前形势下行政审判的基本原则，要求各级人民法院“既要保证各项应对措施落实到位，又要保证人民群众的合法权益不因权力违法滥用而受损”；“既要注意保护各类企业的信赖利益、公平竞争，促进政府诚实守信，也要考虑因金融危机而导致的情势变更因素，充分考虑特殊时期行政权的运行特点，妥善处理好国家利益、公共利益和个人利益的关系”；“既要保障公民、法人和其他组织的知情权、参与权、表达权、监督权，促进政务公开和服务型政府建设，又要注意把握信息披露的时间、对象和范围，保证政府信息公开不危及国家安全、经济安全、公共安全和社会稳定”；审查具体行政行为“既要遵循法律的具体规定，又要善于运用法律的原则和精神解决个案的法律适用问题”；审查承包经营权案件“既要注意维持承包经营法律关系的稳定，也要依法保护返乡农民合法的承包经营权益……”笔者认为，《意见》通篇贯穿了平衡原则。

现代行政法不同于传统行政法，传统行政法有两种极端的倾向：一种倾向是传统西方国家行政法过分强调控权，过分注重限制公权力滥用，防止公权力侵犯公民权益，而忽视公权力为社会、经济发展，为公民福祉的服务作用；另一种倾向是原苏联东欧国家的行政法过分强调公权力对相对人和对社会的管理，过分注重运用公权力构建社会经济秩序，推进公共福利，而忽视对公民个人权益，特别是个人人格尊严的保护。现代行政法则追求平衡。英国行政法权威韦德说，行政法的重要作用之一是“保持国家和公民权利之间的平衡”。美国行政法学者沃伦认为，现代行政法的最棘手的挑战是：“行政机关在执行公共政策时，如何寻求社会权利和个体权利的平衡”。北大宪法与行政法研究中心名誉主任罗豪才教授更是把现代行政法表述为“平衡法”。

法院在行政审判中如何贯彻平衡原则？特别是在目前举国上下为应对国际金融危机而实施中央“保增长、保民生、保稳定”方针政策的大背景下，行政审判如何平衡各种利益，实现“既要……又要……”、“既要……也要……”的目标？为此，我们有必要对平衡原则加以认真和深入的研究，以真正把握其实质和内涵，使之在实践中不偏离该原则的正确方向。

首先，平衡原则的“平衡”是有价值导向的平衡。平衡原则不是折中主义，不是平均主义，不是和稀泥，更不是迁就违法、滥权，而是有价值导向的平衡。现代行政法的基本价值导向是公平、正义，保护人权，保护公民、法人和其他组织的合法权益。行政审判维护行政机关依法行政，或者目前强调“三保”，其目的都是保障和增进人民的利益、福祉，保障和增进社会的公平、正义。如果我们的行政审判离开行政法的基本价值导向，为平衡而平衡，就可能会自觉或不自觉地背离法治而走向人治。沃伦指出，“法院通常运用一种平衡准则来判定个体是否滥用其合法权利，从而威胁到公众的利益。当法院运用这种平衡准则时，他们也碰到了在个体权利和社会权利之间选择的困难。法院必须在保护社会权利的同时，维护个人的合法权利”。“行政法的一项任务就是寻求解决社会性问题的方法，这些方法必须避免为抽象的高尚目标而挤压个人自由。历史已经告诉我们：领导者如果坚持个体必须为一个更为伟大的目标定要牺牲他们的自由，极权主义社会就可能会出现”。正是基于行政法的基本价值导向，最高人民法院的《意见》明确要求：“不能以牺牲法律为代价迁就明显违反法律强制性规定、侵犯当事人合法权益的行为。对于那些以应对危机为借口擅自突破法律规定，形成新的地方保护和行业垄断，侵犯公民、法人和其他组织合法权益的违法行为，要依法予以纠正。”这种“依法纠正”，其外在形式是与“三保”平衡，而其内在实质则是维护法治的基本价值。

其次，平衡原则的“平衡”是整体的平衡。行政法在整体上是平衡法，但在其不同的运作阶段、不同的调整领域，却是有倾斜、有注重面的。行政法在调整行政管理、行政规制时，更多注重的是行政权的有效行使，注重授予行政主体管理职权和管理手段，向效率倾斜；行政法在调整行政法制监督、行政救济时，更多注重的应是保护公民、法人和其他组织的合法权益，注重监督和控制行政权的滥用，向公正倾斜。行政审判在性质上属于救济和监督，因此，人民法院在审理行政案件时，在注重行政权与行政相对人权利的整体平衡时，应适当向保护行政相对人合法权益方向倾斜。因为，在行政管理过程中，行政主体享有各种行政管理权力和管理手段，相对人处于相对弱势，如果在行政诉讼中不适当向保护相对人权益的方向倾斜，那平衡就不可能真正实现。当然，具体案件的案情各不相同，在某些案件中，也可能有些相对人恃其有钱有势，无视代表公共利益的行政主体，蛮横无理地抵制、抗拒行政主体依法执法。如果是这种情况，行政审判自然应该适当向行政主体倾斜，否则，公共利益就难以得到有效维护。

再次，平衡原则的“平衡”是动态的平衡。毛泽东同志认为，世界上的一切事物，平衡、静止是相对的，而不平衡、变动是绝对的。行政法追求平衡，当然是在不平衡中追求平衡，是通过平衡各种不平衡的利益实现平衡。并且，一种平衡实现了，新的不平衡又会产生，行政法要需通过新的法律手段、方式、程序去消除不平衡而实现新的平衡。这就是平衡原则所要求的动态的平衡。在人类发展的历史过程的任何阶段，自然界和社会都在不断变化，会不断出现新情况、新问题。自然界的新情况、新问题如地震、海啸、非典、水旱灾害等，社会的新情况、新问题如金融危机、事故灾难、暴乱、骚乱、动乱等。这些新情况、新问题的出现均会导致对过去已形成的平衡的不同程度的破坏或挑战。在这种情况下，党和国家自然需要及时推出各种相应的政策来构建新的秩序，以实现新的平衡。行政审判作为社会关系、社会利益的一种重要调节器，也不能超然于国家整体平衡机制之外，而应与国家平衡的整体任务相协调。当然，法院不同于政府，法院要更注重于保持和维护法律的稳定性。但是，法律的稳定性也是相对的，法官完全可以运用自己的法律理性和法律智慧，以法律的目的、原则和精神去适应解决新矛盾、新问题和实现新平衡的需要。所谓行政审判的“大局”意识，正是基于这种动态平衡的理念，并受这种理念制约。

最后，平衡原则的“平衡”是符合比例性的平衡。无论是行政管理，还是行政审判，都会涉及公共利益与个体利益、全局利益与局部利益、弱势群体利益与强势群体利益、长远利益与当前利益的矛盾和冲突。虽然上述利益（前一利益与后一利益）并不总是矛盾和冲突的，但这些利益的矛盾和冲突毕竟难以避免。行政管理和行政审判要解决这些矛盾和冲突，就必须进行利益平衡。根据社会主义的法治理念，在一般情况下，后一利益与前一利益发生矛盾冲突时，通常要求后一利益服从前一利益。但是，根据平衡原则，这种服从不应该是绝对的。行政机关进行行政管理，人民法院进行行政审判，在遇到不同利益冲突时，首先要进行利益衡量。通过利益衡量，如果认定后者的利益大于甚至远大于前者的利益时，并不是一味地要求后者服从前者，后者为前者让路，而是应尽量发现、探寻和选择兼顾两者利益，甚至更多地向后者利益倾斜的解决问题的方案。例如，行政审判在处理农村土地征收、城市房屋拆迁案件时，有时会发现，行政机关所规划设计的相应建设项目虽然与公共利益有一定关系，但更多的是形象工程，或者更多的与开发商的利益有关，其中所涉的少量公共利益与该项目所损害的大量农村村民、城市居民的利益远不成比例。对于这种情况，我们的行政审判难道还应要求相对人无条件地以其个人利益服从行政机关所主张的所谓“公共利益”吗？显然不应该。相反，我们的裁判应向相对人的利益倾斜，维护法治的平衡。

（原载于《人民法院报》，2009－07－27）

人权保障应成为公法的最高价值追求

——我们为什么要建议审查和废除《城市房屋拆迁管理条例》

公法的最高价值追求是控权还是人权保障？公法学研究的核心是权力（power）还是权利（right）？毫无疑问，控权和人权保障都是公法的价值追求，权力和权利都是公法学研究的基本问题。也许，在公法规范和制度的设计上，控权的比重要优于或重于人权保障，公法学者在研究时间和精力的分配上，对权力研究的比重要优于或重于对权利的研究。但是，控权与人权保障比较，权力与权利比较，后者乃具有根本性、目的性。权力（国家权力、公权力）是因权利（公民的权利、人权）而存在，为权利而服务，从而具有从属性、手段性。因此，笔者认为，公法的最高价值追求应是人权保障，公法研究的核心应是权利，是公民的权利，是人权。

最近，一系列因对公民房屋强制拆迁、野蛮拆迁而导致的悲剧（自杀、自焚、拆迁者与被拆迁者的相互暴力冲突、拆迁者打死打伤被拆迁者或被拆迁者打死打伤拆迁者等）以及由此引发的要求审查、撤销国务院《城市房屋拆迁管理条例》（以下简称《拆迁条例》）的强烈的民众呼声和社会舆论浪潮更使我坚信这一点，更使我感觉到我们公法学者对公权力监督、制约的研究要围绕对公民权利和人权的保障展开。否则，我们的公法学研究就会失去根本，失去宗旨，失去方向。

12 月 7 日，我和北大其他三位公法学者（沈岿、王锡锌、陈端洪）和一位私法学者（钱明星）一起，向全国人大常委会提出了审查《拆迁条例》的建议。我们这一建议所直接针对的是《拆迁条例》的违宪、违法问题。我们企望通过我们的行动启动人大违宪、违法审查程序，通过违宪、违法审查程序撤销，至少能够修改该违宪、违法的条例，同时还企望通过这一个案的运作逐步建立健全我国的人权保障机制。这里的首要问题是通过启动人大违宪、违法审查程序激活我国宪法、法律已经确立，但尚未实际运作的违宪、违法审查机制和人权保障机制，以尽快遏制目前一些地方公权力侵犯公民权利和人权的势头。我曾在有关媒体上阐发我们提出审查《拆迁条例》建议的若干基本考虑，这些考虑正是基于制约公权和保障人权的法治理念。

我们提出上述建议的基本考虑主要有六个方面[①]：

其一，《拆迁条例》助长了一些地方领导人违反科学发展观，过分依赖“卖地”和发展房地产业发展当地经济的发展思路、发展政策。

科学发展观的核心是以人为本。但长期以来，我们一些地方的领导人却是以GDP为本，以建设高楼大厦、大马路、大广场和改变城市外在形象为本。老百姓的痛苦、老百姓的眼泪、老百姓以命相争、相抗、自杀、自焚，他们都看不到，听不见，他们对此无动于衷，野蛮拆迁中不断流淌出的血和泪丝毫不能感动他们，强制拆迁依旧，暴力拆迁依旧。这些领导人对通过房地产业拉动当地经济可能走火入魔了，全然忘记了老百姓的需要和痛苦，全然忘记了公权力运作应以人为本。现在，我们如果还不把支撑他们那种发展思路和发展政策的《拆迁条例》撤销或废除掉，他们将仍然不会猛醒，党中央倡导的科学发展观将仍然无法由文件、口号变成现实。[②]

---

① 参见《新京报》，2009-12-12，B04版“评论周刊·观察”。

② 尽管一些地方政府强力推动拆迁也有其一定“道理”：它们财政收入有限，地方税收在整个国家税收中所占比例太少，地方要发展主要靠招商引资与“卖地”，而政府招商引资必须给投资者解决投资场地及修建相应基础设施、道路交通所需土地的问题。为此，它们不得不运用公权力一波又一波地推动征收城市郊区农民的土地、拆迁城市市民的房屋。然而，这些“道理”相对于人权保障的大道理，都是不能成立的，或只是应该让位于人权保障大道理的小道理。因为地方发展的最终应该是为了人，如果发展是以损害人权，给广大农民和城市市民带来痛苦和悲伤为代价，那么，人民还有什么理由要支持政府去推动这种发展呢？

其二，《拆迁条例》违反了社会主义法治的基本理念和基本原则。

社会主义法治理念的第一要义是公平正义，而公平正义的基本要求是自己不做自己的法官，有利害关系的一方当事人不得参与相应事务的处理和裁决。而《拆迁条例》在处理拆迁人与被拆迁人这对明显有利益冲突的双方当事人的关系时，却授权拆迁人可自行拆迁被拆迁人的房屋或由拆迁人委托他人拆迁被拆迁人的房屋（第10条）。《拆迁条例》在处理拆迁人与被拆迁人有关补偿、安置的争议时，却授权给为拆迁人发放拆迁许可证的，与拆迁人显然存在利益关联的房屋拆迁管理部门裁决争议（第16条）。由作为拆迁人的开发商去拆迁被拆迁人的房屋，由拆迁管理部门去裁决拆迁人与被拆迁人的争议，被拆迁人还能企求公平正义吗？因此，我们如果要坚持社会主义，维护公平正义的话，就必须撤销或废止《拆迁条例》，至少是修改《拆迁条例》。

其三，《拆迁条例》违反了《宪法》和有关法律的明文规定。

这种“违反”在我们的建议书中已列举了三项（尽管实际还不止这三项）：第一，根据《宪法》第13条、《物权法》第42条和《城市房地产管理法》第6条的规定，“公共利益”和“补偿”是征收的必需的构成要件。[①] 非因公共利益，不得征收。因公共利益虽可征收，但未依法补偿，对房屋所有权及相应土地使用权征收程序就没有完成；而征收没有完成，就不能进行拆迁。但《拆迁条例》对房屋拆迁实际未区分公共利益和非公共利益，实践中大多为非公共利益；对补偿作出的具体规定则实际将补偿与对房屋所有权的征收分开了，将补偿作为了拆迁程序的一部分，把本应在征收阶段解决的补偿问题延至拆迁阶段解决（《拆迁条例》第三章），从而明显与《宪法》、《物权法》和《城市房地产管理法》要求的“因公共利益方可征收”和“先征收补偿，后拆迁”的规定相抵触。第二，根据《宪法》第13条、《城市房地产管理法》第6条的规定，征收、补偿的主体是国

① 《宪法》第13条规定，国家为了公共利益的需要，可以依照法律规定对公民的私有财产实行征收或者征用并给予补偿。《物权法》第42条规定，征收单位、个人房屋及其他不动产，应当依法给予拆迁补偿，维护被征收人的合法权益；征收个人住宅的，还应当保障被征收人的居住条件。《城市房地产管理法》第6条规定，为了公共利益的需要，国家可以征收国有土地上单位和个人的房屋，并依法给予拆迁补偿，维护被征收人的合法权益；征收个人住宅的，还应当保障被征收人的居住条件。具体办法由国务院规定。

家（政府），征收、补偿的法律关系是行政法律关系，必须遵守依法行政的要求。但是，《拆迁条例》却将对被拆迁人给予补偿、安置的法定义务转移给拆迁人（《拆迁条例》第4、13、22条），将国家（政府）与被拆迁人之间的征收、补偿行政法律关系转变为拆迁人与被拆迁人之间的民事法律关系。拆迁人由于其利害关系[①]，在行使《拆迁条例》赋予其的拆迁权时，其实施野蛮拆迁就是必然和不可避免的。第三，根据《宪法》、《物权法》和《城市房地产管理法》的上述规定，征收是拆迁的前提，但是《拆迁条例》规定的申领拆迁许可证的前提条件中，却没要求拆迁人提供被拆迁人房屋所有权和相应土地使用权已被征收的证明材料（《拆迁条例》第7条）。这就导致在被拆迁人手中仍握有房屋所有权证和相应土地使用权证的情况下，拆迁人却已取得了房屋拆迁许可证，这必然造成对被拆迁人权益的严重侵害。

其四，《拆迁条例》所构建和支撑的现行房屋拆迁制度严重影响了党和政府在人民群众心目中的形象，严重损害了党和政府与人民群众的血肉联系。

《中国共产党章程》规定，中国共产党代表中国最广大人民的根本利益（总纲），中国共产党党员必须全心全意为人民服务（第2条）。但是，现行房屋拆迁制度和我们目前许多地方政府所推动的一波接一波的拆迁运动是否代表了中国最广大人民的根本利益呢？很多热衷于房地产开发的党员领导干部是否在扮演全心全意为人民服务的角色呢？也许他们自己这么认为或这么宣称，但是很多老百姓却不这么认为。不要说一些政府官员和开发商勾结，为了从房地产开发中谋取他们各自的最大利润而不择手段拆迁，老百姓不会认同，就是某些官员真正是为了发展，为了改变城市形象而大力推进拆迁，老百姓也可能不认同，他们会怀疑：你是否是在以老百姓的泪和血制造“政绩”而获取向上晋升的资本呢？因为他们看到、听到的那么多强制拆迁、野蛮拆迁的故事很容易使他们产生这种怀疑。因此，要维护党和政府的形象，维护党的执政地位，一定要改变现行做法，以赢得

---

① 被拆迁人的房屋不拆，拆迁人在其土地上的工程就不能开工。一天不拆，他可能损失几万元、十几万元，一个月、几个月不拆，他就可能损失几十万元、几百万元，甚至更多，其利害关系是不言自明的。

民心。

其五，《拆迁条例》所构建和支撑的现行房屋拆迁制度也严重影响了人民法院的公正形象，严重影响了司法权威。

司法的根本职能本应是裁决争议，保障法律的实施，维护公正。但《拆迁条例》却将裁决争议的职能赋予行政机关，而把强制执行的任务大部分交给了法院：拆迁补偿安置协议订立后，被拆迁人或房屋承租人在搬迁期限内拒绝搬迁的，拆迁人可申请仲裁或向法院起诉。诉讼期间，拆迁人可申请人民法院先予执行；被拆迁人或房屋承租人在行政机关裁决的搬迁期限内未搬迁的，由房屋所在地的市、县政府责成有关部门强制拆迁（实践中，政府往往把法院当成“有关部门”之一，要求其参与政府组织的拆迁）或者由房屋拆迁管理部门申请人民法院强制拆迁（《拆迁条例》第15、16、17条）。我们设想，让法院帮助开发商去拆当事人的房屋，搬当事人的东西，法院还能在当事人心目中留下公正的形象吗？这样的司法还能有权威吗？正因为如此，我曾在《行政强制法》立法征求意见过程中，多次建议《行政强制法》不要赋予法院强制执行实施权，而应授予法院强制执行裁决权和监督权（除非紧急情况，强制执行裁决权和监督权绝对不能赋予行政机关）。否则，公民的人权难以保障，国家公正的最后一道防线也将毁于一旦。

其六，我们向全国人大常委会提出审查国务院《拆迁条例》的建议，除了上述考虑之外，还有一个动机，就是希望通过我们的行动，推动我国《宪法》和《立法法》设计和确立的法规违宪、违法审查制度实际运作起来。

现行《宪法》已经实施27年，《立法法》已经实施9年，但我们的全国人大常委会从来未审查和撤销过一个行政法规或地方性法规、自治条例、单行条例。难道我们的行政法规、地方性法规、自治条例、单行条例从来就没有过违宪、违法的情形吗？如果说我们的行政法规、地方性法规、单行条例永不违宪、违法，那我们的《宪法》和《立法法》为什么还要设计和确立法规违宪、违法审查制度呢？长期以来，我们的《宪法》和《立法法》设计和确立的法规违宪、违法审查制度一直在“睡觉”，一直处于“休眠”状态，这与我们要建设法治国家、法治政府的治国方略是完全背道而驰的。因为没有违宪、违法审查，就没有对政府权力和地方权力的强有力的制约，就没有有效的人权保障。而没有强有力的权力制约和有效的人权保障，就没有宪政和法治。正因为如此，法学界多次试图通过向全国人大常委会提出法规审查建议而启动违宪、违法审查制度，但都没有成功（甚至没有收到过全国人大常委会是否收到建议的只言片语的回复），我们这次申请也是向着这个方向的又一次努力，虽然我们这次行动促成违宪、违法审查制度启动的可能性仍然很小，但我们只要不断努力，这种可能性就完全可能变成现实。

我们作为中国转型时期的公法学者，对于公法的最高价值追求——人权保障，不仅有义务和责任予以论证和阐释，而且更有义务和责任推进其实现。马克思、恩格斯在说到他们的哲学与以往哲学家哲学的区别时，提出以往哲学家的哲学在于解释世界，而他们的哲学在于改造世界。[①] 我们把马克思、恩格斯这一经典语录适用于今天的语境，可以这样说，我们的公法学与以往公法学者的公法学的区别，是以往公法学者的公法学更多地在于论证和阐释公法和公法的价值，而我们的公法学则更多地在于推进公法的价值——特别是公法最高价值——的实现。

这就是我们实施这次行动——申请全国人大常委会审查和撤销国务院《拆迁条例》——的理由。

（原载于《行政法论丛》，第12卷，北京，法律出版社，2009）

---

① 马克思在《关于费尔巴哈的提纲》中指出“哲学家们只是用不同的方式解释世界，问题在于改变世界”。（《马克思恩格斯选集》，2版，第1卷，57页，北京，人民出版社，1995）。马克思在《〈黑格尔法哲学批判〉导言》中指出：“批判的武器当然不能代替武器的批判，物质力量只能用物质力量来摧毁；但是理论一经掌握群众，也会变成物质力量。理论只要说服人，就能掌握群众；而理论只要彻底，就能说服人。所谓彻底，就是抓住事物的根本。但是，人的根本就是人本身。”（《马克思恩格斯选集》，2版，第1卷，9页，北京，人民出版社，1995。）

建立健全执政党权力运行制约监督机制的构想

在社会主义国家，如何建立民主、法治？如何把共产党执政与民主、法治结合起来？这是各国共产党执政必须解决好，但却至今都还没有完全解决好的一个涉及执政党生死存亡的问题。许多社会主义国家的共产党就是因为没有解决好这个问题，在执政几十年后失去了执政的地位，铸成了国际共运的惨痛教训。

中国共产党在上世纪70年代末终结“左”的路线的统治，反思“文化大革命”的教训时即开始思考这个问题，中共十一届三中全会的《公报》指出，在社会主义的旧体制下，“民主集中制没有真正实行，离开民主讲集中，民主太少”。而真正的社会主义“必须有充分的民主，才能做到正确的集中”。“为了保障人民民主，必须加强社会主义法制，使民主制度化、法律化，使这种制度和法律具有稳定性、连续性和极大的权威，做到有法可依，有法必依，执法必严，违法必究”。“要保证人民在自己的法律面前人人平等，不允许任何人有超于法律之上的特权”。

十一届三中全会之后，中国共产党在解决权力过分集中，以“人治”作为治国、执政方略，民主太少，法治太少的问题方面做了不少探索。但是，由于“文化大革命”以后，百废待兴，党把主要精力放在解决经济体制改革和发展经济建设方面，政治体制改革和民主执政问题一直未能得到根本解决。中共十七届四中全会通过的《中共中央关于加强和改进新形势下党的建设若干重大问题的决定》指出，党内存在不少不适应新形势任务要求、不符合党的性质和宗旨的问题："一些地方和部门选人用人公信度不高，跑官要官、买官卖官等问题屡禁不止……有些领导干部宗旨意识淡薄，脱离群众、脱离实际，不讲原则、不负责任，言行不一、弄虚作假，铺张浪费、奢靡享乐，个人主义突出，形式主义、官僚主义严重；一些领导干部特别是高级干部中发生的腐败案件影响恶劣，一些领域腐败现象易发多发。这些问题……严重损害党同人民群众的血肉联系，严重影响党的执政地位巩固和执政使命实现。"

出现上述问题，主要是因为没有解决好执政党执政的民主、法治问题：长期以来，执政党各级党委和党的工作部门（纪律检查委员会）由党的代表大会产生以后，不仅行使党的事务的决策权、执行权，而且直接行使国家和地方事务的主要决策权和部分执行权（即公权力），但党委和党的工作部门（组织部、纪委、政法委等）在行使公权力的时候，却几乎不受制约和监督。各级党代表大会每五年才开一次，相应级别的党委和党的工作部门（还只有纪委）要等换届时才向代表大会报告工作，五年期间内不存在党代表大会对其权力的制约和监督。党委和党的工作部门自然也不向人大和人大常委会报告工作和接受人大和人大常委会的质询，从而也不受国家权力机关的制约和监督。这样，一些党委和党的工作部门工作即使做得再不好，有关领导干部即使再腐败，党的代表大会、人大和人大常委会也不能罢免或撤换他们，公民、法人和其他组织就更难对其行为加以制约和监督。公民、法人和其他组织对政府的行为不服，尚可向人民法院提起行政诉讼，但对党委和党的工作部门行使公权力的行为不服，公民、法人和其他组织既不能通过人民代表机关对之提出异议，也不能向法院起诉。党委和党的工作部门既不能通过人大承担其决策行为的政治责任，又不能通过司法承担其具体职务行为的法律责任。这样，党委和党的工作部门中的一些人，特别是某些行使重要权力的领导干部，就不可能不滥用权力，不可能不腐败。孟德斯鸠说过，权力没有制约就必然滥用，必然腐败。这是一条千古不易的规律。

有鉴于此，中共十七届四中全会专门作出决定，发展党内民主，建立健全决策权、执行权、监督权既相互制约又相互协调的权力结构和权力运行的制约监督机制，推进权力运行的程序化和公开透明。决定确立了一个明确的目标：执政党必须通过对自己权力的制约监督走民主执政的道路。当然，这条道路究竟如何走，应通过何种具体途径实现对执政党各级党委及其工作部门行使公权力行为的制约监督，尚待执政党自身以及学者们认真和艰难探索。

在10月27日中纪委召开的“加强新形势下反腐倡廉建设”的专家座谈会上，笔者曾就建立健全执政党权力运行制约监督机制提出三条建议：一是以法治手段反腐，二是对执政党权力的制约监督，三是整合和协调反腐资源（载2009年11月3日《检察日报》）。现根据笔者在专家座谈会上提出的第二项建议，对建立健全执政党权力制约监督机制的设计作进一步的说明：

为了加强对各级党委和党的工作部门行使公权力的制约监督，现在五年召开一次的党代表大会，有必要授权同级人大中的中共党员代表组成“党的代表会议”，在代表大会闭会期间行使其职权。“党的代表会议”每年紧接着“人代会”开，党委和党委的重要权力部门（如组织部、纪委、政法委等）每年向“党的代表会议”报告工作和重大决策、重要事项，接受“党的代表会议”的审议。在“党的代表会议”上，党员代表可对党委和党的工作部门的工作提出质询、询问，被质询、询问的机关必须当场或限期答复。一定数量的党员代表还可对党委和党的工作部门的领导干部提出罢免案，由“党的代表会议”审议和作出是否罢免的决定。在“人代会”和“党的代表会议”闭会期间，“党的代表会议”授权同级人大常委会中的党员委员，组成各级“党的代表会议的常设机构”，行使“党的代表会议”的职权。地方各级党委和党委的重要权力部门定期或不定期向相应“党的代表会议的常设机构”报告工作和重大决策、重要事项，接受“党的代表会议的常设机构”的审议。在“党的代表会议的常设机构”会议上，人大常委会党员委员对党委和党的工作部门的工作亦可提出质询、询问，被质询、询问的机关必须当场或限期答复。一定数量的人大常委会党员委员还可对党委和党的工作部门的领导干部提出罢免案，由“党的代表会议的常设机构”审议和作出是否罢免的决定。建立这样的机制有利于通过正式的民主组织形式对各级党委和党的工作部门的权力运作予以制约。

提出这样的建议理由有四：第一，我国的政治体制不同于西方国家的政治体制：执政党直接行使一定的国家公权力，故有通过人大和人大常委会（直接由其中的中共党员组成的机构）对之加以制约监督的必要；第二，建立党代表大会常任制成本太高，而依托于现行体制内的人大和人大常委会，建立党的代表会议和常设机构，其运作可如人大一样日常化而具实效；第三，地方各级人大中的中共党员代表、地方各级人大常委会中的党员委员，既是经人民直接或间接选举产生的，代表人民，又是在民选前经党代表大会确认推荐（如果现在没有这样做，今后应该这样做，地方各级人大中的中共党员代表真正经民选和真正经党代表大会推荐非常重要，这是该制度的基础）的，从而能代表相应地域的全体党员、全体人民。故这样的制约监督机制不仅具有合法性、正当性，而且这样的机构相对于党委会、党委常委会及党委工作部门，具有相对独立性，从而其监督制约更具公正性、权威性；第四，目前这种制度可先在地方实验，风险较小。

笔者认为，以上建议如果被中央采纳，确定在全国实行，需要今后党的十八大时修改《中国共产党章程》，通过党章正式确立。当然，这之前需要经过一定时间的深入的理论研究和实践探索，先制定出切实可行的实施方案，并在一定范围的地区实验。这一制度的实施必然需要付出若干成本，也会有一定风险，但这是值得的，因为，这一实验如果能真正成功，我们即有可能探索出一条社会主义执政党依法执政、民主执政，社会主义和民主、法治真正结合的中国特色社会主义的新路。

（原载于《南方周末》，2009－11－05）

廉政：须重构领导干部及其“身边人”行为规范

考查自上世纪八九十年代以来，特别是本世纪以来我国发生的腐败大案要案，我们会发现一个虽非规律性，但亦非偶然性的现象：一些领导干部因腐败问题被查，随之即牵扯出其配偶、子女、秘书、司机等一个共同作案或分别作案的腐败群体；或者领导干部的配偶、子女、秘书或司机等“身边人”因违法乱纪问题被查，随之即牵扯出该领导干部本身的大量腐败问题。这样的现象不说有很大的普遍性，亦有相当的普遍性，如河北省原省委书记程维高与其两任秘书吴庆五、李真的腐败案、上海市原市委书记陈良宇与其秘书秦裕及家人的腐败案、国家药监局原局长郑筱萸与其情人和两任秘书郝和平、曹文庄的腐败案以及贵州省原省长刘仁、深圳市副市长王炬与其家人共同索贿受贿的腐败案等。这些案件的涉案领导干部在腐败过程中均与其“身边人”形成了腐败共同体。这些腐败共同体，有的可能是由涉案领导干部在腐败过程中将“身边人”带下水所形成的，有的则是由涉案领导干部“身边人”在违法乱纪过程中将领导干部拖下水所形成的。各个案件的情况不同，其原因可能各有所异，但是在大多数情况下，这些腐败共同体是领导干部与“身边人”双方长期互动过程的产物。

领导干部与“身边人”形成腐败共同体相对于公务员个体的腐败，具有特别重大的危害性。首先，它对整个公务员队伍的腐蚀性更为严重。领导干部与“身边人”形成的腐败共同体对其下属会起非常恶劣的示范作用，上行下效，可能影响一大片，带坏一大批人。其次，它会给纪检监察机关查处腐败案件增加难度。由于这种案件是由腐败的领导干部与其身边人构成的共同体，他们因工作关系可对其腐败行为相互遮掩，外人难于发现。即使别人有所察觉，他们也会相互串通一气，狼狈为奸，建立攻守同盟，给监督机关查处带来很多困难。再次，它对党和政府的形象，对国家公权力的公信力的破坏特别严重。由于这种案子的“窝案”性质，往往牵涉到较多的人，人民群众看到这么多的公职人员卷入贪腐，会严重挫伤他们对公权力的信任，损害他们对党和人民政府的感情。因此，治理腐败，特别需要加大对这种由领导干部与“身边人”形成的腐败共同体的治理力度。

在我们当前亟须进行的各项廉政建设工程中，根治这种恶劣的腐败现象，无疑应列入相应工程的重大项目。事实上，自上世纪 90 年代以来，党和国家已经开始关注并着手治理这种腐败现象，中央和各地均采取了一定措施，制定了一定制度，乃至通过立法，规范领导干部及其“身边人”行为，试图尽可能防止他们腐败，既防止他们各自腐败，更防止他们结成腐败共同体共同腐败。如 1997 年，中央发布《中国共产党党员领导干部从政若干准则（试行）》，明确禁止党员领导干部利用职权和职务上的影响为亲友及身边工作人员谋取利益。2009 年，全国人大常委会修改《刑法》，明确规定国家工作人员的近亲属和其他与国家工作人员关系密切的人可构成受贿罪，通过刑罚打击领导干部“身边人”的腐败犯罪行为。全国各个地方近年来也陆续制定发布了一系列规范领导干部“身边人”行为的党纪、政纪规范，如安徽省发布了《关于加强对领导干部身边工作人员管理监督的暂行规定》，对领导干部“身边人”规定了 17 个“不准”，如不准借领导机关、领导干部的名义为自己和亲友办私事、谋私利，不准插手人事问题，为跑官要官者提供方便或为自己要官，不准插手任何形式的经营活动，特别是不准插手工程招标投标、经营性土地使用权出让、房地产开发与经营等。江西南康市则专门制定了《领导干部秘书、司机工作人员“十不准”规定》，对领导干部的秘书、司机等“身边人”的行为划出了明确的“禁区”，如不准接受可能影响公务的宴请，不准接受礼金，不准拉帮结派，不准干预执法、执纪机关执法、执纪等。

上述措施、制度和立法，对于规范领导干部及其“身边人”行为，防止其各自单独腐败和结成共同体共同腐败，应该说是发挥了一定作用的，但是其并未能从根本上有效遏制住有腐败倾向的领导干部及其“身边人”的腐败趋势。究其原因，主要是这些措施、制度和立法缺乏整体性、系统性和相互协调、相互衔接性。要解决这一问题，我们应对规范领导干部及其“身边人”行为的措施、制度和立法进行宏观审视，并进行整体设计和重构。

其一，就廉政法制的规范对象而言，法律、法规（包括党内规章）应分别对组织人事部门、领导干部本人、领导干部“身边人”三方主体的行为进行全面、系统规范。首先，对于组织人事部门，廉政法制主要应规范其对领导干部“身边人”的配置程序和监督责任，如对领导干部的秘书、司机，不能应由领导干部自选，而应由组织人事部门向社会公开选任，领导干部调任别的地方、别的部门任职，其秘书、司机应由组织人事部门重新配置，不能任由领导干部自带原身边秘书、司机。从改革方向言，如非工作必需，今后应尽可能减少领导干部专职司机，乃至尽可能减少公车。此外，廉政法制不仅应规范组织人事部门对领导干部“身边人”的配置机制，同时还要健全其对领导干部“身边人”的监督机制，组织人事部门不仅应建立对领导干部“身边人”工作的“绩”和“勤”的考核制度，而且更要建立对他们的“德”和“廉”的严格的考核制度。其次，廉政法制对于领导干部本人行为的规范，除了应建立和完善其“自律”、“他律”机制外，还应明确规定领导干部对其“身边人”的管理、监督责任。应鼓励领导干部和“身边人”自订相互关系的“内部约法”，以促进其相互监督和制约。再次，对于领导干部“身边人”，廉政法制除了应规范其外部行为准则（如“N 不准”）外，还应规范其与领导干部的内部关系准则，如不得代领导干部收礼送礼，不得为领导干部家人和其他亲属办私事等。

其二，就廉政法制规范的范围而言，相应法规、制度除了应规范上述三方主体的相互关系及其行为准则外，更应严格规范三方主体，特别是领导干部，行使国家公权力的行为规则及程序，如公开、透明、接受社会舆论监督等，使之难于有腐败的机会。领导干部腐败，除了其自身和“身边人”品质的原因外，更重要的原因乃在于我国目前尚缺少对公权力行使的完善的和严格的正当法律程序制约机制，至今没有统一的行政程序法典，没有基本法位阶的政务公开法（《政府信息公开条例》只是行政法规），没有统一的领导干部家庭财产申报法。根据法治发达国家的经验，只有上述这些规范、制约公权力行使的基本法律健全、完善了，具体规范领导干部及其“身边人”行为的法规、制度才能发挥有效的作用。

其三，就廉政法制规范的责任体系而言，应整体设计政纪责任、党纪责任和刑事责任，使之相互衔接、相互协调和使之发挥系统的制约、调节作用。政纪责任、党纪责任和刑事责任不能相互取代，无论是领导干部，还是其“身边人”，或是对之负有任免、调配和监督之责的组织人事部门，其违法、违纪行为构成了哪种责任（有时可能同时构成两种或多种责任），即应追究哪种责任。对于廉政的保障来说，完善监督和责任机制是极为重要的。行为准则（如“N必须”、“N不准”）即使制定得再严格、再细密，如果没有有效的监督和责任追究机制，这些准则也只能停留在纸面上。要使制度真正发挥作用，必须建立严格的监督（特别是社会舆论监督）和责任追究机制。

（原载于《检察日报》，2009-08-30）

法

2010年

平衡公益与私益

废除《城市房屋拆迁管理条例》（下称《拆迁条例》），制定《国有土地上房屋征收与补偿条例》（下称《征收条例》），核心在于平衡公共利益与保障被征收人合法权益。

最近，一系列因对公民房屋强制拆迁、野蛮拆迁而导致的悲剧（自杀、自焚、拆迁者与被拆迁者的暴力冲突等）以及由此引发的要求审查、撤销国务院《拆迁条例》的强烈的呼声和社会舆论浪潮，促使国务院有关部门加快了废除《拆迁条例》和制定新的《征收条例》（新条例目前暂定名为《国有土地上房屋征收与补偿条例》）的步伐。

《拆迁条例》的废除和《征收条例》的制定，涉及大量的理论和实践问题，其中的核心就在于：如何通过制度设计平衡公共利益与保障被征收人合法权益。

《征收条例》何以应当界定"公共利益"

中国《宪法》和《物权法》等法律对"公共利益"的含义和范围没有加以界定。主要原因首先是对"公共利益"的含义和范围加以确切界定有困难。宪法和法律需要调整广泛的社会关系和社会生活，具有普遍性，往往不得不使用许多具有一定弹性的不确定用语，各国情况皆然。例如，法国人权宣言中的"公共需要"，美国宪法修正案第 5 条规定"正当法律程序"、"公正补偿"，日本宪法第 29

条规定的“公共福祉”等，都没有加以明确界定。

其次，法律使用“不确定用语”，既有其“不得已为之”的一面，也有其“有意为之”的一面。“不得已为之”是因为社会关系过于复杂，法律对之难以确切界定：或者事务发展变化过于迅速，法律对其前景难以确切预测，或者事务涉及范围过于广泛，过于多样性，法律难于确切列举和界定其范围。其“有意为之”，是因为法律欲调动执法者的主观能动性，通过其自由裁量行为，更好地实现法律的目的，更有效地保障实质公正。

明智的立法者深知，以过于刚性、过于僵化的统一规则适用于千差万别的个人、个案，一定会导致过分的实质不公正，因此有必要给执法者留下一定的自由裁量空间，由执法者根据其法律理念，根据其对相应法律的目的、原则、精神的理解，就具体个案的情形对“不确定用语”作出最适当的解释，以实现个案公正。

从许多国家的情况来看，执法者利用对法律“不确定用语”的解释滥用权力的情况虽然存在，但并不普遍。特别是在西方法治较发达国家，执法者和法官滥用这种自由裁量权，侵犯相对人合法权益的情形并不多见。

主要原因大致有三：其一，在法治社会或法治较发达的社会，法律人（执法者、法官、律师、法学者等）通常都接受过共同的法律教育，具有基本相通的话语和对一般法律概念、法律理念的基本相同或相通的理解，执法者和法官对不确定用语的解释一般不会过于离谱；其二，法律人通常都具有较高的素质，他们不是只能机械适用法律规定的法律工匠，而是能够运用其法律理念，将不确定法律用语与相应法律目的、原则、精神机智地、灵活地适用于具体个案的法律艺术家；其三，法律共同体长期以来已形成一套维护、保障执法和司法公正的制度，这套制度可以较大程度地激励和制约执法者，使其不想、不敢和不能随意滥用不确定法律用语解释权搞腐败。相对人对执法者解释不确定法律用语有疑义或异议，均可诉诸法院，由法官作出最终解释，保证执法者的解释权不被滥用。

但是，中国的情况与此不同，现在离建成法治社会和法治国家还有很长的距离。其一，中国的执法者、法官和其他法律人尚未普遍受到共同的基础法律教育和法律训练，法律共同体尚未有基本相同或相通的法律话语；其二，中国的部分执法者和法官的法律素质和人文素质还有待提高，不少人只知机械地适用法律，在遇到法律规定不甚明确或类似“公共利益”一类不确定用语时，就不知如何应对，甚至一筹莫展；其三，中国尚未形成稳定、完善制约法律人行为的法律制度和职业道德规范，一些人不是运用法治理念灵活和公正地处理个案，而是滥用自由裁量权，通过恶意地扩大或缩小（甚至歪曲）相应不确定用语的内涵和外延谋求私利。例如，目前许多地方政府执法人员为开发商卖力地征收农民土地、拆迁城市居民房屋，都是打着“公共利益”的旗号，损害农民和城市被拆迁户的利益。

针对这种情况，中国显然有必要通过目前正在制定的《征收条例》对“公共利益”的含义和范围加以界定。

《征收条例》如何界定“公共利益”

然而，目前正在制定的《征收条例》是否可能对“公共利益”的含义和范围加以界定呢？考察中国和境外的法律实践，以法律或法规给“公共利益”界定一个基本含义和大致范围是可能的。

例如，中国台湾地区的“土地法”即是采用列举加概括的方式界定“公共利益”的范围，规定：因下列公共事业之需要，得依规定征收私有土地。但征收之范围，以其事业所必需者为限：（1）国防设备；（2）交通事业；（3）公用事业；（4）水利事业；（5）公共卫生；（6）政府机关、地方自治机关及其他公共建筑；（7）教育学术及慈善事业；（8）“国营事业”；（9）其他由政府兴办以公共利益为目的之事业。前八项为“公共事业”（即实现公共利益需要之事业）的列举性条款，最后一项为“公共利益”的概括性（兜底性）条款。值得注意的是，该条在以列举式和概括式界定“公共利益”范围之前，还设了一限制性条款：征收之范围，以其事业所必需者为限。何谓“必需”，虽然是一个不确定用语，但它构成对个案中“公共利益”范围的一个有效限制。

借鉴中国台湾地区的做法，我们完全有可能对宪法和有关法律中的“公共利益”用语的内涵和外延加以大致的界定，其方法可以是：首先，给“公共利益”下一个简要的定义，如公共利益是指涉及国家安全和广大社会公众福祉的利益；其次，尽可能较全面地列举出可能列举的属于公共利益范畴的事项；再次，设立一个概括性（兜底性）条款，即立法时无法列举或难以列举的其他应属于“公共利益”范畴的事项；又次，还可再设立一个排除条款，即明确排除哪些事项不属于“公共利益”的范围，如企业从事商业性开发、政府兴建度假村和娱乐场所等事项；最后，还可考虑设立一个一般限制性条款，即规定在处理个案中，“公共利益”的范围应以相应事项所必需者为限等。

为了防止某些政府机关和官员打着“公共利益”的旗号滥权和侵权，除了前述一般性界定，法律上还可考虑设定一些其他应对措施对政府机关的行为加以制约。

其一，通过行政程序限制政府对“公共利益”的武断解释和认定，为行政相对人提供参与机会。例如，政府在实施征收行为时，法律应要求其举行听证会、论证会或其他形式听取行政相对人和其他社会公众的意见，确定相应行为是否是“公共利益”的需要，如确属“公共利益”的需要，还要确定相应行为是否是实现此种“公共利益”需要的最佳途径，有无较此种途径更好的途径等。

其二，通过加强市场化运作限制公权力的过度运用，防止政府以公益的名义为其所偏爱的市场主体实现私益运用公权力。为此，要通过行政组织法对政府公权力进行严格的限制。凡是能通过市场化运作能解决的问题，法律应禁止公权力介入。

其三，通过适当的“公法私法化”，保障公共利益以公正、公平的方式得到实现。对于公共利益，完全通过私法途径而不运用公法是不可能实现的。但是，行政机关为实现公共利益，在运用公权力的同时，辅之以适当的私法途径，如合同、招标、拍卖等，则不仅是可能的，而且是必要的。适当的“公法私法化”对于防止公权力腐败、滥用，保障社会公正和公平有着极为重要的意义，是建设法治政府、廉洁政府、有限政府和高效政府的重要措施，也是世界行政改革发展的一大趋势。

很显然，产生侵权、腐败、滥权等各种问题的根源，并非某一或某些法律用语的含义和范围不明确，而是导致政府机关和政府官员利用不确定法律用语侵权、腐败、滥权的体制和环境。因此，除了通过法律界定和明确“公共利益”的含义和范围，必须同时借助于经济体制、行政体制、政治体制和司法体制的整体改革。

怎样实现公益与私益的平衡

《征收条例》要实现维护公共利益与保障被征收人合法权益的平衡，除了要正确界定公共利益的含义和范围，还有必要解决下述具体问题：

其一，征收主体和征收实施组织问题。征收是一种公权力行为，只能由政府作为行为主体。但是，征收行为的组织和实施却可以由政府授权的部门（房屋征收部门）承担。至于征收中实施执行强制搬迁决定的事实行为，则可以由房屋征收部门通过招投标程序委托与建设单位无利害关系的相关中介组织实施。

其二，征收程序中被征收人参与问题。在整个征收程序中，从计划征收，到征收决定，到补偿方式、补偿标准的确定，都必须有被征收人的参与。参与的方式可以是座谈会、论证会、听证会，也可以是投票、辩论、协商等。没有被征收人的一定方式的参与，征收行为即违法、无效。

其三，对危旧房征收的区分问题。现行征收拆迁对危旧房是不加区分的，新《征收条例》（征求意见稿）也未对之加以区分，拟将二者都同时列入公共利益需要征收的范围，并以拟征收区域范围内90%以上被征收人同意作为征收、改造的前提条件。这样规定很不妥当，应当对旧房和危房的不同情况，作出区别规定。

其四，对征收决定异议的裁决问题。根据正当法律程序的要求，任何个人和组织都不能做自己案件的法官。因此，由房屋管理部门承担拆迁、补偿、安置争议裁决职能的现行做法必须改变，目前《征收条例》（征求意见稿）规定的由县级以上政府报上一级政府裁决也不完全符合正当法律程序的要求。合适的制度应该是由中立第三方（法院或专门裁判所）作为征收决定异议的裁决机构。如果法院作为征收决定异议的裁决机构，就意味着法院对“公共利益”的界定有最终裁决权。这无疑能为被征收人权益提供最有效的保障。

其五，征收估价机构问题。征收估价机构必须是有资质的和公正的。为避免暗箱操作导致的不公正和被征收人对估价机构的不信任，估价机构不能由房屋征收部门单方指定。被征收人可在房屋征收部门推荐的若干估价机构中通过一定方式（如票决、抽签等）选择确定。

其六，征收补偿方式问题。征收补偿方式应该多元化，除了货币补偿，还应有房屋产权调换、房屋产权调换加货币补偿，因危旧房改造实施的征收，被征收人应可优先选择回迁的方式。

其七，征收补偿范围问题。除了房屋所有权征收补偿，还应包括：（1）征收营业用房在产权调换或回迁前过渡期内因停产停业造成的赢利损失（可按其前三年平均收入或同行业上年度平均收入计算）；（2）搬迁费；（3）征收住房在产权调换或回迁前过渡期内征收主管部门临时安置过渡住房给被征收人造成上班、上学或其他工作、生活不便的补偿；（4）产权调换与被征收房屋的差价（产权调换的房屋和房屋地理位置如果是被征收人自己选择的，其差价则应由被征收人本人承担）；（5）征收土地使用权的补偿。

现在通行的做法是只补房价不补地价，理由是房补包括地补。这种认识是不正确的，土地使用权的情况各种各样：有的被征收人建房时向政府购买了土地使用权的（通常为70年）；有的被征收人的房屋的土地使用权是开发商向政府购买的，被征收人向开发商买房，房价即包括地价；有的被征收人的房屋的土地使用权是政府无偿划拨的；还有的被征收人的房屋的土地使用权是祖传的。对于不同情况土地使用权的征收，应给予不同的补偿。一律以“房价包括地价”为由，对土地使用权征收不予补偿的做法是不适当的。

其八，责令违章建筑房屋搬迁是否应予补偿问题。违章建筑的情况是多种多样的，有的违章建筑是在行政机关默许下建起来的，建起来以后，行政机关长期不闻不问；有的是祖传房屋，因各种原因未办理某种证照（如土地使用权证、规划许可证等）而构成“违章建筑”；有的是当事人在房屋建筑过程中不听行政机关劝阻，执意违法建房，房屋建好后，又不执行行政机关的行政处罚决定，不拆除其违章建筑。对于第一种情况，根据《行政处罚法》两年时效的规定，应给予当事人适当补偿；对于第二种情况，根据公平正义原则，应给予当事人完全补偿；对于第三种情况，可不给当事人任何补偿。

其九，复议、诉讼期间是否应停止强制拆除拟征收房屋的问题。根据现行法律，复议、诉讼期间不停止被申请、被诉行为的执行。但是强制拆除房屋的行为是一种特殊的行政行为，一旦错拆，就会造成不可弥补的损失，特别是作为文物和名胜古迹的房屋，一旦错拆，即不可复原。因此，除非公共利益的特殊紧急需要，复议、诉讼期间应停止强制拆除拟征收的房屋，待复议决定、法院判决作出后，再决定是否强制拆除。

其十，如何防止野蛮拆迁的问题。为了防止野蛮拆迁，目前《征收条例》（征求意见稿）规定，房屋征收机关不得采取“四断”（断水、断热、断气、断电）以及其他非法手段实施搬迁。但这还不够，还应加上不得在夜间和节假日实施搬迁等情况。

要实现维护公共利益与保障被征收人合法权益的平衡，《征收条例》要解决的问题很多，上述十个问题是目前社会公众，特别是被征收人最集中关注的问题，希望能在这些方面有所突破，有所进展。

（原载于《中国改革》，2010（3），收入本书时有删节。）

沈岿新作《公法变迁与合法性》之序

我很少为他人的著作写序，一是因为自己研究视野局限，怕写出些外行话，把作者精心撰著的心血之作给弄出些瑕疵来，有负作者；二是因为自己时间和精力有限，难于把作者的著作细嚼慢品，怕写出些不着边际、不切实际的评价话，误导读者。

但是，对于沈岿博士的大作，我还是愿意写几句话。因为，第一，我们是同行，都是研究行政法的，大致不会写出过分出格的外行话；第二，沈岿这部书稿的内容，大部分在过去阅读过，虽不是每篇都曾细嚼慢品，但至少浏览过。因此，沈岿博士在他的大作付梓之际让我写几句话，我也就答应下来。

沈岿博士的这本大作名之为《公法变迁与合法性》。就该书书名而言，涉及公法两个重大的理论和实践问题：公法变迁问题和公权力合法性问题。就公法变迁问题而言，所谓“变迁”，应指现代公法相对于传统公法的变迁。现代公法相对于传统公法究竟发生了什么变迁呢？这些变迁是量变，还是质变？为什么会发生这些变迁，是经济的原因，还是政治的原因，或者是文化的原因所致，抑或是时代变迁和社会转型的综合因素使然？沈岿博士在本书的自序中说，“我们无疑生活在一个特殊的时代”，“这个时代之所以特殊，之所以有可期待的持久生命力，就是它史无前例地、持续地被一种崭新的统治或治理观念浸入着。这个观念的最简单表达就是：人民主权”。在沈岿博士看来，现代公法相对于传统公法的最重要的变迁是公法观念或理念的变迁：“人民主权”这一崭新的统治或治理观念取代了传统的“君权神授”统治观（或由“先知先觉”的“英雄”、“智者”治理“不知不觉”、“后知后觉”的民众乃“自然法则”的统治观）。沈岿博士正是基于其公法观念变迁的理论，展开了他的整个“公权力合法性”学说的构建工程。

关于公法的变迁，沈岿博士的著作由于将其着力点放在合法性理论的构建上而没有展开，我特在这个序言里提供更多一点背景材料。今年8月我在南京师范大学法制现代化中心与《法学研究》杂志社举办的“全球化与中国法制现代化”的研讨会上做了一个关于公法变迁（主要讲“新行政法”）的发言，在这个发言中我曾提出公法变迁的十个方面的表现和导致这种变迁的四个方面的原因。现将这一发言摘要如下：

随着世界经济全球化的演进和我国社会转型的深度展开，一种脱胎于传统公法，但其内涵和外延均有别于传统公法的新型公法正在世界许多法治发达国家和我国形成。这种新型公法相较于传统公法，甚至相较于上世纪中、后期的公法，从内容到形式，都发生了和还在发生着深刻的变化。这种变化主要表现在下述十个方面：其一，传统公法强调限权、控权，而现代公法为解决经济自由发展条件下的“市场失灵”问题，通过对经济进行宏观调控，对价格、利率、产业发展结构等进行规制，保证经济的平衡发展，防止经济危机。与此同时，行政干预又必然产生“政府失灵”，为此，现代公法通过对政府调控、规制行为的权限、手段、程序进行规范，保证行政权的正当行使，防止权力滥用。其二，传统公法强调公权不干预“私域”，而现代行政法却有限度进入“私域”，对私人财产权、经营权、契约权以及就业、企业用工、劳动条件、工资、福利、保险等进行规制。为保障社会公正，政府可对私人从事的公益服务事业（如教育、医疗、娱乐、体育等）进行一定干预，要求其对社会提供平等服务，实行反歧视原则。如对私人开办的学校或娱乐场所，法律规定其不得因种族、性别等禁止特定群体的人进入。其三，传统公法强调国家垄断公权，而现代行政法却促进国家公权力逐步向社会转移。在经济全球化条件下，国内和国际的各种NGO、NPO组织、团体纷纷建立和越来越多，越来越广泛地提供过去由政府提供的“公共物品”。但社会公权力亦需必要的法律调控，否则，也可能对社会共同体成员的权利和自由构成侵犯。为了防止社会公权力滥用、腐败和对社会共同体成员权利的侵犯，现代行政法开始为社会公权力行使设定界限、程序和责任，调整社会公权力和社会共同体成员的关系。其四，在全球化时代，公法开始对传统的国家和政府的绝对权力（有人将之归入或称之为“主权”）加以适当和必要的限制。随着经济全球化的推进，各国由于要进行广泛的交往，共同解决环境、生态、反恐、限核和维护、保障人权等诸多人类面临的共同问题，就不能不对各自的主权进行适当的限制。为此，现代公法在诸如反倾销、反补贴、反非关税壁垒以及国际环境保护、国际反恐等领域亦不得不对国家公权力进行必要和适当的限制。其五，在全球化条件下，公法开始越来越多地调整人与自然、人与环境的关系。如环境生态保护法、环境影响评价法、野生动植物保护法、动物福利法等，这些法律都设置了公权力诸多的相应义务和职责。公权力不仅要更多地关注和保障人权，而且要更多地关注和保障环境、生态和动物福利。其六，全球化促进了法治的深度发展，公法开始有限度进入“特别权力关系领域”。对于公务员与所在行政机关的关系、高等学校学生、老师与学校的关系，传统公法都将之完全划入自治领域，法律，特别是司法，一般都不得介入。但是现代公法将“最低限度的正当法律程序”引入“特别权力关系领域”，对于行政机关、高等学校等特别权力主体违反“最低限度正当法律程序”的行为，公务员、大学学生或教员可诉诸司法审查，请求法院裁决“内部行政争议”。其七，全球化与信息化紧密联系。自上世纪90年代，互联网开始广泛进入人们的生活，现在我国有上亿网民，千家万户的网络运作已构成了区别于现实世界，但与现实世界又有着密切联系的另一个世界——“虚拟世界”。公法不能完全用调整现实世界的方法去调整“虚拟世界”，例如，公法不能完全用调整纸质媒体言论的方法去调整网络言论。在这一领域，新型公法刚开始进入，但展现着广阔的发展前景。其八，传统公法强调行政行为的单方性：行政主体行使职权无须与行政相对人协商，无须听取行政相对人的意见和取得行政相对人的同意，即可单方面作出影响行政相对人权利义务的决定。而现代公法要求行政主体实施行政行为，无论是抽象行政行为，如行政立法、行政决策等，还是具体行政行为，如行政许可、行政处罚，都应通过一定途径、一定方式（如座谈会、论证会、听证会等）充分听取行政相对人的意见，在吸收行政相对人参与的前提下作出。虽然相对人的同意不是行政行为作出的必需条件，但与相对人协商却是行政行为作出的必经程序。其九，传统公法强调行政行为的强制性：行政命令是行政行为的基本方式，而现代公法更注重行政主体与行政相对人地位平等和行政执法方式的非强制性，从而行政合同与行政指导成为行政行为的重要手段。不仅是一般公共服务（如自来水、电、煤气、高速公路修建与管理）广泛采用行政合同（如 BOT）方式达成行政目标，甚至公权力色彩很浓的监狱管理，有的国家亦通过行政契约的形式由私人承包实施。在全球化时代，行政管理的强制性色彩越来越淡化，行政指导在具体行政行为的实施中得到广泛的应用。行政机关往往不是首先下达命令、指令，而是首先通过建议、劝告、鼓励、激励、引导等诸多柔性方式去实现预定的目标和任务。其十，在全球化条件下，公权力主体更多地综合运用行政法、民法、商法、经济法、社会法乃至各种软法的手段解决公共治理中的各种复杂问题。例如，传统公法调整环境管理，往往采用单一的罚款、征收排污费等公法治理方法，而现代公法则除了运用罚款、征收排污费等公法方法外，更多地运用排污权交易等私法方法进行治理。这种公私法并用，或者说“公法私法化”的方法，在公共治理方面，不仅成本减少，而且效益更佳。

公法为什么会发生上述这些变化、变迁？其主要原因有四：其一，民主化、市场化、信息化、全球化的世界潮流使然。现代民主的重要特色是民主形式由单纯的议会民主、投票民主向更多的参与式民主和审议式民主转化。议会民主和投票民主要求政府主要扮演“传送带”角色，但现代政府行使着越来越多的立法功能和决策功能，为了防止“行政专制”，将参与式民主和审议式民主引入行政领域就是必然的选择。此外，市场竞争是与平等、自愿、等价和有偿的私法原则紧密相联系的。市场经济的发展，必然推动政府管理范式的转变，而政府在市场经济条件下对社会的管理，不能不受市场规律的约束，规范市场的私法规则不能不影响，乃至“改造”传统的公法，即计划经济条件下形成的公法。至于信息化和全球化对于推动公法的变迁，则具有特别重要的作用。由于互联网的普及，传统行政的封闭性、单向性越来越被打破。在很多情形下，行政机关想不公开、想不让公众参与都不可能，想神秘都神秘不了。信息化为“阳光政府”提供了现实的条件。就经济全球化而言，它不仅推动了世界各国经济贸易的交流互动，而且推动了世界各国政治和法制的相互影响和相互借鉴。在这种经济、政治和法制的互动过程中，法治发达国家的经验必然更多地影响法治较不发达国家的法治发展进程，从而推动新型公法在世界各国的生长和发展。其二，我国三十年的改革开放导致经济、政治体制的重大变革，而经济、政治体制的变革必然导致法制模式的改变。根据马克思主义关于经济基础决定上层建筑的原理，一个国家的经济基础因为经济体制改革而发生变化，其作为上层建筑的法制必然随之发生变化。与计划经济相适应的传统公法不可能适应市场经济。传统公法所体现的单方性、命令—服从性、强制性与市场经济要求的平等性、合作性、自主性是不相容的。市场经济体制的建立必然要求行政法模式的变革，而且必然导致此种变革，这在某种意义上是不以人的意志为转移的。其三，宪政、人权、法治理念在整个国民意识中的生长和逐步普及是新型公法形成和发展的观念基础。观念是由物质决定的，观念又反作用于物质，观念反作用于物质在很大程度上是通过制度的中介作用实现的。我国三十年的改革开放使国人的物质生活发生了翻天覆地的变化，国人物质生活的变化必然促使人们反思这种变化的原因。正是在这种反思中，宪政、人权、法治理念自然而然地在整个国民意识中的生长和逐步普及。而正是这种宪政、人权、法治理念，促使和推动着传统公法的变革和新型公法的生长和发展。其四，我国公法的发展和转型同时也是公法学者与法律实务界合作与互动、政府与社会公众合作与互动、中央政府与地方政府合作与互动、党和国家领导人与普通百姓合作与互动的结果。在以上四个合作与互动中，公法学者与法律实务界合作与互动最为突出。中国公法发展和变革的每一阶段、每一步骤都有这种合作与互动的图景。例如，1986 年中国行政立法研究组的成立和之后《行政诉讼法》、《国家赔偿法》、《行政处罚法》、《行政复议法》、《行政许可法》等一系列行政法律的出台，行政合同、行政指导概念的提出和制度建立，私法公法化、公法私法化的试行和推动，无不是公法学者与法律实务界良好合作与互动的结果。

沈岿博士《公法变迁与合法性》一书涉及的公法另一个重大理论和实践问题即公权力的合法性问题：公权力合法性何在？是源于法律的赋予，还是源于共同体成员的同意，或者是源于“三个代表”（代表先进生产力的发展要求，代表先进文化的前进方向，代表最广大人民的根本利益），抑或是源于民主、宪政的平衡原则和民主、宪政的整体架构？

合法性肯定不是一个静止和绝对的概念，不同的时空条件会有不同的合法性标准。古代专制统治的合法性可能源于某种宗教规则（如“君权神授”）或某种成文法或不成文法规则（如皇位由皇帝长子继承，一切官职由皇帝任命）。现代公权力取得的合法性可能源于民选，非经选举产生的政府会受到人民的质疑；而公权力行使的合法性则源于宪法和法律的授权，没有宪法和法律的授权而行使公权力会被认定为“篡权”、“越权”。

但是，也有人认为，“宪法和法律的授权 ”、“人民的同意 ”只是形式的合法性，实质的合法性在于代表先进生产力的发展要求，代表先进文化的前进方向，代表最广大人民的根本利益。因为就“宪法和法律的授权 ”而言，宪法和法律由于其稳定性而在许多时候不能与时俱进，不能反映时代的发展和进步，从而“良性违宪”、“良性违法”比机械地严格执法、守法更具有合法性。就“人民的同意 ”而言，人民群众有时会只看到自己局部的眼前的利益，而看不到全局的长远的利益，从而由智者代表人民利益比人民群众自己当家做主更具有合法性。

民主是个好东西，但民主是个有缺陷的好东西，民主甚至可能产生暴政，故民主必须以宪政和法治加以制约。在现代社会，合法性不能不与人民主权联系起来，脱离人民主权的合法性是不可想象的。同样，在现代社会，合法性不能不与宪政和法治联系起来，脱离宪政和法治的合法性是不可想象的。那么，我们在现实的公权力运作中，究竟应如何平衡民主与宪政、法治的关系，如何平衡人民当家做主与代表人民利益的关系，如何平衡形式法治与实质法治的关系，如何平衡按法律条文办事与按法律原理、原则办事的关系呢？即我们今天的公权力应追求什么样的合法性呢？对于这些问题，沈岿博士在本书中均有很好的论述，本书通过许多实际的案例给予了我们很好的答案。

沈岿博士是一位勤奋、认真、治学风格严谨的学者。这一风格注定他不是一味追求著述的数量，而是十分在意论证的审慎、论点的独到。

在从事教学研究的十余年里，他发表了近三十篇核心期刊论文，出版了两本译著，其中有备受学界赞誉的《美国行政法的重构》，也编著了一本简明的行政法教材，主编了一本专题研究文集。然而，除其博士论文《平衡论：一种行政法认知模式》于1999年成为专著以来，始终未有新的专著问世。由此可窥其重在修身、慎言笃行的人品。

沈岿的学术兴趣涉及行政法的许多理论前沿问题，偶尔还进入宪法、人权保障领域，近些年又特别关注国家赔偿制度。然而，平常的交流和观察，让我深知其始终有一愿望，就是对公法的一个基本论题——公权力的合法性——进行系统思考，并尝试提出自己的理论。摆在我们眼前的这本《公法变迁与合法性》，可以说是他向读者慎重推出的、其在该主题上的阶段性研究成果。

在本书的开篇，沈岿博士即指出，法学视域中的合法性与政治学视域中的合法性，有两点是共通的。其一，它们的本质意义都是“可接受性”；其二，关于可接受性的判断标准，有时会有共识，有时却会出现诸神之争、没有唯一正确答案的情形。鉴于此，沈岿在国内法学界首次提出了“开放、反思的形式法治”概念，并对这一概念下的基本主张进行了扼要的陈述。其核心观念是，由于在疑难的情形之中，对于公权力的合法性判断，很难找到一个令所有各方、尤其是价值取向明显对立的各方都能接受的标准，因而，一个具有开放、反思性质的公权力运作过程以及相应的合法性判断过程，或许是实现或确保公权力合法化的有效路径。

“开放、反思的形式法治”基本主张既明，我们可能会有一种期待，希望沈岿能够更加系统地对下列问题进行条分缕析、抽丝剥茧的繁复论证：他所讨论的公权力包括哪些类型；为什么必须关注公权力的合法性问题；合法性概念在学术脉络上呈现出哪些不同的意义；公权力合法性判断的疑难情形为何会发生；为什么要以开放、反思的过程来对待这样的疑难情形；开放、反思的过程究竟应该在制度上如何打造；这种注重过程的立场与合法性判断的实体维度是什么关系；等等。无疑，这样的期待是出于对理论体系、义理之学的渴望。

然而，沈岿在邀我写序时，明确地告诉我，他虽然也时刻想着这些问题，但出于两点考虑，他并没有循此路线图往下走。一则，他的学术积累以及心思宁静还不够，诸多琐事缠身，加之教学任务，使其难以获得富裕的读书、思考与写作时间；二则，他坚持认为，理论的抽象化需要在经验基础上完成，现在更想做的是考察具体制度或个案中存在的公权力合法性问题以及解决方案，借此为以后的理论体系建构打下牢固的地基。

于是，读者可以发现，沈岿在对其基本主张一番表白之后，转身又去耕耘一块块看上去彼此并无明显关联的土地了：行政组织建构的合法化；司法解释的模式；司法对行政法适用空间、行政法原则或制度的推动；司法在原告资格、行政规则约束力、行政裁量合法性判断等问题上的裁量空间或标准；宪法在中国当下的司法适用性；人权发展需要的知识与信念；大学自治、司法介入和良法治理问题；风险理论对合法性判断的可能贡献。

不过，这些表面上的"杂乱"，并未构成内容和逻辑上的"无章"。相反，我们透过这种"杂乱"，尚可体味到其中隐含的整体意图。本书的第二篇实际上是要借助行政组织建构的合法化问题，批评严格的、封闭式的、以法典化为主要手段的形式法治主义。第三篇的各个论题其实都在阐明开放的、能动的司法反思是如何可能的，以及需要怎样来打造这样的反思机制与过程。第四篇涉及"开放、反思的形式法治"中的合宪性判断，这在当前的中国，的确还更多的是在社会过程中而不是在法律过程中进行（齐玉苓案是合宪性判断的法律过程的试验失败）。这些结合具体制度或个案的思考，已经显露出沈岿未来理论建构的端倪。

围绕着自己的核心主张，建构一套逻辑严密、论证充分的理论体系，并以这样的理论围墙，更好地主张和防御自己、反击对立的观点，当然是任何一个学者的理想和愿望。这样的理论体系，当然也是我们读者向往的学术大餐。然而，能够在理论建构的过程之中，将已有的、零星的、虽不成熟却显创见的想法贡献出来，对于我们来说，也同样是一顿学术的美餐。

沈岿的这本著作，紧扣公权力合法性主题，立足当下中国的公法变迁或转型情境，以敏锐的经验观察、审慎的理性分析、独到的观点阐述，向读者展示了其迈向“开放、反思的形式法治理论”的足迹，可读性、可思性皆强。

谨以此序向诸君推荐。

（原载于沈岿：《公法变迁与合法性》，北京，法律出版社，2010）

给领导干部“减负”，善莫大焉

近年来，广州、上海、浙江等地出台了多项有关为领导干部“减负”的文件。这些文件涉及的“减负”内容多种多样，其主要者有：（1）减会。即减少领导干部的会议，可开可不开的会议尽量不开，必须开的会议尽量压缩会议时间，减少领导干部出席的人数，精简领导干部讲话的内容。（2）减文。即减少呈送领导干部的文件，严格控制印发、报送领导干部传阅、审核、批示、督办的文件和相关材料，必须呈送领导干部的文件，应尽量简洁、精练。（3）减应酬。即减少领导干部的各种应酬，如接待上级机关各种检查、视察的迎来送往，出席下级部门各种活动、庆典的剪彩、祝贺，参加年终岁末的各种“公关性、礼节性拜年”、“送温暖”等。（4）减任务摊派。即减少对领导干部的各种非其本职工作的任务摊派，如包片（一定建设项目涉及的拆迁区域）完成拆迁任务、包户落实计划生育指标、定期限完成一定招商引资额度、包区（如若干乡、镇、村等）落实一定面积的规模种植、规模养殖任务等。

各地发文为领导干部“减负”（实际上，发文为领导干部“减负”的不只是地方，中央亦曾多次发文要求各级党委、政府精文、减会、减少应酬，为领导干部“减负”），其意义是十分重大的。

首先，领导干部是主管一个地区、一个部门全局性工作的，他（她）们应该有足够的时间和精力对涉及该地区、部门的方向性、全局性和长远性的问题进行调查研究，进行思考。如果他（她）们将大量的时间和精力用于应付文山会海，用于各种应酬，其就不可能有充分的时间和精力去研究、思考相应地区、部门方向性的重大问题，从而难于对这些问题作出慎重的科学决策。

其次，领导干部是一个地区、一个部门公权力的代表，他（她）们的行为方式直接决定该地区、部门的政策导向和治理模式。如果领导干部的“负”过重、过分，偏离其法定职责、职权、职能，以大量的时间和精力去干预市场，干预企业的生产经营，干预农民的种养等农事，干预公民个人的私人事务，如超越本职工作去招商引资，去为企业的产、供、销奔走呼号，去劝说，甚至强迫农民搞某种农作物的规模种植、某种水产品的规模养殖等，就可能侵害公民、法人和其他组织的经营自主权和自由，其辖区内的人民群众不仅不会对其忙和累领情，反而可能对其心生怨意，其超负荷工作不仅不能推动当地的经济发展，反而可能窒息当地经济的活力。退一步讲，你如此积极、热心地“履负”、忙碌，也可能把当地经济突击抓上去了。然而，任何人的时间和精力终究是有限的，领导干部把自己的时间和精力都放到抓经济上去了，那就必然会忽视当地社会事业，如教育、文化、卫生、环境、生态保护等，从而严重影响这些事业的发展，违背科学发展的要求。

再次，领导干部的很多“负”成本太大，副作用太大。如几大班子的负责人分工到上级机关跑项目，跑资金，到外地招商引资等。然而，要跑到项目，跑到资金，招到商，引到资，完成预定的获取相应项目、资金及招商引资指标的任务，通常要采取请客送礼，拉关系，走后门，甚至行贿受贿等手段打通关节，方能达到目的。很显然，领导干部这样做，不仅要花费相应地方政府、部门的大量金钱成本，还可能腐蚀上级机关或有关部门的一大批公职人员或非公职人员。而且，领导干部在此种“履负”（完成组织交给自己的跑项目、跑资金、招商引资等任务）过程中，自己也可能被腐蚀（被他人或被自己腐蚀）。

此外，领导干部负担太重，应酬太多，不利于其素质的提高和领导水平的改进、提升。现代社会是一个科学技术发展日新月异，知识不断更新的社会，从而对于全体国民，特别是对于领导干部，应该是一个学习型社会。作为担负治国理政职责的领导干部，如果成天忙于应酬，将自己陷于文山会海、觥筹交错之中，不读书学习，其知识就不可能得到更新，其素质就不可能适应现代社会发展的要求。在网络和平面媒体中，我们经常能看到某些领导干部讲出一些“雷人”的话语，作出一些“雷人”的行为。为什么？一个重要原因就是因为他们成天忙于应酬，不读书学习所致。

最后，“减负”对于领导干部的身心健康和正常的家庭生活也是非常必要的，领导干部也是人，与普通人一样，他们同样应有休闲、娱乐、旅游和满足自己一定个人爱好（如琴、棋、书、画、诗词或某种体育活动等）的权利，这些权利应认为也是人权的组成部分，同样有履行丈夫、妻子、为人父母、为人子女的义务，这些义务既是道德义务，也是法律义务。领导干部在履职期间，可能要牺牲一些个人休息及家庭生活时间，这在很多情况下是必要的，但我们不能要求我们的每个领导干部都像温家宝总理一样，把自己完全变成“公共财产”。温总理 25 年放弃节假日，连续 8 年未与家人一起过春节，这虽然非常可贵、可敬，但这也应该只是特例。在国外，一般领导干部，甚至总统、总理，在绝大多数情况下，都坚持正常上下班，正常休假。这些领导干部治国理政，其政绩也有很不错的。

综上可见，为领导干部“减负”不仅具有重要性，而且具有必要性和迫切性。我们的各级党委和政府，都应该采取有效措施，切实给领导干部“减负”，使我们的各级领导干部真正做到有所为，有所不为。所谓“有所为”，就是要扎扎实实做实事，通过做好自己的本职工作，促进本地本部门的经济和社会发展，让所在区域的老百姓生活得更幸福，更有尊严；所谓“有所不为”，就是不要为了制造本地区本部门的“政绩”，去做那些违反自然规律、违反经济规律，干预企业经营自主权和公民自由，让老百姓不高兴，甚至痛苦的事。

领导干部“减负”与建设有限、有为政府是一致的。政府有为必须有限，政府有限必须要求领导干部“减负”，领导干部过于“雄心勃勃”，给自己和相应地方、部门确定过于宏大的“改天换地”的目标，不仅会给自己“增负”，而且会给自己所辖的地区、部门“增负”，给自己所辖区域内的老百姓“增负”。这样的领导干部所需要的、所建设的当然不是有限政府，而只能是“全能政府”。而“全能政府”不可能是真正有为的政府。“全能政府”不仅不能保障人民的权利自由，不仅不能保障老百姓过有尊严的生活，而且也不能保障经济（更不用说社会）如领导者所愿真正快速发展。这一点已为计划经济时代的实践所证明。

这样看来，给领导干部“减负”的意义是极为明显的。现在的问题是怎样给领导干部“减负”。前已提及，目前不少地方正在制定、发布为领导干部“减负”的各种文件。发文自然是必要的，没有这些为“减负”提供依据的红头文件，不可能将我们的大批领导干部从文山会海和各种应酬及招商引资等各种指标、任务的沉重负担中“解放”出来。然而，给领导干部“减负”，光靠发文是远远不够的，文发下去并不能保证得到执行。要使“减负”之文得到执行，首先必须提高领导干部自身的认识。在实践中，领导干部的许多“负”并非是上级机关或其他人加予的，而是自己加予的。因此，“减负”也不能是别人给他“减负”，而应该是他自己给自己“减负”。他自己不给自己“减负”，发一百个“减负”文也不起作用。其次，为保证“减负”之文得到执行，各级行政机关和部门还应建立相关的配套制度和采取相应的配套措施，如会议制度、文件办理制度、上级检查接待制度、领导干部分工负责制度、项目申请审批办法、资金分配办法（项目和资金均不需要领导干部去“跑”）等，否则，文件中的“减负”不具有实际可操作性。此外，对各级领导干部进行深入持久的科学发展观教育，是使“减负”真正落实的最重要和最根本的保障。因为，科学发展观的核心是以人为本，而真正懂得以人为本的人是不会给他人不适当、不人性地“增负”，也不会给自己不适当、不人性地“增负”的。

（原载于《法制日报》，2010-03-18）

行政许可法确立行政法治两大基本原则

2003年8月27日第十届全国人大常委会第四次会议通过的《行政许可法》，确立了规范我国行政许可行为的两大基本原则：信赖保护原则（英美法称“禁止反言”原则，Estoppel ）和有限规制原则（英美法称“放松规制”原则，Dis-regulation ）。这两项原则不仅适用于行政许可行为，而且适用于整个政府行使公权力的行为，是调整行政机关与公民、法人和其他组织之间的行政关系，建设法治政府的基本原则。在《行政许可法》的整个立法过程中（1996—2003年），立法草拟者为在该法中确立这两项基本原则进行了艰苦的努力。

行政许可作出后是否可以变更或撤销?

行政许可法是否要确立信赖保护原则，行政许可作出后是否可以变更或撤销？这在立法过程中是有争议的。有人认为，行政行为不同于立法行为，不能以法律赋予其确定力和稳定性，要根据客观情况的变化而变化，不能要求行政机关给予相对人行政许可后即不能改变、撤销许可。行政行为亦不同于民事行为，不能将行政机关为适应公共利益需要而改变、撤销行政许可的行为视为“违约”，不能要求行政机关对因改变、撤销行政许可行为给行政相对人造成的损失予以赔偿或补偿，否则，国家利益和公共利益将不能得到有效的维护。我和参与《行政许可法》草拟的许多同仁不同意这种观点，提出我们之所以要制定行政许可法，一个重要的原因就是长期以来我们许多行政机关缺乏诚信，行政行为往往反复无常，行政相对人取得行政许可后，行政机关随意撤销、变更，常常给行政相对人造成重大的损失，甚至导致企业的破产、倒闭。行政行为虽然不同于立法行为，不能有立法行为那样的确定力和稳定性，但也必须有相对的确定力和稳定性。行政行为虽然不同于民事行为，不能将行政机关因公共利益需要改变、撤销已作出的行为视为"违约"，但行政机关对因改变、撤销已作出的行为给行政相对人造成的损失也应给予相应补偿。我们参与立法的大多数成员力主在《行政许可法》中确立信赖保护原则。我在行政法教科书中将信赖保护原则分解成三个要素：其一，行政行为一经作出，非有法定事由和经法定程序不得随意改变或撤销；其二，行政行为即使因公共利益需要改变、撤销，也应对之进行利益得失衡量，只有公共利益的"得"大于相对人利益的"失"时，方可改变、撤销；其三，行政行为因公共利益需要改变、撤销给行政相对人造成损失时应给予相应补偿。最后，《行政许可法》终于确立了信赖保护原则，在第 8 条中对这一原则的各要素进行了较好的表述："公民、法人或者其他组织依法取得的行政许可受法律保护，行政机关不得擅自改变已经生效的行政许可。行政许可所依据的法律、法规、规章修改或者废止，或者准予行政许可所依据的客观情况发生重大变化的，为了公共利益的需要，行政机关可以依法变更或者撤回已经生效的行政许可。由此给公民、法人或者其他组织造成财产损失的，行政机关应当依法给予补偿。"

法律、法规设定行政许可是否应受限制？

在《行政许可法》立法过程中，如果说人们对行政许可设定主体加以限制，对是否一律取消国务院部门规章的行政许可设定权和基本取消地方政府的行政许可设定权（仅给予设定临时性许可的权力）曾经有过较大、较激烈争论的话，那么对于是否在《行政许可法》中确立有限规制原则，对法律、法规设定行政许可事项的范围是否亦应加以限制则存在更大、更激烈的争论。有人认为，行政审批、许可是政府管理经济、社会事务的基本方式和基本手段，如果对之加以限制，行政管理将无法进行。我和参与《行政许可法》草拟的许多同仁认为，长时期以来，我国行政审批、许可过多过滥是阻碍市场公平竞争和导致政府官员腐败的最重要因素之一，制定《行政许可法》的最重要任务之一即是要解决行政审批、许可过多过滥的问题。而要解决这一问题，单靠限制行政许可设定主体是不够的，更重要的应是限制行政许可设定事项的范围。当然，限制行政许可设定事项的范围是一件非常困难的事情：有很多事项，你如果完全在法律上禁止设定行政许可，行政管理确实可能无法进行，国家安全利益、人民生命财产安全利益确实可能无法保障；但是你如果完全在法律上不加限制，行政许可过多过滥的问题又无法解决。怎么办？立法只能在有限规制的原则上做文章，那就是既允许，又限制。然而这说起来容易，在法律条文上怎么表述，怎么体现则难之又难。立法小组写了一稿又一稿，经过近五年时间的研究、探索，最终总算找到了一个将有限规制原则具体化的方案，这就是人大常委会最后通过的《行政许可法》文本的第 12 条和第 13 条：第 12 条规定可设定行政许可的六类事项，第 13 条规定这些事项在设定许可前要穷尽下述四种非许可规制方式，能通过非许可方式解决的事项可（“可”实为“应”）不设许可：行政相对人能自主决定的事项由其自主决定；市场竞争能有效调节的事项由市场调节；行业组织或中介机构能自律管理的事项由其自律管理；行政机关能采用事后监督或其他方式解决的事项以事后监督和其他方式解决。这样，立法就将有限规制原则转化成了可操作性的法律规范和制度。

（原载于《人民日报》，2010－03－25）

房产新政与保障公民居住权

在国务院“10号文”之后，北京市和一些外地城市于日前又陆续推出了具有各地特色的，有的甚至更严于国务院“10号文”的房产新政。对于这一系列房产新政，除很少数的人表示异议或质疑外，舆论大多表示拥护。

如何看待近几年房价上涨离谱现象？

这两年房价涨得太离谱，不仅普通百姓买不起，就连有的市长、局长亦表示，自己十多年的工资都买不起房子。有人问我如何看待这种现象。我认为，这个问题应该分三个层次考察：

其一，吃、住、行属于公民生存权的范畴。生存权是公民的基本权利，是最基础的人权。传统宪政理论认为，人的生命、自由、财产和追求幸福的权利是“天赋人权”。马克思主义不承认“天赋人权”，但是马克思主义并不否认人的生命、自由、财产和追求幸福的权利在人权中的重要位置。我们今天的科学发展观同样是建立在“以人为本”的基础上，并以之为核心。就住房而言，其既是维系公民个人生命、生存、生活的必需品，亦是保障其自由和追求幸福的重要条件。

其二，政府有保障公民住房权的义务和责任。人民之所以要建立政府，从政治经济学的角度讲，就是要通过公权力提供单个的个人难以提供和获取的“公共物品”。当然，住房并非都是“公共物品”，但居住权的保障则无疑属于“公共物品”。当政府所辖行政区域内的个人因为房价太贵或其他原因买不起、租不起房子时，政府则有义务和责任通过“新政”，依法调控房价或采取其他措施保障公民“住有所居”，使其住房权得以实现。否则，政府的存在就可能发生正当性危机。

其三，房价暴涨由各方面的原因和各种因素促成，政府调控房价也应有各种不同的手段、不同的途径和通过不同的政策因应。市场调节和行政干预都是必要的选项。在进行市场调节时，不应忽视必要的行政干预，特别是不能忽视打击、排除不正当的市场竞争行为。而在进行行政干预时，更不应忽视市场的天然调节作用及市场竞争对保障公正、公平和防止腐败的作用。前一阶段房价暴涨不能完全归责于市场竞争，在很大程度上是因为各种非市场因素——如某些地方领导过分依赖房地产拉动 GDP、某些腐败官员和不良开发商勾结以不正当手段拉高地价和房价、某些炒房客钻房贷政策和其他政策的空子炒房抬高房价等——影响和干扰了正常的市场竞争。

政府应如何保障公民的住房权?

有人问我怎么看待北京和部分外地城市的“蚁族”现象，政府应如何保障公民的住房权?

我认为，公民的住房权称“居住权”也许更妥，“居住权”是指公民“住有所居”的权利，就是说，每个公民都应有一定的居所栖身，在这个栖身之所，他能睡觉、休息、静思和生儿育女，而不论这个栖身之所的住房是他自己购买的，还是租用的，或是政府或非政府组织以社会救济形式无偿提供给他的。住房权绝不等于住房所有权。有人误解，住房权是每个公民买房和买得起房的权利，这种权利其实在世界上哪个国家（至少在世界上绝大多数国家）都是不存在的。我去过一些国家，发现很多出身中产阶层的人都是租房住，大学生和大学刚刚毕业的人更是如此。租房其实有很多好处，比如便于人才流动、便于公民迁徙自由、随时更换生活环境等。所以，我国政府应通过多种途径保障公民，特别是出身中产阶层的人的居住权。除了适当增建限价房、经济适用房以外，应该以更多的物力、财力建设廉租房，鼓励更多公民更愿意租房而不是买房。此外，对于某些确实既买不起房，也租不起房的鳏寡孤独、老弱病残的人，政府还应兴建一些救济性住房，无偿提供给这些极端困难的公民居住，以保障每个公民居住权的真正实现。

当然，公民无论是通过购买，还是承租，或者是通过申请政府或非政府组织救济，其所获得的住房都应该达到一定的面积和一定的质量标准。这种标准应根据一个普通人睡觉、休息、静思和生儿育女的最低生活需要和各地经济、财政的最大承受能力确定，并根据各地经济、财政的发展情况而适时调整。如果公民住房标准低于一个普通人基本生活需要的最低标准，如像目前北京和一些外地城市“蚁族”的居住情况那样，则不能认为政府已履行或履行好了其保障公民居住权的义务和责任。

“保障公民居住权”可否入宪？

今年“两会”期间，有人大代表和专家建议，应当把“保障公民住房权”入宪。对此，也有人征求我对这个问题的看法。

我认为，公民的宪法权利（基本权利）是随社会的进步和各国的社会经济的发展而不断发展的。早期西方国家的宪法规定公民的基本权利主要限于生命、自由、财产权和选举、被选举权、平等权、集会、结社、游行等政治权利。而现代社会，特别是广大发展中国家，其新修订的宪法越来越多地将公民各种经济、社会和福利权（如劳动权、受教育权、退休、休假、失业救济权等各种社会保险和社会救济的权利）规定为公民基本权利。因此，在我国现有经济社会发展水平的情况下，将保障公民居住权，即人大代表和专家建议所称的“住房权”入宪是适当并且可行的。

除了居住权以外，我认为，目前我国还迫切需要将公民知情权、参与权、表达权入宪。这些权利与公民居住权具有同等重要，甚至更为重要的地位。而且，这些权利也是公民居住权的保障，公民没有这些权利，其居住权也很难完全实现。

（原载于《检察日报》，2010－05－13）

公开是建设法治政府的捷径

5 月 1 日，《政府信息公开条例》实施两周年。两年来，我们取得了哪些收获？我认为，我们实施《政府信息公开条例》两年所取得的最大收获是找到了一条建设法治政府的捷径，那就是公开，让政府在阳光下运行。

法治政府是公民参与决策、参与管理、参与监督的民主政府。公民怎么参与决策、参与管理、参与监督？毫无疑问，参与必须以了解和掌握政府信息为前提，没有知情权不可能实现参与权。这两年我国政府信息公开的实践，较大程度地促进了公民知情权的实现，从而大大激化了公民参与的热情。我们从近年来成千上万的网民积极参与法律、法规立、改、废的讨论，积极参与对各级政府社会、经济政策的评论，积极参与对“躲猫猫”、“钓鱼执法”等事件的关注和监督，即可窥豹一斑。

法治政府是公权力受制约，有权必有责，权责统一的政府。公权力制约包括权力制约和权利制约。无论是权力制约还是权利制约，其最佳方式和途径就是公开。从我国这两年政府信息公开的实践看，公权力的行使，无论是人权、财权、还是项目审批权、征收征用权的行使，凡是信息公开、透明的地方、部门，滥用权力的情形都得以最大限度地避免。而信息不公开、权力暗箱操作的地方、部门，滥用权力的情形往往非常严重，有的甚至达到令人发指的程度。

法治政府是便民政府、服务政务。便民、服务不应该只是口号，而应该是实实在在的行动。政府为民办事，为民服务，首先应该向办事、服务的对象提供信息，告诉他们你办事、服务的时间、地点、手续和有关要求。不要让他们办一件事跑八趟十趟还办不下来，让人一头雾水，甚至连办事的衙门都找不到。过去这种事是常有的，这两年公民办事方便多了，显然得益于政府信息公开。

法治政府是公职人员遵纪守法的政府，是廉洁政府。政府怎么廉洁？怎么防治腐败？这是世界性的大难题。人类为此探索了几千年，至今尚没有找到绝对的灵丹妙药。但是，相对的灵丹妙药还是被人们找到了，这就是公开、透明。过去我们试过了很多很多的反腐办法：人跟人的监督、八不准、十不准的禁令，还有严刑峻法等，但是，都不那么管用。唯有公开，一公开就灵。四川一个乡政府，财务账目一公开，吃喝费就直线下降。不过，也有人质疑：政府信息公开两年了，腐败形势怎么仍依然严峻？我认为，这不是公开不灵，是因为公开得不够。要加强反腐败的力度，就必须进一步推进公开，如逐步建立领导干部家庭财产申报公开制度等。

法治政府是高效政府。高效包括高效率、高效益。过去，人们对于政府信息公开与提高政府工作效率、效益的关系可能不认同和持有疑义。现在，通过政府信息公开的这两年实践，大家对此开始有较多的共识了。各地各部门信息公开、信息共享，减少了大量的相互推诿、相互扯皮，减少了各地各部门为获取管理信息而大量的重复劳动以及大量的人力、物力和财力浪费。至于政府因信息公开而受广大公众监督从而一定程度地不能和不敢浪费所形成的对资源节约的效益，就更说明了公开与高效政府的关系。

总之，《政府信息公开条例》实施两年，所取得的成效是巨大的。但是，我们也应该看到，《条例》的实施并非一帆风顺，我国政府信息公开的运作在实践中存在着各种各样的困难和障碍。这些困难和障碍有的是观念上的，如认为公开会影响政府形象，会影响领导权威，会影响稳定等；也有体制上的，如党政关系、中央与地方关系、部门相互关系尚未完全理顺等；还有法律上的，如《条例》位阶较低，与《保守国家秘密法》、《档案法》未完全衔接，《条例》实施的行政解释、司法解释迟迟未能出台等。要推进政府信息公开的进一步发展，必须采取有力措施，克服这些困难和障碍。而只有克服这些困难和障碍，让公开、透明的阳光照遍祖国大地，我们的法治政府建设才会充满希望。

（原载于《人民日报》，2010－05－05）

民主是治理“违拆”的治本之策

今天中国老百姓对三件事特别不高兴、特别不满意，特烦，可谓之“三烦”。这“三烦”分别是吃烦：烦毒大米、毒奶粉、瘦肉精、地沟油等；住烦：烦暴力强拆、野蛮强拆，烦房价高，烦当房奴等；行烦：烦车堵路，路堵车，望堵兴叹，烦骑自行车或步行无路可走，烦各种收费站太多，高速路不高速，等等。

怎么治理这“三烦”，近年来中央和各级政府想了很多办法，出台了很多对策，但是收效不彰。仅就治“违拆”（“违拆”是相对于“违建”和“拆违”而言，“违建”指违法建筑，“拆违”指拆除违法建筑，“违拆”则指违法拆迁，不仅包括违法拆“违建”，而且更多地是指违法拆合法建筑，如暴力强拆、野蛮强拆等）一事而言，中办、国办、住建部、国土部均发了多份文件，三令五申禁止违拆，今年1月21日国务院更是出台《国有土地上房屋征收与补偿条例》（下称《条例》），改行政强拆为司法强拆，严禁违拆，并规定了“违拆”的多种法律责任，包括行政处分、治安管理处罚，乃至刑事责任。但是《条例》出台四个月以后，“违拆”不仅没有销声匿迹，而且在一些地方呈增加和发展之势。如湖南株洲强拆自焚致死事件、江苏兴化强拆自焚事件、贵州茅台镇违法强迫搬迁事件等。对此，国土部于近日再次发文，要求各地全面自查自纠“违拆”，对不自纠而继续实施“违拆”行为的，要立即予以制止，进行整改，直至“依法依规严肃查处”；国办亦于昨日再发文，要求立即在全国开展征地拆迁制度落实情况专项检查，确保不再发生暴力拆迁事件，6月下旬国土部等六部门将对暴力拆迁予以督察检查。

国土部的上述部令和国务院的上述院令能遏制住目前各地的“违拆”势头吗？笔者不敢过于乐观，恐怕全国人民都不会过于乐观：对于作为构成国家法律体系重要环节的行政法规都没有能有效解决的这一如此困难的问题，国土部和国务院的一纸政令能有效解决吗？我们只能拭目以待。

“违拆”的问题实在太大了，太严重了，它涉及人权问题，涉及人民对政府的信任问题，涉及人民对政府执政能力的认可问题。我们必须对之予以足够的重视，我们的党和政府必须像重视GDP一样重视解决“违拆”问题，像重视治理“三烦”中其他问题（如食品安全问题、房价问题、交通拥堵问题）一样重视治理“违拆”问题。

“违拆”问题如何治理？人们已经提出了各种各样的对策建议。有主张加强科学发展观教育的，有主张修改“政绩”考核指标实行“违拆”一票否决制的，有主张加大反腐力度严查政府官员与开发商勾结“违拆”的，有主张制定不动产征收法和修改土地管理法进一步规范征收、搬迁和补偿行为的（《条例》仅规范国有土地上房屋的征收、搬迁和补偿），等等。前两天，殷国安先生在《检察日报》上发文，认为“刹住强征强拆迫切需要‘立木为信’”。他提出，治理“违拆”关键不在发文。已经发了一打文件都无法制止强征强拆，再发第13个文件，几乎不会有什么作用。政府官员在听了12次的规定后早已产生了抗药性。他主张学商鞅的“立木为信”，找几个“违拆”典型，严肃“亮剑”。

上述治理“违拆”的对策建议无疑都是值得我们的决策者认真考虑的。因为治理“违拆”是一个系统性工程，必须“打组合拳”，必须“综治”，从而上述各种治理措施对于治理“违拆”都有其积极价值。不过，笔者认为，要治理“违拆”，首先要弄清“违拆”的根本原因：“违拆”为什么会产生？为什么会禁而不止？为什么能畅行无阻？只有把这其中的奥秘搞清楚了，把其中的逻辑弄明白了，方能找到和确定我们治理“违拆”的治本之策。

那么，导致“违拆”和能够使“违拆”畅行无阻的根本原因是什么呢？笔者以为，导致“违拆”和能够使“违拆”畅行无阻的根本原因是我们在推进经济社会发展的进程中，民主少了一点。我们的地方各级政府，在对待发展和民主两只手方面，一手硬，一手软。试想，如果我们的决策过程能多一些民主，各种建设项目能尽可能经过公民充分讨论，坚持多数老百姓不同意建的项目不立项，那许多大拆大建的项目还可能通过和施行吗？如果我们在土地、房屋征收、拆迁过程多一些民主，征收、搬迁、补偿的规划、计划、方案（特别是旧城区改建和像贵州茅台镇“酒文化一条街”之类的建设规划）都经过公民充分讨论和相应票决，被搬迁人还会对搬迁有那么大的抵触情绪，从而必须启动那么多强拆吗？如果我们的干部选拔、晋升过程多一些民主，基层干部尽可能让人民直选或至少听取人民的意见，那些政绩欲太强的人还敢完全无视人民的意愿随意启动大拆大建的项目和在征收、搬迁中遇到阻力就随意启动强拆程序吗？如果我们的人代会制度运作过程中多一些民主，能随时针对那些只讲发展，不讲法治，只重政绩，不重人权的官员发起质询和罢免程序，官员们还敢将其所管辖地域视为实现自己改天换地抱负的私人实验田而任意规划、建设，而置人民的意愿、幸福而不顾吗？如果上述的“如果”不是“如果”，真正在我们推进经济社会发展的进程中多一些实实在在的民主，我虽然不敢说“违拆”会在中国完全绝迹，但我坚信“违拆”会在中国大大减少，“违拆”的势头会得到有效遏制。

当然，笔者说在推进经济社会发展的进程中同时推进民主是治理“违拆”的治本之策，并不是说民主是治理“违拆”的唯一对策和措施。前已述及，治理“违拆”是一个系统性工程，必须“打组合拳”，必须“综治”。笔者认为，治理“违拆”的综合措施除了前面已提到的诸项以外，还有必要推进对现行集体土地制度、国家财政税收分配制度和行政强制执行制度的改革，以平衡和协调各种利益关系，化解因制度不公而可能引发的各种社会矛盾，消除产生和形成“违拆”的相应社会因素和制度基础。

关于现行集体土地制度，从治理“违拆”的角度言，主要应考虑以下三项改革：其一，明确集体土地所有权的主体，保证集体经济组织的每个成员都能参与对土地所有权的行使，防止目前一些地方村委会主任和若干村委会成员不经村民讨论同意就任意处置集体土地的现象。其二，对集体土地和集体土地上的房屋征收制度进行较重大的改革，构建建设用地流通市场。即修改现行《土地管理法》第43条，明确农村土地转化成建设用地可以有两个途径：一是通过征收转化，这一途径仅用于公共利益；另一途径是通过市场交易，这一途径主要用于商业利益，但也可用于公共利益。这就是说，建设用地，开发商今后不但可以从政府那里买，也可以从拥有土地所有权的农民集体那里买，政府为公共利益用地，既可以通过市场交易向农民集体买，在无法与农民集体达成购买协议的情况下，也可以通过征收，即强制购买取得。其三，提高对集体土地和集体土地上的房屋征收的补偿标准，按照现行《土地管理法》第47条，集体土地和集体土地上的房屋征收的每亩的补偿标准仅6万元至10万元，每平方米100元左右，而城市房屋（实际是房屋下面的土地使用权）每平方米的补偿标准通常达几千元，大城市甚至达几万元。因此，要解决郊区和城乡结合部的农民抵制征收的老大难问题。必须参照《条例》，较大幅度地提高对集体土地和集体土地上的房屋征收的补偿标准。

关于国家财政税收分配制度的改革，从治理“违拆”的角度言，应考虑对中央和地方税收的比例进行适当调整，将目前部分国税转化为地税。多年来，许多地方推行“土地财政”，大拆大建，虽有各种原因，如不正确的政绩观驱使等，但其中一个重要原因无疑是地方税收少，而地方政府要办的事（如社会保险、义务教育、医疗改革、道路交通、公用事业以及其他各种基础设施建设）太多。办事没有钱怎么办？于是在土地炒作上做文章，因为土地来钱最快，且一本万利。因此，要让地方少炒地，少“违拆”，就必须适当给他们开辟一些新的来钱的渠道，如增加税源。可以考虑将目前正在一些地方试行的房产税和今后可能开征的土地交易税（即将目前的土地出让费部分转化成税，农民将进行建设用地交易的收入的一部分通过税收上缴地方财政）划归地方。

关于行政强制执行制度的改革，《条例》设计的制度是以“司法强拆”取代“行政强拆”。“司法强拆”取代“行政强拆”在当时“违拆”形势严峻的条件下也许是必要的。但“司法强拆”制度的实行必须以相应机制的建立和完善为前提，否则，该制度不仅不能实现预设目的，而且会损害司法的权威，摧毁人们对司法和法治的信仰，被征收人从这种制度中获得的权益却很有限（这一点已被目前一些地方的现实所证明）。作为“司法强拆”制度前提的机制主要有三：其一，裁执分离制度。强拆涉及强拆裁决和强拆执行的问题。作出强拆裁决是一个司法行为，实施强拆是一个行政行为，或者说实质上是一个行政行为。因此，强拆应由法院裁决，由行政机关组织实施，法院对实施行为予以监督：行政机关如超越裁决违法强拆，被征收人可向法院起诉寻求救济。其二，司法独立裁决制度。司法强拆比行政强拆公正是以假定司法相对超脱、独立，不受地方行政和其他外力干预，从而能兼顾和平衡公共利益、建设单位利益、地方当局利益和被征收人的利益为前提的。如果司法不能相对独立，其裁决仍受地方行政和其他外力干预，行政强拆发生的问题就可能同样在司法强拆中重演。其三，起诉停止执行制度。司法强拆是否能对被征收人权益予以有力和有效保障是以司法对行政行为的严格审查为前提的，而这就要求法院在被征收人对行政征收决定或征收补偿决定不服提起诉讼后，认真严格对相应行政决定进行审查，并依法作出判决后再实施强拆。如果我们不改变原法律、法规规定的被征收人起诉后不停止强制执行制度，只要政府一申请，法院就强拆。这样将会导致法院判决作出后，被征收人的房屋已经被拆的结果。即使被征收人胜诉，权益也难于恢复了。因此，笔者建议，应在目前正在人大审议修改中的《行政强制法》（四审稿）中，确立起诉停止执行（紧急情况除外）制度，以避免起诉过程中强拆，迫使被强拆人作出暴力对抗或自焚、自残的选择。

（原载于《新京报》，2010－05－22）

“阳光法案”还有多远?

应尽快建立官员财产公开制度，建议在三年内把虚报瞒报财产者公之于众。

【背景】近日，中共中央办公厅、国务院办公厅正式印发《关于领导干部报告个人有关事项的规定》（下称《规定》），要求县处级副职以上（含县处级副职）党政领导干部和大中型国企领导干部必须每年上报个人和家庭成员的收入、房产及投资等事项。

较之2006年相关文件，是次《规定》新意有五：一是报告事项新增了官员的各类收入、房产、投资等内容；二是适用对象扩大至民主党派机关干部和非党员；三是党政领导的配偶及子女的投资和经商等事项也须报告；四是删除了原文件中“报告的内容应当予以保密”的条款；五是明确提出了领导干部虚报、瞒报，可予以免职。

1997年，中共中央曾印发《关于领导干部报告个人重大事项的规定》（下称“1997年《规定》”）；2006年，《关于党员领导干部报告个人有关事项的规定》出台，把需报告个人事项的对象限定为中共党员，1997年《规定》随之废止。

此次《规定》在2006年规定的基础上，扩大了党政领导干部报告个人事项的范围，尤其是新增了有关个人工资、福利、劳务所得、本人及其家庭成员的房产和投资等事项，基本覆盖了党政官员及其家庭财产的主要来源。

但是，也有学者指出，此次《规定》只是规定了党政官员报告个人财产、投资等义务，但这种报告制度，主要是为了满足中共党组织部门、纪检监察部门、检察机关的工作需要，而没有规定如何逐步向公众公开，中国官员财产公开还前路漫漫。

那么，此次《规定》对建立官员财产公开制度的意义何在？中国距离真正的"阳光法案"还有多长的路要走？

北京大学法学院教授姜明安认为：此次《规定》新增了领导干部报告个人及家庭财产的规定，强调了虚报瞒报者可免职，操作性更强了。但要达到文件所预期的"促进领导干部廉洁从政"之目的，必须把官员报告的个人财产情况向社会公开，接受全社会的监督。

2009年下半年的中央纪委全会曾提出："在认真贯彻落实好《关于党员领导干部报告个人重大事项的规定》的基础上，把住房、投资、配偶子女从业等情况列入报告内容，加强对配偶子女均已移居国（境）外的公职人员管理"。此次《规定》是上述要求的具体化，操作性、可执行性更强。

在姜明安看来，《规定》适用对象扩大至民主党派机关中县处级副职以上干部，是"情理之中"。因为，随着中国政治体制改革的推进，民主党派任职行政一把手者会越来越多，目前实职安排的民主党派干部也有相当数量。其作为国家公务员，理应遵从《规定》。

官员财产公开制度，起源于1766年的瑞典。当时，瑞典公民就有权查看从一般官员直至首相的纳税清单，这个制度对官员极具约束力，被称为"阳光法案"。中国现已加入《联合国反腐败公约》，实施官员财产申报制度，已是一项国际义务。

实际上，在中国建立官员财产公开制度，上世纪80年代就有动议。二十多年来，受制于种种因素，进展并不顺利。目前公布的《规定》只是一个关于官员财产申报的红头文件，依然不是有普遍约束力的法律，惩戒力度也有待提高。

姜明安认为，作为中央红头文件的《规定》，主要依靠党纪政纪来约束，缺乏强制力，执行效果与专门的法律相比，力度明显不足。要“促进领导干部廉洁从政”，必须将公职人员的财产及其变动情况公开披露，以便于公众监督。国际经验业已证明了这一点。

他认为，《规定》要求，官员应向组织（人事）部门申报个人财产。其在执行中的最大难题在于，中共党委组织部门或政府人事部门工作人员有限，可能难以监督和发现那些瞒报和虚报者。即使能发现一些，数量也必定有限。

这折射了决策者对官员财产公开会带来社会风险的担忧。但姜明安认为，如果不能及时公开官员的财产，接受公众的监督，腐败只会愈演愈烈。当然，从目前看，要所有官员公开财产并不现实，但可尝试在三年内把那些虚报瞒报财产者公之于众，以儆效尤。

实行官员财产公开已成为现代国家的通例。姜明安说，中国依靠执政党内的系统自行监督党政官员的机制，在预防和惩治腐败方面发挥了积极作用，但只有公众的监督与党政机关内部的监督相结合，才能真正有效地预防和反对腐败。

为此，姜明安建议，在贯彻落实《规定》的同时，中央可在司法部门或各级纪委等部门，或在广东、上海等省（市），实行官员财产公开的试点，先期可从组织部门查处的虚报瞒报财产者开始。在积累经验的基础上，应及时把红头文件提升为法律法规，制定中国自己的“阳光法案”。

（原载于财新网：http：//www.caixin.com，2010－07－13。）

发挥软法在现代社会治理中的作用

软法是通过自律和他律相结合的软规制而不是通过国家强制力而规范人们行为、调整社会关系的现代社会公共治理机制。软法与硬法的区别主要有五：其一，软法创制的渠道是多元的，既可以由国家机关制定、认可，也可以由社会组织及民间团体制定、认可，还可以是人们在社会生活和政治活动及交往中自然地生长和形成的，而硬法只能由国家机关制定、认可；其二，软法通过个人、组织的自我约束和相互约束以及舆论约束和利益机制而实现规范人们行为、调整社会关系的作用，而硬法主要以国家强制力为后盾，由国家强制力保障实施；其三，软法的法源既可以是法律文件，也可以是社会组织、团体的章程、村规民约以及政治惯例、社会惯例等，而硬法的法源只能是国家法律文件；其四，软法既可以是静态的法规范，也可以是动态的公共治理方式，如调解、协商、讨论、指导、说服等，而硬法一般仅指静态法；其五，软法既具有相对的普遍性，又兼顾一定时间、地点、对象的特殊性，注重在保证形式正义的同时最大限度地保障实质正义，而硬法则更多地强调普遍性，注重形式正义优于实质正义。

软法规范人们行为、调整社会关系有着比硬法更长远的历史。然而自硬法产生以后，它只是硬法的一个不起眼的配角，其作用很少受到人们的重视。直到上世纪中后期，软法才在社会公共治理中显山露水，越来越受到人们青睐和重视。

软法在现代社会公共治理中的作用主要表现在下述四个方面，这四个方面的作用也正是软法自上世纪中后期愈益兴盛，在社会公共治理中越来越受到人们青睐和重视的原因。

其一，适应现代民主政治的需要，为参与民主、协商民主提供法律机制。传统民主是“传送带”民主：人民选举代表组成代表机关，产生政府。人民通过选票将自己的意志传送给人民代表机关；人民代表机关通过立法将人民的意志传送给政府；政府通过执法治理社会，这是硬法治理国家、治理社会的法治模式。在此种法治模式中，软法所起的作用非常有限。而现代社会，人民不仅通过选票，更通过直接参与国家管理和社会治理而反映和实现自己的意志，各种不同利益群体不仅通过代表机关立法，更通过国家管理和社会治理的整个过程进行利益博弈。而为保障博弈的有序性和公平性，不仅需要硬法机制提供博弈平台和博弈基本规则，更需要软法机制提供博弈的运作方式、途径（如协商、讨论、审议、辩论）及其具体规则。这是硬、软法结合，管理者与被管理者互动治理国家、治理社会的法治模式。

其二，适应现代市场经济的需要，为建设法治政府、服务政府提供法律机制。现代市场经济既不同于计划经济，也不同于传统的自由市场经济。与计划经济相适应的是全能政府，国家计划是指令性、强制性的，是硬法；与传统自由市场经济相适应的是有限政府，代表机关限制政府权力边界的规则和政府管理相对人、维持社会经济秩序的规则均是命令性、强制性的，是硬法；而与现代市场经济相适应的是法治政府和服务政府，法治政府虽然也包含有限政府的要素，但同时更包含有为政府（服务政府）的要素。但这种“有为”不是或基本不是通过强制性的权力实现的，而主要是通过非强制性的柔性手段实现的，如行政合同、行政指导、行政规划、BOT（特许经营合同）、PPP（公私合作）以及公法私法化（如在环境管理中以排污权交易方式取代排污罚款和排污费强制征收）等。这些政府行为的实施，虽然也需要一定的硬法规范，但主要依靠的是软法机制。

其三，适应信息社会的需要，为虚拟世界（网络世界）的运作提供法律机制。信息化时代既不同于农业社会，也不同于工业社会。农业社会对法律的需求很小，既不需要多少硬法（如我国汉代初期仅“约法三章”），也不需要多少软法，尽管软法多于硬法；工业社会由于经济和科技的发展，社会关系极为复杂，人类对法律的需求急剧增加，但这种急剧增加的需求主要是硬法而非软法。信息社会则不同，人们从一元世界进入两元世界——现实世界和虚拟世界（网络世界），现实世界由于民主化、市场化、信息化和全球化的演进，软法的需求大大增加，而虚拟世界（网络世界）人与人关系的调整以及秩序的维护则更依赖软法。虚拟世界（网络世界）自一开始即是由软法支撑的，后来国家虽然也对之制定了若干硬法，但其主要或基本规制仍然是软法，没有软法机制，虚拟世界（网络世界）的运作是不可想象的。

其四，适应经济全球化的需要，为和谐世界建设提供法律机制。经济全球化大大加强了世界各国的相互依赖、相互联系，世界越来越变成了一个“一荣俱荣，一损俱损”的“地球村”，构成了一个人类的大共同体。根据社会发展的基本规律，任何人类共同体，无论是大共同体，还是小共同体，无论是国家共同体，还是社会共同体，或者是国际共同体，共同体成员在一起生活，相互交往，就必须有公权力，有规则，有法，因为人不是天使，共同体公权力的行使者也不是天使。就国际共同体而言，成员有个人、组织、国家，如果没有公权力（国际公权力，如联合国、联合国安理会等）干预，没有规则、法规制，共同体成员出于私利而相互争斗、相互侵害、损人利己或损人不利己的行为均不可避免，共同体将无法运作，甚至毁灭。如果不是被生态、环境破坏（如保护地球的臭氧层消失、南极北极的冰川融化、地球土地大面积沙化等）毁灭的话，就是被法西斯、无赖国家或恐怖组织（如拉登的基地组织）制造的生化战争、核战争和恐怖行为毁灭。国际共同体的规则、法不可能像国家法一样，有国家强制力保障，国际共同体的规则和法大多是由世界各主权国家或国际民间组织通过反复的协商、谈判而制定或认可，并通过国际共同体成员自我约束、相互约束以及国际舆论约束和各种利益机制保障实现的。很显然，国际共同体的规则和法绝大多数或基本是软法，软法是规范国际共同体成员行为和调整国际共同体成员相互关系的基本机制。

由此可见，在现代社会，软法之治在公共治理中有着极为重要，而且越来越重要的作用。今天的法治在很大程度上应该是软法之治。尽管软法也有着很多的缺陷和不足，如不统一、不稳定、缺少刚性等，从而需要硬法对之加以适当规制；但纯硬法的治理有着更多的弊病：政府不得不为形式正义而牺牲实质正义，为严格执法、机械执法而不惜损害人的尊严，从而引发执法者与被管理者的尖锐对立，等等。因此，现代社会的公共治理，应该硬、软法结合，充分发挥软法机制的作用。

（本文是作者于2010年5月16日在湖南大学“软法文化研究所”成立典礼上所做祝贺发言的整理稿，原载于《检察日报》，2010-07-29。）

用法治平衡原则规范拆迁行为

罗豪才教授指出，行政法就是平衡法。这也就是说，法律规范行政行为必须坚持法治平衡原则，坚持维护国家、社会公共利益与保护公民、法人和其他组织合法权益的平衡。

近年来，一些地方三天两头出现暴力拆迁、野蛮拆迁的事件，甚至引发自焚、暴力冲突或群体性事件。前不久，江西宜黄又发生新的拆迁自焚事件，激起了全国各地同样受到不公平对待的被拆迁人的不满和怨愤，进一步加剧了这方面的社会矛盾，引起了网民和社会的广泛讨论：为什么会连续不断地出现这类悲剧？导致这些悲剧的原因可能是多方面和各不相同的，但其中一个重要的原因，乃是当地政府和相关主管部门在拆迁中没有坚持法治平衡原则，未能用法治平衡原则规范拆迁行为。

拆迁导致的利益冲突和社会矛盾是各种各样的：有被拆迁人与拆迁人（可能是开发商、公共工程建设单位或专门的拆迁公司）的矛盾、冲突，有被拆迁人、拆迁人与行政管理机关（如房管、城建、规划等）的矛盾、冲突，也有被拆迁人相互之间（同一拆迁区域，甚至同一拆迁居民楼，一些被拆迁人盼拆迁，一些被拆迁人恨拆迁）、拆迁人相互之间（若干开发商、建设单位或专门拆迁公司对同一拆迁区域、拆迁地段进行利益博弈）的矛盾、冲突，还有拆迁人与拆迁受益单位、受益人（未来新建筑的所有人或使用人）的矛盾、冲突等。这些矛盾、冲突，无论是哪一种矛盾、冲突，如果处理不好，都可能导致影响社会和谐、稳定的纠纷、事件。而要正确处理这些矛盾、冲突，就必须坚持和适用法治平衡原则，协调不同利益群体和个体的不同利益。

首先，法治平衡原则要求正确处理公共利益与私人利益、整体利益与局部利益、长远利益与短期利益的关系，平衡经济发展与特定公民、法人和其他组织权益的保护。对于公共利益与私人利益、整体利益与局部利益、长远利益与短期利益关系的处理，最佳方案并非是前者绝对优于后者，后者无条件让位和服从于前者，而应该是两者兼顾。在两者不能或难于兼顾时，也非应绝对选择前者而舍弃后者，而应进行利益衡量，视何者利益更为重大而决定何者优先。当下很多拆迁纠纷、事件的发生，均源于一些地方政府过于重视 GDP，过于重视经济发展而忽视对公民、法人和其他组织权益的保护，错误地理解“发展就是硬道理”，以为发展就是 GDP 增长，GDP 增长就是公共利益、整体利益、长远利益。房地产业被认为是拉动 GDP 增长的灵丹妙药，于是支撑房地产业发展的拆迁就成为它们在一定时期内压倒一切的中心任务，被拆迁人的一切权益都要给拆迁让路，暴力拆迁、野蛮拆迁在它们的“中心任务”和它们的“公共利益、整体利益、长远利益”的旗号下均获得了“正当性”。很显然，为了扼制这种“异化”的发展，最重要的解决之道就是真正实行以人为本和平衡、协调发展的科学发展观。

其次，法治平衡原则要求关注和照顾弱势群体、弱势个体的利益。在涉及拆迁的各种法律关系中，被拆迁人往往是弱势一方。很多拆迁纠纷和拆迁纠纷导致的暴力事件的发生，大多是因为拆迁人、拆迁管理机关过分忽视被拆迁人的利益，肆意侵犯和损害被拆迁人的利益。如拆迁补偿标准过低（拆了人家 100 平方米房，给人家的补偿款还买不到 50 平方米同样地段的房屋）、安置位置太差（拆了人家市区内的房屋，给人家安置到市区以外，甚至远郊；拆了人家临街开店的房，给人家安置到交通不便、无人问津的冷僻处）、或断了人家谋生之道（人家原以其房屋出租、开店谋生，现安排其新居无法出租、开店）等。每个被拆迁人的情况和困难是不一样的，如果拆迁人、拆迁管理机关无视被拆迁人的实际困难，以其强势实施其制定的拆迁方案，就必然导致纠纷、对抗，甚至暴力。反之，如果拆迁人、拆迁管理机关能不以强势自恃，而能平等地与每个被拆迁人对话，听取他们的意见、陈述，解决他们的实际困难，满足他们的合理要求，绝大多数争议、纠纷、矛盾是可以化解的。

再次，法治平衡原则要求拆迁人、拆迁管理机关对所有被拆迁人一视同仁：同样情况同样对待，不同情况不同对待。中国人在传统上就有"不患寡而患不均"的观念，这种观念虽有滋生平均主义的消极因素，但也有追求公正、平等的积极因素。现在拆迁过程的大量矛盾、纠纷，有很大一部分是因"寡"（补偿过低，安置过差）造成的，但也确有一部分是因"不均"引发的。同样情况，先搬迁的人补偿少，安置差，后搬迁的"钉子户"得到的补偿款往往比先搬走的人得到的高出很多，其安置新居的位置、条件也大大优于前者。这样，一些先搬走的人也不干了，他们也要奋起维权了（上访、请愿，甚至制造群体性事件）。因此，制定和实施拆迁补偿安置方案一定要坚持平衡原则和稳定性原则，不能向有权有势的人倾斜，也不能特别向"钉子户"倾斜。如果要有所倾斜的话，则应该向弱势群体和弱势个体适当倾斜。只有这样，才能形成正确的导向，防止社会矛盾、纠纷的恶性循环。

最后，法治平衡原则还要正确处理城市地价因城市发展上涨和适当提高被拆迁人补偿标准的关系。目前，一些被拆迁人对补偿标准不满，不是完全因为补偿的绝对标准太低，而是因为其房屋（特别是郊区农民的房屋）被拆迁后，政府将其房屋下面的土地招、拍、挂，得到的土地出让金太高，有的高出付给被拆迁人的补偿款的几倍、几十倍，甚至更多。这样，有的被拆迁人就不干了，似乎政府在"投机倒把"（将他们的地低价买进，随后向开发商高价卖出）。于是，他们就抗议或闹事。对这种情况，应从两个方面适用法治平衡原则：一方面，政府应向被拆迁人说明白，他们房子下面的土地的地价上涨，是因为城市的发展：城市的道路、交通、市场、物流等的发展导致地价的升值，不是被拆迁人土地自然的升值。而城市的发展乃是全体市民付出（包括税收）的成果。从而，为了平衡全体市民和被拆迁人的利益，不能将被拆迁人房子下面的土地的地价升值全部归于被拆迁人。另一方面，被拆迁人也应向政府说明白，他们对其房子下面的土地，虽然没有所有权，但毕竟有使用权。因此，其地价的升值虽然不是因他们的劳动或投资所致，但毕竟与他们的土地使用权有关。从而，政府不能代纳税人将这部分升值完全拿走，而应以一定比例将这部分升值归还被拆迁人，以平衡土地使用权人与土地所有权人的利益。

就最后一种平衡来说，我们也许可以考虑另一种思路：对于农村农民的集体土地，如果要转为建设用地，用于商业开发，可不经过政府征收，而让农民直接与开发商交易。但是，为了防止农民随意出让土地，确保耕地“红线”，政府可通过严格的、强制性的规划控制建设用地规模；为了保证城镇建设资金来源，防止城镇地价因城镇发展上涨的差价全部被农民占有，国家可开征农村集体土地出让税，作为城镇公共设施的建设资金。

总之，拆迁实质是一个利益博弈和利益平衡的过程，我们如果能善于运用法治平衡原则规范拆迁行为，调整拆迁过程中的各种关系，就可能最大限度地避免各种社会矛盾和纠纷的发生，维护社会的稳定与和谐。

（原载于《检察日报》，2010－10－21）

暴力拆迁，官员们都是怎么想的？

江西宜黄被拆迁人自焚的焦油味尚未消散，又闻山西太原被拆迁人半夜被人破窗入室殴打的惨叫声。暴力拆迁事件为什么这样一波接一波发生？最近不断有记者采访我，问我：当地的政府官员们为什么不制止暴力拆迁，他们是怎么想的？拆迁新法为什么迟迟不出台，有关部门是怎么想的？

我也很纳闷：这究竟是怎么回事？我们的官员们为什么能容忍暴力拆迁，为什么对此能无动于衷，他们是怎么想的？前几天，我们研究中心在香山举办了一个小型研讨会，约请了若干国内外学者研讨发展中国家推进城市化与公民房屋拆迁的相关问题，试图推进我国《城市房屋拆迁管理条例》（下称《拆迁条例》）的废旧立新，尽量减少或避免暴力拆迁和暴力拆迁引发的各种悲剧。会前，我们也邀请了多个相关部门的政府官员与会，想了解一下他们对于暴力拆迁是怎么想的；向他们打听：作为暴力拆迁依据的旧法到底还废不废，避免暴力拆迁的新法究竟还立不立；《拆迁条例》的废旧立新到底有什么困难，我们学者能否帮点什么忙；国外的相关经验（我们专门请了几位外国学者来介绍他们各自国家的“拆迁”经验）对他们有没有一点参考价值。很遗憾，除两个法官外，政府官员们一个也没有来，我不知道官员们是怎么想的。我请记者们直接去采访官员。记者们说他们采访过，官员们不见、不说。我说，既然官员们不见，不说，那我就帮你们猜一猜。

我猜，官员们的情况各不相同，想法也会是不同的。

有的官员确实想有所作为，他们为官一任，想干点事，让所在地区旧貌换新颜。他们积极招商引资，组织开发建设。而要招商引资，搞开发建设，他们就认为不能没有强拆。“没有强拆就没有宜黄速度”。“强拆容易出问题这是肯定的，但政府不能因为容易出问题就放弃不做”。

有的官员想“进步”的步伐再快点、再大点，他们在任上要干几件“大事”，做出点“实绩”、“政绩”，让上面看看、瞧瞧，他们是有能力、有魄力的。然而，干“大事”要钱，而地方财力有限，因此，他们就大肆卖地、拆迁。老百姓如果不配合，不拆迁，他们就放出狠话，“你妨碍嘉禾发展一阵子，我就让你难受一辈子”。

有的官员倒不是太在乎政绩，他们眼睛向“下”，想为开发商所想，急为开发商所急，他们与开发商打成一片，吃由开发商请，玩由开发商安排，自己和家里人的花费都由开发商打点。他们强拆的积极性比前两种官员更高。他们说：“不就是死几个人吗，拆迁哪有不死人的？”当然，他们也交代开发商：“最好是干得漂亮点，不死人，让那些钉子户乖乖离开。”

这些是下面的官员、较低层次的官员的想法，上面的官员、较高层次的官员怎么想呢？

我猜，上面的官员、较高层次的官员可能更多地考虑发展和稳定：我们国家正处在发展的关键时期，城市化必须加快推进，发展必须保持一定速度，GDP至少应“保七”、“保八”。不然，我们的各种“民生”工程就无财力维持，失业率就会剧增，社会就会出现严重社会动荡。因此，他们虽然看到下面的拆迁有点过，暴力拆迁时有发生，也只能告诫下面不能太过分，不能死人，但他们不能立即推行新法，让房地产开发速度降下来。如果如“拆迁新法”所规定的，危旧房拆迁要征得相应区域 90%以上居民同意，这个难度有多大啊，房地产开发还怎么搞，发展速度还怎么保障？

当然，上述各类官员的想法只是鄙人的猜测，不一定准确。但不管怎样，官员们，特别是那些真正想为人民办事，想把中国的事情办好的有责任心的官员们，之所以不能狠下决心，出台新法，阻止暴力拆迁现象继续蔓延、持续，一定是有他们的难处，有他们的不得已。鄙人的想法是，你们不妨把自己的难处、自己的不得已、自己的各种想法直接向我们、向媒体、向 13 亿人民说说，也许我们、媒体、13 亿人民能帮你们想出一个既能保发展、保稳定，同时又能减少或消除暴力拆迁，从而达到保人权，保民生的两全之策咧。

人民政府不是特别相信人民、依靠人民吗？官员们请相信，信息公开肯定会利大弊小的。

（原载于《新京报》，2010－11－03）

深化对“化解行政争议新机制”的探索

“化解行政争议新机制”实务研讨会开得很好，各位发言人的发言都很精彩。我对之有三点评价：第一，各位发言人及其所在法院、所在行政机关探索“化解行政争议新机制”的精神可贵、可嘉；第二，各位发言人及所在单位创新“化解行政争议新机制”的经验可贺、可学、可用；第三，各位发言人及所在单位探索和创新“化解行政争议新机制”的某些具体做法可进一步改进、完善，有些做法尚可商榷。下面我对这三点评价作点解说。

第一，我为什么说同志们的探索精神可贵、可嘉？行政机关的探索可以理解，但法院是司法机关，应依法审判，不告不理、并遵守先例。法院怎么要探索、创新？我为什么支持法院探索、创新？我之所以支持法院探索、创新，我之所以认为我们的行政机关和法院的探索、创新精神都可贵、可嘉，理由有三：一是因为我们现在正处在一个转型时代，不仅经济体制和政治体制在转型，法制和法治也要转型，也在转型。法制和法治怎么转型，其方向、目标和途径是什么，当然需要探索，包括需要司法的探索。二是因为我们建设的法制、法治是中国特色的法制、法治，中国的法制、法治建设，需要借鉴西方发达国家的普适性经验，但中国这么大，各地发展这么不平衡，建设法治的时间这么短，任务这么艰巨，肯定不能完全走西方的道路。但要找到一条适合中国国情的道路，就必须探索、创新。三是因为我们目前所处的社会环境较为复杂，社会矛盾、社会纠纷易发、多发，有时甚至演化成群体性事件，怎么解决、处理这些社会矛盾、社会纠纷，防止矛盾、纠纷激化，以构建和谐社会？我们没有现成的经验可循，从而不能不进行探索、创新，包括司法的探索、创新。

第二，我为什么说各位发言人及所在单位创新"化解行政争议新机制"的经验可贺、可学、可用？根据和理由有三：一是这些经验被实践证明能够解决问题。任何理论，任何经验，无论说得多么好听，多么深奥，如果不能解决当下中国的问题，可能有研究的价值，但没有实用的价值，反之，某一理论、经验如果确实有用，确实能解决问题，即使不符合某种既定的原理、原则，也是应予肯定的，这就是小平同志著名的"猫论"。当然，我们说某一理论、经验"能解决问题"，应该审视其是表面上解决问题还是能从根本上解决问题，是只能治标还是也能治本，我们说某种"猫"能抓"老鼠"，应该审视其抓的"老鼠"是小老鼠还是大老鼠，是真老鼠还是假老鼠。二是这些经验符合法治的基本原则、基本精神。法治的基本原则、基本精神是人类长期探索的经验结晶，是具有普适性的治道。人们选"猫"，不一定每次都要"试用"其是否能抓"老鼠"，有时人们根据猫的颜色、形态、类型即可判断。因为人们已经通过长期的经验，确定了这种猫就是最能抓"老鼠"的猫。法治的基本原则、基本精神就是人类通过长期考察确定最能抓"老鼠"的"猫"。各位发言人及所在单位创新"化解行政争议新机制"的经验既然符合法治的基本原则、基本精神，我们就可以认为其有值得推广的价值。三是同志们所阐述的这些经验大部分是发言人及所在单位经过反复探索、反复实践、反复试错后产生和形成的，而不是一时兴起，更不是为了开这个会而由几个"秀才"们杜撰出来的，从而我们推广这些经验心里有底气。

第三，我为什么说各位发言人及所在单位探索和创新"化解行政争议新机制"的某些具体做法可进一步改进、完善，某些做法尚可商榷？是因为你们的具体做法大多涉及法律的基本理论问题。这些基本的理论问题的探索需要时间，如果没有经过较长时间的检验，匆忙得出结论，很可能会失误，步入歧途。其创新可能不是创"新"，而是创"旧"，不是进步，而是倒退。

以关于司法能动性问题为例。各位法院发言人的发言都讲到或涉及司法能动性问题。司法创新当然要求司法能动，完全的被动司法难于创新。然而司法能动是应有界限的，无界限的能动会毁灭司法的独立性、公正性和权威性，会毁灭法治而走向专制。那么，司法能动的界限在哪里呢？我认为司法能动的界限有三：一是司法的基本功能和作用；二是法治的基本原则和精神；三是司法行为的基本依据和准绳。

就“司法的基本功能和作用”而言，司法不同于立法和行政，立法和行政是机车，是带动和推动车子前进的，司法则是制动器。车子跑得太快或跑偏时，需要制动器制动，如果你不制动，还帮助去推动，车子就要翻了。司法的能动是要能动制动，而不是能动推动。

就“法治的基本原则和精神”而言，法治最重要的是制约公权力和保护公民权利。司法不能和行政靠得太近，要与行政保持适当的距离。各种国家权力如果只有配合没有制约，必然导致滥用，公民权利必然失去保障。这是人类几千年的经验总结。我们不能为了一时一地的速度、效率和一时一地的经济发展“大局”而放弃制约，放弃法治的基本原则和精神。

就“司法行为的基本依据和准绳”而言，无论是正式的审判行为，还是非正式的调解、协调行为，其基本依据和准绳都应该是法，包括硬法和软法，而不能是领导人的指示、指令，或为贯彻领导人指示、指令而随时制定的“土政策”。法（包括硬法和软法）与领导人的指示、指令及“土政策”的根本区别在于，前者体现的是人民的利益和意志，后者则可能只反映领导人追求一时一地发展的需要和满足其提高“政绩”的欲求；前者具有规范性和相对稳定性、普遍性，后者则随“风”（上之所好）而变化无常。如果我们的审判、调解、协调都不以法为依据和准绳，而只是遵循和听命于领导人的指示、指令及“土政策”，那可能在表面上服从和服务了“大局”，但从实质上却损害和牺牲了法治的真正大局，表面上可能是“司法能动”（不受法拘束的“能动”），但实质上却损害和牺牲了司法独立、公正和权威的真正“能动”，而陷入受行政权力拘束的被动。

由此可见，在我们现时所处的转型时代，司法的能动和创新虽然是必要的，但必须遵循一定的界限。如果我们超越必要的界限，一味地追求“能动”和“创新”，我们就可能走向与我们愿望相反的方向，我们所做的一切就很可能不是真正化解社会矛盾、争议、冲突，而是制造、激化和加剧社会矛盾、争议、冲突。司法如果不把追求公正和维护公民权益作为第一目的，其化解社会矛盾、争议和冲突的任务就永远也不可能真正完成。

（本文是作者在“化解行政争议新机制”实务研讨座谈会上的点评，原载于：北大公法网：http：//www.publiclaw.cn/article/Details.asp？NewsId＝3102&classid＝7&classname＝法政时评，2010－12－14。）

“行政强拆”改“司法强拆”，是重大进步吗？

《国有土地上房屋征收与补偿条例（第二次征求意见稿）》（以下简称新征收条例）最大的亮点是什么？人们几乎不约而同地认为，是“行政强拆”改“司法强拆”。今天，很多大报小报都以“行政强拆将取消”或“司法强拆将取代行政强拆”的大标题，报道新征收条例公开征求意见的新闻。

“行政强拆”改“司法强拆”，果真是法治的重大进步吗？果真值得我们大家欢呼雀跃吗？

笔者认为，行政强拆改司法强拆确实是一种进步，但这种“进步”必须有相应制度的建立和完善为前提。否则，这种“进步”将以牺牲司法的公正、权威和最终摧毁人们对司法和法治的信仰为代价，而被征收人从这种“进步”中增加的权利保障却非常非常有限。

原《城市房屋拆迁管理条例》规定的行政强拆被取消之所以是一种进步，是因为那种行政强拆确立的制度是：行政机关自己作出拆迁决定，自己对拆迁决定的争议进行裁决，自己对不履行裁决的当事人予以强制执行（强拆）。这种制度显然违反“自己不做自己法官”的正当法律程序，违反法治的最基本原则。取消和废除这种非正义的制度当然是进步。

但是，以司法强拆取代行政强拆就必然符合正当法律程序，符合法治的基本原则吗？就一定是法治的进步吗？笔者认为，不一定。如果没有其他相应制度的配合，可能不仅不是进步，还可能损害司法的公正、权威和最终摧毁人们对司法和法治的信仰。

首先，强拆涉及强拆裁决和强拆执行的问题。作出强拆裁决是一个司法行为，实施强拆是一个行政行为，或者说实质上是一个行政行为。"司法强拆"如果不以裁执分离制度为前提，统一由法院执行庭或行政庭实施，同样会导致滥权、侵权和腐败。较理想的方案应该是：法院裁决，行政机关组织实施，法院对实施行为予以监督，包括受理被征收人对违法实施行为的起诉。

其次，司法强拆比行政强拆公正是假定司法相对超脱、独立，不受地方行政和其他外力干预，从而能兼顾和平衡公共利益、建设单位利益、地方当局利益和被征收人的利益而得出的结论。但是我们在实行司法强拆后，如果仍不建立和完善司法相对独立的制度，司法仍受地方行政和其他外力干预，行政强拆发生的问题就可能同样在司法强拆中重演。因此，对于法院审理行政征收案件、征收补偿案件和作出是否强拆的裁决，地方当局都不得进行任何干预，不得指令法院强拆。

再次，司法强拆是否能对被征收人权益予以有力和有效保障是以司法对行政行为的严格审查为前提的，而这就要求法院在被征收人对行政征收决定或征收补偿决定不服提起诉讼后，认真严格对相应行政决定进行审查，并依法作出判决以后再实施强拆。如果我们仍然像过去一样，被征收人起诉后不停止强拆，只要政府一申请，法院就强拆。结果导致被征收人的房屋拆完半年一年以后，法院才就被征收人的起诉作出判决。在这种情况下，即使被征收人胜诉，权益也难于恢复了：旧房子早拆了，新高楼大厦早盖起来了。你不可能将新盖起的高楼大厦推倒，再恢复你的小平房或小四合院（即使是梁思成与林徽因的旧居）吧？这样，司法强拆还有多大优越性？只是被征收人对违法强拆由过去请求行政赔偿改为请求司法赔偿而已。因此，在新征收条例中，如果不确立起诉停止执行（紧急情况除外）制度，司法强拆仍然解决不了行政强拆中的问题：在没有"说法"（终局判决）之前，你硬要强拆，有些倔性格的被强拆人可能就会选择暴力对抗或自焚了，他（她）不会因为你是法院，不是行政机关就选择忍耐和配合。

由此可见，以司法强拆取代行政强拆必须要以建立和完善上述相应制度为条件，为前提。否则，这种转变对现行制度的改进有限，对被征收人权益保障的增进有限，对消除暴力拆迁、野蛮拆迁，避免强拆中暴力对抗和被征收人自伤、自焚、自杀悲剧的效果和作用有限。不仅正面作用有限，而且还可能使法院失去公信力和权威，使国民失去对司法的信任和信心，对中国法治的前景产生悲观情绪。

行政强拆改司法强拆，是法治的进步，我们一定要使这种进步名副其实。

（原载于《法制日报》，2010－12－16）

法

2011年

怎么更好开“两会”

——议政、评政、督政比提交议案、建议更重要

今年的“两会”已落幕。这些年我通过报纸、电视、网络看“两会”，有一个感觉：“两会”的人大代表、政协委员在履职中过分重视提交议案、提案、建议的作用。许多人大代表、政协委员在会前几个月就忙着准备议案、提案、建议，会中忙着撰写议案、提案和建议和找其他代表签名连署，甚至在整个会议期间都在忙着打理自己的议案、提案和建议。这些议案、提案和建议有的确实起了很好、很重要的作用，但也有不少是代表和委员们为应付外界的压力而勉强为之，作用非常有限，有的议案、提案和建议的内容相互重复或大同小异，个别议案、提案、建议的内容甚至荒唐。当然，这不能怪人大代表和政协委员，外界一直把提交议案、提案、建议的多少视为衡量代表和委员们“政绩”和素质的主要标准。例如，我们的记者采访人大代表和政协委员时，总是问他们今年带来了或提交了多少议案、提案和建议，而很少有记者问他们对“一府两院”工作满不满意，如何通过两会监督政府。这就对人大代表和政协委员形成了一种如同社会对我们高校老师撰写学术论文一样的压力：你发表论文少了，就认为你不是一个好学者，就晋升不了高级职称。于是，论文数量越来越多，但真正解决问题的论文并不多见。

然而，人大代表和政协委员在“两会”上花过多时间撰写意义不大的议案、

提案、建议的负面作用却要远大于学者花很多时间撰写垃圾论文的负面作用。因为后者只是浪费了学者个人的学术研究时间，而前者则会严重影响“两会”议政、评政、督政（监督政府）的效果。人民选举人大代表（政协委员非人民选举产生，但也有议政、评政、督政的职责），其根本旨意是委托其议政、评政、督政，提交议案、提案、建议只是议政、评政、督政的一种形式，而且不是主要的形式。

从人大的性质和根本职能上讲，它是国家权力机关，其最重要的职权是立法、监督、选举和决定重大问题，那么，人大代表最重要的职责就应是与这些职权相适应的审议法案、预决算、审议政府工作报告和“两院”工作报告；决定是否通过这些法案、预决算和报告；审查经自己选举、决定的国家公职人员是否称职、是否有失职、渎职情形；决定是否对他们提出询问或质询等。人大代表在人大会议期间的最重要职责，是把人代会开好，形成合力，实现人大整体使命。如果每个代表都把主要注意力放在个人的议案、建议（特别是与人大职能关系并不密切的议案、建议）上，显然就不利于人大整体职能的行使。

在我们整个国家机关体系中，各级人民代表机关是最重要、最权威的机关，是产生和监督其他所有国家机关的机关，特别是全国人民代表大会，它代表全国人民行使国家立法权、国家监督权、选举国家领导人权和对国家预算、决算和社会经济发展计划等国家重大问题的决定权。因此，我国的事情能否办好，政府能否依法行政，能否高效地和清正廉洁地为人民服务，法院、检察院能否公正司法，能否切实地维护法治和保障人权，在很大程度上就取决于我们各级人民代表机关，特别是全国人民代表大会，能否有效地行使宪法赋予的各项职权。而各级人大能否有效地行使职权，又在很大程度上取决于我们人大代表的素质和责任心。

去年修订的代表法特别明确了人大代表的权利、义务和责任，尤其是人大会议期间的权利、义务和责任，如出席会议、审议议案和报告、提出议案、建议、批评和意见、参加选举、提出询问、质询案和罢免案等。

我国宪法规定，中华人民共和国的一切权力属于人民。人民行使国家权力的机关是全国人民代表大会和地方各级人民代表大会。而全国人民代表大会和地方各级人民代表大会是由各级人大代表组成的。由此决定了人大代表的责任重于泰山，人大代表履职的效率和质量直接决定着人民代表机关是否能有效实现其职能，直接决定着人民代表机关是否能有效代表人民实现人民的利益。

我国人大代表绝大多数不是专职的。虽然在闭会期间，人大代表也要履行代表职责和进行相关活动，如视察、执法检查，对“一府两院”的工作提出批评、建议等，但人大代表职责的最主要和最集中的履行还是在人大会议期间。人大代表要完成好人民的委托，最重要的是应通过人大会议期间高度负责任地履行选举、审议、提出询问、质询等职责、职权，制定出高质量的法律，把好国家用人关、用钱关，监督好“一府两院”依法、勤勉履职。只有这样，我们的人大代表才不会有负人民的信任，才不会有负人民代表的称号。也只有这样，我国人民代表大会制度的优越性才能真正发挥，我国各级人大肩负的使命才能真正实现。

（原载于《南方周末》，2011－03－17）

能动司法与公正司法

传统法治理论认为，司法相对于行政，行政是能动的，司法是被动的。所谓“司法的被动性”，从诉的启动言，是不告不理；从诉的审理言，是当事人举证、当事人辩论，法官中立；从诉的裁判言，证据和法律是根据、准绳，不能有任何个人感情或意识形态参与其间，不以判决可能的影响、后果左右依法裁判。行政的能动，是推动社会经济发展和维护社会秩序的需要；司法的被动，是保障当事人自治权、自主权和维护司法公正、公平的需要。

而现代法治理论认为，司法不仅是被动的，同时也是能动的。司法虽然不能主动介入社会和干预社会，但司法完全可以通过自己的能动性影响社会，维护和促进社会的公平正义。司法虽然只能依证据和法律裁判案件，但法官在获取、审查、认定证据和发现、解释、适用法律方面有着大量发挥能动性的空间。法官虽然不能凭个人感情和意识形态办案，但法官是有思想的人而不是办案机器，其在审理和裁判案件的过程中，完全可以运用自己的法治理念和法律智慧，在追求合法性时，同时追求合理性；在追求形式公正时，同时追求实质公正；在追求个案公正的法律效果时，同时追求普遍正义的社会效果。这种追求不仅可以通过裁判实现，也可以通过调解（民事诉讼）和协调（行政诉讼）实现。

近年来，我国法律实务界的领导特别提倡能动司法。应该说，在我国现阶段强调和重视司法能动性的一面是有必要性的。这是因为：其一，我国现在正处在一个转型时代，不仅经济体制和政治体制在转型，法制和法治也要转型，也在转型。法制和法治怎么转型，其方向、目标和途径是什么，当然需要司法主动和能动的探索。其二，我国目前虽然已经初步形成社会主义法律体系，但这个体系还只是初步的、框架性的，还不健全完善，还必须有赖执法、司法在其运作过程中通过能动地适用法律、解释法律（特别是最高人民法院进行规范性的司法解释）去弥补法律的漏洞和缺陷。其三，我们目前正处在一个社会矛盾、社会纠纷易发、多发的时期。如处置不当，这些社会矛盾、社会纠纷随时可能激化，演化成群体性事件。对此，司法不可能置身事外，无所作为。其必须能动地运用自己的法治理念和法律智慧，通过最有效的法律途径和法律手段，去维护社会公平正义，化解社会矛盾，构建和谐社会。

但是，司法的能动是以司法的被动为基础的，从而司法的能动应是有界限的。司法能动的界限主要有三：一是司法能动不能突破司法的基本功能和作用；二是司法能动不能违反法治的基本原则和精神；三是司法能动不能脱离司法行为的基本依据和准绳。就“司法的基本功能和作用”而言，司法不同于立法和行政，立法和行政在某种意义上是机车，是带动和推动车子前进的，司法在一定程度上则是制动器。车子跑得太快或跑偏时，需要制动器制动，如果你不制动，还帮助去推动，车子就要翻了。司法的能动是要能动制动，而不是能动推动。在当下，司法特别不能积极配合地方当局去推动那些违反法律、违反民心的政绩工程、形象工程的建设。就“法治的基本原则和精神”而言，法治最重要的是制约公权力和保护公民权利。司法不能和行政靠得太近，而要与行政保持适当的距离。各种国家权力如果只有配合没有制约，必然导致滥用，公民权利必然失去保障。这是人类几千年的经验总结。我们不能为了一时一地的速度、效率和一时一地的经济发展“大局”而放弃制约，放弃法治的基本原则和精神。就“司法行为的基本依据和准绳”而言，无论是正式的审判行为，还是非正式的调解、协调行为，其基本依据和准绳都应该是法，包括硬法和软法，而不能是领导人的指示、指令，或为贯彻领导人指示、指令而随时制定的“土政策”。法（包括硬法和软法）与领导人的指示、指令及“土政策”的根本区别在于，前者体现的是人民的利益和意志，后者则可能只反映领导人追求一时一地发展的需要和满足其提高“政绩”的欲求；前者具有规范性和相对稳定性、普遍性，后者则随“风”（上之所好）而变化无常。如果我们的审判、调解、协调都不以法为依据和准绳，而只是遵循和听命于领导人的指示、指令及“土政策”，那可能在表面上“能动”地服务了“大局”，但从实质上却损害和牺牲了法治的真正大局，表面是“司法能动”（不受法拘束的“能动”）了，但实质上却损害和牺牲了司法独立、公正和权威的真正“能动”，而陷入受行政权力拘束的被动。

因此，能动司法与公正司法的基本关系应该是：公正司法是目的，能动司法是手段。为了推进和保障公正司法，有必要提倡和实施一定的能动司法。但是，司法的能动性必须以司法的被动性为基础，不能突破法治的界限，不能以牺牲司法公正为代价。

（原载于《法制日报》，2011-05-04）

法治与发展对策研究的进路与方法

日前，北京大学法学院举行法治与发展对策研究院成立庆典。院领导在庆典议程中安排我做一个相关问题的演讲。讲什么呢？中国法治与发展对策研究的课题太多，涉及的问题太过广泛，复杂，半个小时的演讲可能讲不清楚其中的任何一个问题。于是我决定不以法治与发展对策研究的任何实质问题作为我演讲的题目，而选择讲一个比较超脱，可即兴发挥，时间可长可短，既允许长篇大论，也允许三言两语即能说明自己观点的话题。这个话题的最佳选择无疑就是有关研究的方法论问题了。这样，我就选择了“法治与发展对策研究的进路与方法”这个演讲题目。

关于法治与发展的对策研究，其进路与方法为何，理论和实践上并没有标准答案，学者们见仁见智，各有各的认知与感悟。正因为如此，对这个问题也就有相互讨论，相互切磋，并从相互讨论，相互切磋中获得相互启示的必要性。对法治与发展对策研究的进路与方法的讨论可以从不同角度、不同层面展开。由于时间的限制，我仅选择就目前学界有关这个问题的四个争议点阐述自己的主张。这四个争议点分别是：对策研究要不要进行价值判断；对策研究应不应该从制定法出发；对策研究应如何处理法治与改革、发展、稳定的关系；对策研究应如何处理激情与理性的关系。

一、对策研究要不要进行价值判断

在这个问题上，西方学者的一般观点是：科学研究，无论是自然科学研究，还是人文社会科学研究，都不应进行价值判断，都不应受意识形态的影响。德国社会学家马克斯·韦伯提出："科学不涉及终极关怀。"他以医生运用其医学知识挽救任何垂危的生命而不问维持这种生命有何意义为例，指出："所有的自然科学给我们提供的回答，只针对这样的问题：假定我们希望从技术上控制生命，我们该如何做？至于我们……这样做是否有终极意义，都不是科学所要涉足的问题……"法国公法学家莱昂·狄骥认为，"价值判断在一种科学的社会理论中是没有什么意义的。科学的社会理论只能就重大变化的事实作出描述和解释"。至于对策研究，学者们通常也不认可价值判断的意义。《法学方法论》的作者卡尔·拉伦茨指出，"在立法准备工作上，法学有三方面的任务：其一，将待决之务当做法律问题清楚地显现出来，并且指出因此将产生的牵连情事；其二，它必须与其他学科，特别是经验性的法社会学合作，研拟出一些能配合现行法的解决建议，供作立法者选择的方案；最后，它必须在技术上提供协助……法律家也一再进行法律事实的研究，并且也运用社会学的方法，诸如统计调查，以及对机关、社团的咨询等"。

笔者基本同意，但不完全同意上述学者的观点。对于科学研究与价值判断的关系，笔者主张应区分自然科学和社会科学、理论研究和对策应用研究，依据所研究问题的性质而对之采取不完全相同的态度。对于自然科学，其研究完全不应渗入价值判断。自然科学只解决"2+2 是否等于 4 "和"地球是围绕太阳旋转"还是"太阳围绕地球旋转"的问题，至于 2+2 是否应该等于 4，等于 4 好不好，地球是否应该围绕太阳转，是不是说"太阳围绕地球旋转"在策略上对维护某种利益或秩序更有利，这不是科学家而是政治家要研究和回答的问题。

就人文社会科学研究而言，笔者认为不能完全脱离价值判断。因为人文社会科学研究的是人和社会及人和社会赖以生存和发展的制度，而制度有客观的一面，也有主观和人为的一面。因此，科学在解决了“是什么”和“为什么”的问题后，还应该研究一下“应该是什么”和“应该有什么样的制度”的问题。至于对策研究，例如法治与发展的对策研究，其虽属社会科学的范畴，不可避免地会或多或少地渗透一些价值判断，但不宜过多地进行价值判断。对策研究应在解决“是什么”和“为什么”问题的基础上进一步解决“怎么办”的问题。“怎么办”应从问题出发和以解决问题为归宿，而非从主义出发和以符合某种主义为先决标准。例如，毛泽东早年进行对策研究，在解决半封建半殖民地中国革命的道路问题时，不受主义约束，大胆创新，根据中国当时的国情提出“农村包围城市”的对策，引导中国革命取得胜利。新中国成立后，他在探讨社会主义建设的对策时，却过分受“姓资姓社”的主义约束，结果把国民经济引向崩溃的边缘。因此，学者研究虽应受主义的指导，但不应削足适履：让实践发展去迎合过时的主义，而应通过实践不断去发展主义，创新主义。

二、法治对策研究应不应该从制定法出发

在这个问题上，学者的一般观点是：法学研究不应拘泥于制定法，不应拘泥于现行法。英国公法学家马丁·洛克林认为，“公法只是一种复杂的政治话语形态；公法领域内的争论只是政治争论的延伸。由于许多人都认为公法深深植根于它所存在于其中的社会、政治、经济和历史背景，这样一种路径至少可以确保我们对公法性质的探求牢牢地扎根于各个时代的现实性之中”。美国大法官本杰明·卡多佐指出，“现行的规则和原则可以告诉我们现在的方位、我们的处境、我们的经纬度。夜晚遮风挡雨的客栈不是旅行的目的地。法律就像旅行者一样，天明还得出发。它必须有生长的原则”。《法律的理念》的作者丹尼斯·罗依德指出，“法律是处于不断变迁和演进的过程中，虽然它的大部分的演进，肇因于立法机关制订的法案，可是法官和法院在发展新法，并使它切合社会需要方面，却功不可没”。我国行政法学家罗豪才亦提出，法律不限于硬法，还包括软法，“硬法规范只是软法规范‘汪洋大海’中的几座‘孤岛’”。因此，法学研究，法治研

究，包括法治对策研究，绝不可仅从现行制定法出发，从硬法出发，而应更多地以法律的原理、原则为指导，探讨硬软法共治机制。

笔者认为，法治对策研究不同于理论法学研究。理论法学研究可以与制定法保持较远的距离，但法治对策研究却不能，它必须照应现行制定法，在不违背现行制定法的前提下探讨最有效解决社会问题的对策。但法治对策研究也不完全同于纯应用法学研究。纯应用法学研究太过重视制定法条文，太过受制定法条文限制。而法治对策研究是在现实政治、经济、社会的基础上探讨建设法治国家、法治政府和法治社会的途径和解决各种相应法律问题的方案。这种研究虽然不能脱离现行制定法，但绝不完全拘泥于制定法条文。它不能完全从法条出发，而应该秉持法律的理念、精神，同时以硬法、软法和不断生长的法为视角，采取规范主义与功能主义相结合的研究态度和方法，探求善治之道。

三、法治与发展对策研究应如何处理法治与改革、稳定、发展的关系？

在这个问题上，学者的一般观点是：法治与改革、稳定、发展应坚持统一和平衡，法治的稳定性应与改革和发展相适应。本杰明·卡多佐认为，“法律必须稳定，但不能一成不变。我们每每在这一点上陷入严重的矛盾。无法消除和无法限制的静与动，有着同样的破坏性”。为了消除现行法律与改革发展的冲突，有学者提出“良性违宪”、“良性违法”的主张，认为只要目的是促进改革、发展，其虽在形式上违宪、违法，但却符合较所违之宪、所违之法的更高的法。这种观点受到另一些学者的反对。丹尼斯·罗依德指出，“有人相信在不同社会各种法律体系之上，另有一种足以裁判人为立法的高层次法律存在。这种看法，于法律不能适应需要的时候，曾在人类历史上许多重要阶段，发生长远的影响。因为它导致了一个结论，不仅认为这种高层次的法律凌驾于特定社会中的实际法律，使实际法律中与它抵触的部分为之失效，并且免除了各个公民遵守该项法律的义务，甚至替他们违抗国家法治的行为提供了合理的基础”。

笔者同意法治与改革、稳定、发展应坚持统一和平衡的主张：改革、发展的目的是建设法治，实现人的自由、幸福，而法治又是改革、发展的保障，既保障改革、发展的顺利推进，又保障人们所推进的改革、发展的方向正确，不偏离改革、发展的本来目的。笔者不赞成一般的“良性违宪”、“良性违法”。“良性违宪”、“良性违法”只在极特殊的历史阶段和某种特定历史条件下（如上世纪80年代深圳市进行的土地使用权有偿出让制度改革）具有合理性，在常态的法治社会，宪法和法律可以正常地立、改、废，如果再允许以“改革”、“发展”、“维稳”或其他美好目标为名任意违宪、违法（如近年来一些地方以“改革”之名“撤村改居”，强制农民“上楼”，推进“城市化”；一些地方以“发展”之名，通过暴力拆迁、野蛮拆迁积累资金，拉动GDP；一些地方以“维稳”为名，组织信访与公检法联席会议，联合办案），那我们建设法治政府、法治国家、法治社会的愿望还有什么希望？

四、对策研究应如何处理激情与理性的关系？

关于学者在科学研究中应如何处理激情与理性的关系，人们一般认为应二者兼备：激情与理性缺一不可。不过，有人更强调激情，认为激情应优于理性，有人则更强调理性，认为理性应优于激情。马克斯·韦伯对科学研究中的激情予以充分肯定，他曾在一次“以学术为业”的演讲中说，“没有这种被所有局外人所嘲讽的独特的迷狂，没有这份热情，坚信‘你生之前悠悠千载已逝，未来还会有千年沉寂的期待’——这全看你能否判断成功，没有这些东西，这个人便不会有科学的志向，他也不该再做下去了。因为无论什么事情，如果不能让人怀着热情去做，那么对于人来说，都是不值得做的事情”。《法律与宗教》的作者哈罗德·伯尔曼特别强调激情与理性的“同在”与统一。他认为，“新的时代将是一个‘综合的时代’，在这个时代里，‘非此即彼’让位于‘亦此亦彼’……不再是意识反对存在，而是意识与存在同在；不再是理智反对感情，或者理性反对激情，而是整体的人在思考和感受”。

笔者认为，学术研究必须有激情，对策研究尤其要有激情。没有激情，研究就难以深入，难有创新。例如，前年我们“北大五教授”就《城市房屋拆迁管理条例》违宪向全国人大“上书”，请求国务院对其废旧立新，此种对策研究成果一方面源于理性，但另一方面在很大程度上是源于激情，是因当时多起自焚悲剧事件激起了我们“五教授”的激情。但是，学术研究和对策研究同时要有理性，应该用理性去激化激情和制约激情，特别是制约激情（包括学者自己的激情和民众的激情），没有理性制约激情，研究就可能走火入魔，研究成果就可能误导决策者和民众。

（原载于《法制日报》，2011－06－09）

离开法治就没有科学发展

法治是科学发展的保障。没有法治，权力没有制约，执掌权力的人可以随心所欲地行使权力，经济、社会不可能科学发展。

法治同时也是科学发展本身的内涵之一。科学发展的核心是以人为本，而法治的基本功能恰恰是保障人权，维护公民、法人和其他组织的合法权益。

但是，现在我们一些地方领导人在推动所在地区经济、社会发展的过程中，特别是在推动经济发展的过程中，往往无视法治，漠视法治，轻视法治，乃至践踏法治。今年年初国务院刚刚颁布《国有土地上房屋征收与补偿条例》，明令禁止采取暴力、威胁或违法断水、断热、断气、断电、断路等非法方式强制拆迁，但一些地方为了保项目进展，保发展速度，仍违法强拆、暴力强拆，以至造成被拆迁人自焚、伤残等悲剧事件。前年，全国人大常委会通过《食品安全法》，明令县级以上地方人民政府对本行政区域的食品安全负总责，县级以上地方人民政府有关部门在各自职责范围内加强食品安全的监督管理，但一些地方为了保税收，保发展，对所在区域内的食品生产企业违规操作，违法使用食品添加剂的行为睁一只眼，闭一只眼，在审批和监管过程中为之大开绿灯，甚至还帮助违规企业打击围堵消费者的揭发举报行为，最后导致伤害人民生命健康和财产的重大安全事故发生。在环境保护方面，国家制定了一系列法律法规，严禁环评不达标，可能导致生态破坏、环境污染的项目、企业筹建、上马，对已建成的排放超标的项目、企业，政府应责令限期整改，整改仍不达标的，要坚决关停并转。但是，一些地方为保财政收入，保经济发展，对新建项目、企业，只要“市场看好”，有“发展前景”，能拉动当地GDP，不管该项目、企业是否会产生污染，产生多严重的污染，都让其走绿色通道审批放行，甚至省略环评程序。对于已成为“污染大户”的老项目、老企业，无论周围的老百姓因之受损害多严重，多么苦不堪言，政府也不予任何处置，甚至还为污染企业开脱，要求受损害的老百姓为“发展大局”作出牺牲。

近年来，虽然我们的党和国家领导人一再强调法治的重要性，强调要运用法治思维和法律手段解决经济社会发展中的矛盾和问题，建设法治政府、法治国家、法治社会。但是，我们一些地方的领导人却往往反其道而行之，轻视法治，甚至践踏法治，这是为什么呢？一个重要的原因恐怕是我们有些同志没有正确理解法治与发展的关系，没有全面理解小平同志“发展才是硬道理”的准确含义。小平同志讲“发展才是硬道理”这句话，一是有其特定历史条件；二是在上下文中限定他讲的发展是“稳定、协调的发展”；三是强调发展经济的重要目的是“改善人民的生活”；四是在讲这句话之前，他一直反复讲“必须加强法制”，法制“更带有根本性、全局性、稳定性和长期性”。

有人认为，我们现在改革和发展的任务很重。改革和发展是不能间断的，而法律则是相对稳定的。因此，为了不断推进改革和发展，应允许一定的“良性违宪”、“良性违法”（即动机良好的违宪、违法）。笔者不同意“良性违宪”、“良性违法”的提法。如果说在中国法制极不完善和立法体制尚不健全的特殊的历史阶段和特定历史条件下，“良性违宪”、“良性违法”尚具有一定的合理性（如上世纪80年代深圳市进行的土地使用权有偿出让制度改革）的话，那么，在今天中国社会主义法律体系已经建立，宪法和法律均可以正常立、改、废的常态的法治条件下，如果再允许以“改革”、“发展”或其他美好名目任意违宪、违法（如一些地方以“改革”之名“撤村改居”，强制农民“上楼”，推进“城市化”；一些地方以“发展”之名，大拆大建，拉动GDP；一些地方以“维稳”为名，组织信访与公检法联席会议，联合办案)，就没有任何合理性和正当性了。

毫无疑问，我们必须毫不动摇地推进改革、发展。但是我们必须牢记，我们推进的改革、发展是科学发展，而科学发展的核心是以人为本，通过法治实现人的自由、幸福。

(原载于《人民日报》，2011－06－30)

图书在版编目（CIP）数据

法治的求索与呐喊：评论集/姜明安著．—北京：中国人民大学出版社，2012.4
（中国当代法学家文库．姜明安行政法研究系列）
ISBN 978-7-300-15621-7

Ⅰ．①法… Ⅱ．①姜… Ⅲ．①行政法学-中国-文集 Ⅳ．①D922.104-53

中国版本图书馆CIP数据核字（2012）第072392号

“十二五”国家重点图书出版规划
中国当代法学家文库
姜明安行政法研究系列
法治的求索与呐喊（评论集）
姜明安　著
Fazhi de Qiusuo yu Nahan

出版发行	中国人民大学出版社		
社　　址	北京中关村大街31号	**邮政编码**	100080
电　　话	010－62511242（总编室）		010－62511398（质管部）
	010－82501766（邮购部）		010－62514148（门市部）
	010－62515195（发行公司）		010－62515275（盗版举报）
网　　址	http://www.crup.com.cn		
	http://www.ttrnet.com(人大教研网)		
经　　销	新华书店		
印　　刷	北京宏伟双华印刷有限公司		
规　　格	170 mm×228 mm　16开本	**版　　次**	2012年5月第1版
印　　张	32 插页4	**印　　次**	2012年5月第1次印刷
字　　数	456 000	**定　　价**	88.00元